目次

▶ には動画あり（二次元コードからアクセス!）

本書の使い方

先生：「歴史総合」は，近現代の歴史の変化にかかわる諸事象について，世界と日本を相互的な視野から捉え，資料を活用しながら歴史の学びを習得し，現代的な諸課題の形成に関わる近現代の歴史を考察・構想する科目です。「A 歴史の扉」，「B 近代化と私たち」，「C 国際秩序の変化や大衆化と私たち」，「D グローバル化と私たち」の4つの大項目からなっています。

生徒：今までの歴史の科目とどう違うのですか。

先生：**生徒が資料の読み取りから「問いを表現」したり，その問いを踏まえて設定した主題を考察したりする学習活動が特徴です。** また，B～D の各大項目のまとめとして現代的な諸課題の形成に関わる歴史の考察をおこなうことになっており，その進め方として「自由・制限」など対立する概念からなる観点を活用して主題を設定し考察することが求められています。

　　　本書は，こうした学習活動にそのまま対応できるように編集してあります。 導入学習である「A 歴史の扉」では，興味深い素材を通して高校の歴史学習への動機付けを図るとともに以後の学習に必要な基本的技能を身に付けられるように作成しています。B～D の各大項目では，(1)，(2)・(3)，(4)の中項目に応じて，タイトル・メインクエスチョン・キャッチコピー・キーワードなどを示しました。また，それぞれの大項目に対応する形で時代を概観できるページを設けたほか，コラムページで興味深い教材を紹介しました。

生徒：それぞれのページには問いがたくさん設けられていますね。

先生：**B～Dのページで大きな特徴と言えるのが「問いの構造」です。** すなわち，各ページにはメイン・クエスチョンに至るサブ・クエスチョン，さらにサブ・クエスチョンを解くための手がかりとなる資料の読み取りを支援するサブ・サブクエスチョンを載せています。**生徒はサブ・サブクエスチョン⇒サブ・クエスチョン⇒メイン・クエスチョンという順番で考察を進めることで深い学びに到達することができる**と考えています。

　　　以下，大項目Bを例にとり，誌面構成を説明してみましょう。

例 B 近代化と私たち　(1)近代化への問い／産業と人口

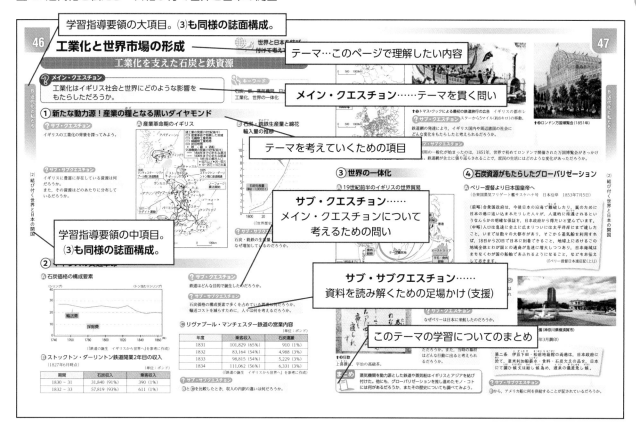

学習指導要領の大項目。（3）も同様の誌面構成。

46 工業化と世界市場の形成

テーマ…このページで理解したい内容

メイン・クエスチョン……テーマを貫く問い

テーマを考えていくための項目

学習指導要領の中項目。（3）も同様の誌面構成。

サブ・クエスチョン……メイン・クエスチョンについて考えるための問い

サブ・サブクエスチョン……資料を読み解くための足場かけ（支援）

このテーマの学習についてのまとめ

学習指導要領の大項目。

80 【対立・協調】文化財のあるべき場所は …

現代的な諸課題の形成にかかわる考察を行うための対立する概念からなる観点

該当ページに関連する歴史用語等。ハッシュタグのイメージ。

メイン・クエスチョン……テーマを貫く問い

現代的な諸課題の例示 資料と解説からなる 問いは設定していない

テーマを考えていくための項目

学習指導要領の中項目。（3）も同様の誌面構成。

サブ・クエスチョン……メイン・クエスチョンについて考えるための問い

サブ・サブクエスチョン……資料を読み解くための足場かけ（支援）

砂糖の歴史

スイーツの甘くて甘くない物語

メイン・クエスチョン

私たちの食生活に欠かせない砂糖は，どのように日本にやってきたのだろうか。また，私たちが甘味を食べられるようになった背景には何があるのだろうか。

キーワード

砂糖，交易，植民地，商品作物，菓子

① 砂糖の原料

サブ・クエスチョン

砂糖は何からつくられるのだろうか。また，その原料は，それぞれどのような気候の土地で栽培されるのだろうか。

↑❶サトウキビ（甘蔗）
乾季のある熱帯・亜熱帯が栽培適地。主産地はブラジル・インドなど。

↑❷てんさい（ビート・サトウダイコン）
冷涼な気候に適した根菜類の一種。主産地はフランス・アメリカなど。

←❸ナポレオンのてんさい糖業支援（風刺画）

19世紀初め，敵国イギリスへの経済封鎖を行ったフランスは，西インドからの砂糖に代わり，てんさいからの砂糖生産を支援した。乳母がゆりかごの中の赤ん坊に「吸いなさい，坊や，吸いなさい。お父様が砂糖だと言っているでしょう！」と話しかけている。

② 砂糖をつくる人たち

サブ・クエスチョン

砂糖はどのような人がどこで生産していたのだろうか。

Ⓐ 大西洋での三角貿易

↓❹英領アンティグア島のサトウキビ畑開墾

サブ・サブクエスチョン

働いているのはどのような人たちだろうか。

解説 サトウキビの栽培により，砂糖のほかに，サトウキビを原料に作られる蒸留酒「ラム酒」の生産もカリブ海ではさかんになった。サトウキビはカリブ海にもともと自生しておらず，コロンブス以降に訪れたヨーロッパの人々によってもたらされた。

サブ・サブクエスチョン

砂糖はどこでつくられて，どこに運ばれているだろうか。

三角貿易

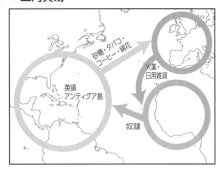

砂糖・タバコ・コーヒー・綿花

火薬・日用雑貨

英領アンティグア島

奴隷

Ⓑ 国産白砂糖

↑❺「讃岐國白糖製造ノ図」

→❻白砂糖を型で押し固めた干菓子「和三盆」

サブ・サブクエスチョン

江戸時代の日本国内で一番とされた砂糖の栽培地はどこだろうか。

当時のサトウキビ栽培の様子

サトウキビを栽培する土地は，伊勢・尾張・駿河・紀伊・阿波・土佐・肥前・讃岐・薩摩である。その中でも讃岐の白砂糖，薩摩の黒砂糖は国内第一とする。サトウキビはもろこしに似て長さが1丈（約3m）余りあり，立冬の頃地下株から出る芽を植え春に移植し冬至の頃に伐採し，牛にひかせた石車で絞る。サトウキビを250匁（約937g）を1日で絞るには2人がかりである。
（『讃岐國白糖製造ノ図』）

③ 砂糖が日本にやってきた

A 日本史における菓子

古代		「菓子」は木の実・果物をさす
		米・粟・稗を加工した餅や団子
	奈良時代	中国より砂糖が伝わり，薬種や神仏への供え物として用いられる
中世	平安時代	米粉や小麦粉の生地を成形し揚げたもの「唐菓子」が食される
	鎌倉～室町時代	喫茶や点心の風習が広がる
近世	安土・桃山時代	カステラ・ボーロ・金平糖・鶏卵素麺など南蛮菓子の伝来
	江戸時代	琉球や奄美大島での黒糖製造がはじまる
		長崎を通じて砂糖が大量に輸入される
		徳川吉宗が国産砂糖の製造を奨励
		料理の味付けに砂糖が使われるようになる
近代	明治時代	近代的な製糖業が興る
		植民地化を契機に台湾で製糖業がさかんになる

←❼中華菓子の流れをくむ「よりより」（長崎市）

↓❽南蛮菓子にルーツを持つ「丸芳露」（佐賀市）

←❿銘菓「くろがね羊羹」（北九州市）

↑❾織田信長にも献上され，南蛮菓子としての歴史もある金平糖（北九州市）

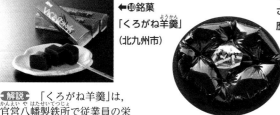

←⓫銘菓「黒ダイヤ」（福岡県飯塚市）

▶解説 「くろがね羊羹」は，官営八幡製鉄所で従業員の栄養補助のためにつくられた。「黒ダイヤ」も筑豊地区の炭鉱労働者の手軽なエネルギー源として生まれた。

? **サブ・サブクエスチョン**

「くろがね」「黒ダイヤ」という命名は，この地のどのような産業と関係が深いだろうか。

④ 近代日本と砂糖

A 1930年代の日本の砂糖製造能力

	甘蔗糖	甜菜糖	精製糖
日本（本土）			2,860
沖　　縄	1,950		
北　海　道		2,500	
台　　湾	41,160		
南洋群島	4,350		
朝　　鮮		600	120
満　洲　国		1,750	130
樺　　太		600	
合　　計	47,460	5,450	3,110

（単位：t）

? **サブ・クエスチョン**

砂糖はどこからどのように日本に伝わってきたのだろうか。また，菓子が「甘いもの」として広まったのはいつからだろうか。

B シュガーロード

▶解説 "シュガーロード"長崎街道。出島に荷揚げされた砂糖は，長崎から佐賀を経由し小倉へと続く長崎街道を通って，京都・大坂・江戸の大消費地へ運ばれた。「うちは長崎が遠うございまして」など料理や菓子に砂糖が十分に使われていない言い回しも生まれた。

? **サブ・サブクエスチョン**

長崎街道沿いには江戸時代から現代まで多くの銘菓がある。その背景にはどのような理由があるのだろうか。

←⓬1913年に販売を開始した森永ミルクキャラメルの広告

販売当初ばら売りだったミルクキャラメルは，現在の紙サックに入った形になり，大人気となった。あまりの人気に偽物も横行したという。「煙草代用」という言葉には，たばこに代わる嗜好品の意味がある。また，当時人気を得ていた大学野球を広告に用いている。

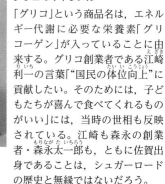

←⓭1922年に発売された栄養菓子グリコのキャラメル

「グリコ」という商品名は，エネルギー代謝に必要な栄養素「グリコーゲン」が入っていることに由来する。グリコ創業者である江崎利一の言葉"国民の体位向上"に貢献したい。そのためには，子どもたちが喜んで食べてくれるものがいい」には，当時の世相も反映されている。江崎も森永の創業者・森永太一郎も，ともに佐賀出身であることは，シュガーロードの歴史と無縁ではないだろう。

? **サブ・クエスチョン**

Ⓐのデータを東アジアの地図に落とし込んでみよう。そこからどのようなことがわかるだろうか。また，キャラメルが庶民の菓子として普及したことと，日本の植民地拡大にはどのような関係があるのだろうか。

まとめ

砂糖は海外からもたらされ，日本人の生活に欠かせない調味料になっていった。砂糖の普及から日本の繊細で多様な菓子文化も生まれた。しかし，その背景には砂糖の生産に関わる人々や近代産業を担った人々の過酷な労働や植民地支配もあったことを心にとめておこう。

地域の祭りや行事

守られている「伝統」と新しく創られた「伝統」

❓ メイン・クエスチョン

あなたが日ごろ接している祭りや行事は，いつから，どのような経緯でおこなわれてきたのだろうか。

🔑 キーワード

守られる伝統，創られた伝統，祭礼行事，クリスマス

① 『創られた伝統』からの問いかけ

主張
①「近代化」が進み，従来の「伝統」が現代社会の感覚に合わなくなることが増えてきた。
②過去の「伝統」と現代社会との新しい関係を創り出す必要が生じてきた。
③長く維持されてきた「伝統」を意識しながら現実社会に対応した新たな「伝統」が創り出されていった。

われわれに問いかけていること
歴史は過去を知ることだけではなく現在を知ることでもある。われわれの周囲にある文化の本質と変化に目を向けたい。

➡❶『創られた伝統』(1983年)(エリック・ホブズボウム，テレンス・レンジャー編，前川啓治・梶原景昭ほか訳(紀伊國屋書店))

[解説] この本では，身近にある伝統的な文化事象を例示しながら，実はそれが近代化のため短期間に生まれ新たに付加された伝統であるということを明らかにしている。

❓ サブ・クエスチョン

この本は，身近な「伝統文化」が，実は「古くからあるもの」とは限らないということを提起している。あなたの周囲の地域にある祭りや行事で，上記の主張に該当するものはあるだろうか。

Ⓐ 守られる祭り行事「祇園祭」

←❷「洛中洛外図屏風」に描かれた祇園祭の山鉾(左)及びその拡大写真(下)

米沢市(上杉博物館)

➡❸現代の祇園祭

[解説] 日本を代表する古くからの祭礼に，京都の祇園祭がある。特に，室町以降はさまざまな作り物の山鉾を車にのせて市中を引き歩いた。現在でも，京都の夏を代表する祭礼行事となっている。

❓ サブ・サブクエスチョン

❷(室町時代の屏風の祇園祭の山鉾を引く場面)と，❸(現代の祇園祭)とを比較してみよう。全体の動き，作り物，人々の関わりかたなどは，古くからの伝統的手法が継承され，守られているのだろうか。

Ⓑ 変容し「創られた」踊り ソーラン節

ソーラン節の歌詞
ヤーレンソーランソーランヤレン
ソーランソーランハイハイ
沖の暗いのは北海あらし
おやじ帆を曲げェかじをとれチョイ
ヤサエンエンヤーーーァサーァのドッ
コイショ　ハードッコイショドッコイショ

朝日新聞社提供

↑❹ニシン漁のようす(1946年，北海道余市漁港)

朝日新聞社提供

[解説] 近年，学校の体育祭や地域行事で踊られるソーラン節であるが，もともとは北海道を中心とした漁業にもとづく労働で歌われた民謡である。踊りは，大漁旗を使用するなど，ともすると古い形態を伝えていると思われているが，ほとんどが現代における創作である。
➡❼大漁旗

←❺和船の櫓を漕ぐ漁民たち
江戸時代から昭和にかけて，ニシン漁は最盛期を迎えた。この写真は，当時のニシン漁のようすを，1965年に再現したときのものである。

朝日新聞社提供

↑❻子どもたちによる現代のソーラン節

朝日新聞社提供

❓ サブ・サブクエスチョン

歌詞の内容を写真の労働の場面に重ね，本来のソーラン節の姿をイメージしてみよう。
あなたがこれまでに踊ったり，見聞きしたりしたソーラン節は，どこが変化しているのだろうか。

② クリスマスは守られた「伝統」か？　創られた「伝統」か？

←⑧サンタクロース　1994年公開の映画『34丁目の奇跡』に登場するサンタクロース。

←⑨クリスマスケーキ

➡⑩クリスマスツリー
2003年公開の映画『エルフ～サンタの国からやって来た』より。

◆解説◆　冬の風物詩であるクリスマスの時期には，定番のキャラクターが登場し，さまざまな飾り，贈り物を見ることができる。

❓ サブ・クエスチョン

クリスマスは本当に守られた伝統行事なのだろうか。それとも，最近つくられた行事なのだろうか。考えてみよう。

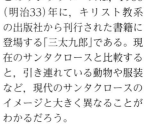

◆解説◆　ヨーロッパのクリスマスの習慣は，近世以降，日本にも持ち込まれた。

←⑬三太九郎（さんたくろう）
このサンタクロースは，1900（明治33）年に，キリスト教系の出版社から刊行された書籍に登場する「三太九郎」である。現在のサンタクロースと比較すると，引き連れている動物や服装など，現代のサンタクロースのイメージと大きく異なることがわかるだろう。

←⑭大正時代のクリスマス
この写真は，1917（大正6）年の，女学校でのクリスマス会のようすである。サンタクロースに扮（ふん）した女性が，子どもたちに人形をプレゼントしている。

↑⑫聖ニコラウスとクランプス　イタリアの祭りにおいて，聖ニコラウスが，クランプス（災いをもたらすという悪魔）を追い払っている。

←⑪聖ニコラウス　3～4世紀のキリスト教の司教，神学者。サンタクロースの原型とされる。

◆解説◆　ヨーロッパのクリスマスは，もともと古くからの習俗や民間信仰がキリスト教と結びついたものであった。

❓ サブ・サブクエスチョン

⑪⑫の聖ニコラウスは，あなたがいつも見てきたサンタクロースの姿とどこが似ていて，どこが違っているだろうか。

朝日新聞社提供

クリスマス飾りのはしり

❓ サブ・サブクエスチョン

日本に持ち込まれたクリスマスは，ヨーロッパの伝統的なクリスマスを継承したものといえるだろうか。それとも，日本風に変えられたものというべきなのだろうか。⑬⑭⑮と，あなたが体験してきた一連のクリスマス関連の行事や事物とを重ね合わせて考えてみよう。

➡⑮1927（昭和2）年の新聞記事　写真は，当時の銀座通りである。記事には，こう書かれている。「気の早い東京人の常，12月1日になったばかりで，もう目抜きの街々には歳末気分（きぶん）がみなぎりだした。そして25日のクリスマスの飾りも出来ている」このころの東京では，既にクリスマスは歳末の風物詩となっていたことがわかる。

まとめ　私たちは，祭りや行事を見聞きしたり，参加したりすることで「癒（いや）し」「生きるはりあい」などを感じることができる。生活には欠かせない「伝統」である。しかし，それらがいつ創始されたものなのか，同じ形態・方法で維持されてきたのか，地域活性化などの理由でどこかが改変されたのか，あるいは創作されたのかといったことを，あらためて見直してみたい。そして，多様な「伝統」のあり方を地域社会のあり方と重ねて考えてみたい。

遊びとスポーツ

スポーツの誕生と歴史

メイン・クエスチョン

あなたが日ごろ接しているスポーツには，どのような歴史があるのだろうか。

キーワード

近代スポーツの誕生，遊戯，スポーツ，イギリス発祥の近代スポーツ，オリンピック

① 近代スポーツの誕生

A イギリスのモブフットボール

サブ・クエスチョン

あなたにとって身近なスポーツは，どのような経緯で「遊戯」から「スポーツ」へと変わっていったのだろうか。

解説 「スポーツ」が成立する以前の球技は，遊戯や娯楽の域をでないものが多い。中世からおこなわれていた「モブフットボール」（イギリス）は，ボールを隣町の門や教会に向かって蹴りながら運ぶことを目的とした。特に人数や方法に制限はなかったため，けが人や死者が続出したとも伝わっている。このように，現在のような厳格なルールや競技団体を伴うものは，この当時は皆無であった。

←❶❷モブフットボールのようす(左)と
中国の蹴鞠(右)

サブ・サブクエスチョン

モブフットボールとラグビーやサッカーとは，何が違うのだろうか。

解説 中世までの「遊戯」から，近代の「スポーツ」の誕生は，競技の「厳格なルール」と「競技組織」の成立と同じといって良い。19世紀になると，イギリスのジェントリ(gently)は，縁者をパブリックスクール(Public school)とよばれるエリート校で教育させようと躍起になった。鍛錬を目的とした体育活動も，教養科目とともに重視されるようになった。しかし，モブフットボールのように無秩序だと，学校施設でおこなう身体活動としては不可能であり，必然的にルールが整備されていった。ところが，パブリックスクールごとにフットボールのルールが異なったため，OBが対外試合をおこなう際には不都合が生じた。そこで，統一ルールの整備および組織化が進められた。これを皮切りに，各スポーツのルールの整備と国内での組織化が進められ，ラグビー，バドミントン，テニス，ホッケーも，イギリスで「スポーツ」として誕生することになる。これらの過程で，「スポーツ」はイギリスの世界進出とともに，世界に広がっていくことになる。

サブ・サブクエスチョン

「遊戯」だったものが「スポーツ」となるには，どういった過程や整備が必要だったのだろうか。

B イギリス発祥の近代スポーツ

ラグビー

↑❸ラグビーワールドカップの決勝（2019年）
「手の使用を禁止する」というルールを定めたFAに反発する人々（パブリックスクールのラグビー校関係者）が，1871年にIRB(International Rugby Board)を設立。ラグビーは，サッカーとは異なるルールを整備して歩みを別ち，発展していった。

サッカー

↑❹世界最高峰のプレイヤー・エムバペ(左)とメッシ(右)　フットボールで「手の使用を禁止する」というルールが，イギリスで初めて定められた。1863年に英国サッカー協会(The Football Association/FA)，1904年に国際サッカー連盟(FIFA)が創設され，オリンピックには1908年のロンドン大会から採用された。

クリケット

↑❺クリケットのバッツマン(打者)とウィケットキーパー(捕手)　野球の原型といわれている競技で，起源は諸説ある。大衆の娯楽として浸透し，18世紀以降はイギリスが全世界に領土を拡大したのにともない，全イギリス植民地に広がっていった。

ホッケー

↑❻スティックを使ってボールを争う選手たち
近代ホッケーは，19世紀半ばに，イギリスのクリケット選手が，試合のない冬期間にはじめたのが発祥とされている。1886年にはロンドンで協会が発足し，統一ルールのもとで競技がおこなわれるようになった。

バドミントン

↑❼世界ランキング１位を獲得したこともある日本の桃田賢斗選手　イギリスの羽根突き遊びがルーツといわれている。19世紀には，この遊戯がボーフォート公爵家の邸宅（バドミントン村）にあるバドミントンハウスでさかんにおこなわれた。1893年，ロンドンで世界初のバドミントン協会が設立され，ルール統一がすすめられた。1899年にはこのルールのもと，第１回の全英選手権が開催された。

競泳

↑❽オリンピックで複数のメダルを獲得した大橋悠衣選手　生きる手段として必要とされてきた水泳は，19世紀以降，イギリスの上流階級の青少年らにより，学校対抗で速さを競う「競泳」とよばれるスポーツとなった。1837年にはじめて競泳の大会がロンドンで開かれたが，この時の種目は自由形のみであった。

② 近代オリンピックの誕生

サブ・クエスチョン
近代オリンピックは，どのような役割を担っていたのだろうか。

解説　古代オリンピックの終焉から約1500年後，フランスのピエール＝ド＝クーベルタン男爵が，長く途絶していたオリンピックの復活を構想した。クーベルタン男爵は，スポーツによって社会性や心身の発達が促されるなど，青少年教育に有用であると考えた。クーベルタンは，第１回目の開催地をアテネとすることを構想したが，当時のギリシアは国内の経済問題などを抱えており，開催の決定は難航したが，国際オリンピック委員会（IOC）の会長に就任したギリシア人のデメトリウス＝ビケラスや事務局長に就任したクーベルタンらの努力が実を結び，1896年に古代オリンピックの発祥地であるアテネで実施された。開会式はアテネのパンアテナイ競技場に５万人の観衆を集めておこなわれた。参加したのは欧米の先進国14か国。選手は男子のみで241人。第１回の近代オリンピックは，古代オリンピックと同じように女子禁制であった。

サブ・サブクエスチョン
戦後の日本は，オリンピックをどのように捉えていたのだろうか。

Ⓐ 日本と近代オリンピックのかかわり

日本のオリンピック初参加

朝日新聞社提供

↑❾初挑戦　日本が初めてオリンピックに参加したのは，1912年のストックホルム大会。この大会に日本代表として出場したのは，マラソンの金栗四三と短距離走の三島弥彦の２人だけだった。しかし，三島は400mの準決勝で棄権，金栗も10,000mを棄権してマラソンに出場するなど，世界の「スポーツ」の壁の高さを思い知らされた。

中止された大会

一九四八年を制覇する
木戸厚相返上を声明

オリンピック大會中止

←❿開催中止を報じる記事（朝日新聞1938年７月15日）
1940年に開催予定だった東京大会は中止となった。日中戦争の激化で競技場建設費などのねん出が困難となったためである。交戦国である日本での開催に対する国際的非難もあり，1938年に政府は返上を決定。東京大会と同年に開催予定だった冬季札幌大会も中止となった。

初のアジア開催　東京五輪

↑⓫国立競技場での開会式　1948年のロンドンオリンピックは，第二次世界大戦の戦争責任から，ドイツと日本の参加が拒否された。その後，1964年におこなわれた東京オリンピックは，アジア地域で初めて開催されたオリンピックであった。また，日本にとっては国連加盟から約10年後の開催であり，国際社会への復帰を印象づけた。

まとめ　現在では当たり前のようにおこなわれているスポーツには「遊戯」としての歴史があり，その後，ルールが整備されたり，別の競技から派生されたりした経緯をもつ。そのスポーツの祭典であるオリンピックも，同様に，古代と近代のものとでは異なる点が多い。現在のスポーツやオリンピックもまた，時代とともに変容していくのだろう。

戦争と国民生活

「はなし塚」とは何か

？ メイン・クエスチョン

私たちが過去を知る手がかりには，どのようなものがあるのだろうか。

キーワード

国民精神総動員運動，国家総動員法，総力戦，学徒出陣，文字資料・非文字資料

① はなし塚【石碑(碑文)】

朝日新聞社提供

この「はなし塚」は，東京都台東区の本法寺という寺院の境内にある石碑(碑文)である。1941(昭和16)年4月に「講談落語協会落語部員一同」すなわち，落語家によって建てられた石碑(碑文)である。

実はこの碑文の下には落語の台本が埋められている。この時期の日本は戦時体制に入っており，国民生活にも多くの制限がかけられることになった。落語の世界でも戦時下にふさわしくない遊里・酒・妾・廓噺など53種が禁演落語とされたのである。

落語家たちはそれらの台本をここに埋めて石碑を建て，その由来を碑文に刻んだのである。ひっそりと境内にたたずむこの石碑から，私たちはそうした事実を知ることができ，当時の落語家たちの思いを想像することもできるのである。

写真 以下に示すのは，当時の国民生活に係る写真である。写真はその時代の様子をありありと浮かび上がらせる「見る」歴史資料である。

朝日新聞社提供

←❶パーマネントの廃止(自粛)

1937(昭和12)年近衛内閣で決定された国民精神総動員運動の一環として，1939(昭和14)年6月にパーマネント廃止(自粛)運動が始まった。ここに見られるように，パーマネントの女性の通行禁止を決議する町内会もあった。

➡❷「ぜいたく追放」の立看板

東京銀座の街頭の風景。1940(昭和15)年8月，国民精神総動員本部は節約を呼びかける立看板を東京のあちこちに設置した。そのほか，「ガソリンの一滴は血の一滴」「欲しがりません勝つまでは」などの標語もあった。

歴史資料

歴史を解き明かし，叙述するということは，過去の人々が残した様々なものを利用して，過去の出来事を再構築して表現することである。こうした過去の人々が残してくれたものを「歴史資料」という。

それぞれの「歴史資料」は固有の特性を持っている。こうした多様な「歴史資料」から得られる情報を総合することによって，私たちは歴史像を組み立てることができるのである。

朝日新聞社提供

←❸切符配給制

長野県小県郡神科村の店頭風景。戦争の長期化とともに，軍需関連以外の物資の輸入や生産は制限され，国民生活の上でも日用品の統制が始まった。1940(昭和15)年11月から砂糖とマッチが切符制となり，各世帯の人数に応じて配布されていた切符がなければ購入できなかった。やがて主食の米の配給制や医療切符制も始まっていった。

↑④学徒勤労動員

1938(昭和13)年の国家総動員法，1939(昭和14)年の国民徴用令によって，政府は一般国民を軍需産業に動員できるようになった。労働力不足が深刻化した1943(昭和18)年以降，中学校や高等女学校以上の生徒・学生を対象とする学徒勤労動員が本格化した。最初は年間4カ月であったが，次第に一年を通しての労働となり，授業を受けることができなくなった。

↑⑤第1回学徒出陣壮行会

1943(昭和18)年10月，戦局の悪化により，政府は大学・高等学校・専門学校に在学中の徴兵適齢の文科系学生の徴兵猶予を停止したため，12月から陸海軍に入営し，出征して行った。この写真は同年10月21日に秋雨降る明治神宮外苑で開催された壮行会。東条英機首相は「悠久の大義に生きる道」と訓示した。学生たちは短期の訓練を受けて戦場に送られ，多くの戦死者を出すことになった。

毎日新聞社提供

↑⑥学童集団疎開

② 戦没学生の手記【日記】

昭和19年8月27日
　いよいよ自分も出陣。徴兵猶予の恩典がなくなり，まさに学徒出陣の時は来た。
　自分は命が惜しい，しかしそれが全てではないことはもちろんだ。自分の先輩も，またこれから自分も，また自分の後輩も戦いに臨んで死んでゆく。死，死，一体死とは何だろうか。
　それはともかくとしよう。先輩も自分も大東亜の建設のため日本の安寧平和のために死んでゆき，あるいは傷つく。(中略)
　率直にいうならば，政府よ，日本の現在行っている戦いは勝算あってやっているのであろうか。いつも空漠たる勝利を夢みて戦っているのではないか。国民に向かって必ず勝つと断言できるか。
　いつもこの断言のために非常に無理に近い条件がついているのではないか。(以下略)
　M・K　東京大学経済学部学生。1943年(昭和18)入営。1945年(昭和20)5月，ビルマにて22歳で戦死。
　　　　　　　　　　　　　　　　　　　　(『きけ わだつみのこえ』)

『きけ わだつみのこえ』

　アジア太平洋戦争の戦没学生75名の遺稿集。1949(昭和24)年，東京大学協同組合出版部が刊行。全国の大学・高等専門学校から公募した日記や書簡などを収録。若い青年の人間的な悲痛の声は国民の心を広くとらえてロングセラーとなった。「わだつみ」とは「綿津見」(海)のことで，特攻隊となって海に散っていった学生など戦没学生を指す言葉である。

　ここに挙げた『きけ わだつみのこえ』は，文字で書かれている歴史資料であり，大別すると「文字資料」に分類できる。文字資料には文献・新聞・雑誌・文学作品など多くのものがある。先に見た碑文もそれに含まれる。

　日記には，他の人に読まれることをあまり想定していないという特性がある。例えば，この文章を書いたM・Kさんは，「政府よ……」以下の下線を引いた部分のような意見を，日本政府に言うことができたのかと言えば，それはほとんど不可能であった。そして，その思いを伝えることができないままに戦死したのである。

歴史資料の特性を踏まえる

　「① はなし塚」と「② 戦没学生の手記」を比べてみると，その相違点は何かと言えば，① は石碑(碑文)であり，多くの人に見られることを想定しているが，② は日記であることから，そうしたことを想定していない。

共通して読み取れることは何か

　それでは，「① はなし塚」と「② 戦没学生の手記」から共通して読み取れることは何だろうか？
　・①……これまで演じてきた演目を演じられない。
　・②……学業の途中で出征し，死を覚悟する。
　いずれも自分の思いとは異なる行動を取らなければならない無念さを感じ取ることができる。
　そして，彼らが自分の意に沿わない行動をしなければならなかったのは政府や軍部から強い強制力が働いたからであり，あるいはそれを忖度したからであったことも読み取れる歴史資料である。

❓ サブ・クエスチョン

①と②の考察を通じて，戦争は国民生活をどのように変えたのか，自分の考えをまとめてみよう。

③ 国家総動員法【法令】

第1条　本法において国家総動員とは，戦時（戦争に準ずべき①事変の場合も含む，以下これに同じ）に際し，国防目的達成のため，国の全力を最も有効に発揮せしむるよう，人的及び物的資源を統制運用するをいう。

第4条　政府は，戦時に際し国家総動員上必要あるときは，②勅令の定むるところにより，帝国臣民を徴用して③総動員業務に従事せしむるを得。但し④兵役法の適用を妨げず。

第6条　政府は，戦時に際し国家総動員上必要あるときは，⑤勅令の定むるところにより，従業者の使用，雇入もしくは解雇，就職，従事もしくは退職，または賃金，給料その他の従業条件につき必要なる命令をなすことを得。

（1938年4月1日公布・5月5日施行，『官報』）

補注
① 事変：国際間での宣戦布告のない戦争のこと。
② 勅令：帝国議会の議決によらず，天皇が裁可（許可）した法令。この場合，具体的には国民徴用令・船員徴用令・医療関係者徴用令などを指している。
③ 総動員業務：物資・生産・運輸・金融・衛生・教育・宣伝などがここでは省略した第3条に示されている。
④ 兵役法：徴兵令のこと。
⑤ 勅令：②参照。ここでは，賃金臨時措置令・工場就業時間制限令など7つの勅令を指している。

法令も「文字資料」に大別できるが，資料②の日記とは異なり，個人の考え方や主張等ではなく，国家としての意志が示されている。

❓サブ・クエスチョン

国家はなぜ戦争遂行のために国民生活を統制下に置いたのだろうか。

総力戦とは

　軍事力だけでなく，経済力・政治力や国民動員力など国家の総力を挙げて戦う戦争のこと。各国は強力に経済統制をおこない，植民地も物資や人員を提供させられる。兵士のみならず，民間人も戦争に巻き込まれ，戦争の被害が拡大した。第一次世界大戦について初めて用いられたが，第二次世界大戦も同様である。

Ⓐ 第一次世界大戦の死者

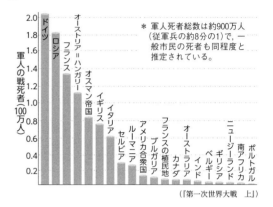

＊軍人死者総数は約900万人（従軍兵の約8分の1で，一般市民の死者も同程度と推定されている。

（『第一次世界大戦　上』）

Ⓑ 第二次世界大戦の死者

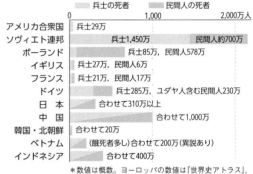

＊数値は概数。ヨーロッパの数値は『世界史アトラス』，アジアの数値は，『戦後政治史新版』を参考に作成。

歴史資料の分類

　ここでは3つの歴史資料から「戦争と国民生活」について考えてきました。「❶はなし塚」は碑文，「❷戦没学生の手記」と「❸国家総動員法」はいずれも文字資料（史料）ですが，❷は日記，❸は法令と性格の違う資料でした。歴史的な考察のためにはこうした資料が必要であり，資料に基づいて歴史が叙述されているのです。そのためには，様々な資料から読み取った情報を論理的に結びつけて解釈します。その前提として，資料がどのような状況で誰によってつくられたものかを吟味していく必要もあるのです。

　歴史資料とは過去を知る手がかりになるもので，ここでは，碑文・日記・法令という文字資料を例示しましたが，それ以外にも多くの種類の資料があります。それらを簡単に分類すると以下のようになります。

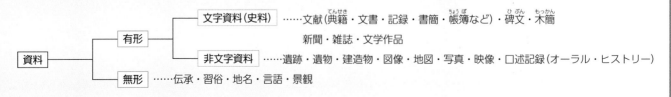

④ 過去を知るための様々な歴史資料

ハンムラビ王

2.25m

楔形文字による条文

碑文 文字資料

←❼ハンムラビ法典

高さ2.25mの石柱に刻まれた碑文で，イラン西南部スーサの遺跡で1902年にフランスの調査隊によって発見され，現在ルーヴル美術館が所蔵している。

柱頭に太陽神ラトゥ（シャマシュ）から法典を授けられるハンムラビ王がレリーフで描かれ，その下の部分に楔形文字が刻まれている。その内容から，厳然とした身分制度と「目には目を」の復讐法の存在が分かり，メソポタミア文明に関する研究が大きく進展した。

木簡 文字資料

←❽長屋王邸跡出土木簡

木簡とは，文字を墨書した木の札。削り直して使用できる特性を活かして，役所の日常的な業務や都への貢進物の荷札などに用いられた。ここからは長屋王邸への貢進物が分かり，8世紀初頭の皇族の生活の様子を知ることができる。木簡は，このほか藤原宮跡・平城宮跡・寺院や地方官衙などから約35万点出土しており，文献資料（史料）の少ない日本古代史の貴重な情報源である。

（奈良文化財研究所提供）

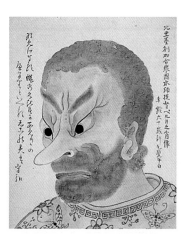

似顔絵と肖像画 非文字資料

←❾2つのペリーの顔

左の天狗のような恐ろしい顔は誰か？　この図は神奈川県立歴史博物館が所蔵する「北亜墨利加合衆国水師提督ペルリ之肖像」である。すなわち1853年に来日したペリーを描いた似顔絵である。右は，絵入りロンドンニュースに載ったペリーの肖像である。こちらは銀板写真に基づいた石版画であるから，ある程度真実に近い。比べて見ると，天狗のような顔は全く似ても似つかない。おそらくペリーを見たことのない日本人が描いたものなのだろう。それでは，この似顔絵は資料として全く無意味かと言えばそうではない。当時の日本人たちがペリーをどのように見ていたかを反映しているからである。

建造物（内部） 非文字資料

↑❿シノワズリ（中国趣味）

上の写真はナポリ・カポディモンテ美術館の陶磁の間である。ロココ美術では中国産の陶磁器が珍重され，中国式の庭園も造られていた。これに限らず，啓蒙思想や重農主義など17〜18世紀のヨーロッパに中国の与えた影響は大きかった。この建築物は，そうした影響力を読み取れる資料となっている。

写真 非文字資料

➡⓫消されたトロツキー

写真はありのままを描き出すことから，過去の状況を知るための優れた資料となる。しかし，全て信じるのではなく，批判的に読み取ることは他の資料と同様である。右は1920年に撮影されたレーニンの演説である。上の写真にいたトロツキーが、下の写真にはいない。これは，1924年のレーニン死後，政治的権力を握り，政敵のトロツキーを追放したスターリンが，トロツキーがレーニンの側近であった事実を隠すためにおこなったとされている。

レーニン　トロツキー

17世紀の世界

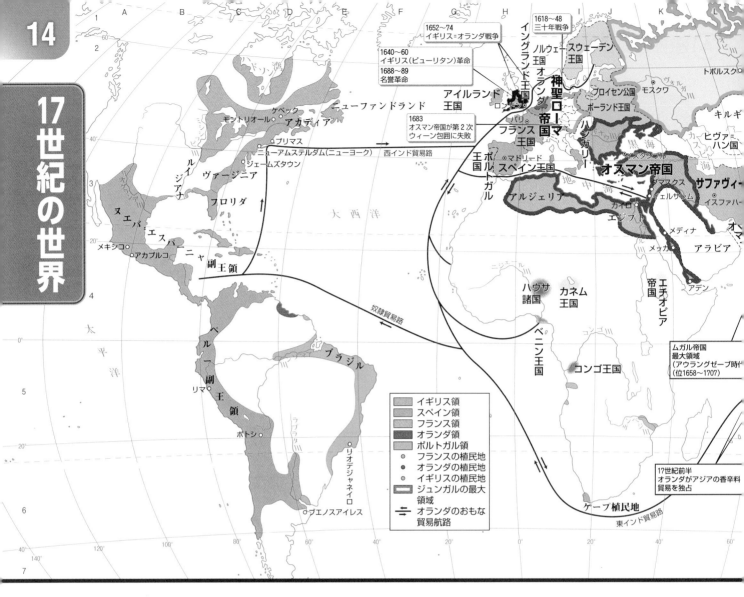

地図中の注記:

- 1618〜48 三十年戦争
- 1652〜74 イギリス=オランダ戦争
- 1640〜60 イギリス(ピューリタン)革命
- 1688〜89 名誉革命
- 1683 オスマン帝国が第2次ウィーン包囲に失敗
- 17世紀前半 オランダがアジアの香辛料貿易を独占
- ムガル帝国最大領域(アウラングゼーブ時代(位1658〜1707))

凡例:
- イギリス領
- スペイン領
- フランス領
- オランダ領
- ポルトガル領
- ● フランスの植民地
- ● オランダの植民地
- ● イギリスの植民地
- ジュンガルの最大領域
- ⇄ オランダのおもな貿易航路

アメリカ
1603 シャンプラン, セントローレンス川探検
1608 フランス人のケベック移民
1620 ピューリタン(清教徒)の北米移住
1621 西インド会社(オランダ)が南北アメリカなどの交易独占権を獲得
1626 西インド会社がニューアムステルダムを建設
1664 ニューアムステルダムを英軍が占領, のちにニューヨークと改称
1682 フランスの探検家ラサール, ミシシッピ川流域を仏領と宣言し, ルイジアナと命名
1689 第2次英仏百年戦争(〜1815)

ヨーロッパ(イギリス)
1600 東インド会社創設(1858解散)
1603 ステュアート朝(〜1714) ジェームズ1世即位
1620 ピューリタン(清教徒)の北米移住
1628 議会が権利の請願をチャールズ1世に提出
1640 イギリス(ピューリタン)革命(〜60)
1649 チャールズ1世処刑 共和政開始(〜60)
1651 航海法制定
1652 イギリス=オランダ戦争(〜74)
1660 王政復古, チャールズ2世即位
1673 審査法制定(1828廃止)
1679 人身保護法制定
1688 名誉革命(〜89)
1689 権利の章典成立, ウィリアム3世とメアリ2世の共同統治開始

ヨーロッパ(フランス)
1608 ケベック移民開始
1624 リシュリューの執政(〜42)
1642 マザランの執政(〜61)
1648 フロンドの乱(〜53)
1661 ルイ14世の親政(〜1715)
1664 東インド会社再建
1685 ナントの王令廃止

ヨーロッパ(ドイツ)
1618 三十年戦争(〜48ウェストファリア条約)

ヨーロッパ(ロシア)
1613 ロマノフ朝成立, ミハイル=ロマノフ即位
1682 ピョートル1世即位
1689 ネルチンスク条約
1700 北方戦争(〜21)

ロシア帝国、清、ジュンガル、チベット、ムガル帝国、マラーター王国、シャム（アユタヤ朝）、黎朝、広南朝（阮氏政権）、日本（江戸時代）など

地図注記：
- 1689 ネルチンスク条約による国境線
- 1673〜81 三藩の乱の地域
- ヌルハチの興起地
- 1603 江戸幕府成立
- 1623 アンボイナ事件
- 1619 オランダがバタヴィアを建設

その時日本は？　鎖国前後の日本の貿易

↓❶朱印状（前田育徳会蔵）

↓❷朱印船（長崎歴史文化博物館蔵）

家康・秀忠	1609	オランダ，平戸に商館を開設し，貿易開始
	1613	幕府，全国に禁教令を出す　イギリス，平戸に商館を開設
	1616	ヨーロッパ船の寄港を長崎・平戸に制限
	1624	スペイン船の来航禁止
家光	1629	この頃より，長崎で絵踏が始まる
	1636	ポルトガル人を出島に移す
	1637	島原の乱（〜38）
	1639	ポルトガル船の来航禁止
	1641	オランダ商館を出島に移す　オランダ風説書の提出（〜1859）

●朱印船と朱印状

江戸時代の初期は，幕府による積極的な貿易振興策ともいえる「朱印船貿易」が実施された。西国大名や堺の商人に海外渡航許可証である朱印状が与えられ，鎖国が完成する1635年までに約360隻が渡航したといわれる。

●長崎の出島

江戸幕府による鎖国は「国を鎖す」というよりもむしろ，キリスト教伝播を水際でくい止め，貿易の利益を独占するという点に特徴があったとされる。貿易相手国をキリスト教の布教に消極的なオランダ人に限定し，貿易を出島のみで行う「鎖国」がここに完成する。

↑❸1820年の復元図（歴史復元画家　中西立太）

●生類憐みの令

綱吉が生類愛護の主旨で出した一連の政策をいい，1685年に始まった。鷹の飼育禁止，捨牛馬の禁止などが知られる。また，犬愛護令では，幕府は犬の虐待防止のための役人配置や，捨犬収容用の大規模な犬小屋設置を行い，江戸市民の反感を買った。処罰は徐々にエスカレートしたため，「天下の悪法」と呼ばれたが，近年では，戦国時代以来の遺風を断ち，慈愛に満ちた秩序社会の実現を目指した政策として，評価されている。

↑❺犬の戸籍帳（1706年のもの）

アジア（インド）

1628	シャー=ジャハーン即位（〜58）
1658	アウラングゼーブ即位（〜1707）
1674	フランス，シャンデルナゴル占領
1690	イギリス，カルカッタ建設

アジア（中国）

1616	ヌルハチ，金（後金）建設
1636	ホンタイジ，国号を清と改称
1644	清が北京に入城，支配領域を拡大
1673	三藩の乱

アジア（日本）

1600	関ヶ原の戦い
1603	徳川家康，江戸幕府創設（〜1867），初代将軍となる
1604	糸割符制度開始
1607	通信使（朝鮮の使節）来日（以後，将軍の代替わりごとに来日）
1613	慶長遣欧使節派遣
1616	ヨーロッパ船の寄港を長崎・平戸に制限
1641	オランダ人を出島に移す（鎖国の完成）
1669	シャクシャインの戦い
1685	徳川綱吉，生類憐みの令発布（のち頻発）

←❹シェークスピア　ロンドンの俳優団に加入し，1590年ごろに独立して戯曲を書くようになった。作品数はおよそ37篇。各国語に翻訳され世界文学に影響を与えた。四大悲劇『ハムレット』『オセロ』『リア王』『マクベス』や喜劇『ヴェニスの商人』などが有名である。

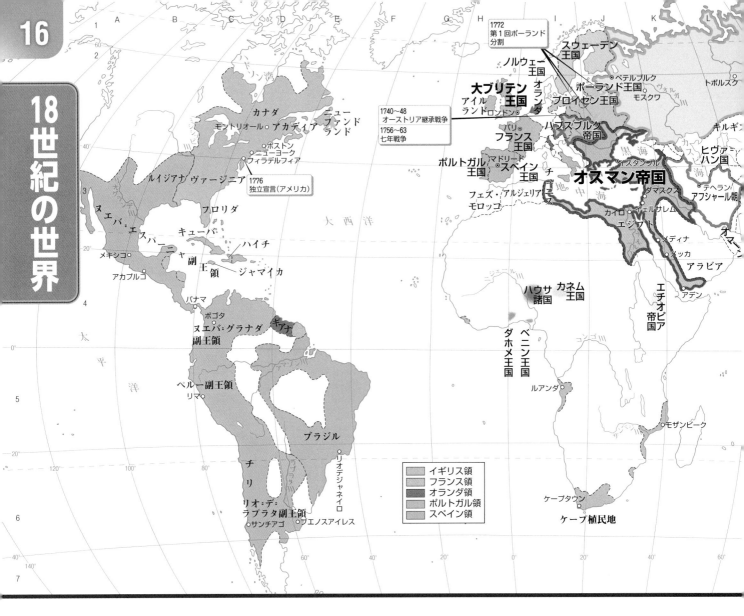

18世紀の世界

イギリス領
フランス領
オランダ領
ポルトガル領
スペイン領

地図ラベル（抜粋）

カナダ／ニューファンドランド／モントリオール／アカディア／ボストン／ニューヨーク／フィラデルフィア／ルイジアナ／ヴァージニア／**1776 独立宣言（アメリカ）**／ヌエバ・エスパーニャ／フロリダ／キューバ／ハイチ／ジャマイカ／メキシコ／アカプルコ／副王領／パナマ／ボゴタ／ヌエバ・グラナダ副王領／キアナ／ペルー副王領／リマ／ブラジル／リオデジャネイロ／チリ／リオ・デ・ラプラタ副王領／サンチアゴ／ブエノスアイレス／大西洋／太平洋

1772 第1回ポーランド分割／スウェーデン王国／ノルウェー王国／**大ブリテン王国**／アイルランド／ロンドン／オランダ／ポーランド王国／プロイセン王国／**フランス王国**／パリ／ハプスブルク帝国／ポルトガル王国／マドリード／**スペイン王国**／ペテルブルク／モスクワ／黒海／**オスマン帝国**／イスタンブル／ヒヴァ=ハン国／キルギス／アフシャール朝／テヘラン／ダマスクス／エルサレム／カイロ／**エジプト**／メディナ／メッカ／**アラビア**／アデン／オマーン／地中海／**1740～48 オーストリア継承戦争 1756～63 七年戦争**／フェズ・モロッコ／アルジェリア／ハウサ諸国／カネム王国／**エチオピア帝国**／ダホメ王国／ベニン王国／ルアンダ／モザンビーク／ケープタウン／ケープ植民地

アメリカ

1702 アン女王戦争（～13）
17～18世紀前半 13植民地成立（イギリス領）
1744 ジョージ王戦争（～48）
1754 フレンチ=インディアン戦争（～63パリ条約）
1765 **印紙法**発布
1767 タウンゼンド諸法令発布
1773 茶法発布，**ボストン茶会事件**
1774 第1回大陸会議
1775 **アメリカ独立戦争**（革命）（～83パリ条約）
1776 独立宣言（トマス=ジェファソン）起草
1787 アメリカ合衆国憲法採択
1789 初代大統領ワシントン就任

ヨーロッパ（イギリス）

1707 スコットランドと合併，大ブリテン王国成立
1714 ジョージ1世即位
1721 ウォルポール（ホイッグ党）内閣成立
1754 フレンチ=インディアン戦争（～63パリ条約）
1756 **七年戦争**（～63）
1775 **アメリカ独立戦争**（～83パリ条約，アメリカ合衆国の独立承認）

ヨーロッパ（フランス）

1701 スペイン継承戦争（～13ユトレヒト条約，14ラシュタット条約）
1789 **フランス革命**（～99），**人権宣言**発表
1792 国民公会成立，8月10日事件（王権の停止），**第一共和政**開始（～1804）
1793 ルイ16世処刑，第1回対仏大同盟結成，**恐怖政治**（ジャコバン派の独裁）
1794 テルミドール9日のクーデタ
1795 国民公会解散：総裁政府成立（～99）
1799 ブリュメール18日のクーデタ，統領政府成立（～1804）

←❸日本に入国するガリヴァー アイルランド生まれのスウィフトの諷刺小説『ガリヴァー旅行記』（1726年）は，「小人の国」「巨人の国」が特に有名であるが，ガリヴァーは日本にも訪れている（「ザモスキ」という小さな港町）。
「鎖国」下にあった日本の情報を，なんらかのかたちでスウィフトが得ていたのであろうか。

ロシア帝国

（地図内）

1727 キャフタ条約によるロシアと清の国境
1689 ネルチンスク条約によるロシアと清の国境
外興安嶺（スタノヴォイ山脈）
18世紀後半 ロシア人の南下

オムスク
コーカンド=ハン国
ブハラ=ハン国
ヒヴァ=ハン国
ウッラー朝

イルクーツク
ネルチンスク
キャフタ
バイカル湖
ハルハ部
チャハル部
青海部
ジュンガル部
カシュガル
回部
チベット
ラサ
シク王国
デリー
ムガル帝国
ベンガル
ネパール
マラーター同盟
ボンベイ
ゴア
ニザーム
マイソール王国
マドラス
ポンディシェリ
コーチン
コロンボ
スリランカ（セイロン）

蝦夷地
日本（江戸時代）
北京
漢城
朝鮮（李朝）
京都
長崎
清
西安
南京
寧波
厦門
台湾
広州
澳門
黎朝（鄭氏政権）
広南朝（阮氏政権）
シャム
アユタヤ
カンボジア
マニラ
フィリピン
ミンダナオ
ブルネイ
アチェ王国
マラッカ
パレンバン
バタヴィア
マカッサル

17世紀後半 江戸幕府の文治主義確立
1757 乾隆帝が貿易港を広州に限定

インド洋

（凡例）
清の最大領土
清の直轄地
清の藩部
国名 清の冊封体制下に入った国

その時日本は？ 江戸時代～洋学の発展

●洋学の発展～その特色とおもな洋学者

特色	・儒学・本草学などにより実証的関心が高まった ・徳川吉宗が漢訳洋書の輸入制限の緩和を行った ・医学，天文学，暦学，力学，地理学の分野で開化

人物	概要
新井白石（あらいはくせき）	イタリア人宣教師シドッチの審問で得た世界地理・風俗を『西洋紀聞』にまとめる
青木昆陽（あおきこんよう）	徳川吉宗の命でオランダ語を学び甘藷（さつまいも）の栽培を行う
前野良沢（まえのりょうたく）	杉田玄白と『解体新書』を訳述
杉田玄白（すぎたげんぱく）	前野良沢と『解体新書』を訳述。『蘭学事始』
平賀源内（ひらがげんない）	エレキテルなどを発明した科学者
伊能忠敬（いのうただたか）	全国の沿岸を測量。「大日本沿海輿地全図」

↑❶『解体新書』 ドイツ医書のオランダ語訳『ターヘル=アナトミア』を杉田玄白，前野良沢らが翻訳した。日本における本格的洋学発展のきっかけとなるできごとであった。

世界史の交差点 典礼問題～東西の文化の衝突

←❷乾隆帝とマカートニーの会見 中国式儀礼を拒否し，片膝（かたひざ）をつく儀礼をしている。乾隆帝は醜く描かれている。

乾隆帝
マカートニー

　イエズス会宣教師たちの布教活動は，中国の伝統的な典礼（孔子崇拝や祖先崇拝の儀式の執行や参加など）を容認し，それを利用したものであった。そのため，後に中国へ布教活動に入った宣教師たちとの間に論争がおこった。1704年教皇がイエズス会の布教方法を禁止し彼らを断罪したため，教皇と皇帝の間に衝突が生じた。これにより，1706年康熙帝はイエズス会以外のキリスト教布教を禁止し，1724年雍正帝はキリスト教の布教を全面的に禁止し，1757年乾隆帝は貿易港を広州一港に限定，事実上の鎖国に入った。
　中国とヨーロッパの衝突はその後も続いた。イギリスの使節マカートニーは，1793年に制限貿易撤廃を要求し，乾隆帝に謁見したが，貿易は清がイギリスに与えた恩恵であるという立場にある帝にとって対等の貿易関係はなく，その願いは叶わなかった。この後アマーストも同様の要求を行ったが，「三跪九叩頭」の皇帝に対する儀礼が侮蔑だとするアマーストは，皇帝との謁見さえ許されなかった。ヨーロッパと中国の外交はいつもこのような衝突がつきものであった。

ヨーロッパ（ドイツ）

1701	プロイセン王国の成立
1740	オーストリア継承戦争（～48）
1756	**七年戦争**（～63）
1772	第1回ポーランド分割
1781	農奴解放令，宗教寛容令
1793	第2回ポーランド分割
1795	第3回ポーランド分割

ヨーロッパ（ロシア）

1727	キャフタ条約
1762	エカチェリーナ2世即位（～96）
1772	第1回ポーランド分割
1773	プガチョフの農民反乱（～75）
1792	ラクスマン，訪日
1793	第2回ポーランド分割
1795	第3回ポーランド分割

アジア（日本）

1715	海舶互市新例
1732	享保の改革
1742	公事方御定書
1778	ロシア船，蝦夷地厚岸に来航し，松前藩に通商要求（翌年拒否）
1782	伊勢の船頭大黒屋光（幸）太夫ら遭難，ロシア人に救われ，エカチェリーナ2世に謁見。天明の飢饉
1787	寛政の改革（～93）
1792	ロシア使節ラクスマンら，光太夫らを護送して根室に来航，通商要求

Key Person エカチェリーナ2世

　プロイセンの小公国アンハルト=ツェルプスト家の娘で，16歳の時にのちのピョートル3世と結婚した。1761年に即位したピョートル3世が周囲の信頼を失うと，近衛連隊によるクーデタ（宮廷革命）をおこし自ら即位した。民衆向けに啓蒙小説を書いたので「作家の女帝」とも呼ばれる。

事前準備：班分け（3〜5人）をし，進行係・記録係を決めよう。

(1)「**①** 船で運ぶ，より遠くへ」について，できるだけたくさんの問いをつくりなさい。

授業の4つのルール
①できるだけたくさんの問いを出す。
②話し合ったり，評価したり，答えを言ったりしない。
③発言のとおりに問いを書きだす。
④意見や主張は疑問文に書き直す。

(2)自分たちがつくった問いを「閉じた問い」と「開いた問い」に分類しなさい。次に，それぞれの例となる問いを出し，それをもう一方の問いに書き換えなさい。「閉じた問い」と「開いた問い」で，どのような回答が得られるかを考え，2種類の問いの特徴をあげなさい。

閉じた問い：「はい」か「いいえ」，もしくは短い言葉で答えられるもの
開いた問い：説明が必要なもので，「はい」か「いいえ」もしくは短い言葉で答えられないもの

(3)「**②** 商品でつながる世界」について，上記(1)〜(2)の手順で問いをつくり，分類しなさい。ただし，問いの書き換えは省略してよい。

(4)「**①** 船で運ぶ，より遠くへ」と「**②** 商品でつながる世界」を関連づけて，あたらしい問いをつくりなさい。

(5)つくった問いのなかから，とても知りたいと思う問いを3つ選びなさい。これら3つを選んだ理由をまとめなさい。

(6)選んだ3つの問いを使って，どのようなことが学べるかを考えてまとめなさい。

❶ 船で運ぶ，より遠くへ

Ⓐ 海運の発達（遠洋航路図）

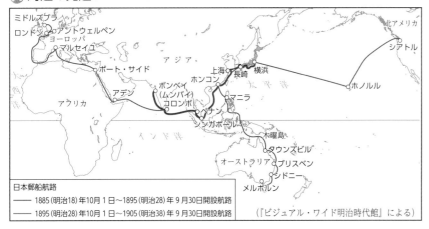

日本郵船航路
―― 1885（明治18）年10月1日〜1895（明治28）年9月30日開設航路
―― 1895（明治28）年10月1日〜1905（明治38）年9月30日開設航路

（『ビジュアル・ワイド明治時代館』による）

Ⓑ 綿花の輸入先

（単位：％）

年	インド	アメリカ	中国	その他	総額（万円）
1895（明28）	31.0	0.9	57.0	11.1	2,482
1896（明29）	59.1	13.1	26.0	1.8	3,257
1897（明30）	59.0	16.7	22.1	2.2	4,362
1898（明31）	54.3	32.2	11.0	2.5	4,574
1899（明32）	63.2	26.5	7.3	3.0	6,221

（『日本経済統計総観』）

❷ 商品でつながる世界

メモ

商標　自社の商品を他社の商品と見分けるための印
商会　商業上の組織

① 中世の機織り作業

事前準備：班分け（3～5人）をし，進行係・記録係を決めよう。

(1)「① 中世の機織り作業」について，できるだけたくさんの問いをつくりなさい。

授業の4つのルール
①できるだけたくさんの問いを出す。
②話し合ったり，評価したり，答えを言ったりしない。
③発言のとおりに問いを書きだす。
④意見や主張は疑問文に書き直す。

(2)自分たちがつくった問いを「閉じた問い」と「開いた問い」に分類しなさい。次に，それぞれの例となる問いを出し，それをもう一方の問いに書き換えなさい。「閉じた問い」と「開いた問い」で，どのような回答が得られるかを考え，2種類の問いの特徴をあげなさい。

閉じた問い：「はい」か「いいえ」，もしくは短い言葉で答えられるもの

開いた問い：説明が必要なもので，「はい」か「いいえ」もしくは短い言葉で答えられないもの

(3)「② 近代の機織り作業」について，上記(1)～(2)の手順で問いをつくり，分類しなさい。ただし，問いの書き換えは省略してよい。

(4)「① 中世の機織り作業」と「② 近代の機織り作業」を関連づけて，あたらしい問いをつくりなさい。

(5)つくった問いのなかから，とても知りたいと思う問いを3つ選びなさい。これら3つを選んだ理由をまとめなさい。

(6)選んだ3つの問いを使って，どのようなことが学べるかを考えてまとめなさい。

② 近代の機織り作業

メモ

① 自由を歌に込めて

Ⓐ 植木枝盛　民権数え歌

五ツトセー　五つにわかれし五大洲（ごだいしゅう）　中にも亜細亜（あじあ）は半開化（はんかいか）　コノかなしさよ
六ツトセー　昔おもえば亜米利加（あめりか）の　独立なしたるむしろ旗（ばた）　コノいさましや
十二トセー　西と東はひるとよる　文明野蛮のわかちこそ　コノくちをしさ
十三トセー　栄え行く世のそのもとは　民（たみ）の自由にあるぞいな　コノしれたこと
十五トセー　五大洲中の亜米利加は　自由の国のさきがけぞ　コノうれしさよ
二十トセー　日本は亜細亜の灯明台（とうみょうだい）　消えては東洋が闇となる　コノ照（てら）さんせ

事前準備：班分け（3～5人）をし，進行係・記録係を決めよう。

(1)「① 自由を歌に込めて」について，できるだけたくさんの問いをつくりなさい。

授業の4つのルール
①できるだけたくさんの問いを出す。
②話し合ったり，評価したり，答えを言ったりしない。
③発言のとおりに問いを書きだす。
④意見や主張は疑問文に書き直す。

(2)自分たちがつくった問いを「閉じた問い」と「開いた問い」に分類しなさい。次に，それぞれの例となる問いを出し，それをもう一方の問いに書き換えなさい。「閉じた問い」と「開いた問い」で，どのような回答が得られるかを考え，2種類の問いの特徴をあげなさい。

閉じた問い：「はい」か「いいえ」，もしくは短い言葉で答えられるもの
開いた問い：説明が必要なもので，「はい」か「いいえ」もしくは短い言葉で答えられないもの

(3)「② ふさがれる口」について，上記(1)～(2)の手順で問いをつくり，分類しなさい。ただし，問いの書き換えは省略してよい。
(4)「① 自由を歌に込めて」と「② ふさがれる口」を関連づけて，あたらしい問いをつくりなさい。
(5)つくった問いのなかから，とても知りたいと思う問いを3つ選びなさい。これら3つを選んだ理由をまとめなさい。
(6)選んだ3つの問いを使って，どのようなことが学べるかを考えてまとめなさい。

② ふさがれる口

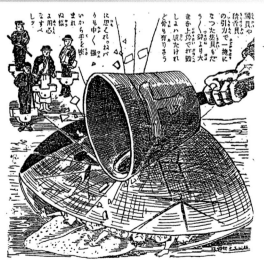

> 国貝（こっかい）や猿舌貝（えんぜつかい）の引力で一塊（ひとかたまり）になった集貝（しゅうかい）もとうとう鐘（つりがね）より大きな上鈴（じょうれい）で打毀（うちこわ）し……

↑❷集貝（集会），猿舌貝（演説会），上鈴（条例）

←❶演説家と警察官

メモ

① 江戸時代の子どもたち

↑❶「一掃百態　寺子屋図」(渡辺華山 文政元年)(田原市蔵)

② 明治時代の子どもたち

↑❷1877(明治10)年頃の小学校の授業風景

事前準備：班分け(3～5人)をし，進行係・記録係を決めよう。

(1)「① 江戸時代の子どもたち」について，できるだけたくさんの問いをつくりなさい。

授業の4つのルール
①できるだけたくさんの問いを出す。
②話し合ったり，評価したり，答えを言ったりしない。
③発言のとおりに問いを書きだす。
④意見や主張は疑問文に書き直す。

(2)自分たちがつくった問いを「閉じた問い」と「開いた問い」に分類しなさい。次に，それぞれの例となる問いを出し，それをもう一方の問いに書き換えなさい。「閉じた問い」と「開いた問い」で，どのような回答が得られるかを考え，2種類の問いの特徴をあげなさい。

閉じた問い：「はい」か「いいえ」，もしくは短い言葉で答えられるもの

開いた問い：説明が必要なもので，「はい」か「いいえ」もしくは短い言葉で答えられないもの

(3)「② 明治時代の子どもたち」について，上記(1)～(2)の手順で問いをつくり，分類しなさい。ただし，問いの書き換えは省略してよい。

(4)「① 江戸時代の子どもたち」と「② 明治時代の子どもたち」を関連づけて，あたらしい問いをつくりなさい。

(5)つくった問いのなかから，とても知りたいと思う問いを3つ選びなさい。これら3つを選んだ理由をまとめなさい。

(6)選んだ3つの問いを使って，どのようなことが学べるかを考えてまとめなさい。

B 近代化と私たち

(1) 近代化への問い

メモ

❶ 産業革命期のイギリスの工場

事前準備：班分け（3～5人）をし，進行係・記録係を決めよう。

(1)「❶ 産業革命期のイギリスの工場」について，できるだけたくさんの問いをつくりなさい。

　授業の4つのルール
　①できるだけたくさんの問いを出す。
　②話し合ったり，評価したり，答えを言ったりしない。
　③発言のとおりに問いを書きだす。
　④意見や主張は疑問文に書き直す。

(2)自分たちがつくった問いを「閉じた問い」と「開いた問い」に分類しなさい。次に，それぞれの例となる問いを出し，それをもう一方の問いに書き換えなさい。「閉じた問い」と「開いた問い」で，どのような回答が得られるかを考え，2種類の問いの特徴をあげなさい。

　閉じた問い：「はい」か「いいえ」，もしくは短い言葉で答えられるもの

　開いた問い：説明が必要なもので，「はい」か「いいえ」もしくは短い言葉で答えられないもの

(3)「❷ 働き手とその待遇」について，上記(1)～(2)の手順で問いをつくり，分類しなさい。ただし，問いの書き換えは省略してよい。

(4)「❶ 産業革命期のイギリスの工場」と「❷ 働き手とその待遇」を関連づけて，あたらしい問いをつくりなさい。

(5)つくった問いのなかから，とても知りたいと思う問いを3つ選びなさい。これら3つを選んだ理由をまとめなさい。

(6)選んだ3つの問いを使って，どのようなことが学べるかを考えてまとめなさい。

❷ 働き手とその待遇

Ⓐ 18世紀半ばのイギリスの工場労働者の性別と年齢構成（%）

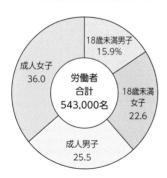

（「19世紀イギリスにおける女性労働と低賃金」）

Ⓑ 工場労働における週給の賃金格差（シリング）

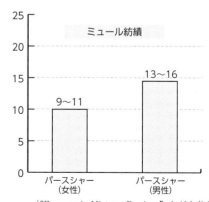

（"Economic History Review"などを参考に作成）

メモ

移民

① 人々の移動（1821〜1910年）

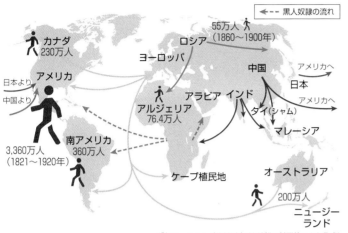

（『朝日＝タイムズ世界歴史地図』朝日新聞社により作成）

メモ

事前準備：班分け（3〜5人）をし，進行係・記録係を決めよう。

(1)「① 人々の移動」について，できるだけたくさんの問いをつくりなさい。

　授業の4つのルール
①できるだけたくさんの問いを出す。
②話し合ったり，評価したり，答えを言ったりしない。
③発言のとおりに問いを書きだす。
④意見や主張は疑問文に書き直す。

(2)自分たちがつくった問いを「閉じた問い」と「開いた問い」に分類しなさい。次に，それぞれの例となる問いを出し，それをもう一方の問いに書き換えなさい。「閉じた問い」と「開いた問い」で，どのような回答が得られるかを考え，2種類の問いの特徴をあげなさい。
閉じた問い：「はい」か「いいえ」，もしくは短い言葉で答えられるもの
開いた問い：説明が必要なもので，「はい」か「いいえ」もしくは短い言葉で答えられないもの

(3)「② アメリカへの移民」について，上記(1)〜(2)の手順で問いをつくり，分類しなさい。ただし，問いの書き換えは省略してよい。
(4)「① 人々の移動」と「② アメリカへの移民」を関連づけて，あたらしい問いをつくりなさい。
(5)つくった問いのなかから，とても知りたいと思う問いを3つ選びなさい。これら3つを選んだ理由をまとめなさい。
(6)選んだ3つの問いを使って，どのようなことが学べるかを考えてまとめなさい。

② アメリカへの移民

↑❶移民に対するさまざまな立場からの見方を象徴的に描いた風刺画（1903年『ジャッジ誌』）　当時の人々の移民に対する思いが読み取れる。

コラム
「種痘施行図」 ～江戸幕府による蝦夷地の「内国化」政策～

↑❶平澤屏山筆「種痘施行図」（東北福祉大学芹沢銈介美術工芸館蔵）

「種痘施行図」を読み解く

　この絵には実に多くの人物が描かれているが，よく見ると丁髷に羽織姿の「和人」とアットゥシを着たアイヌが描かれている。数えてみると，和人は12人，アイヌは約80人おり，女性や子どもの姿も見られる。

　絵の右上，衝立の前に敷物に座る3人の和人がいる。中央に座るのが箱館奉行の村垣範正，両脇の2人は配下の武士であろう。その前に剃髪した和人が2人いる。彼らは医師で，赤い敷物に座っているのが桑田立斎，その隣が弟子の西村文石であると思われる。アイヌの腕をとって種痘を施しているところであり，それがこの絵の主題である。医師の左右には，種痘を終えたアイヌの人々の名前を記している役人がいる。さらに敷物の外からも眺めている商人がいる。ここは箱館奉行所の中とされている。

　絵の右側から腰をかがめてやってくるアイヌの人々や，左上の方に集まっているアイヌの人々はこれから種痘を受けるのであろうか。左下には囲炉裏があり，こちらに集まっているアイヌは表情も和らいでおり，中には煙草を吸っている人もいる。おそらくは種痘を終えた人々であろう。ちなみに，アイヌが腰をかがめて歩くのはヲンガミといって相手に敬意を払った作法であった。

　さて，奉行の座る衝立の後ろには，布帛，陣羽織，奉書紙，刀の鍔，ガラス玉，耳たらい，湯桶などの漆器が積み上げられている。いずれもアイヌにとっての垂涎の宝物とされており，種痘を終えたアイヌの人々に褒美として与えた品々であろう。当初，種痘を恐れて逃げ回っていたというアイヌを懐柔した幕府の苦心も想像できる。

幕府医師団の種痘実施

　この絵の背景について述べてみよう。19世紀中ごろ，蝦夷地に天然痘が蔓延したのを憂いた箱館奉行の村垣範正が幕府に医師団派遣を要請し，その結果，1857（安政4）年に蘭方医の桑田立斎たちが蝦夷地に派遣された。桑田立斎の同行者は，門弟の西村文石ほか3人に若党4人，種痘児1人とその父母2人の合計11人だったという。

　東蝦夷地は桑田立斎，西蝦夷地は箱館に在住していた深瀬洋春が

担当することになった。アイヌの人々は最初は嫌がって山中に逃げ隠れしていたが，説得が功を奏して3か月間に約6,000人に集団種痘を実施した。この絵は，その様子を商人の杉浦嘉七がアイヌ絵師の平澤屏山に依頼して描かせたものである。

平澤屏山とアイヌ絵

　作者の平澤屏山は，陸奥国稗貫郡大迫（現岩手県花巻市）で生まれ，弘化年間（1844～48）ごろに蝦夷地に渡り，絵馬を描いて生活していた。その後，箱館の豪商・杉浦嘉七の知遇を得て，その請負場所である日高や十勝を訪ねてアイヌの家に住み，その気持ちになりきってその風俗を描くようになったという。この「種痘施行図」のほかに「アイヌ風俗十二ヶ月屏風」などの作品もよく知られている。

　そもそもアイヌは人間や動物の姿を描くことはしなかった。悪霊が取り憑いて災いをなすと考えていたからである。だから「アイヌ絵」というのは，和人によって描かれたアイヌの風俗等を主題にした絵画で，和人の蝦夷地への関心も高まる18世紀ころから描かれはじめた。エキゾティズムをかき立てるアイヌ絵は，知識層の博物学的関心や庶民の好奇心を反映して，盛んに流布したという。平澤屏山はそうしたアイヌ絵師の一人であった。

幕府はなぜアイヌに種痘を行ったのか？

　天然痘はウイルスを病原体とする感染症で，致死率が高いことから非常に恐れられていた。1796年にイギリスのジェンナーが発見した牛痘種痘法が世界中に伝播したことから，やがて克服され，1980年にWHOは天然痘根絶を宣言するに至っている。

　幕末の時期，種痘は当時世界でも最先端の医療技術であり，医師団を蝦夷地に派遣することは幕府にとってかなり経済的負担となる事業であった。さらに，種痘を嫌がるアイヌたちを土産物まで用意して説得していたのである。従来「異域」とされていた蝦夷地の「化外の民」であるアイヌへの手厚い医療行為の背景には，一体何があったのだろうか。

　それは，19世紀以降のロシアの積極的な進出という国際環境の変化が大きな要因である。それに対応して，幕府は1799～1821年の前期幕領期，1855～68年の後期幕領期と2回にわたり蝦夷地の直轄を行っている。そこには，蝦夷地を内国化し，アイヌを国民化しようという政治的姿勢が見えるのである。

　「国民国家」とは，ヨーロッパ諸国では市民革命を経て誕生しているが，確定した領土を持ち，そこに住む国民を主権者とする国家体制のことである。国民は，国家の一員としての帰属意識（アイデンティティー）を持つため，その同質性を前提として結合するという特徴を持つとされる。江戸幕府は，蝦夷地における領土確定のための調査団や測量団をすでに派遣していたが，そこに住むアイヌを国民として扱う姿勢がここに現れ，「人別帳」を作成してアイヌを把握することや，「三官寺」（有珠の善光寺，様似の等樹院，厚岸の国泰寺）という仏教寺院を建立してアイヌへの布教をおこなわせるなど，後に明治政府によっておこなわれる同化政策の前段階としての取組が見えるのである。

コラム
日本の近代化を実践・提起したジョセフ＝ヒコ(浜田彦蔵)

外国での見聞体験の図を読み解く

　幕末から明治期を生きアメリカへの漂流体験をもとに日本の近代化を試みた人物に浜田彦蔵(当初は彦太郎,ジョセフ＝ヒコ,のちに彦蔵)がいる。

　彦蔵は播磨国(兵庫県)の農家に生まれ,現在の静岡県の沖合で乗り合わせた船が難破してしまう。太平洋を漂流しアメリカ船に救助されサンフランシスコにたどりついた。

↑❶「彦蔵漂流記」(『海外渡航記叢書4』所収)

　彦蔵は洗礼を受け,アメリカに帰化し,ジョセフ＝ヒコと名乗る。彼は歴代の二人の大統領とも会見している。

　ヒコはメキシコとアメリカの戦争(1846～48年)を見聞する機会を得,この印象を自身の漂流体験記に記録した。

　ヒコはこの戦争を目撃することで,近代国家のあるべき姿をどのように描くようになったのだろうか。

　❶の戦闘場面の特徴の読解とあわせて「国家」を考えてみたい。

日本の近代化を多方面で実践

　ヒコは日本に帰国してから,開港直後の神奈川で領事通訳となり商社を設立した。まもなく南北戦争中のアメリカに渡り,リンカン大統領に謁見し日本の政治情勢を伝えた。そしてアメリカの民主主義についてレクチャーを受ける。

　このリンカン直伝の民主主義の考え方は,後年ヒコを通じて木戸孝允や伊藤博文に伝えられることになる。

　日本に3度目の帰国を果たしてからはアメリカ領事館で通訳となり下関砲撃に参加し,『海外新聞』を発行した。ヒコの情報源はアメリカやヨーロッパの新聞であり,これを日本語で訳したのである。リンカン暗殺は同誌により日本に伝えられた。

　その他長崎に移り同地のグラバー商会と佐賀藩鍋島直正の間を仲介し,高島炭坑の共同経営を成立させた。

　当時この炭坑から掘り出される石炭は東アジアでもその優良なものと認識されていた。

　日本人と外国人が共同経営するのは国内初であるが間もなく破産する。

　このようにヒコは開国後の日本で実に多方面にわたる活動をおこなったがいずれも成功したとはいえない。

　しかし近代化推進の先駆となるものであった。

どのような政治・経済施策を幕府に提案したのか

　ヒコが1862(文久2)年に作成し幕府に提出した「問答」という史料が残されている。強調している点を抽出してみよう。
①日本は開国貿易を推進すれば経済が充実し,イギリスに匹敵する存在となる。
②アメリカではワシントンを中心とした合衆国建国が成功し,ロシアではピョートルによる近代化が国力増強の画期となった。
アメリカ以外の諸国の事情にも通じていたことがわかる。

①国家間で一度開戦すると戦意が自然と高揚してしまう。
②敗北すると国力は弱まり勝利しても人命財産を失う。

↑❷戦争を目撃したヒコの感想
(朝日新聞社提供)

　1865(慶応元)年に外国奉行に提出した「国体草案」はさらに注目すべき内容である。
①三院制(大統領に見立てた「大君」を中心にした行政府・諸大名の議院,百姓や町人の議院)を主張する。
②信教や言論の自由等が書かれている。
百姓・町人の政治参加や人権の保障などの民主主義の特色がみられる。

　この「国体草案」は合衆国憲法に依拠した日本の憲法草案であったという評価もなされている。

　しかし,まったくの模倣ではなく日本独自のスタイルも盛り込んでいることも読み取りたい。

明治政府へはどのような建議をおこなったか

　さらに1871(明治4)年に政府に提出した「存寄書」では下記を強調している。
①廃藩置県政策に対する批判
②大名の旧領への復帰・連邦国家制
③衛生・消防,労働者の就業規則など,国民の生活全般にわたる内容
ほぼ同時期に提出されたと考えられる「改革箇条書」では,経済に関わる役所組織や規則,港湾行政,電信・郵便の官営,逆に鉱山・鉄道の民営などを提唱する。

　「存寄書」・「改革箇条書」ともに政府の急進的政策に歯止めをかけ,国民目線による生活全体を見据えた細部にわたる提起がなされている。

　ヒコがめざした近代化日本の形は受け入れられることはなかった。その発想はアメリカでの体験に起因していたがその模倣ではなかった。

　ヒコのめざす国政はいかなるものだったのか,現代日本にも通ずる課題もなかったかを,いまあらためて考えてみたい。

コラム

国家主導の絵画制作 ～ナポレオンのエジプト遠征から考える～

ナポレオンのエジプト遠征

1798年7月1日，ナポレオン=ボナパルトが率いる約5万のフランス軍がエジプトに現れた。いわゆるエジプト遠征である。フランス軍は，敵国であるイギリスとインドの間の連絡を絶つことを目的にエジプトの軍事侵略を進めようとした。

近代装備のフランスは，現地のイスラーム勢力の軍隊をカイロから追放した。しかし，アブキール湾の戦いにより，イギリスのネルソン提督の艦隊に完敗すると，ナポレオンはフランスに帰国し，皇帝への道を歩むことになる。一方，エジプトに残されたフランス軍は，イギリス軍に降伏し，エジプト遠征は幕を閉じる。

このようにナポレオンの経歴から見れば，負のイメージに結びつきかねない「エジプト遠征」だが，実際には絵画のテーマとして好まれる傾向にあった。それはなぜか。そして，「エジプト遠征」はどのように描かれたのか。

国家主導による絵画制作

ナポレオンが支配する時代，国家がテーマを与えて絵画を注文制作することが多くあった。その中で，フランス政府が多く注文した絵画のテーマはナポレオン軍を描いた「戦争画」だった。その中でも，エジプト遠征は好まれるテーマだった。そして，画家たちもまた，国家に購入してもらうことを期待しながら，多くのエジプト遠征の絵画を制作した。

なぜ戦争画が好まれることになったのか。その理由については，ナポレオン自身が次のように記している。

—— 余の願いは，過去15年間の記憶を永続させるような主題に芸術が取り組むことである。……芸術家たちには，聖史ではなく，軍隊と国民が光彩を放つようなおこないをもっぱら取りあげるよう仕向けるべきであるにもかかわらず，そうさせられないでいることに驚きを禁じ得ない。それらのおこないこそが，帝位の玉座をうち立てた出来事ではなかったのではないか。（1805年8月6日の書簡より）

この書簡の書かれた1805年8月といえば，第3回対仏大同盟が結成された時であり，イギリスとの戦争が本格的に始まる直前だった。つまり，フランス国内をまとめることが強く必要な時期だった。

テレビも映画もない時代，絵画は唯一の視覚メディアであった。戦争画はナポレオンの支配を正統化させるプロパガンダ（政治宣伝）として動員されていた。

どのように描かれたか

2枚の絵画を見てみよう。左の絵画はナポレオン時代の戦争画を多く描いたグロの『ピラミッドの会戦を前にしてフランス軍に訓示する皇帝陛下』である。ピラミッドの戦いにおいて，ナポレオンは「行け，ピラミッドの高みから4000年がわれわれを見つめていることを思いいたせ」と軍隊を鼓舞したとされる。この戦いにおけるナポレオンの栄光が4000年の歴史を象徴するピラミッドとともに描かれている。

↑❷『カイロの反徒を赦す皇帝陛下』（1808年）

もう一枚の絵は，ゲランの『カイロの反徒を赦す皇帝陛下』である。エジプトのカイロで起こったアラブ人の暴動に対して，ナポレオンは一段高い位置から対峙している。ここには，許しを請うアラブ人たちに，寛大な心で接している皇帝の姿が描かれている。

絵画に見るオリエンタリズム

いま一度2枚の絵画を見てみよう。これらの絵画からは，フランス軍とエジプトの人々を対照的に描くことにより，両者の優劣を際立たせている隠れた意図が読み取れないだろうか。特に2枚目の絵画に描かれているアラブ人の人々の鋭い眼光に注目してみよう。その眼差しは「許しを請う」というにはほど遠く，むしろ，いつか反乱を起こそうとする怒りに満ちているようにも見える。ここからは，寛大なフランス人と悔い改めないアラブ人の対比関係を描こうとする隠れた意図を読み取ることができないだろうか。

ヨーロッパ人のオリエント（中東，西アジアの人々）に対する差別意識を「オリエンタリズム」という。エジプト遠征の絵画からは，ナポレオンの支配の正当性を高める政治宣伝のための手段として「オリエント」の人々を利用した隠れた意図が浮かび上がってくる。

↑❶『ピラミッドの会戦を前にしてフランス軍に訓示する皇帝陛下』（1810年）

コラム 朱子学を大成した朱熹のイメージ ～『朱子語類』を読む～

朱子学とは，中国南宋時代に朱熹(朱子，1130～1200)によって大成された儒学思想のひとつである。漢唐の訓詁学と区別して，北宋にはじまる新潮流の儒学思想を宋学といい，特に北宋の周敦頤，その弟子の程顥・程頤兄弟を中心とする思想家集団を道学という。つまり，朱子学は宋学・道学思想を継承した朱熹が独自の見解を加味しながら組み立てた壮大な哲学思想体系である。そして士大夫層に受容された朱子学は，元代の科挙に取り入れられて以来，明清時代を通じて正統儒学思想として学び続けられただけでなく，朝鮮王朝や日本(特に江戸時代)，ベトナムにも受け入れられ，朱熹が編纂した四書(『大学』『論語』『孟子』『中庸』)の注釈書である『四書章句集注』が近世東アジアにおける知識人たる者の必読書となった。

このような朱子学や朱熹という人物について，どのようなイメージを抱くだろうか。高校の歴史の教科書では，世界史・日本史を問わず朱子学について「大義名分論」を重視した，体制維持のためのイデオロギーや，御用学問としての側面が強調されている。特に日本では，朱子学嫌いで有名な荻生徂徠が「学んでむしろ諸子百家曲芸の士となるも，道学先生たることを願わず」(『学則』)といったように，「道学先生」という言葉は，道徳のみを重んじ，世間のことには通じず，人情を無視する偏屈な人を批判的に指すことも多い。

しかし，朱熹という人物や彼の思想そのものが持つイメージは，「朱子学」や「道学先生」の持つそれとは大きく異なる。まず，朱熹自身は19歳で科挙に合格(合格者330人中278位での合格)して以来，地方官として民政の現場で奔走した科挙官僚なのであって，書斎に一人閉じこもって思索にふけるタイプの思想家ではなかった。地方官時代に実施した救荒策や地域社会の秩序を図った施策(社倉法など)は，朱熹の名地方官としての側面を表すこととして，幕藩体制下の日本においても受容された。

次に，朱子学という学問体系は，朱熹個人の思想というより，朱熹という人物を中心に形成された学団によって作り上げられていったと考えた方がよい。つまり，朱熹に思想的に影響を与えた師の李侗，友人の張栻と呂祖謙，論敵の陸九淵らだけでなく，多くの弟子の存在が朱子学形成に大きな役割を果たしていた。ある研究によれば，確実に弟子とよべる者は488名(別の研究では495名)いたとされる。朱熹の死後，彼の発言や手紙などを編纂したり，朱熹思想の入門書を編纂したりするなど，「朱熹の思想」を「朱子学」に体系化したのは，この弟子たちであった。彼らが編纂した書物が朱子学普及に果たした役割は非常に大きい。

とりわけ朱熹と弟子たちとの学びのようすをリアルに伝えるのが，『朱子語類』という書物である。この書物は朱熹とその弟子たちとの間の問答を編纂したもので，内容は宇宙天地の成り立ちから，経書の解釈に関すること，修行方法，時事問題に至るまで多岐にわたる。特に多くの弟子たちが抱いた悩みのひとつが，聖賢の学問と科挙の受験勉強との両立の問題であった。儒学の徒としてあるべきは，「聖人」になることを目標とした経書の読み込みと日常生活におけるその実践なのであり，立身出世を目的とした科挙の受験勉強は，聖賢の学問の成就には邪魔になるのではない

か，しかし，自己の栄達だけでなく一族の期待を背負っているのであるから，簡単には科挙受験を放棄することはできない。そういった悩みを持つ者たちが，朱熹のもとを多く訪れた。例えば，科挙の受験勉強に力を入れている弟子に対して，朱熹は「経書を読もうとしないで，科挙用の文章ばかりを読んで，先々いったいどんな人物になろうとしているのか，言ってみなさい。何度も受験しても受からず，年をとってそんなふうにしょぼくれてしまい，田舎で浮き沈みを繰り返しているだけではないか。かりに科挙用の文章で役人になれたとしても，まったくいい加減で，国のため民のため利を興し害を除くべく，心を尽くして奉職することなどあるまい」と，非常に手厳しい。また，一方では貧しさを理由に科挙の準備をしている者に対しては，「家が貧しく親が年老いている以上，科挙を受けないわけにはいくまい。しっかり科挙の準備をさせてやることだ」と，科挙受験に理解を示す。

『朱子語類』は，朱熹の思想が政治的社会的実践の中で築き上げられてきたこと，また同時にそれが多くの師友や弟子，論敵との議論を通して形成されてきたことを生き生きと伝える。つまり，そこにはもはや体制維持のためのイデオロギーとしての「朱子学」や「道学先生」のイメージはなく，疑問や悩みを持って集った多くの弟子たちに対し，朱熹自身も常に「いかに生きるべきか」「何が正しいのか」に悩みながら，時には厳しく，時には寄り添いながら彼らを教え導く，生身の人間朱熹の姿を読み取ることができるのである。

➡❶朱熹(朱子)
宋学の大成者。南宋の出身。彼の開いた朱子学は儒学の正統に位置づけられ，朝鮮・日本などにも絶大な影響を与えた。

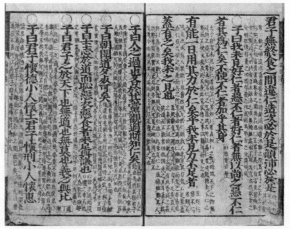

⬆❷『四書章句集注』 天保(1830～44)年間に日本で刊行された『四書章句集注』である。

18世紀のアジアの経済と社会

アジアは生産の拠点として世界とつながった

❓ メイン・クエスチョン

18世紀の中国や日本では，どのように商品生産がおこなわれたのだろうか。また，なぜヨーロッパの人々はそれらを求めたのだろうか。

🔑 キーワード

海の貿易，更紗，茶，香辛料，陶磁器，東南アジア貿易，インド洋

❶ 「世界の一体化」

❓ サブ・クエスチョン

ヨーロッパとアジアは，いつ，どのようにつながったのだろうか。

Ⓐ 大航海時代以降の地図

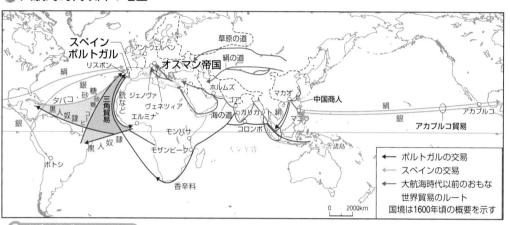

凡例：
■ ポルトガルの交易
■ スペインの交易
■ 大航海時代以前のおもな世界貿易のルート
国境は1600年頃の概要を示す

0　2000km

解説 大航海時代の結果，商業革命，価格革命により世界の一体化が進んだ。地図を見ると，三角貿易，アカプルコ貿易以外の東・東南・南アジアをつなぐルートが示されている。アジアでは，近年，沈没船から引き揚げられた交易品の分析や都市の発掘により，多くの生産拠点の存在と複雑な流通網が見えてきた。アジアでは，他に多数の品目が生産され，貿易の覇権を握った国が媒介し，ヨーロッパも含めた世界流通が推進された可能性がある。

❶17世紀のインド更紗

❓ サブ・サブクエスチョン

①東・東南・南アジアをつなぐルートでは，どのような品目が取引されていたのだろうか。地図から読み取ろう。
②写真❶のインドの織物（更紗）は，ヨーロッパのみならず東南アジアや日本にも輸出され，ヨーロッパではインド更紗を手本にした独自の更紗が生産されていたことが指摘されている。ここから，どのような貿易の流れがあったと考えられるだろうか。

Ⓑ オランダ人と日本の貿易

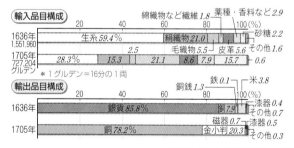

輸入品目構成

		生糸 59.4%		絹織物 21.0		綿織物など繊維 1.8 薬種・香料など 2.9 砂糖 2.2

1636年 1,551,960

1705年 727,204グルデン　28.3%　15.3　2.5　21.1　毛織物 5.5　皮革 5.6　8.6　7.9　15.7　その他 1.6 / 0.6

* 1グルデン＝16分の1両

輸出品目構成

1636年　銀貨 85.8%　鉄 0.1　銅 7.9　銅銭 1.3　漆器 0.4　その他 0.7

1705年　銅 78.2%　金小判 20.3　磁器 0.7　米 3.8　漆器 0.5　その他 0.3

（『オランダ東インド会社の歴史』による）

解説 日本とオランダとの貿易に関するグラフである。輸出品・輸入品の構成がよくわかる。1637年段階と1705年段階とを比較すると，品目が変化していることが見えてくる。

❓ サブ・サブクエスチョン

①金は日本国内での産出量が減り，輸出の頻度も少なくなったのではなかったか。グラフにある「金小判」の名称から，どのような使途に供されたと考えられるだろうか。
②グラフ中の陶器は，この時点では割合が少ないながら漆器とともに外国への輸出は増えている。磁器・漆器は，日本国内ではいつから生産されたのだろうか。

Ⓒ オランダ人が認識した日本との貿易

> **ツュンベリー『江戸参府随行記』**
> 　現在，オランダ人は毎年，船2隻だけを日本へ航行させる。(a)その船は6月にはバタヴィアで整えられそして年末にはバタヴィアへ戻る(中略)日本から持ち出される主要な貿易品は日本銅と粗樟脳である。私貿易のわずかな部分を(b)漆器・陶磁器・絹布・米・酒・醤油が占める。(中略)オランダ商館が本年当地へ運び入れた商品はごく大量の粉砂糖と象牙，大量の染料用蘇木（ぼく），錫（すず）と鉛，少量の鉄棒，各種の上等な更紗，多様な色と質のオランダ生地，ラスク，絹布，母丁子（ちょうじ），べっ甲(中略)である。

解説 ツュンベリーは，スウェーデン出身で，オランダ船の医官として来日した。1776（安永5）年，オランダ商館長の侍医として江戸幕府に随行した。この記録からは，当時の日本との貿易についてのオランダ側の認識を知ることができる。

❓ サブ・サブクエスチョン

①下線部(a)から，オランダの貿易船がヨーロッパまで往来していたかどうか考えてみよう。
②下線部(b)の輸出品で，Ⓑのグラフの品目と重なるものはどれか。

② 陶磁器

A 中国での陶磁器生産

藍浦『景徳鎮陶録』

　当時の景徳鎮は商人たちがぶつかりあい，荷車が擦れ合うほどであったといいます。ではなぜここまでの賑わいだったのでしょうか。景徳鎮の製陶業は1,000年以上この地に続いたのであるから技術は精錬され，したがって鎮瓷で得られる利便は十数省にわたり他の窯は及ばない。

↑❷「天工開物」製陶の図

解説　中国の景徳鎮窯では北宋・元以来青磁・白磁・青白磁を焼いていたが，明以降では陶器生産の中心地となり，ポルトガルなどヨーロッパまで輸出されるようになった。また，日本にも継続して輸出されていた。

? サブ・サブクエスチョン

中国の人々は，景徳鎮の焼き物をどのように意識していたのだろうか。

? サブ・クエスチョン

ヨーロッパの人々は，なぜ中国の焼き物を欲したのだろうか。

B ヨーロッパから見た中国陶磁器

ダントルコール『中国陶瓷見聞録』

　拝啓　時折は景徳鎮に滞在して新しき信者の心を培ううちに，かの世界各地に伝播して異常なる賞賛を博しつつある美しき瓷器の造らるる方法を実地に研究仕り候。もとより，好奇の心を以てかかる探索を為せしには非ざるも，しかしながら，これ等の製作に関するあらゆる事のやや詳細なる記述がヨーロッパにおいて何かの役に立つべしとは存じ申し候。

➡❸ヨーロッパで流行したシノワズリ(中国風)

解説　上の史料は，清で布教に従事したフランス人宣教師フランソワ＝グザイエ＝ダントルコールが本国に充てて送った書簡集の一部である。ヨーロッパの人々が景徳鎮の陶器をなぜ必要としたのか，その一端を知ることができる。17〜18世紀ヨーロッパでは，中国趣味(シノワズリ)が美術工芸や建築等の分野で広がっていたが，そのことが陶磁器の輸入を促進したのである。

C 陶磁器交易の拠点・船

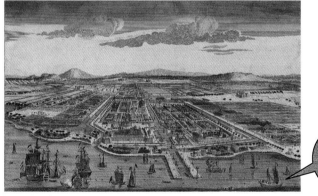

↑❹バタヴィアの鳥瞰図(18世紀中ごろ)

解説　中国の陶磁器は，国際的貿易港からオランダ領東インド会社の船によりアジア域内(アジアの中での生産地をつないだ貿易)の中心地バタヴィアに運ばれた。ここから，南インド，ペルシアなどに立ち寄り，ヨーロッパに搬送していったのである。

? サブ・サブクエスチョン

①絵画で描かれた船は，中国のジャンク船(P.73の❼)とは異なる構造である。どう異なるのか，その特徴を比較してみよう。
②描かれた都市バタヴィアの特徴を読み取ってみよう。

D 日本からの陶磁器「伊万里」

↑❺当時の伊万里焼

解説　日本では，17世紀当初はポルトガル，スペイン，イギリスを介して日本の伊万里(肥前陶磁)が中国・東南アジアを経由してヨーロッパに運ばれたが，やがてオランダが媒介し東南アジア，インド経由で輸出され，「チャイニーズ・イマリ」とよばれるようになった。

? サブ・サブクエスチョン

写真❺の伊万里陶磁器の中心のロゴは，何を意味するのだろうか。「陶磁器の輸出」という言葉を用いて説明してみよう。

E アジアの陶磁器の影響（オランダのデルフト）

中国の意匠を取り入れた「シノワズリ文染付皿」　　日本の意匠を取り入れた「伊万里皿」

解説　ヨーロッパに輸出された中国や日本の磁器は，意匠（皿の色や紋様などのデザイン）も含めて各地に影響を与え，やがてそれを手本にした独特の焼き物を製作していく。オランダのデルフトでは，17世紀半ばにおこった政治的異変により，陶磁器の輸入が困難となった。そこで，アジアの焼物を意識した「伊万里写し」などの陶磁器を製作した。やがて，オランダの地域色も取り入れるようになっていく。

？サブ・サブクエスチョン

①なぜデルフトではアジアの陶磁器が容易に手に入りその美意識が浸透したのだろうか。写真❻（中国）と❼（日本）に共通する美意識とは何だろうか。
②17世紀に中国で起こった異変とは，具体的にどのような事象を指すのだろうか。

↑❻シノワズリ文染付皿
17～18世紀のもの。
直径は27.0cm。

↑❼伊万里皿
18世紀の頃のものと推定される。

F アジアの陶磁器の影響（ドイツのマイセン）

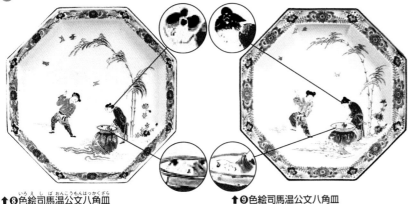

↑❽色絵司馬温公文八角皿
（18世紀　ドイツ・マイセン窯）
直径は23.6cm。

↑❾色絵司馬温公文八角皿
（17～18世紀　肥前窯）　直径は23.3cm。

解説　アジアの陶磁器を発注するに際して，ヨーロッパ側では器形（皿の形）や意匠など仕様の細部にわたる要望を示すこともあった。

写真❽はマイセンの窯で焼かれたもの，写真❾は，日本で焼かれた伊万里焼である。器の形や意匠を比較すると，どのようなことがわかるだろうか。まず，水面の描き方に着目してみよう。写真❽（マイセンの窯）は，大きく太い線で水を表現している一方，写真❾は細くて小さな線により，丁寧に水を描いていることがわかる。また，人物の表情の描き方を比べても，伊万里焼のほうがより細やかに表情を描いている。同じ意匠を描くにしても，ところ変われば，絵付する職人が力を入れるところや表現の仕方に違いが出ることがわかる。

G ヨーロッパ市場へ輸出された日本の陶磁器

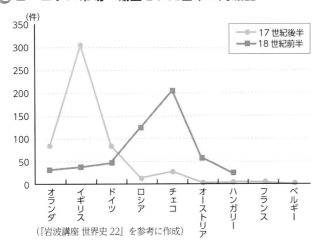

（『岩波講座 世界史22』を参考に作成）

解説　17世紀から18世紀にかけて，ヨーロッパ市場へ輸出された日本の陶磁器の数量を，国別・時期別に数量で示したものである。17世紀後半ではイギリス，オランダ，ドイツが多いが，18世紀前半では様相が変化する。ロシアではエルミタージュ美術館で伊万里焼を所蔵し，影響を受けたグジェリ焼が製作されるようになった。

？サブ・サブクエスチョン

上の解説中「様相の変化」とは，どのような実態を指すのだろうか。グラフから読み取ろう。

Ⓗ もう一つの産業革命（18世紀イギリスの製陶業）

表1　地域別製陶所数／就業者数

地方 （代表的産地）	1760年 製陶所／就業者	1780年 製陶所／就業者	1800年 製陶所／就業者
リヴァプール	62／937	70／958	84／1,665
ブリストル	38／287	35／230	29／196
ロンドン	39／577	35／339	54／384
バーズレム	60／1,400	77／3,758	116／8,045

表2　製品セクター別製陶所／就業者数

	1760年 製陶所／就業者	1780年 製陶所／就業者	1800年 製陶所／就業者
軟質磁器	9／445	11／390	18／850
デルフト陶器	17／640	4／120	－／－
上質陶器	49／1,335	95／4,325	143／8,945
粗質陶器	121／473	126／494	137／596

（単位：ポンド）（『岩波講座 世界史22』）

？ サブ・サブクエスチョン

上の表から，貿易で対立していたある国との関係の推移を読みとることができる。具体的に説明してみよう。

▶解説◀　陶磁器は，世界の貿易の核の一つであったイギリスへも伝えられ，18世紀に興隆（こうりゅう）をきわめた。アジアから関連する技術も入り，イギリスの地場産業全体が活性化したことで，「もう一つの産業革命」が進行した。

Ⓘ 東南アジア出土の陶磁器

期	年代	点数	内容
Ⅰ	14～15世紀半ば	111	タイのスワンカローク窯とベトナムの陶器が8割以上。
Ⅱ	15世紀後半～16世紀半ば	369	江西省景徳鎮窯の染付が96％と圧倒的多数。
Ⅲ	16世紀後半～17世紀前半	2,389	福建・広東系の染付・色絵が急増し，5割近く。磁器ではイマリが，陶器ではトルコのイズニク窯とオランダのデルフト窯などが出現。
Ⅳ	17世紀後半～18世紀初頭	5,395	イマリの割合が最高の19％近く。他にもベトナム陶器が増え，ペルシャ陶器もみられる。
Ⅴ	17世紀末～18世紀	14,570	全体量の6割近くになり，陶器貿易の頂点。ヨーロッパ輸出品と同種が多い景徳鎮・イマリに対し，福建・広東系は粗製が中心。中国陶器は95％。
Ⅵ	18世紀後半～19世紀前半	2,247	絶対数が激減し，福建・広東系が65％。19世紀はオランダのマーストリヒトなどヨーロッパ磁器が中心。

▶解説◀　中国や日本で焼かれた陶磁器は，東南アジアの半島部・島嶼部各地に輸出され，流通した。左の表は，インドネシアの港市バンテンで出土した磁器を，種別ごとに整理したものである。

？ サブ・サブクエスチョン

一般的に，東南アジアは世界規模の貿易ルートのゲートウェイとよばれているが，どのような特徴があるからだろうか。左の表から読みとろう。

③ 17～18世紀の海上貿易路

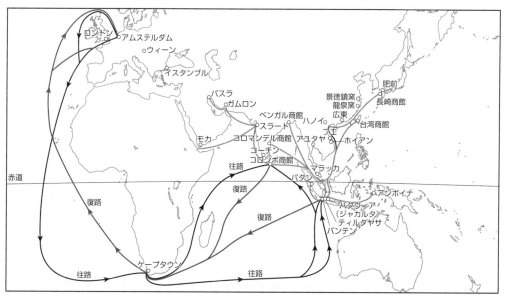

？ サブ・クエスチョン

オランダが海上貿易の覇権を握った背景には，ヨーロッパにおけるどのような政治的背景があったと考えられるだろうか。

▶解説◀　この地図は，17世紀から18世紀の世界の海上貿易路を示したものである。貿易は，オランダ東インド会社などが主導していた。

まとめ　従来の日本史では，近世における対外貿易の輸出品は金・銀・銅が着目されていた。しかし実際に品目を確認していくと，磁器の存在が浮き彫りになってくる。これをヨーロッパ側の史料や考古資料，美術工芸品として保存されている実物資料と突合すると，実に多数の日本の磁器（伊万里，肥前陶磁など呼称は多様である）が輸出されていたことがわかる。中国や日本に影響されたヨーロッパ文化が，広く東欧にまで広がっていることが推測できる。また，東南アジアは単なる経由地ではなく輸出先でもあり，独自に磁器の生産もおこなっていたことが明らかになった。これらの陶磁器の浸透，広がりから，オランダ主導の貿易で港市などを結ぶネットワーク形成・世界の一体化が確認できる。

18世紀のアジアの経済と社会

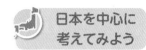
日本を中心に考えてみよう

昆布がつなぐ外国への窓

B 近代化と私たち

(2) 結び付く世界と日本の開国

❓ メイン・クエスチョン

18世紀ごろの日本では，それぞれどのような商品がどのように生産され，流通していたのだろうか。

🔑 キーワード

18世紀，海運，河川交通，交易，大坂，ジャポニスム，シノワズリ

① 「鎖国」下の日本の商品

❓ サブ・クエスチョン

この時代の外国とのつながりは，どのようなものだったのだろうか。

A コンプラ瓶

↑❶長崎で製造された染め付け瓶　CPDとは，「comprador」に由来する仲買人の意味で，長崎の商人組合「金富良社」を指す。「ZOYA」は醤油の意味。

↑❷キリル文字が書かれた染め付け瓶　このような瓶は，長崎の出島和蘭商館跡や，北海道の五稜郭，松前藩戸切地陣屋跡で出土している。

❓ サブ・サブクエスチョン

なぜこのように外国語の書かれた瓶がつくられたのだろうか。

❓ サブ・サブクエスチョン

キリル文字はどのような国で使われているだろうか。なぜ北海道で出土したのだろうか。

B 富山の胃腸薬

←❸江戸時代から製造された胃腸薬「反魂丹」下の成分表は江戸時代のもので，現在とは異なっている。江戸城に来ていた諸大名たちがその薬効に驚き，以後，富山藩の財政を支えた売薬の主力商品となった。

「反魂丹」の成分表

丁子（殺菌・消毒の生薬），甘草（鎮痛，抗炎症の生薬），黄芩（下痢，腹痛，炎症の生薬），陳皮（胃もたれ，消化促進，食欲増進の生薬），胡黄連（細菌性の下痢や疳積の生薬）

❓ サブ・サブクエスチョン

反魂丹の原料はどこからきたのだろうか。また，その原料を，富山藩はどのようにして手に入れたのだろうか。

② 江戸時代の流通

❓ サブ・クエスチョン

江戸時代の日本では，どのような商品が生まれ，どこを中心に流通したのだろうか。

A 江戸期における地方の特産品

絹	西陣織・桐生絹・足利絹・伊勢崎絹・丹後縮緬・上田紬	製紙	越前（鳥ノ子紙・奉書紙）・杉原紙・美濃紙美濃・土佐・駿河・石見・伊予の日用紙
木綿	小倉織・久留米絣・有松絞（尾張），尾張木綿・三河木綿・河内木綿	醸造	酒（灘・伊丹・池田・伏見）醤油（湯浅・龍野・野田・銚子）
麻	奈良晒・近江麻（蚊帳など）・越後縮（小千谷）・薩摩上布	水産業	鰯（九十九里浜）　鰹（土佐）　鯨（紀伊・土佐・肥前）鮪（肥前五島）　錬・昆布・俵物（蝦夷地）　製塩業（瀬戸内）
陶磁器	有田焼（伊万里焼）・九谷焼・京焼（清水焼）・瀬戸焼・備前焼	林業	檜（木曽）　杉（吉野・秋田・飛驒）
漆器	春慶塗（能代，飛驒高山）・輪島塗・会津塗・南部塗	鉱業	金（佐渡相川・伊豆）　銀（石見大森・但馬生野・院内）銅（足尾・別子・阿仁）　鉄（出雲・釜石）

B 18世紀における大坂の主用品の入出荷

入荷品	出荷品
米　菜種　材木　干鰯 木綿　紙　鉄　銅　胡麻 煙草　砂糖　大豆　など	菜種油　縞木綿　長崎下り 銅　白木綿　綿実油　古手 綿繰り　綿　醤油　など

❓ サブ・サブクエスチョン

大阪が「諸国の賄い所」とよばれた理由は何だろうか。

❸ Bの地図も参考にしながら，考えてみよう。

③ 昆布と漢方薬

Ⓐ 江戸時代の舟運

江戸時代の物資は，どのようにして全国に流通したのだろうか。

↑❹歌川広重「東都名所 日本橋真景并ニ魚市全図」　物資の集積地である日本橋が描かれている。河川交通が整備されており，多くの物資がもたらされている。

Ⓑ 昆布ロード

*幕府の密貿易取締が厳しくなると，監視が手薄な東回りルートが利用された。

━解説━　蝦夷・松前で産した昆布は，さまざまな海運航路を経て各地にもたらされた。特に富山藩は，北前船がもたらす昆布を大量に買い付け，薩摩藩などに売り渡された。

Ⓒ 昆布の行方

① 18世紀の中国（清）では，内陸部の風土病（ヨード不足から甲状腺肥大）対策として，盛んに昆布が輸入された。

② 沖縄県は，昆布産地の北海道から地理的に遠いにもかかわらず，昆布の消費量は全国平均を上回っている。これは，江戸時代に昆布を安く仕入れることができたことも，大きく関係している。

③ 江戸時代の琉球王国では，中国（清）から盛んに漢方に使う生薬が輸入されたが，その多くは薩摩藩が砂糖などとともに富山藩へと売り渡し，代わりに昆布を手に入れた。

Ⓒの資料から，蝦夷地の昆布が，当時どのように流通していたことがわかるだろうか。

← ❼フランソワ゠ブーシェ『踊る中国人たち』

④ アジアと欧米の関わり

← ❺フランソワ゠ブーシェ『中国庭園の眺め』　1742年の絵画である。

これらの絵画は18世紀に欧米で生まれた作品であるが，描かれているものから読み取れる中国（清）との関わりをあげてみよう。

← ❻フランソワ゠ブーシェ『化粧』1742年の絵画である。背中を向けているメイドの背後に，屏風が飾られている。他にも，暖炉の前の床の上や，マントルピース（暖炉の装飾台）の上にも，中国（清）を思わせる物品が置いてあることがわかる。

まとめ　「鎖国」下の日本にも，海外の文化は伝えられた。また，国内でも様々な特産物が流通され，農産物のほかに薬や紙，磁器など多岐にわたった。また，清の文化が欧米に影響しシノワズリが生まれるなど，文化交流は，この時代，国内にとどまらず国際的におこなわれた。

18世紀のアジアの経済と社会

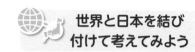
世界と日本を結び付けて考えてみよう

繁栄の「光」と「影」

❓ メイン・クエスチョン

18世紀の清朝はどのような社会だったのだろうか。
清朝社会の「光」と「影」の背景には何があるのだろうか。

🔑 キーワード

清朝, 乾隆帝, チベット仏教, 四庫全書, 禁書, 移民, 人口増加, 地丁銀制, 銀

① 清朝の支配と乾隆帝（けんりゅうてい）の時代

🅐 乾隆帝時代の領域

清の最大領土
清の直轄地
清の藩部（赤字：藩部の名）
国名 清の冊封体制下に入った国
赤数字：清の征服年代

🔎 サブ・クエスチョン

清朝が最大領域となり、最盛期を誇った乾隆帝時代の「光」と「影」について考えてみよう。

第1段　満洲語

第2段　チベット語

満洲語でチベット語の発音を表している。

第3段　モンゴル語

第4段　ウイグル語

満洲語でウイグル語を表している。

第5段　漢語

⬆❶『御製五体清文鑑（ぎょせいごたいしんぶんかん）』巻2-19, 補編　乾隆帝の命により編纂（へんさん）された満洲語・チベット語・モンゴル語・ウイグル語・漢語の5言語対訳辞典。全36巻, 約5,000ページからなる大冊で, 収録語数は約2万語にのぼる。各ページに4語ずつ掲載し, チベット語とウイグル語にはさらに満洲語でその発音が併記されている。

🅑 「中外一体」の統治者・乾隆帝

⬅❷「乾隆帝大閲鎧甲騎士像（けんりゅうていだいえつかいこうきしぞう）」（カスティリオーネ画）　皇帝を象徴する黄色の甲冑に身を包み, 閲兵式（えっぺいしき）に向かう乾隆帝。堂々と自信に満ちあふれた乾隆帝のようすが, 西洋の画法を用いて写実的に描かれている。乾隆帝は晩年, 自らを「十全老人（じゅうぜん）」と誇った。

❓ サブ・サブクエスチョン

乾隆帝を描いたこの2つの絵画には, それぞれどのようなメッセージが込められているのだろうか。そこから清朝支配の特徴を考えてみよう。

❓ サブ・サブクエスチョン

清朝の統治下にはどのような人々が住んでいたのだろうか。
現在の中華人民共和国の領域や民族構成を参考に考えてみよう。

➡❸「乾隆帝文殊菩薩画像（けんりゅうていもんじゅぼさつがぞう）」乾隆帝創建のチベット仏教寺院に伝わる仏画で, 乾隆帝は文殊菩薩の化身（けしん）として描かれている。

ⓒ 辮髪の強制

←❹辮髪　「辮」は「編む」の意味で，後頭部だけを残して頭髪を剃り，残した後頭部の髪を編む満洲族の男子の髪型。1644(順治元)年，清は北京を占領した翌日に辮髪令(薙髪令)を発した。清朝支配の当初，漢民族の人々はこれに反発し，抵抗する者もいたが，しだいに人々はこれに慣れ，やがて清末には中国固有の風習とみなされることもあった。

辮髪令(薙髪令)

現在，この布告が出されてから後は，……すべて薙髪(髪をそる)して辮髪にさせよ。この布告に従う者は我が国の民であるが，疑ったりためらったりする者は，政府の命に逆らう賊徒と同じであるので，重刑にさだめる。……各地方の文武官僚は，きびしく検察をおこない，もしまたこの布告に反対の章奏(家臣から君主に上申する文書)をみだりに上進し，朕が已に定めた地方の人民をして，依然として明の制度を存続せしめ，清の制度にしたがおうとしない者があれば，死刑にさだめ赦してはならない。

（『大清世祖皇帝実録』）

ⓓ 『四庫全書』の編纂と禁書，文字の獄

➡❺四庫全書　乾隆帝の命により編纂された中国最大の叢書。経(儒学)・史(歴史・地理)・子(諸学者の思想)・集(文学)の4部に分類されているので，このようによばれる。1772(乾隆37)年に四庫全書館が置かれ，全国から古今の書籍が集められた。書籍は，筆写された上に，解題が作成され，3,457部7万9,070巻が収録された。『四庫全書』の編纂事業は，数百名の学者が約10年の歳月をかけて実施した乾隆年間における一大プロジェクトであった。しかし，収集された書籍で清朝政府にとって都合の悪い記事や文字は削除や修正の対象となり，2,000を超える書籍が禁書となったことから，思想統制が『四庫全書』編纂のもう一つの目的であったといわれる。

② 18世紀の経済的繁栄 ——インフレの時代——

←❻盛世滋生図(徐揚画)(遼寧省博物館蔵)　清朝の宮廷画家の徐揚が，1759(乾隆24)年に描いた作品。蘇州は長江下流域の江南地方に位置し，絹織物工業を中心とする商工業都市として繁栄し，乾隆帝もたびたび蘇州を訪れたことがある。徐揚は蘇州の繁栄と豊かさを描くことで，太平の世の到来を実現した乾隆帝の統治を称えるためにこの画を描いた。

B 近代化と私たち

(2) 結び付く世界と日本の開国

A 物価変動（17世紀〜18世紀）

人口と米価の変動（康熙デフレと乾隆インフレ）

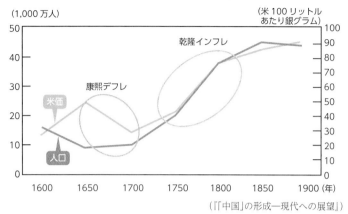

（『「中国」の形成―現代への展望』）

長崎貿易の変遷

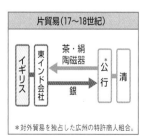

16C 後半〜	**南蛮貿易（自由貿易）**	
	ポルトガル商人らが生糸取引で利益独占	
1604 （慶長9）	**糸割符制度開始**	
	（ 1631 中国に適用 / 1641 オランダに適用 ）	
1655 （明暦元）	**糸割符制度廃止，相対自由貿易**	
	白糸価格高騰，金銀流出増大	
1685 （貞享2）	**定高貿易仕法（貞享令）** **糸割符制度復活，年間貿易額制限**	
	清 船 銀6,000貫 / オランダ船 銀3,000貫 に制限	
1715 （正徳5）	**海舶互市新例（正徳新令），年間貿易船数大幅に制限**	
	清 船 年間30隻 / オランダ船 年間2隻 に制限	

❓ サブ・サブクエスチョン

17世紀前半のインフレから17世紀後半のデフレへの原因は何だろうか。物価変動をもたらす要因は何だろうか。江戸期日本の貿易に関する2つの資料を参考にして考えてみよう。

日本とオランダとの貿易

（『オランダ東インド会社の歴史』による）

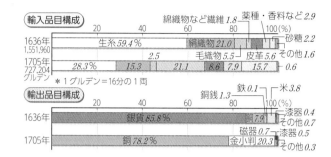

解説 輸入総額を比較すると，1705年は1636年の46.9％となっている。これは幕府による輸入規制が厳しくなったためである。また，輸出品目で1705年に銀貨が姿を消し，金小判が現れるのは，1668年に銀貨の輸出が禁止され，金の輸出禁止が解禁されたためである。

❓ サブ・サブクエスチョン

オランダ船が日本にもたらした物品はおもに清朝中国で生産されたものであり，日本の物品が輸出されていった先も清朝中国であった。資料「日本とオランダとの貿易」より，日本の輸入品目と輸出品目について，1636年と1705年を比較してみよう。

❓ サブ・サブクエスチョン

資料「長崎貿易の変遷」より，江戸幕府による清船とオランダ船への1685年の年間貿易額の制限と1715年の年間貿易船数の制限が清朝中国の経済や社会にどのような影響を与えたのか，資料「人口と米価の変動」・「日本とオランダとの貿易」と関連させながら考えてみよう。

B 18世紀中頃（1763年）の世界

❓ サブ・サブクエスチョン

18世紀中頃における世界の「モノ」の流れはどうなっているのだろうか。清朝を含むアジアからは何が輸出され，その代価として何が支払われていたのだろうか。ここから資料「人口と米価の変動」にみる18世紀以降の清朝のインフレ（乾隆インフレ）の原因を考えてみよう。

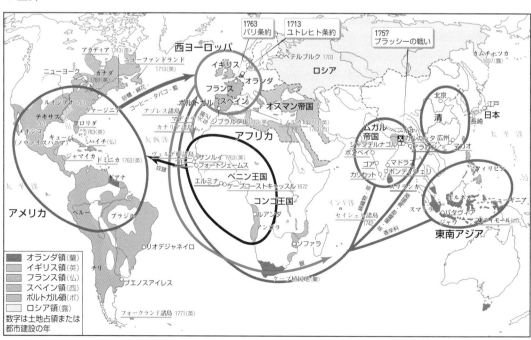

C イギリス社会での紅茶の流行

↑**❼イギリスの飲茶風景（18世紀初め）** 茶は17世紀より中国から輸入されはじめ，当時高価だった砂糖を入れて飲まれるようになったことから，カリブ海周辺で奴隷制プランテーションによる砂糖生産を促した。

❓ サブ・サブクエスチョン

清朝からイギリスに向けた茶の輸出は，どのように拡大していったのだろうか。イギリス社会における紅茶文化の普及の背景には，どのような世界的交易網が形成されていったのだろうか。ヨーロッパ・アメリカ・アフリカ・アジアを結ぶ交易網の中で，清朝とイギリスとの貿易拡大について考えてみよう。

❓ サブ・サブクエスチョン

イギリスにおいて，どのような社会階層の人たちの間に飲茶文化が広まっていたと考えられるだろうか。資料❼と❽を見比べながら考えてみよう。

↑**❽マンチェスター近郊の女工の昼休み（19世紀後半）** 産業革命の進展で「砂糖入り紅茶」は疲労回復とカロリー補給のための飲み物として広まっていった。

③ 人口増加と移民

中国人口の推移 （『朝日百科世界の歴史91』）

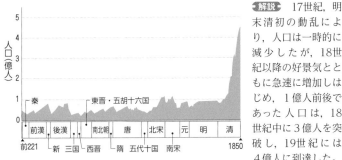

解説 17世紀，明末清初の動乱により，人口は一時的に減少したが，18世紀以降の好景気とともに急速に増加しはじめ，1億人前後であった人口は，18世紀中に3億人を突破し，19世紀には4億人に到達した。

❓ サブ・クエスチョン

18世紀以降の急速な人口増加は，中国社会にどのような影響を与えたのだろうか。人口増加による「光」と「影」について考えてみよう。

A 洪亮吉の人口論──「中国のマルサス」

　祖先の時代は，開墾されていない空き地や人の住んでいない空き部屋があったが，土地や家屋は増えたとしても2倍を超えず，よくて3倍，5倍までであった。しかし，人口は10倍，20倍と増え，それによって田畑や家屋は常に足りなくなってしまい，世帯数や人口は常に余ることになるのである。またいうまでもなく（土地や家屋を）兼併する家が現れると，1人で100人分の家屋を，1件の家で100件分の田畑を占拠してしまい，風雨や霜露に遭い，飢えと寒さで震えながら行き倒れになって死んでしまうという人々が至るところに出てきたとしても，何ら怪しむに足りないのであろう。（洪亮吉『意言』「治平篇」）

解説 洪亮吉（1746～1809）は，食物生産量の増加よりも人口増加の方が早いことを説いた。そのため，彼は「中国のマルサス」とよばれる。

❓ サブ・サブクエスチョン

この時代の人口増加の要因の一つは，地丁銀制の開始（1716年）にあると考えられている。ではなぜ地丁銀制が実施されると，人口が増加するのだろうか。

B 移住民の増加とアメリカ大陸原産の新作物の栽培

　数十年前，山中の秋の収穫といえば粟が中心であったが，粟の利益はトウモロコシにおよばないので，近年は山も谷もトウモロコシばかりとなった。……山民によれば，稲米では飢えをしのげないがトウモロコシは腹にたまるという。四川・陝西の省境では，土着の民は一割二割で，湖南北からの移住民が五割，安徽・河南・江西各省出身者が三，四割，四方の人びとが雑居する。山中の木材・筍・紙・きくらげ・きのこ・鉄・炭・金などの各工場は，みな他地域からの移住民の生活の糧である。そのうち木材工場がもっとも大きく，……丸太を生産する大工場では，職人・労働者あわせて3,000～5,000人をくだらないという。（岸本美緒『東アジアの近世』）

18世紀の移住民の動向

（『「中国」の形成─現代への展望』）

❓ サブ・サブクエスチョン

この時代の人口増は，どのような社会階層の人々の増加を意味していたのだろうか。 A を読み，明清時代の農村における社会階層から考えてみよう。

❓ サブ・サブクエスチョン

急激な人口増加による人口圧の高まりは，人々をどのような地への移住に向かわせたのだろうか。またそこではどのような作物を植え，どのような生活があったのだろうか。

まとめ 18世紀の清朝中国を爛熟する乾隆年間を中心に概観する。その際，当時の政治的安定をもとに経済的繁栄，社会的成熟という「光」が，ポスト乾隆時代における清朝の衰退の原因となる「影」の部分をも同時に生み出していたことにも触れるようにしよう。19世紀清朝史のキーワードとなる，西洋列強による半植民地化，民族意識の高まり，民衆反乱の勃発，革命思想の誕生が，18世紀の諸事情とどのように通底しているのか考えてみよう。

工業化と世界市場の形成

「大いなる分岐」―アジアとヨーロッパ―

B 近代化と私たち

(2) 結び付く世界と日本の開国

メイン・クエスチョン

イギリスに始まる産業革命は，アジア諸国とヨーロッパ諸国の関係をどのように変えたのだろう。

キーワード

産業革命，「世界の工場」，植民地化，インド帝国，アヘン戦争，自由貿易，近代世界システム論

① アジアとヨーロッパ

A 各国の工業生産比

サブ・クエスチョン

産業革命後，工業生産の中心地はどこになったか。また，貿易品目はどのように変わったのだろうか。

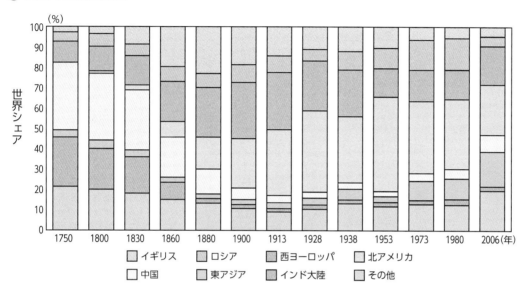

(%)

世界シェア

1750 1800 1830 1860 1880 1900 1913 1928 1938 1953 1973 1980 2006(年)

☐ イギリス　☐ ロシア　☐ 西ヨーロッパ　☐ 北アメリカ
☐ 中国　☐ 東アジア　☐ インド大陸　☐ その他

サブ・サブクエスチョン

産業革命を境に，各国の工業生産はどのように変化したのだろうか。

(『なぜ豊かな国と貧しい国が生まれたのか』を参考に作成)

B 19世紀前半のイギリスの世界貿易

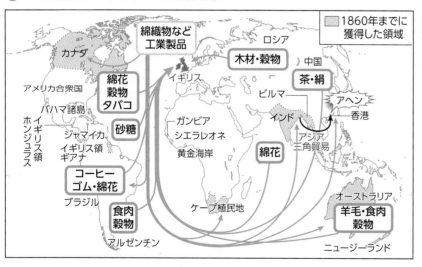

1860年までに獲得した領域

綿織物など工業製品

カナダ

アメリカ合衆国

ロシア　中国

木材・穀物

茶・絹

ビルマ

アヘン

綿花
穀物
タバコ

バハマ諸島

ホンジュラス
ジャマイカ
イギリス領
ギアナ

砂糖

ガンビア
シエラレオネ

黄金海岸

インド

香港

アジア
三角貿易

綿花

コーヒー
ゴム・綿花

ブラジル

ケープ植民地

オーストラリア

羊毛・食肉
穀物

食肉
穀物

アルゼンチン

ニュージーランド

「世界はイギリスのために」

世界の五大州は，自ら進んで，わがイギリスのために奉仕している。北アメリカとロシアの平原は，わが穀物畑，シカゴとオデッサは，わが穀物倉庫であり，カナダとバルト諸国は，わが森林である。ペルーの銀，カリフォルニアの金はロンドンに注ぐ。

中国人は，われわれのために茶を栽培し，コーヒー，砂糖，香料は東インドの農場より来る。スペインとフランスは，わがブドウ畑であり，地中海はわが果樹園だ。以前には，合衆国の南部にだけだったわが綿畑は，今では地球上の至るところに広がっている。　(『経済学原理』)

サブ・サブクエスチョン

①イギリスは世界各国から何を輸入し，何を輸出しているか。
②それらの品目を，農作物などの農業製品，綿織物などの工業製品に分けると，輸出入の商品にどのような特徴があるといえるか。

② イギリスの南アジア進出

A インドの伝統的な機織りとその破壊

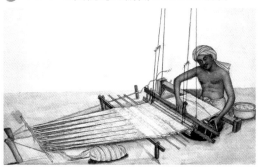

↑❶インドの伝統的な機織り（1873年）

綿布輸出額の変化

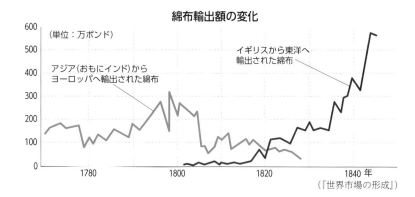

（単位：万ポンド）

アジア（おもにインド）から
ヨーロッパへ輸出された綿布

イギリスから東洋へ
輸出された綿布

1780　1800　1820　1840 年
（『世界市場の形成』）

「イギリスのインド支配」（マルクス著 1853年）

　インドではこれまでどんなに政治の姿が変わったようにみえても，その社会的条件は，最古の時代から変わることなく19世紀の最初の10年代にまで及んだ。……手織機と紡車とは，この社会の構造の枢軸であった。

　はるか昔からヨーロッパは，このインド人の勤労によるみごとな織物を受け取ってきたものである。その代わりとしてヨーロッパは貴金属を送って，インドの金細工師に原料を提供してきた。……

　このインドの手織機をうちこわし，紡車を破壊したのは，侵入したイギリス人であった。イギリスはまずインド綿製品をヨーロッパ市場から駆逐した。つづいて撚糸をヒンドゥスタン（インド）にもちこみ，ついにはこの木綿の母国そのものに綿製品を氾濫させた。…イギリスはインド社会の全骨組を破壊してしまい，いまに至るもその再建のきざしはみえないのである。

（『インドにおけるイギリスの支配』）

? サブ・サブクエスチョン

①インドの伝統産業は，何だったか。
②イギリスのインド進出によって，インドとイギリスの綿製品の輸出入は，どのように変化したか。
③左の「イギリスのインド支配」から，綿製品の輸出入の変化の結果，インドの産業にどのような影響が出たといえるか。

? サブ・クエスチョン

イギリスのインド支配は，インド社会にどのような影響を与えたか。

B インド帝国の成立

イギリス領（1857年）
ヒンドゥー教系藩国
イスラーム系藩王国
仏教藩王国

アフガニスタン
カシミール
パンジャーブ　ラホール
メーラト
ラージプターナ　デリー
シンド　アグラ
ネパール　チベット　ブータン
ベンガル
ニザム　シャンデルナゴル（仏）
カルカッタ
ディウ（ポ）　ボンベイ
ビルマ（1886併合）
ゴア（ポ）
マイソール王国　マドラス
タイ　ヤンゴン（ラングーン）
アラビア海　ポンディシェリ（仏）
カリカット　インド帝国の領域（1886年）
コーチン（蘭）
ベンガル湾
0　500km
スリランカ
（『世界の歴史14』中央公論社による）

解説 イギリス領インド帝国の最盛期（19世紀半ば）の地図である。

? サブ・サブクエスチョン

イギリス以外に，どのような国が都市を所有しているのだろうか。

英国首相ディズレーリ　ヴィクトリア女王

? サブ・サブクエスチョン

①英国首相ディズレーリは，どこの国の人の格好をしているか。
②ディズレーリがヴィクトリア女王に渡しているものは，いったい何か。それは何を意味しているか。

←❷当時の風刺画（『パンチ』1876年）
英国首相ディズレーリは，1877年にヴィクトリア女王を「インド皇帝」とし，インド帝国を成立させた。

インド人　イギリス人

? サブ・サブクエスチョン

これまでの学習と絵画のイギリス人とインド人の関係から，イギリスとインドの関係がどのように変化したといえるか。

↑❸イギリス領インド帝国のイギリス人とインド人

③ 東南アジアの植民地化

↑④ジャワ島の政府栽培制度

東南アジアの植民地化を早くから進めたオランダは，ジャワ島住民に従来の農作物に代わり，コーヒー・サトウキビ・麻・タバコなどを低賃金で栽培させ，利益を本国の収入とする政府栽培制度を導入した。絵画は，茶の栽培の様子。

B 政府栽培の作物別の収益

作物	1840〜49年の構成比(%)	1850〜59年の構成比(%)
コーヒー	73.9	76.8
砂糖	4.7	15.6
インディゴ（染料）	17.7	5.3
洋紅（染料）	0.6	0.2
シナモン	0.4	0.1
こしょう	0.2	0.2
茶	2.5	1.8
タバコ	0.1	0.03
合計 （単位：フローリン＝当時の通貨）	87,759,749	238,346,134
純益（単位：フローリン）	74,398,471	229,137,516

（『インドネシア経済史研究』）を参考に作成）

❓ サブ・クエスチョン

ヨーロッパの進出は，東南アジアに何をもたらしたか。

A 植民地支配下の主要輸出品（1909年〜11年平均）

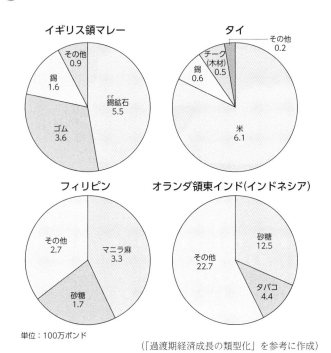

単位：100万ポンド

（「過渡期経済成長の類型化」を参考に作成）

❓ サブ・サブクエスチョン

①植民地支配下の東南アジアの主な輸出品は，何であったか。
②19世紀半ばのオランダ領東インドでは，自給自足経済が破壊され，米不足による飢饉が発生した。米不足による飢饉が発生した理由は何か。

④ 中国の開国とアヘン戦争

A 「片貿易」から「三角貿易」へ

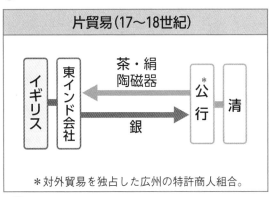

＊対外貿易を独占した広州の特許商人組合。

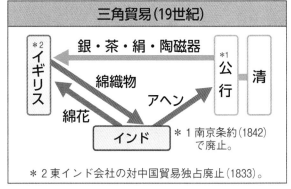

＊1 南京条約(1842)で廃止。

＊2 東インド会社の対中国貿易独占廃止(1833)。

❓ サブ・クエスチョン

ヨーロッパの中国進出は，中国の貿易体制をどのように変えたか。

❓ サブ・サブクエスチョン

①17〜18世紀，イギリスは中国との貿易(左「片貿易」)においてある問題を抱えていた。それはどのような問題か。
②その問題を解消するために，イギリスは三角貿易(右)をおこなうようになる。三角貿易とは，どのような貿易か。

Ｂ アヘン密貿易から中国の開国へ

アヘンの流入と銀の流出

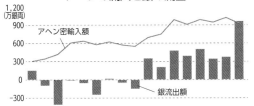

（『岩波講座世界の歴史21』岩波書店）

? サブ・サブクエスチョン

グラフと「アヘン喫飲禁止の上奏」から，清朝はアヘンの密貿易の何を問題とみなしているか。

清朝は，上記の問題を解決するために，アヘンの喫飲を禁止するとともに，官僚の林則徐を広州へ派遣し，イギリス商人からアヘンを没収し，廃棄した。

↑⑤アヘン戦争の様子(1841年)

イギリスの圧倒的な軍事力により清朝は敗北し，南京条約を締結した。南京条約の成果があがらないイギリスは，アロー号事件をきっかけにフランスとともに清朝とアロー戦争(1856年)を行い，天津条約・北京条約を締結した。

? サブ・サブクエスチョン

アヘン戦争・アロー戦争の結果，清朝はイギリス，フランスなどヨーロッパ諸国と条約の締結に至った。その条約により，清朝の貿易体制はどのように変化したか。

「アヘン喫飲禁止の上奏」(黄爵滋 1838年)

　最近銀の価格が急に高くなり，銀1両が小銅銭1,600文に換算されるようになってしまいましたのは，銀を国内で多量に消費してしまうからではなく，実はアヘンの代価として多量の銀が国外に流出してしまうからなのであります。アヘンが中国に流入するようになってから，仁宗皇帝(嘉慶帝)はその害毒を明察して禁令を発布されました。……

　道光3(1823)年以前の銀の流出は，毎年数百万両ぐらいでした。……(道光)11年から14年にいたるまでは，次第に増加して，毎年3,000万両という多額の流出となっています。これは広東のみの額であり，さらに福建・江浙・山東・天津の各海港の分を合計しますと，また数千両となります。中国の貴重な財貨を消費して，海外から際限もなく人体に有害なものを輸入して国の疫病を増大し，しかもそれは一日，一年ごとに激しさを加え，私には，それがいつ止まるかもはかり得ません。……

　銀の消費が多いのは，アヘンの購入が多いからであり，購入が多いのは，アヘンの喫飲が盛んだからであります。アヘンの喫飲がなくなれば，アヘン購入の必要もなくなり，外国商人がアヘンを持ちこむこともなくなることでありましょう。

解説 黄爵滋が，道光帝へアヘンの厳禁を上奏したものであり，これが道光帝のアヘン厳禁方針の一動機となる。

Ｃ 清と列強の条約

条　約	南京条約 (1842)	天津条約・北京条約 (1858)　(1860)	北京議定書(辛丑和約) (1901)
戦　争	アヘン戦争(1840〜42)	アロー戦争(1856〜60)	義和団事件(1900〜01)
対象国	英	英・仏・露・米	日・英・仏・独・露・米 など11か国
開港場	広州・上海・厦門・福州・寧波	南京・漢口など10港(天津条約) 天津を開港(北京条約)	
内容	・香港島を割譲 ・公行の廃止と自由貿易 ・1,200万両の賠償金 虎門寨追加条約(1843) ・領事裁判権 ・最恵国待遇 ・関税自主権の喪失 ＊望厦条約(対米)，黄埔条約(対仏)で南京条約と同じ内容を承認。	・外国公使の北京常駐 ・キリスト教布教の自由 ・外国人の中国旅行の自由 北京条約で追加 ・開港場に天津を追加 ・九竜半島南部をイギリスに割譲 ・ロシアに沿海州を割譲 アイグン(愛琿)条約(1858) ・ロシアに黒竜江(アムール川)以北を割譲 ・沿海州を露清共同管理	・責任者の処罰 ・4億5,000万両の賠償金 ・列国軍隊の北京駐兵権

コラム 近代世界システムの形成

近代世界システム論

「近代世界システム論」とは，米国の歴史家ウォーラーステイン(1930〜2019)が提唱する世界史モデルである。大航海時代以降，各地域の動きを，ヨーロッパを中心とする世界的な分業システムのなかで成り立っていると考え，歴史をグローバルな視野でとらえていくものである。
①強力な覇権国家を先頭にした「中核」地域
②植民地として中核に従属化し経済的に搾取される「周辺」地域
③政治的には自立しつつ経済的には「中核」に依存する「半周辺」地域
こうした三層構造で世界の不平等関係や資本主義のグローバルな展開を捉える。

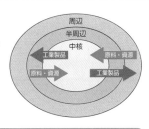

まとめ 18世紀イギリスに始まる産業革命は，ヨーロッパの海外進出を加速させ，インド・東南アジア・中国といったアジア諸国に多大なる影響を与え，アジア諸国とヨーロッパ諸国の関係は，大きく変化することとなった。産業革命によりアジア諸国とヨーロッパ諸国の関係はどのように変化したか，近代世界システム論の「中核」「周辺」「半周辺」に照らしながら，まとめよう。

工業化と世界市場の形成

日本を中心に
考えてみよう

世界市場に組みこまれた日本

❓ メイン・クエスチョン

日本の開国は，国内にどのような影響を及ぼしたのだろうか。

🔑 キーワード

開国，通商関係，献上品，貿易，生糸，産業革命，官営工場，鉄道

① ペリー来航

❓ サブ・サブクエスチョン
アメリカは，どのような態度で日本と接しようとしたのだろうか。

❓ サブ・クエスチョン
なぜアメリカは日本を開国させようとしたのだろうか。

❓ サブ・サブクエスチョン
アメリカはどのようなことを要求しているのだろうか。

A 開国

『ペリー艦隊遠征計画への新聞論評』(1852年3月26日)

　われわれは，世界の海岸線の一部を占有している国には，他の諸国との通商をいっさい拒否するような権利は絶対にないと考える。そういう振舞が通商や人類の福祉を妨げない限り，文明国は寛容な態度をとるかもしれない。だが，このような諸国の野蛮人たちに対して，一般的な国際法に従うことや，一定の交流を行うことを強制するのは，文明国，キリスト教国の権利だ，というのが我々の主張である。(中略)賢明な保護制度のもと，われわれが日本に綿製品や鉄などを多量に送り，日本からその見返りに，金，銀や染料の取れる木材を受け取る日が間近に迫っている。　　　　　　　(「日本史史料4」)

解説 アメリカの新聞『ニューヨーク・クーリエ』に掲載されたものを，イギリスの権威あるタイムズ紙が全文を転載した。

米国大統領親書
(日本皇帝宛　1852年11月13日署名，嘉永6年6月9日幕府受領)

　私がペリーを派遣した目的は，アメリカと日本が友好関係を結び，通商関係を結ぶことを日本に提案するためである。

　毎年，多くのアメリカの船がカリフォルニアから清へ行く。また，多くのアメリカ人が日本沿岸で捕鯨にたずさわっています。悪天候のときには，多くのアメリカ船が日本沿岸で難破しています。そのような場合，救援の船を派遣して積み荷や乗船員を保護するまで，不運な乗組員と積荷を大切に保護していただきたいのです。

　日本には石炭や食糧が豊富にあると聞きます。我がアメリカの船舶が日本に寄港し，石炭・食糧・水を補給することをお許しください。　　　　　　　　　(「日本史史料4」)

解説 1852年11月13日付，米国大統領ミラード・フィルモアからの書簡である。

B ペリーの献上品

❓ サブ・サブクエスチョン
ペリーが日本へ蒸気機関車のミニチュアや電信機などを贈ったねらいは，何だったのだろうか。

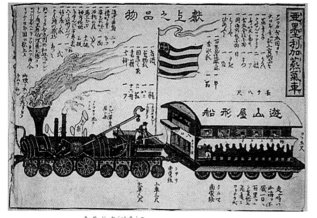

↑❶献上之品物　亜墨利加蒸気車
1854(嘉永7)年，ペリーが2度目の来日で持参した献上品を知らせるかわら版。絵は献上品の一つである，蒸気機関車の模型。実際に贈られたのは4分の1サイズのミニチュアだが，人を乗せているように描かれている。他にも，羅紗やビロードといった織物，太刀や鉄砲，望遠鏡などの品が記されている。左上には「伯理璽天徳」(当時の大統領・フィルモア)，「マツチウセヘルリ」(ペリー)との文字も見て取れる。

↑❷エンボッシング・モールス電信機
外箱中央のプレートには，「For the Emperor of Japan」と刻まれている。送信側の電信機の電鍵でモールス符号を打つことで，受信側の電信機の紙テープに傷がつき，信号を送ることができた。

←❸電信機での通信実験
ペリーは電信機のほか，電池や電線も持ち込み，横浜で幕府の役人に通信実験を披露した。

② 条約の締結

❓ サブ・クエスチョン

日本とアメリカをはじめとした諸外国は，どのような外交関係で結ばれることになったのだろうか。

Ⓐ 日米和親条約 1854年3月3日

第2条　伊豆の下田，松前の箱館の両港については，日本政府は，アメリカ船が薪・水・食料・石炭等の欠乏の品物を日本で調達できる限りは補給できるようアメリカ船の渡来を許可する。ただし，下田港は条約調印後ただちに開港し，箱館は来年の3月から開港するものとする。……

第3条　合衆国の船が日本の海岸に漂着した場合はこれを助け，その漂流民を下田か箱館に護送して，本国の者が受け取れるようにする。彼らの所持品も同様に扱うこと。……

（中略）

第9条　日本政府が外国人に対して，今回アメリカ人に許可しなかった事柄を許可した際には，アメリカ人へも同様の事柄を許可する。このことは，会議をせずにただちに行うこと。

（略）

第11条　両国政府において，やむを得ない事情が生じた場合は，その様子によって合衆国の官吏を下田に駐在させることもある。もっともこのことは条約調印から18か月を経過したあとでなければ実施しない。

右の条は日本・アメリカ両国の全権が調印したものである。

嘉永7年3月3日　　　　　　　　　　　（『新編史料日本史』）

❓ サブ・サブクエスチョン

Ⓐの第9条は，どのようなことをいっているのだろうか。

❓ サブ・サブクエスチョン

Ⓑの第6条は，どのようなことをいっているのだろうか。

Ⓑ 日米修好通商条約 1858年6月19日

第1条　今後，将軍とアメリカ合衆国は末永く親睦を結ぶ。（中略）

第3条　下田・箱館両港のほか，次にいう所の場所を左の期限より開港する。

神奈川（この3月から15か月後から　西暦1859年7月4日）

長崎（神奈川と同じ）

新潟（20か月後から　1860年1月1日）

兵庫（56か月後から　1863年1月1日）

神奈川港の開港後6か月を経過して下田港は閉鎖する。この箇条に記してある各地においては，アメリカ人の居住を認める。

江戸（44か月後から　1862年1月1日）

大坂（56か月後から　1863年1月1日）

右の2か所は，アメリカ人が商売をする間だけ，滞在することができる。……また両国の人々の商品売買に関して，何ら支障なく，その支払いなどには日本の役人は立会わない。

第4条　すべて国内に輸入，国内から輸出する品物については，別冊の規定通りに，日本の役所へ税を納める。

第5条　外国の諸貨幣は，日本の貨幣と同種類のものは同量をもって，通用する。

第6条　日本人に対して犯罪を犯したアメリカ人は，アメリカの領事裁判所において取り調べの上，アメリカの法律をもってこれを罰する。アメリカ人に対して犯罪を犯した日本人は，日本の役人が取り調べの上，日本の法律をもってこれを罰する。

（『新編史料日本史』）

③ 開港の影響

❓ サブ・クエスチョン

開港による，貿易や諸外国の人々との交流は，日本社会にどのような影響を及ぼしたのだろうか。

❓ サブ・サブクエスチョン

どの港で，どの商品が，どこの国と取引されたのだろうか。その理由を含め考えよう。

Ⓐ 貿易の特徴

↑❹横浜港での交易のようす
（横浜交易西洋人荷物運送之図）
横浜開港資料館所蔵

■主要貿易品の割合

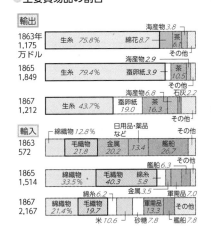

輸出

1863年 1,175万ドル　生糸 75.8%　綿花8.7　海産物3.8　茶6.1　その他

1865 1,849　生糸 79.4%　蚕卵紙3.9　海産物2.9　茶10.5　その他

1867 1,212　生糸 43.7%　蚕卵紙 19.0　茶 16.3　海産物6.8　石灰2.2　その他

輸入

1863 572　毛織物 21.8　金属 20.2　艦船 13.4　綿織物12.8%　日用品・薬品など　その他

1865 1,514　綿織物 33.5%　毛織物 40.3　綿糸 5.8　艦船6.3　金属3.5　軍需品7.0　その他

1867 2,167　綿織物 21.4%　毛織物 19.7　綿糸6.0　軍需品 13.3　米10.6　砂糖7.8　艦船7.8　その他

●港別貿易額比率 1865（慶応元）年

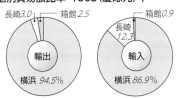

長崎3.0　箱館2.5　輸出　横浜 94.5%

箱館0.9　長崎12.3　輸入　横浜 86.9%

●横浜港の国別取扱高　1865年

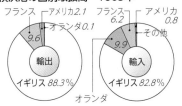

フランス9.6　アメリカ2.1　オランダ0.1　輸出　イギリス 88.3%

フランス6.2　アメリカ0.8　その他　輸入　イギリス 82.8%　オランダ9.9

（「図説日本文化史大系」）

B 近代化と私たち

(2) 結び付く世界と日本の開国

B 貿易の実態

●通貨の海外流出

 =メキシコ銀貨　 =一分銀　=天保小判

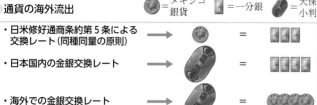

・日米修好通商条約第5条による交換レート(同種同量の原則)

・日本国内の金銀交換レート

・海外での金銀交換レート

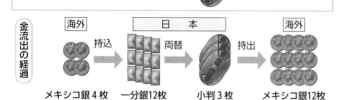

金流出の経過	海外	日 本		海外
	持込	両替	持出	
	メキシコ銀4枚	一分銀12枚	小判3枚	メキシコ銀12枚

●貿易額の推移

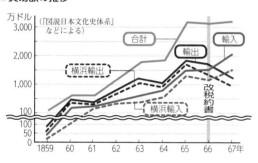

(『図説日本文化史体系』などによる)

万ドル
3,000 / 2,000 / 1,000 / 100 / 100 / 50

合計　輸出　輸入

横浜輸出　横浜輸入　改税約書

1859 60 61 62 63 64 65 66 67年

C 開港後の人々の生活

●物価の上昇

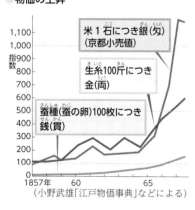

指数
1,100 / 1,000 / 900 / 800 / 700 / 600 / 500 / 400 / 300 / 200 / 100 / 0

米1石につき銀(匁)(京都小売値)

生糸100斤につき金(両)

蚕種(蚕の卵)100枚につき銭(貫)

1857年 60 65

(小野武雄「江戸物価事典」などによる)

●貿易の実態と影響

貿易形態【居留地貿易=自由貿易】

貿易開始による影響

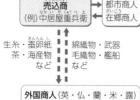

売込商 (例)中居屋重兵衛 → 都市商人 在郷商人

生糸・蚕卵紙 茶・海産物 など

綿織物・武器 毛織物・艦船 など

外国商人(英・仏・蘭・米・露)【横浜・長崎・箱館】

◆大量の金貨流出による**金貨改鋳**(**万延小判**)によるインフレ → 物価騰貴

◆生糸・蚕卵紙・茶など生産力を上回る輸出で国内主要物資不足

◆在郷商人・売込商が商品を買い占め,開港場に直送

→ 下級武士,民衆の生活圧迫

◆木綿産業(綿織物)の衰退

◆製糸業中心にマニュファクチュア発達

◆江戸の株仲間商人の既得権失われる(➡五品江戸廻送令 1860)

→ **尊王攘夷運**動の高まり 打ちこわし 百姓一揆激化

＊農産物を加工した生糸,茶などを輸出し,工業製品を輸入するという後進国型の貿易

■解説■ 貿易の伸びは著しく,かつ連年出超(輸出超過)であった。1867(慶応3)年に入超(輸入超過)に転ずるのは,前年の改税約書による税率引き下げ(平均20%から一律5%)と,攘夷派に押された幕府が生糸輸出抑制政策をとったことによる。3港(横浜・長崎・箱館)の貿易額では,横浜が圧倒的に多く,国別貿易額では,イギリスが圧倒的である。日本を開国させたものの,アメリカは南北戦争(1861〜65)の勃発に伴って後退を余儀なくされた。

貿易に慣れていなかったよこしまな商人たちは,こうかつな外人たちとぐるになり洋金の値段を実際よりも高値に換算して売買を行ったため物価はますます騰貴した。このことにより一般の貧しい人々は妻子を養い育てる方策がたたず,財産を失い,家をたたみ,ついには生活の道をなくし,命をおとすまでに至ってしまうのであり,これは自己の身体の肉をさいて,虎や狼を飼っているようなものである。……一時も早く,天皇がもとの正しさにひきもどり御裁断されて,攘夷の書書を出されれば,天下の志士たちで,髪の毛をさかだて,感激に涙を流さないものはないであろう。そうして攘夷の詔が下りたなら,幕府は天皇の勅に違反するであろうし,大名小名たちも優柔不断な態度をとるであろう。万一にも,このような天皇の詔勅に背くようなものは,猪や猿あるいは石や木のようなものであろう。罰しなさいませ。罪に処しなさいませ。

(「解腕痴言」)

④ 生糸がつくった近代

A 生糸と貿易の発展

●生糸の輸出先

(単位:%)

年	アメリカ	フランス	イギリス
1899(明32)	63.8	30.6	0.5
1909(明42)	69.3	19.4	0.1
1919(大8)	95.8	2.4	0.6

(「日本経済統計総観」)

■解説■ 器械製糸が発展すると均一,高品質な生糸が大量生産されるようになり,輸出の中心もアメリカへ移った。ドレスやストッキングなどの高級品の素材として重宝された。

●明治期の輸出入額の推移

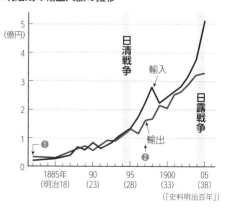

(億円)
5 / 4 / 3 / 2 / 1

日清戦争　日露戦争

輸入　輸出

❶　❷

1885年 90 95 1900 05
(明治18) (23) (28) (33) (38)

(「史料明治百年」)

● 品目別輸入・輸出の割合

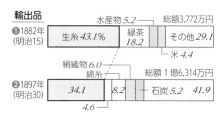

輸入品 ──毛織物 ───総額2,945万円

| ❶1882年(明治15) | 綿糸 22.2 | 砂糖 15.1 | 綿織物 14.6 | 8.9 | 7.9 | その他 31.3 |

石油

| ❷1897年(明治30) | 9.0 | 綿花 19.9 | 米 9.8 | 8.0 | 鉄類 4.1 | 36.0 |

4.4 ── 4.4 ── 機械類 ── 総額2億1,930万円
4.4

輸出品 ──水産物 5.2 ──総額3,772円

| ❶1882年(明治15) | 生糸 43.1% | 緑茶 18.2 | その他 29.1 |

─ 米 4.4

絹織物 6.0 ── 総額1億6,314万円
綿糸

| ❷1897年(明治30) | 34.1 | 8.2 | 石炭 5.2 | 41.9 |

4.6

(「日本貿易精覧」,「日本国勢図会」)

▶**解説** 貿易の規模は，産業革命の進展にともない拡大した。日清戦争後に鉄道・紡績などで企業勃興がおきると，生糸を輸出し，綿花などの原料品や機械・鉄などの重工業品を輸入する産業構造となったため，大幅な輸入超過（赤字）となった。貿易品の取り扱いや市場拡大には三井物産会社などの商社が活躍し，決済など金融面を特殊銀行である横浜正金銀行が担った。

B 輸出の代名詞「生糸」

● 官営工場と鉄道の開通

官営で操業を開始した年	── 1887(明20)年までに開通
官営工場・鉱山	── 1897(明30)年までに開通
	── 1912(明45)年までに開通または建設中

1872 富岡製糸場
1877 新町紡績所
高崎
1877 三田育種場
東京
国府津
1876 品川硝子製造所
1868 横須賀造船所

▶**解説** 1884年，高崎まで鉄道が開通したことにより，生糸の輸出量は大幅に増加した。

↑❺1872年，新橋(東京)─横浜間で鉄道が開通(横浜海岸鉄道蒸汽車図)

↑❻生糸と繭

❓**サブ・サブクエスチョン**

富岡製糸場で生産された生糸は，どのように輸送されたのだろうか。現在の地図を用いて考えてみよう。

製糸女工の実態

　私は以前桐生・足利の絹織物の産地を訪れたが，「聞いて極楽，見て地獄」と，職工自身が口にしているように，私もまた職工たちの生活のあまりのひどさを見て，これは予想外だと感じた。しかも足利・桐生を離れて前橋に行き，製糸職工に会うと，さらに織物職工よりもひどい生活であるのに驚いた。労働時間など忙しい時は，朝床を出てそのまま仕事につき，夜12時までおよぶこともまれではない。食事は大麦6割に米4割で，寝室は豚小屋に似てきたならしく，とても見られない。……

(『新編　史料日本史』)

コラム その後の日本の産業革命

● 石炭生産・輸出の拡大

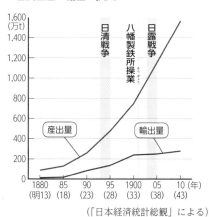

日清戦争
八幡製鉄所操業
日露戦争

産出量
輸出量

1,600
1,400
1,200
1,000
800
600
400
200

(万t)

1880(明13) 85(18) 90(23) 95(28) 1900(33) 05(38) 10(43) (年)

(「日本経済統計総観」による)

▶**解説** 石炭は明治時代の最大の鉱産品で，重要な輸出品でもあった。九州や北海道を中心に開発が進み，特に筑豊炭田は蒸気機関の導入国内最大の規模であった。

↑❼官営八幡製鉄所(1901年)

日清戦争の賠償金などをもとにして，1897(明治30)年に着工し1901(明治34)年から操業を開始した官営の製鉄所。農商務省が管轄しドイツの技術を取り入れた。今までの生糸を中心にした軽工業から，鉄鋼の生産などが始まり重工業が発達しはじめた。

● 八幡製鉄所の位置

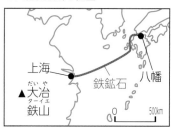

上海　鉄鉱石　八幡
大冶(ターイエ)鉄山
0　500km

炭田 ── 鉄道
若松港
八幡製鉄所
筑豊炭田
0　10km

(「福岡県史近代史料編」などを参考に作成)

まとめ

開港によって，欧米と交易・交流がはじまったことで，日本国内にどのような影響を及ぼしたかを社会や人々の生活（生活者の視点）からまとめてみよう。産業革命は，日本にどのような影響をあたえたのかをまとめよう。

工業化と世界市場の形成

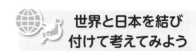
世界と日本を結び付けて考えてみよう

工業化を支えた石炭と鉄資源

❓ メイン・クエスチョン

工業化はイギリス社会と世界にどのような影響をもたらしただろうか。

🔑 キーワード

石炭，鉄，蒸気機関，日本の開国，工業化，世界の一体化

① 新たな動力源！産業の糧となる黒いダイヤモンド

❓ サブ・クエスチョン

イギリスの工業化の背景を探ってみよう。

❓ サブ・サブクエスチョン

イギリスに豊富に存在している資源は何だろうか。
また，その資源はどのあたりに分布しているだろうか。

🅰 産業革命期のイギリス

🅱 石炭・銑鉄生産量と綿花輸入量の推移

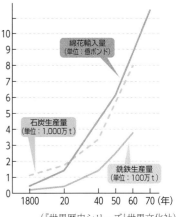

（『世界歴史シリーズ』世界文化社）

❓ サブ・サブクエスチョン

石炭・銑鉄の生産量と綿花の輸入量は，なぜ増加しているのだろうか。

② イギリスの交通革命

🅰 石炭価格の構成要素

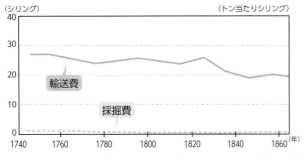

（『鉄道の誕生　イギリスから世界へ』を参考に作成）

🅱 ストックトン・ダーリントン鉄道開業2年目の収入

（1827年6月時点）

（単位：ポンド）

期間	石炭収入	乗客収入
1830 ～ 31	31,840 （91%）	390 （1%）
1832 ～ 33	57,819 （93%）	611 （1%）

❓ サブ・クエスチョン

鉄道はどんな目的で誕生したのだろうか。

❓ サブ・サブクエスチョン

石炭価格の構成要素で多くを占めている要素は何だろうか。
輸送コストを減らすために，人々は何を考えるだろうか。

🅲 リヴァプール・マンチェスター鉄道の営業内容

（単位：ポンド）

年度	乗客収入	石炭運搬
1831	101,829 （65%）	910 （1%）
1832	83,164 （54%）	4,988 （3%）
1833	98,815 （54%）	5,229 （3%）
1834	111,062 （56%）	6,331 （3%）

（『鉄道の誕生　イギリスから世界へ』を参考に作成）

❓ サブ・サブクエスチョン

🅱と🅲を比較したとき，収入の内訳の違いは何だろうか。

Ⓓ 鉄道網の発達

1840年

0　500　1000km

1880年

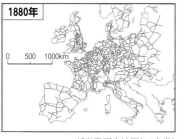

0　500　1000km

（『世界歴史地図』三省堂）

↑❶トマス＝クックによる最初の鉄道旅行の広告　イギリスの都市レスターから5マイル（約8キロ）の移動。

？ サブ・クエスチョン

鉄道網の発達により，イギリス国内や周辺諸国の社会にどんな変化をもたらしたと考えられるだろうか。

？ サブ・サブクエスチョン

鉄道利用の一般化が始まったのは，1851年，世界で初めてロンドンで開催された万国博覧会がきっかけである。鉄道網が全土に張り巡らされることで，庶民の生活にはどのような変化があっただろうか。

↑❷ロンドン万国博覧会（1851年）

③ 世界の一体化

Ⓐ 19世紀前半のイギリスの世界貿易

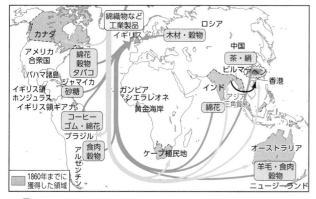

カナダ / アメリカ合衆国 / バハマ諸島 / イギリス領ホンジュラス / イギリス領ギアナ / ブラジル / アルゼンチン / 綿花・穀物・タバコ / ジャマイカ 砂糖 / コーヒー・ゴム・綿花 / 食肉・穀物 / 羊毛・食肉・穀物 / 綿織物など工業製品 イギリス / ロシア 木材・穀物 / 中国 茶・絹 / ビルマ アヘン / 香港 / アジア三角貿易 / インド / 綿花 / ガンビア・シエラレオネ・黄金海岸 / ケープ植民地 / オーストラリア / ニュージーランド

□ 1860年までに獲得した領域

？ サブ・クエスチョン

工業化は，世界の貿易にどのような影響を与えたのか。

？ サブ・サブクエスチョン

イギリスからどこに何を輸出しただろうか。また，イギリスは何をどこから輸入しただろうか。

↑❸狂歌
上喜撰は，宇治の高級茶。

？ サブ・クエスチョン

なぜペリーは日本に来航したのだろうか。

？ サブ・サブクエスチョン

この狂歌から当時の人々はペリー来航をどのように受けとめただろうか。また，当時の幕府はどんな行動に出ると考えられるだろうか。

---

④ 石炭資源がもたらしたグローバリゼーション

Ⓐ ペリー提督より日本国皇帝へ

（合衆国蒸気フリゲート艦サスケハナ号　日本沿岸　1853年7月5日）

（前略）合衆国政府は，今後日本の沿海で難破したり，嵐のために日本の港に追い込まれたりした人々が，人道的に待遇されるといううなんらかの明確な保証を，日本政府から得たいと望んでいます。（中略）人口は急速に全土に広まりついには太平洋岸にまで達したこと，いまでは数々の大都市があり，そこから蒸気船を利用すれば，18日から20日で日本に到着できること，地球上におけるこの地域全体とわが国との通商が急速に増大しつつあり，日本海域はまもなくわが国の船舶であふれるようになること，などもお伝えしておきます。　　　　（『ペリー提督日本遠征記（上）』）

？ サブ・サブクエスチョン

Ⓐから，アメリカ政府は何を望んでいると読み取れるだろうか。

↑❹ペリー公園（神奈川県横須賀市）

Ⓑ 日米和親条約（1854年3月調印）

第二条　伊豆下田・松前地箱館の両港は，日本政府に於て，亜米利加船薪水・食料・石炭欠乏の品を，日本にて調ひ候丈は給し候為め，渡来の儀差免し候。

？ サブ・サブクエスチョン

Ⓑから，アメリカ船に何を供給することが記されているだろうか。

まとめ　蒸気機関を動力源とした鉄道や蒸気船はイギリスとアジアを結び付けた。他にも，グローバリゼーションを推し進めたモノ・コトには何があるだろうか，またその歴史についても調べてみよう。

立憲体制と国民国家の形成

「国民」の誕生

❓ メイン・クエスチョン

国民国家はどのように生まれ，どのように世界に広がったのだろうか。

🔑 キーワード

国民，国家，民族，国語，教育，ナショナリズム

① 国民国家の誕生

Ａ 国民国家の誕生としてのフランス革命

シェイエス／『第三身分とは何か』（1789年）

　貴族身分は，その民事的，公的特権によって，われわれのなかの異邦人にほかならない。国民とは何か。共通の法の下に暮し，同一の立法府によって代表される協同体である。…第三身分は国民に属するすべてのものを包含しており，第三身分でないものは国民とは見なされない。第三身分とは何か。すべてである。

❓ サブ・サブクエスチョン

シェイエスは国民とはどのようなものだと述べているだろうか。

❓ サブ・クエスチョン

「国民」とはどのような人々のことをさす言葉なのだろうか。

←❶球戯場の誓い

聖職者（第一身分）　貴族（第二身分）　市民（第三身分）

←❷旧制度（アンシャン＝レジーム）を描いた風刺画　租税という岩に押しつぶされている第三身分を描いている。

> **解説** シェイエスは1789年1月にパンフレット『第三身分とは何か』を発表して旧制度を批判し，フランス革命に多大な影響を与えた。彼は聖職者の出身ではあったが，第三身分の代表として三部会に選出された。5月，三部会が招集されると，その決議方法をめぐって第一・第二身分と第三身分の意見が対立した。シェイエスは第三身分部会だけで会議を開き，国民の代表は我々であるとの自覚から，「国民議会」とすることを提唱した。国民議会が議場を使用することを拒否した国王に対し，第三身分の議員らはヴェルサイユ宮殿内の室内球戯場に集まり，憲法制定まで国民議会を解散しないことを誓い合った（球戯場（テニスコート）の誓い）。こうして国民議会は憲法制定議会としての役割を担うことになった。

人権宣言（1789年）

第1条　人間は自由で権利において平等なものとして生まれ，かつ生きつづける。社会的区別は共同の利益にもとづいてのみ設けることができる。

第2条　あらゆる政治的結合の目的は，人間のもつ絶対に取り消し不可能な自然権を保全することにある。これらの権利とは，自由，所有権，安全，および圧政への抵抗である。

第3条　すべて主権の根源は，本質的に国民のうちに存する。いかなる団体も，またいかなる個人も，明示的にその根源から発してはいない権限を行使することはできない。

第4条　自由は，他人に害を与えないすべてのことをなしうることに存する。（以下略）

第11条　思想および主義主張の自由な伝達は，人間のもっとも貴重な権利の一つである。（以下略）

第17条　所有権は，神聖かつ不可侵の権利であり，したがって，合法的に確認された公的必要性からそれが明白に要求されるときであって，かつ予め正当な補償金が支払われるという条件でなければ，いかなる者もその権利を剥奪されえない。　　　　　（『資料フランス革命』）

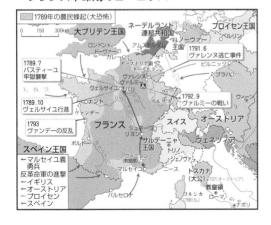

←❸人権宣言の寓意画（作者不詳）　1789年8月に国民議会が採択し，ラ＝ファイエットらが起草した人権宣言は，「人間」の自然権としての自由・所有・抵抗権のほか，国民主権を実現するための「市民」の権利を宣言した。ただし，宣言中の「人」は，男性のみを対象としていた。

❓ サブ・サブクエスチョン

人権宣言は人間の権利としてどのようなものを掲げているか。また，「国民」をどのようなものとしているか。

Ｂ フランス＝ナショナリズムの誕生

フランス革命期のヨーロッパ

1789年の農民蜂起（大恐怖）

大ブリテン王国

ネーデルラント連邦共和国

プロイセン王国

ベルリン

ロンドン・ドーヴァー・カレー

ハノーヴァー王国　1791.6　ヴァレンヌ逃亡事件

1789.7　バスティーユ牢獄襲撃

ヴェルサイユ・パリ　ピルニッツ

1789.10　ヴェルサイユ行進

フランス　1792.9　ヴァルミーの戦い　ウィーン

1793　ヴァンデーの反乱

スイス　オーストリア

スペイン王国

←マルセイユ義勇兵

反革命軍の進撃
←イギリス
←オーストリア
←プロイセン
←スペイン

❓ サブ・クエスチョン

人々は「国民」としての自覚をどのようにして持つようになったのだろうか。

「ラ＝マルセイエーズ」の歌詞

「たて，祖国の子らよ。栄光の日はやってきた。われらに対して暴君の血に染まった旗は掲げられた。暴虐な兵士たちの叫び声が荒野にとどろくのを聞け。彼らは迫っている。われらの子や妻を殺すために。武器をとれ，市民よ。隊を組め。進め，進め，われらの畑を汚れた血でみたすまで。」

↑❹ヴァルミーの戦い

> **解説** 革命は，祖国防衛意識の高まりの中で，「フランス国民」の一体感を生み出した。重要な役割を果たしたのは，三色旗やラ＝マルセイエーズである。ヴァルミーの戦いでは，実戦経験の少ない民衆から成る革命軍が職業軍人であるプロイセン・オーストリア連合軍に勝利した。翌1793年の徴兵制の導入は「国民国家」の幕開けを意味する。

C ナポレオンの大陸支配と「革命の輸出」

◀❺ナポレオン=ボナパルト(1769〜1821) コルシカ生まれの軍人で，イタリア遠征の活躍によって人気を博した。社会不安が増大し，共和政の先行きが見えない中で，ブルジョワジーや農民は「強い指導者」を求めていた。ナポレオン自身も情報を巧みに操作し，あいつぐ軍事的成功が国家の繁栄に結びつくものと国民に信じさせた。

CODE CIVIL DES FRANÇAIS.

◀❻ナポレオン法典
ナポレオンが第一統領時代に編纂を命じ，1804年3月に完成させた。全文2,281条。基本原理は①所有権の不可侵，②契約の自由，③家族(家父長権)の尊重の3つ。基本原理①②はフランス革命の成果を法的に固定したものであり，③は国家秩序安定のための基礎とされた。フランス以外のナポレオン支配地でも適用されたので当初彼は「解放者」として歓迎された。ヨーロッパ近隣諸国の民法典の模範となった。

ナポレオン時代のヨーロッパ

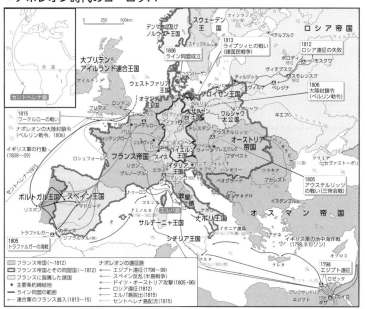

■解説 1804年，ナポレオンの皇帝即位の報を聞いたベートーヴェンは激怒し，楽譜「ボナパルト」の標題をかき消したという(写真右)。この交響曲はのちに「英雄」という題名で発表された。

❓サブ・サブクエスチョン
なぜベートーヴェンはナポレオンの皇帝即位に激怒したのだろうか。

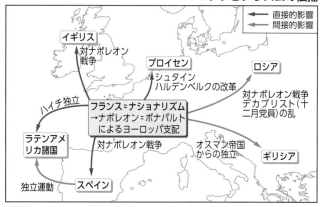

■解説 1808年，ナポレオンは宮廷の内紛に乗じてスペインにフランス軍を送り込み，これに対してマドリード市民が蜂起した。蜂起は鎮圧されたが，その後も民衆はゲリラ戦で根強く抵抗を続けた。

↑❼「マドリード，1808年5月3日」(ゴヤ)

❓サブ・サブクエスチョン
一時はヨーロッパのほぼ全域を服属させたナポレオンの強さの理由は何だろうか。

❓サブ・サブクエスチョン
銃を持つ兵士が，うつむき，目をつぶっているのはなぜだろうか。

B 近代化と私たち

(3) 国民国家と明治維新

② 国民国家の広まり

❓サブ・クエスチョン
国民国家はどのようにして世界に拡大していったのだろうか。

Ａ ナショナリズムとは

種類	国民主義	人々が国民としての意識を強くしたり(イギリス・フランス)，諸国家が統一したり(イタリア・ドイツ)して，「国民国家」を建設する場合。19世紀半ば〜後半に特徴的。
	民族主義	他国に支配され，抑圧されている民族が独立を求める場合。
	国家主義	国家利益が個人の利益に優先するとする考えで，他国・他民族を犠牲にしても自国の拡大を図る場合。自国の優越性を主張し侵略戦争を推進したファシズム体制など。
特徴・問題点		・現実の国家は諸集団によって形成されており，「国民国家」はあくまで理想(想像)にすぎない。 ・ナショナリズムは他地域に伝播・増殖する傾向があり，偏狭な国家・民族間の対立を生じさせたりすることがある。 ・マイノリティに対する抑圧が生じることがある。

■解説 ナショナリズムとは，国民及び民族(いずれもnation)を政治・経済・文化の主体と考え，国民や民族に最高の価値をおく意識や運動を指す。フランスで誕生した，国民意識をもった平等な市民が国家を構成するという「国民国家」の理念は，フランス以外の国にも広まり，ナショナリズムは各国に伝播していった。

■ナショナリズムの伝播

→ 直接的影響
→ 間接的影響

イギリス ← 対ナポレオン戦争

プロイセン ← シュタイン ハルデンベルクの改革

ロシア ← 対ナポレオン戦争 デカブリスト(十二月党員)の乱

フランス=ナショナリズム →ナポレオン=ボナパルトによるヨーロッパ支配

ハイチ独立

ラテンアメリカ諸国

オスマン帝国からの独立

ギリシア

独立運動 スペイン ← 対ナポレオン戦争

■解説 はじめは「解放者」として迎えられたナポレオンも，ヨーロッパ支配を強めると「抑圧者」として見なされ各地で反発を呼んだ。こうして人々は，nation(国民，民族)としてのアイデンティティを自覚するようになり，フランスと同じ国民国家を建設して自らを守ろうとする動きを生み出した。

B 近代化と私たち

(3) 国民国家と明治維新

フィヒテ『ドイツ国民に告ぐ』

この場合重要なのは, この種族〔ドイツ人〕が保持してきた言語の特別な性質でもなければ, 他のゲルマン系種族が受け入れた言語〔外国語〕の特別な性質でもありません。肝心なのはもっぱら, 一方が固有のものを保持しているのに対して, 他方が疎遠なものを受け入れたという事実だけなのです。さらに言えば, 始源的な言語をいまも話し続けている人々がかつてどの種族に属していたかということではなく, この言語が途切れることなく話され続けているということ, ひとえにそのことだけが重要なのです。というのも, 言語が人間によって作られるよりも, 人間が言語によって作られる度合いの方が, はるかに大きいからです。……

発声器官に対して外部から同一の影響を受けながら共同生活を送り, 絶えずコミュニケーションを交わしつつ自分たちの言語を作り続けている人間たち, これを一つの民族〔Volk〕と名づけるならば, われわれはこう言わなければなりません。この民族の言語がいま現にある姿となっているのは必然的なことであって, そもそもこの民族が自己の認識を口にしているのではなく, この民族の認識それ自体が, この民族の口をつうじて自らを語っているのだ, と。

↑**8**フィヒテ

解説 1807〜08年, 哲学者フィヒテがナポレオン占領下のベルリンで行った14回に及ぶ連続講演。ドイツ人のアイデンティティをドイツ語に求めた上で, その文化的再建・教育の復興・民族的独立を主張し, ドイツの国民意識を高揚させた。

? サブ・サブクエスチョン
フィヒテは一つの民族としてのまとまりは何によってつくられると語っているだろうか。

B ウィーン反動体制とその崩壊

←**9**ウィーン会議

解説 1814年9月から, フランス革命とナポレオン戦争後のヨーロッパの秩序を再建するためにウィーン会議が開かれた。議長はオーストリア外相(のち宰相)メッテルニヒ。正統主義(仏外相タレーランが提唱。フランス革命前の状態を正統とする)と勢力均衡を基本原則として領土の再配分を行い, 1815年6月, ウィーン議定書を締結した。

1848年革命

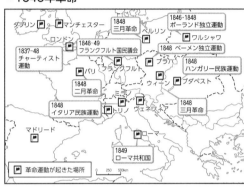

? サブ・サブクエスチョン
1848年に描かれた**⓫**の絵画には, 「諸国民」のイメージがどのように表現されているだろうか。

↑**10**「民衆を導く自由の女神」(ドラクロワ) 1830年のフランスの七月革命を描く。個性や感情を重視するロマン主義は当時のナショナリズムと結合し, 劇的な緊張感を表現する作品を多く残した。

↑**⓫**諸国民の春

解説 1848年, フランスの二月革命に続いてドイツの三月革命が起こり, 諸国民の自立の機運を高揚させた。同年春, ロシア支配下のポーランド, オーストリア支配下のイタリア・ハンガリー・ベーメンなどで民族運動が蜂起し, 「諸国民の春」とよばれた。

C アジアの国民国家化

? サブ・クエスチョン
アジアの国民国家化はどのような背景のもとで進展したのだろうか。

オスマン帝国憲法(ミドハト憲法)(1876年制定, 1878年停止, 1908年復活)

第4条 スルタン陛下はカリフ位によりイスラーム教の守護者であり, 全臣民の元首にしてスルタンである。
第8条 オスマン国籍を有する者は全て, いかなる宗教及び宗派に属していようとも, 例外なくオスマン人と称される。
第9条 すべてのオスマン人は個人の自由を有し, 他者の自由を侵さない義務を負う。
第11条 帝国の国教はイスラーム教である。この原則を遵守し, かつ人民の安全または公共良俗を侵さない限り, 帝国領において認められているあらゆる宗教行為の自由, 及び諸々の宗派共同体に与えられてきた宗教的特権の従来通りの行使は, 国家の保障の下にある。
第12条 出版は, 法律の範囲内において自由である。
第113条 国土の一部で混乱が生じることが確実な証拠や徴候が認められる場合, 政府はその地域に限り臨時に戒厳を布告する権利を有する。……国家の安全を侵害したことが, ……明らかになった者を神護の帝国領から追放し, 退去させることはただスルタン陛下のみが行使することのできる権限である。

(『世界史史料』)

解説 1876年に制定されたオスマン帝国憲法は, アジア最初の憲法で, 制定の中心になった宰相の名をとって「ミドハト憲法」ともよばれる。1839年のギュルハネ勅令に始まるタンジマート改革の一つの完成であったが, 1877年に始まった露土戦争を理由にアブデュルハミト2世によって停止され, 以後30年にわたりスルタンによる専制政治がおこなわれた。

? サブ・サブクエスチョン
「オスマン国籍を有する者」に認められた権利にはどのようなものがあるのだろうか。

↑⑫青年トルコ人革命の部隊

↑⑬上段左から規律・正義・秩序，下段には憲法万歳とある写真(青年トルコ革命)

↑⑭大日本帝国憲法発布時のパレード(錦絵)(『憲法発布式桜田之景』)(画像提供：東京都江戸東京博物館／DNPartcom)

B 近代化と私たち

大日本帝国憲法(1889年)
第1条　大日本帝国は万世一系の天皇がこれを統治する。
第3条　天皇は神聖であり，侵してはならない。
第7条　天皇は帝国議会を召集し，その開会・閉会・停会及び衆議院の解散を命じる。
第11条　天皇は陸海軍を統帥する。
第14条　天皇は戒厳を宣告する。

欽定憲法大綱(清国，1908年)
一　皇帝は帝国を統治し，万世一系であって，永遠に尊び推戴される。
二　皇帝は神聖にして尊厳であり，侵してはならない。
四　皇帝は議院を召集・開閉会・停止・延長及び解散する権限を持つ。
六　皇帝は陸海軍を統率し，軍制を編定する権限を持つ。

←⑮大日本帝国憲法制定を祝う2月11日の民衆のようす(ビゴー画)

? サブ・サブクエスチョン

日本の「大日本帝国憲法」と清国の「欽定憲法大綱」はよく似た表現が見られるが，それはどの部分だろうか。

③ 国民国家化の周縁

? サブ・クエスチョン

国民統合の進展は後の人々にどのような考えや課題をもたらしたのだろうか。

Ⓐ 方言の抑圧 ——琉球語とアイヌ語

←⑯方言札(大阪市立博物館による復元)
標準語の使用を強制させるため，学校で方言を話した者に，罰として首から下げさせた木札。下げられた者は同じ過ちを犯した者を見つけてその首に札を移すまで，自分の首にかけ続けなければならなかったという。特に沖縄で厳しく行われ，明治末から第二次大戦後まで用いられた。朝日新聞社提供

←⑰知里幸恵(1903〜22)
北海道の先住民族であるアイヌは明治政府が進める「保護」政策によって日本人への同化が進められ，アイヌ語は消滅の危機に瀕した。言語学者の金田一京助の要請と支援のもとで完成した『アイヌ神謡集』は，文字を持たなかったアイヌ語を書き留めた貴重な記録となった。朝日新聞社提供

? サブ・サブクエスチョン
「標準語」の普及によって地方の言語が失われていくことを，あなたはどう考えるか。

Ⓑ 係争地のナショナル=アイデンティティ

←⑱ドーデ「最後の授業」の挿し絵

? サブ・サブクエスチョン
ドイツ語に近い言語を話すアルザス地方の人々は「ドイツ人」だろうか，「フランス人」だろうか。

Ⓒ 民族差別 ——ユダヤ人迫害

←⑲ナチスの反ユダヤ教育　1938年出版のドイツの絵本の中で使われていた絵。ドイツ人とユダヤ人は，髪の色で区別されている。

? サブ・サブクエスチョン
追放されるユダヤ人を送り出すドイツ人の子どもたちは，どのような表情で描かれているだろうか。なぜこのような絵が教科書に掲載されたのだろうか。

-解説- ライン川流域のアルザスは，フランスとドイツの係争の地であった。アルザス語は，言語的にはドイツ語に近い。普仏戦争(1870〜71)の結果ドイツに割譲されたことから，フランス人作家ドーデは『月曜物語』の中で「最後の授業」を書いた。普仏戦争後のアルザスの学校で，国語(フランス語)教師のアメル先生が「フランス万歳」と黒板に書いて教室を去る場面で有名な物語である。現在は中心地ストラスブールでEU議会が開催され，「ヨーロッパの統合」を象徴する街となっている。

まとめ
近代国民国家は，人々が特権階級による抑圧を排除し，国家を構成する一員としての自覚に目覚めることにより誕生した。中央集権と国民統合の進展は国家の軍事的・経済的な力を強め，脅威を感じた他地域の国々へも広がっていった。一方，統合の進展は偏狭な国家・民族間の対立やマイノリティへの抑圧を生じることがあり，私たちは常に人権への配慮を忘れてはならない。

(3) 国民国家と明治維新

立憲体制と国民国家の形成

―――なぜ「国民」でなく「臣民（しんみん）」なのか

日本を中心に考えてみよう

メイン・クエスチョン

日本はどのような経緯で国民国家になったのか。

キーワード

国民国家，中央集権，文明開化，四民平等，徴兵制，教育制度，大日本帝国憲法

① 西洋との遭遇

A ペリー来航とその衝撃

サブ・クエスチョン

日本にとって西洋の近代国家との出会いはどのようなもので，それは当時の日本人にどのように受け止められたのだろうか。

←❶ペリー（1794～1858）
1852年東インド艦隊司令長官に就任。日本開国の指令を受けて浦賀に来航。

←❷久里浜上陸（くりはま）　1853（嘉永6）年6月9日（新暦7月14日），ペリー艦隊は久里浜に上陸し，フィルモア米大統領の国書を提出した。整然と整列・行進する西洋式の軍隊の姿は，多くの日本人にとって初めて目にするものであったろう。

↑❸ミシシッピ号図　ペリーがアメリカ出発時に旗艦とした蒸気船。上海到着後，当時世界最大の蒸気船サスケハナ号を旗艦とし，帆船サラトガ号・プリマス号とともに4隻で，浦賀に入港した。

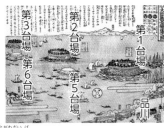

↑❹品川台場（しながわだいば）（品川大筒御台場出来之図）　第5・6台場の工事のようすが，完成した第1～3台場とともに描かれている。当初11基の砲台を築造する計画であったが，資金不足のため，完成したのはこの5基に終わった。

↑❺長崎海軍伝習所（でんしゅうしょ）の建設　1855年，幕府は長崎奉行所に海軍伝習所を設置し，オランダ人教官を招いて航海術や軍艦の操作方法などを教授させた。勝海舟（かつかいしゅう）や榎本武揚（えのもとたけあき）などが学んだが，1859年に閉鎖された。

→❻講武所（こうぶしょ）の軍事訓練　講武所は1856年，幕府の武術調練機関として江戸築地に開設された。西洋砲術・銃隊調練（ほうじゅつ・じゅうたいちょう）を導入した砲術は，その後の様式軍制化の中核を担った。

B 攘夷（じょうい）運動とその挫折

↑❼薩英戦争（さつえい）（1863年7月）　前年の生麦事件（なまむぎ）（薩摩藩の行列がイギリス人を殺傷した事件）の犯人の逮捕と処罰，妻子養育料などを英国が要求し，薩摩藩が拒否したため，イギリス艦隊が鹿児島を艦砲射撃。城下の破壊は甚だしかったが，薩摩藩の応戦でイギリス艦隊も消耗，多数の死傷者を出した。

→❽薩英戦争後の賠償金支払いの場面　足を組んで座る薩摩藩士と談笑するイギリス人との間に敗者と勝者の上下関係は見られない。この戦いでイギリスは薩摩藩の実力を認め，薩摩藩も攘夷の不可能を悟り，両者はその後急接近（きゅうか）した。これより薩摩藩は開国倒幕へと舵を切る。

←❾四国艦隊下関砲撃事件（1864年8月）　長州藩が1863年に下関海峡で攘夷を決行したことに対する英・仏・米・蘭の報復戦争。長州藩は4日間の激戦の末屈服。幕府は300万ドルの賠償金支払いを約束した。

サブ・サブクエスチョン

長州藩の戦争になぜ幕府が賠償責任を負ったのだろうか。

「日本魂（やまとだましい）」

←❿天狗党（てんぐとう）の幟旗（のぼりばた）
1864年3月，水戸藩の脱藩浪士らが攘夷実行を訴えて筑波山で挙兵した天狗党の乱。上京をめざして諸藩と戦ったが，最後は加賀藩に降伏した。

サブ・サブクエスチョン

天狗党が掲げた「日本魂」の「日本」は，当時はどこまでの範囲（領域，人種等）を含む概念だと考えられるだろうか。

② 中央集権の確立

大政奉還の上表文（現代語訳）

天皇の臣である私慶喜が，謹んで皇国の歴史的変遷を考えてみるに，……今日の状況になりましたのも，結局私の不徳の致すところで，恥ずかしい限りであります。まして諸外国との交際が日ごとにさかんになり，いよいよ政権が統一されていなければ，国家を治める根本の原則が立ちにくいので，今までの古い習慣を改め，政権を朝廷に返還し，広く天下の議論を尽くし，天皇の決断を仰ぎ，心を合わせ協力し，ともに皇国を守っていけば，必ず海外諸国と肩を並べることができましょう。臣慶喜が国家に尽くすことは，これ以外にないと考えます。

五箇条の誓文（現代語訳）

一，広く会議をひらいて，天下の政治を公平な議論によって決める。

一，治める者と人民が心を一つにして，国を治め民を救う方策をさかんに進める。

一，公家と武家が一体となり，庶民に至るまで皆が思うように活動し，人々の心を飽きさせないようにすることが必要である。

一，旧来の悪い習慣（攘夷的な風潮）をやめ，世界の正しい道理に基づいて交流していかなければならない。

一，知識を海外諸国から取り入れ，国家の基礎をさかんにすべきである。

解説 王政復古の大号令によって発足した明治政府は，1868（慶応4）年3月14日，江戸無血開城と時を同じくして，京都御所紫宸殿において天皇が公卿・諸侯を率いて五箇条を神前に誓うという形で，新政府の基本方針を発布した。諸外国に正当な政府としての承認を得ることも重要な目的の一つであった。

版籍奉還の上表文（現代語訳）

薩摩・長州・土佐・肥前の四藩主が連名で，版籍奉還の文書を差し出します。…そもそも私たち天皇の臣下の居る所は天皇の土地であり，私たちの治める民は天皇の民であります。どうしてこれらを私たちが所有することができましょうか。今，謹んでその土地と人民とを朝廷に返上致します。…そして制度や法律，軍政から軍服・兵器の制度に至るまで，ことごとく朝廷から命令が出され，天下のことは大小を問わずすべて朝廷によって決定されるべきであります。そうして初めて日本が海外の列強と並び立つことができましょう。このことは今日の朝廷の急務であり，同時にそうすることが私たち臣下の責任でもあります。

解説 版籍奉還　1869（明治2）年1月　薩長土肥の4藩主が連名で，すべての土地（版）と人民（籍）を朝廷に奉還することを願い出たものである。3月までにはほとんどの藩がこれにならった。政府はこれにより全国支配権を握る一方，藩主をそのまま知藩事としたため，藩体制は維持された。

廃藩置県の詔（現代語訳）

朕（明治天皇）が思うに，この維新にあたって，内においては国民の安全を守り，外にあっては列国と対等に渡り合おうとするならば，制度と実際とを合致させ，政府の命令を一つに統一しなければならない。朕は以前に諸藩の版籍奉還の申し出を聞き入れ，新たに知藩事を任命してそれぞれの職を勤めさせた。ところが，数百年にわたる古いしきたりのため，中にはその名目だけで実質が伴わない藩があった。……よって今，さらに藩を廃止して県とする。これはできる限り無駄をはぶいて簡素にし，有名無実の弊害を取り除き，法令が多方面から出される問題点を無くそうとするものである。なんじら群臣は，この朕の意図することを理解しなさい。

解説 廃藩置県　1871（明治4）年7月　新政府は，薩長土3藩兵からなる約1万の御親兵を東京に集め，その軍事力を背景に廃藩置県を断行した。結果，知藩事はその職を解かれ，新たに中央政府が府知事，県令を任命した。ここに名実ともに国内の政治的統一が完成された。

③ 「文明国」へのあゆみ

Ⓐ 文明開化と風俗矯正

↑⑪開化因循興廃鏡（昇斎一景筆，1873年） 新しいものが旧いものを圧倒していく姿を描いている。人力車にかご，牛鍋におでん，コウモリ傘に両天傘（晴天・雨天両用の傘），煉瓦石に瓦，ランプにかんてらなど，日本米以外は洋物が勝っている。

←↓⑫⑬京都府違式詿違条例図解（1876年） 現在の軽犯罪法の起源とされる，各府県で制定された「文明的ではない」庶民の伝統的習俗への規制で，外国人の目を強く意識して出された。「第15条　身体へのいれずみするもの」「第16条　男女入込の湯（混浴）を渡世（営業）する者」「第17条　本街へ袒裼（肌をあらわすこと）赤裸にて戸外へ立出る者」とあり，このほかにも，往来での人々の容姿や習慣に関すること，交通の妨げになるような行為などへの規制が多い。

B 「四民平等」と人民

「四民平等」の論理によって人民に新たに課せられたものは何だろうか。

B 近代化と私たち

学事奨励に関する被仰出書(現代語訳)　1872(明治5)年8月2日

　人々が自らその身を立て，生計を支え，家業をさかんにしてその人生を送ることのできる理由はほかでもない。自分の行いを正し，知識を広め，才能や技芸を伸ばすことによるものである。そして，行いを正し，知識を広め，才能・技芸を伸ばすことは，学ばなければ不可能である。これが学校を設ける理由であり，……学問は，身を立てる資本ともいうべきものであって人たるものは誰でも学ばなければいけないのである。……これによってこのたび文部省において学制を定め，段々に教則も改正して布告する予定であるので，今後一般の人民は(華族・士族・農民・工人・商人及び婦女子を問わず，)必ず村に不学の家などなく，家に不学の人などいないことを目標にしなければならない。人の父兄たるものは，よくこの趣旨を認識し，いつくしみ育てる気持ちを強く持って，その子弟を必ず学校に通わせるようにしなければならない。

（『法令全書』）

徴兵告諭(現代語訳)　1872(明治5)年11月28日

　我が国の上古の制度は，全国民皆兵士であった。……明治維新で列藩は領地を天皇に返還し，辛未の年(明治4年)には古来の郡県制を復活した。代々世襲で，仕事もせずに暮らしていた武士は，その俸給を減らし，刀剣を帯びていなくてもよいことになり，士・農・工・商の四民にようやく自由な権利を得させようということになった。……そもそも，この世においては，すべてのものに関して税がかからないものはなく，この税は国の必要にあてる。だから，人は本来的に心も力も国のために尽くさなければならない。西洋人はこのことを血税といっている。自らの血によって国に報いるという意味である。……西洋の諸国は数百年にわたって研究し実践して，兵制を定めている。……従って，今その長所を取り入れ，わが国古来の軍制にそれを補って，海軍と陸軍の二軍を備え，全国の士・農・工・商のすべての人民男子で20歳になった者をすべて兵籍に入れておき，この兵士によって危急の場合の必要に備えなければならない。(『法令全書』)

(3)　国民国家と明治維新

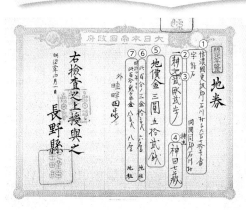

①所在地(国・郡・町村・字・番地)
②地目(田・畑の別)
③面積　④所有者(地租納入者)
⑤地価　⑥税率・地租　※3%
⑦引き下げ後の税率・地租
　※1877(明治10)年から2.5%

←⑭地券　土地の持ち主に交付され，土地の所有権は地券の名義人にあるとされた。土地所有者の変更の場合は，裏面に追記された。

→⑮地租改正・土地測量図　政府の命を受けて農民が自ら土地の測量をおこない，面積や収穫量の算出もおこなった。そのため，土地所有意識を高めることにも影響を与えた。所有権の立証できない土地は官有地に編入されたから，江戸時代には無税であった入会地や無届けだった隠し田，開墾地にも測量が入り，それらにも課税された。

C 教育と「国民」化

↑⑯開智学校(長野県松本市)

↑⑰入山学校(群馬県入山村)

解説　開智学校は現存する最も古い小学校の一つ。廃寺を仮校舎に1873(明治6)年開校，76年に木造2階建ての擬洋風校舎が竣工した。しかし，このような校舎はまれであり，入山学校のように名主宅を校舎にする場合や，寺や神社を利用することが多かった。

小学生徒心得(現代語訳)　1873(明治6)年，師範学校

第一条　毎朝早く起き，顔と手を洗い，口をすすぎ，髪を整え，父母に礼を述べ，朝の食事が終われば学校へ出る用意をし，まず筆・紙・書物などを取りそろえて忘れ物がないようにすること。
第二条　毎日の登校は授業が始まる時間の10分前であること。
第六条　授業の時刻になったらそれぞれの席に着き，教師の指図を待つこと。
第七条　もし授業の時限に遅れて登校する時はみだりに教室に入ってはいけない。遅刻の事情を述べて教師の指図を待つこと。

解説　時間を守ることや授業中は雑談をしないことなど，小学校生徒が守るべき心得が師範学校により編纂された。

明治初期の学校教育から，政府は国民にどのような資質・能力を期待していたと考えられるだろうか。

←⑱1877(明治10)年ごろの小学校の授業風景　授業は教師と生徒が掛け図を見ながら，問いに答える方式だった。男女が席を並べて学んでいる。

←⑲1877(明治10)年ごろの体操のようす(「生徒勉強東京小学校双六」)　欧米人と比べ，日本人の体格は「痩身」であり，大きなコンプレックスだった。1873(明治6)年に体操が教科に設置され，西洋体操の実施が指示された。

←⑳『小学唱歌集』の表紙と緒言　西洋音楽の受容は，芸術のためにおこなわれたものではなく，「徳育」「知育」「体育」のために受容されたことがうかがえる。音楽は「人身ヲ正シ風化ヲ助クル」働きがあるとも述べられており，これを教育に用いることが目的だった。

④ 立憲体制の成立

❓ サブ・クエスチョン
人民の権利はどのように構想され，憲法の中にどのように実現したのだろうか。

A 憲法をめぐる対立

植木枝盛「東洋大日本国国憲按」(現代語訳)

第42条　日本の人民は法律上平等とする。

第43条　日本の人民は，法律によらなければ，自由の権利を損なわれない。

第45条　日本の人民はどのような罪を犯したとしても生命を奪われることはない。

第49条　日本人民には，思想の自由がある。

第50条　日本人民は，どのような宗教を信じるのも自由である。

第70条　政府がこの憲法に背くときは，日本人民は政府に従わなくてよい。

第72条　政府がわがままにこの憲法に背き，勝手に人民の自由の権利を害し，日本国の趣旨を裏切るときは，日本国民はその政府を打倒して新たな政府を設けることができる。

第114条　日本連邦に関する立法権は，日本連邦人民全体が有する。

◆解説◆ 明治前期に民間で作成された憲法の私案を私擬憲法という。現在までに50篇近くが発見されている。資料は1881(明治14)年に植木枝盛が起草した私擬憲法で，思想・信教・言論・出版・集会・結社など広範な自由を認め，政府の圧政に対する抵抗権・革命権を明記し，人民主権を貫いている。

←㉑発行を禁止された『高知新聞』の「葬式」広告(1882年)　新聞・雑誌などによる政府批判の激化に対し，政府は1875(明治8)年6月に讒謗律・新聞紙条例を公布して対抗した。これにより，記者の投獄や新聞の発行禁止が相次いだ。

❓ サブ・サブクエスチョン
伊藤は「皇室の基礎を固め，天皇の大権を落とさない」という大目標をどのようにして実現できると述べているだろうか。

伊藤博文書簡
1882(明治15)年8月11日付岩倉具視宛て
　博文は来欧して以来……ドイツにて有名なグナイスト，スタインの両師に就き，国家組織の大体を了解することができ，皇室の基礎を固め，天皇の大権を落とさないという大眼目は充分に立ちましたので，追ってご報告申し上げます。実に英，米，仏の過激論者の著述のみを金科玉条のように誤信し，ほとんど国家を傾けようとするかの形勢は，今日の我が国の現情にございますけれども，これを挽回するための道理と手段を得ました。……両師が主に説く所は，国の組織の大体は，つまるところ君主立憲体と共和体の二種類に大きく分けることができ……君主立憲政体であれば，君位君権は立法の上におかなければならないということです。ゆえに，憲法を立てて立法と行政の両権を並立させ，立法機関と行政機関があたかも人体における意想と行為の関係のようにしなければならないということです。

←㉒言論弾圧の風刺画(『トバエ』1888年)　警官が漫画雑誌『トバエ』を示し，民権論派新聞記者に猿ぐつわをかませ，物言えぬようにしている。政府が民権運動を新聞紙条例などで弾圧していることへの風刺。憲法発布を控え1887(明治20)年には保安条例公布により弾圧は一層強まった。右上のピエロ姿はビゴー自身。

❓ サブ・サブクエスチョン
天皇が洋装で式典に臨み，各国外交官ら多数の外国人が招かれたのはなぜだろうか。

B 大日本帝国憲法

大日本帝国憲法(現代語訳)

第1条　大日本帝国は万世一系の天皇がこれを統治する。

第3条　天皇は神聖な存在であり，侵してはならない。

第4条　天皇は国の元首であって，統治権を一手に握っており，この憲法の条文の規定に従って統治権を行使する。

第5条　天皇は帝国議会の協賛によって立法権を行使する。

第8条　天皇は社会全体の安全を守り災いを避けるために緊急の必要があり，帝国議会閉会中の場合には，法律に代わる勅令を発する。……

第20条　日本臣民は法律の定めるところにより兵役の義務をもつ。

第27条　日本臣民はその所有権を侵されることはない。

第29条　日本臣民は法律の範囲内で，言論・出版・集会・結社の自由をもつ。

第55条　国務大臣は天皇を補佐し，その責任を負う。……

←㉓大日本帝国憲法発布式典(和田英作筆)　宮中で明治天皇が黒田清隆首相に憲法を授けている。式典には政府高官や華族のほか，皇后ら宮中の女性たち，各国外交官やお雇い外国人らも招待された。

❓ サブ・サブクエスチョン
医師ベルツは2月9日の日記で憲法制定を祝う民衆のことを書いたが，「内容をご存じない」といわれた民衆は何を祝っていたのだろうか。

医師・ベルツの日記
　東京全市は，十一日の憲法発布をひかえてその準備のため，言語に絶した騒ぎを演じている。到るところ，奉祝門，照明，行列の計画。だが，滑稽なことには，誰も憲法の内容をご存じないのだ。
(『ベルツの日記』1889年2月9日)

まとめ ペリー来航を契機に西洋の近代国家と遭遇した日本は，その技術力や軍事力を大きな脅威と受け止め，これに対抗して独立を保つため，中央集権化や文明開化，工業化などの国内改革を推し進めた。国民皆兵と国民皆学をめざして徴兵制や義務教育制度を導入し，「文明国」の一員としての振る舞いを国民に求め，大日本帝国憲法の発布によって名実ともに立憲国家となった日本は，近代的国民国家の一員として国際社会にデビューするのである。

立憲体制と国民国家の形成

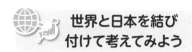
世界と日本を結び付けて考えてみよう

「国民」のつくり方(マニュアル)を考える

メイン・クエスチョン

19世紀に欧米諸地域では,どのように「国民」は創り出されたのか。

キーワード

国民統合,啓蒙思想,立憲主義,国民国家,世界システム論

① 大英帝国の覇権

サブ・クエスチョン

イギリスの覇権はどのようにとられたのだろうか。

サブ・サブクエスチョン

ABを読んで,議会と国王との関係はどのようなものになったのか,その変遷を世紀ごとに考えてみよう。

A イギリスの議会制度の変遷

1215 大憲章(マグナ=カルタ)=立憲政治の基礎	ジョン

王権の濫用防止 貴族・都市の特権の成文化

1265 シモン=ド=モンフォールの議会=議会の起源	ヘンリ3世

封臣会議に州騎士と都市の代表参加

1295 模範議会=議会の制度化	エドワード1世

貴族,聖職者のほかに,各州2名の騎士,各市2名の市民が議会に参加

1341 二院制の成立	エドワード3世

貴族と高位聖職者が上院,騎士と市民が下院を形成

1689 「権利の章典」発布	ウィリアム3世
	メアリ2世
19世紀 選挙法改正(自由主義[功利主義]の考えにもとづく)	
1911 下院の優越(議会法)	ジョージ5世

解説 イギリスは議会と国王との関係をさまざまな改革を通して見直し,立憲体制を確立した。19世紀には世界の諸地域を支配したが,その過程でアメリカを喪失(=アメリカ独立)し,その結果あらためて「イギリス人とは何か」ということが自問されることになった。

B 「権利の章典」発布(1689年)

　議会の上下両院は……古来の権利と自由をまもり明らかにするために,次のように宣言する。
1　王の権限によって,議会の同意なく,法を停止できると主張する権力は,違法である。
4　国王大権と称して,議会の承認なく,王の使用のために税金を課することは,違法である。
6　議会の同意なく,平時に常備軍を徴募し維持することは,法に反する。
8　議員の選挙は自由でなければならない。
9　議会での言論の自由,および討論・議事手続きについて,議会外のいかなる場でも弾劾されたり問題とされたりしてはならない。
13　あらゆる苦情の原因を正し,法を修正・強化・保持するために,議会は頻繁に開かれなければならない。

サブ・サブクエスチョン

Bについて。名誉革命(1688年)の経験をもとに,不法な統治行為に対して民衆が抵抗することを容認した『統治二論』を著した思想家は誰だろうか。

C 19世紀を表した世界地図

←❶W=クレイン画「イギリス帝国地図」『グラフィック』の付録(1886年) 中央下に描かれているのはブリタニア(イギリスを擬人化したもの)であり,その周りにはイギリス帝国に関連する事物が描かれている。

サブ・サブクエスチョン

❶で赤く着色してある地域はどのような地域だろうか。またその地域に,共通点はあるだろうか。考えてみよう。

D 植民地アメリカに対するアダム=スミスの主張

ブリテンの支配者たちは，過去1世紀以上の間，大西洋の西側に大きな帝国（＝アメリカのこと）をもっているという想像で国民を楽しませてきた。……それは，何の利益ももたらさないのに巨大な経費がかかってきたし，現在もかかり続けている。また，今までどおりのやり方で追求されるならば，これからもかかりそうな計画である。なぜなら，すでに示したように，植民地貿易の独占の結果は，国民の大多数にとって，利益ではなく，単なる損失だからである。　（『諸国民の富』）

❓ サブ・サブクエスチョン

18世紀後半当時イギリスでは，イギリス人が多く住むアメリカ東部13州をどのように対処すべきか，つまり植民地としておくか，独立させるべきか，議論されていた。Dを参考に，当時のイギリスの人々の立場に立って，アメリカの独立を容認した方がよいかどうか，「イギリス人とは何か」とあわせて考えてみよう。

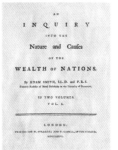

←❷『諸国民の富（国富論）』(1776年)
アダム=スミスの主著

←❸アダム=スミス
(1723〜90)
イギリスの古典派経済学者。資本主義の体系的分析，自由主義経済学を確立した。

②アメリカ独立革命

❓ サブ・クエスチョン
アメリカはどのような人々を「国民」としたのだろうか。

A 大陸不買同盟盟約(第8条)(1774年)

我々は，いかなる社会的地位にあるものに対してであれ，倹約，節約，勤勉を奨励し，浪費や放蕩に耽らないようにする。特に，すべての競馬，ゲーム，闘鶏，見せ物，演劇などの浪費的な気晴らしや娯楽の類はもってのほかである。　（森丈夫『歴史はもっとおもしろい』）

❓ サブ・サブクエスチョン
当時アメリカ東部13州にいたイギリスからの移民はなぜAのような生活を送っていたのだろうか。Aの資料を読み，考えてみよう。

❓ サブ・サブクエスチョン
Bでは，現地の白人が先住民の恰好をして何かを海上に投げ捨てている。それは何だろうか。またなぜそれを海へ投げ捨てているのだろうか。

B ボストン茶会事件(1773年)

↑❹ボストン茶会事件を描いた絵

C 独立宣言への署名(1776年)

↑❺「独立宣言」の採択

D アメリカ独立宣言(1776年)

われわれは以下の原理は自明のことと考える。まず，人間はすべて平等に創造されており，創造主から不可譲の諸権利をあたえられており，それらのなかには生命，自由，幸福追求の権利がある。次に，これらの権利を保障するためにこそ，政府が人間のあいだで組織されるのであり，公正なる権力は被治者の同意に由来するものである。さらに，いかなる形態の政府であれ，この目的をそこなうものとなった場合は，政府を改変，廃止して，国民の安全と幸福とを達成する可能性を最も大きくするとの原則に従い，しかるべく機構をととのえた権力を組織して新しい政府を樹立するのが，国民の権利である。

❓ サブ・サブクエスチョン
Cは，フィラデルフィアでDを発表したようすが描かれている。Dを公表することにより，イギリスとの関係はどのようになるだろうか。予想してみよう。

E 帰化法(1790年)

アメリカ合衆国連邦議会の上院および下院は，以下の法律を定める。すなわち，外国で生まれた者で，自由な白人であり，アメリカ合衆国の管轄内に2年間居住した者は，市民となることが認められる。　（『世界史史料』）

解説　アメリカは18世紀までにさまざまな理由(宗教的迫害，年季奉公人など)によりイギリスから多くの移民を受け入れていた。アメリカはイギリスから離脱し，ラディカルに民主化を図り共和政を採用した。

❓ サブ・サブクエスチョン
D Eを読み，現在の「アメリカ人」と比べ，簡潔にまとめてみよう。

③ ラテンアメリカの独立運動

Ⓐ シモン＝ボリバル『ジャマイカ書簡』（19世紀初め）

　　この広大な大陸の各地にわたって住んでいる原住民，アフリカ人，スペイン人，そして混血人種の諸集団からなる1500万から2000万人におよぶ住民のなかで，白人がもっとも規模の小さな集団であることは確かな事実です。しかしながら，白人こそが知的資質を備えていることも事実で，そのおかげで白人は他の集団に劣らぬ地位を獲得し，道徳の面でも物質的な面でも，他の集団にはいずれも不可能だと思われるほどの影響力を発揮してきたのです。有色人種との数の上での差異にもかかわらず，こうした白人に与えられた条件からは，あらゆる住民の統一と調和にとって最良の考えが生み出されるのです。　　　　　　　　　（『世界史史料7』）

Ⓑ L＝コリー「憲法を起草することと世界史を書くこと」

　　功利主義哲学者で法制の改革にも尽力したジェレミ＝ベンサムが，非公式憲法の名高い起草者となったのは，彼の故郷であるロンドン―1820年には世界最大の都市となっていた―が，政治的な亡命者たちの集まる場所となっていたからでもある。南アメリカ大陸における「独立時代における第一級の指導者たち」のうち70人ほどが，1808年から1830年までの間，ロンドン滞在を経験していた。彼らの多くがベンサムをかこむ集いに加わっており，それゆえにベンサムがブエノスアイレス，グアテマラ，ベネズエラ，コロンビアの憲法案の下書きを執筆しているのである。
（羽田正編『グローバル・ヒストリーの可能性』）

❓ サブ・サブクエスチョン

19世紀以降，中南米の独立運動の際に南アメリカ諸地域の憲法に多大な影響を与えた人物は誰か。Ⓑを読みながら，答えてみよう。

Ⓒ モンロー主義（19世紀前半）

　　合衆国の権利と利益に関わる原則として，南北アメリカ大陸は，自由と独立の地位を獲得し維持してきたのであるから，今後，いかなるヨーロッパ列強による植民地化の対象ともならないと主張するのが，この際妥当であると判断した。……われわれは，現存するヨーロッパ列強の植民地や属領には干渉してこなかったし，今後も干渉しない。　　　　　　　　　　　　（『世界史史料7』）

【解説】　アメリカ独立，フランス革命の影響を受け，1820年代よりラテンアメリカ諸地域では独立運動が勃発した。ラテンアメリカ諸地域は，ヨーロッパ諸国およびアメリカ合衆国との関係により規定されていった。

❓ サブ・クエスチョン

Ⓒの考えにもとづくと，ラテンアメリカ諸国とヨーロッパ諸国との関係はどのようになると予想されるか，考えてみよう。

❓ サブ・サブクエスチョン

Ⓐを読み，ラテンアメリカの独立運動の中核を担ったのはどのような人々だったか答えてみよう。

④ フランス革命と国民統合

Ⓐ『第三身分とは何か』

　　貴族身分は，その民事的，公的特権によって，われわれの中の異邦人そのものである。国民とはなにか。一つの共通の法律の下で，同一の立法者によって代表され，共同して生きる団体である。……第三身分は，国民に属するものすべてを包含する。したがって，第三身分でないものは，国民ではありえない。第三身分とはなにか。すべてである。　　　（『世界史史料6』）

❓ サブ・サブクエスチョン

Ⓐを読んで，「国民」と「貴族」，「第三身分」との関係はどのようなものか，考えてみよう。

❓ サブ・クエスチョン

フランスにおいて，立憲王政の下で明示された「国民」とは，どのような人々なのだろうか。また，国民統合はどのように進展したのだろうか。

Ⓑ バスティーユ牢獄襲撃（1789年）

↑❻民衆がバスティーユ牢獄を襲撃している場面

❓ サブ・サブクエスチョン

Ⓑについて，フランスではフランス革命勃発の事件としてバスティーユ牢獄襲撃の7月14日を「国民の祝祭日」としている。この出来事はどのようなものだろうか。

B 近代化と私たち

(3) 国民国家と明治維新

C 人権宣言（「人間と市民の権利の宣言」）

第一条　人間は自由で権利において平等なものとして生まれ，かつ生きつづける。社会的区別は共同の利益にもとづいてのみ設けることができる。

第二条　あらゆる政治的結合の目的は，人間のもつ絶対に取り消し不可能な自然権を保全することにある。これらの権利とは自由，所有権，安全，および圧政への抵抗である。

第三条　すべて主権の根源は本質的に国民のうちに存する。いかなる団体もまたいかなる個人も，明示的にその根源から発してはいない権限を行使することはできない。

第十七条　所有権は，神聖かつ不可侵の権利であり，……。

（河野健二編『資料フランス革命』）

■解説■　イギリスの覇権に対抗するため，フランスはアメリカ独立の影響を受け，国内体制の立て直し＝社会・経済の構造改革をおこない，「国民」国家を創出した。対外関係により共通の敵をつくり「国民」意識を高揚させ，統合を図る（国語・国旗・国歌の統一）一方，非「国民」の排除を強化した。

E フランスの言語分析（1863年）

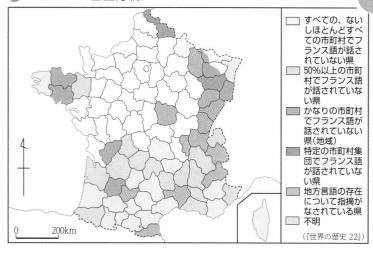

□	すべての，ないしほとんどすべての市町村でフランス語が話されていない県
	50％以上の市町村でフランス語が話されていない県
	かなりの市町村でフランス語が話されていない県（地域）
	特定の市町村集団でフランス語が話されていない県
	地方言語の存在について指摘がなされている県
	不明

（『世界の歴史 22』）

0　　200km

❓ サブ・サブクエスチョン

Eは19世紀フランスにおける地方言語の残存状況図である。この状況をみて，どのようなことがいえるだろうか。

D 時間と単位の統一

←❼度量衡の統一　1791年，ギルドを廃止して営業の自由の確立をめざした国民議会は，従来の不統一な度量衡にかえて，十進法にもとづく国際的な新しい統一単位の創設を決定した。1799年に正式採用されたメートル法は，北極と赤道を結ぶ子午線の弧の長さの1,000万分の1の長さを1メートル，真空中での一定量の蒸留水（0℃）の重さを1グラムとした。

F 革命暦

革命暦（共和暦）	西暦
ヴァンデミエール（葡萄月）	9〜10月
ブリュメール（霧月）	10〜11月
フリメール（霜月）	11〜12月
ニヴォーズ（雪月）	12〜1月
プリュヴィオーズ（雨月）	1〜2月
ヴァントーズ（風月）	2〜3月
ジェルミナール（芽月）	3〜4月
フロレアル（花月）	4〜5月
プレリアル（草月）	5〜6月
メシドール（収穫月）	6〜7月
テルミドール（熱月）	7〜8月
フリュクティドール（実月）	8〜9月

■解説■　1793年に国民公会は革命暦（共和暦）を採用した。これは1792年9月22日，共和国成立の日を紀元第1日とする，キリスト教の精神支配からの独立をめざすための新しい暦であった。ナポレオン時代の1806年に旧来のグレゴリウス暦へ復帰された。

G フランス語の統一（方言根絶論）

グレゴワールの演説（1794年6月4日）

フランス語は，ヨーロッパの尊敬を勝ち得たし，一世紀も前からフランス語は，ヨーロッパにおいて権威あるものとなった。……しかし，いまだに，旧州の名前を思い起こさせるようなおよそ30あまりの地方語が存在する。……誇張でもなく，600万人のフランス人が，特に，農村においては，国民言語を知らないということを断言することができる。それと同数のフランス人が，筋道の通った会話に耐え得ないこと，その結果として，国民言語を話すことができる人口が300万人を超えないこと，そしておそらくそれを書くことができる人口は遥かに少数であることも断言できる。　（『世界史史料6』）

議会命令（1794年6月4日）

国民公会は，公教育委員会の報告を徴し，以下のように議会命令として発布する。

公教育委員会は，フランス語の新しい文法と新しい語彙を完成するための手段に関する報告を提出する。当該委員会は，文法，語彙の学習を容易にし，自由の言語にふさわしい性質を与えるはずの変革に関する考え方を提出する。国民公会は，その報告が，各行政機関，民衆協会，そして，共和国のすべてのコミューンに送付されるであろうということを布告する。　（『世界史史料6』）

■解説■　アンシャン＝レジームの下では数多くの地方言語が容認されていたが，革命が深化していくと，地方と中央との交渉にさまざまな障害がおこった。グレゴワールは，1790年8月の実態調査にもとづき，いかにフランス語（国語）が普及していないかを痛感し，フランス語を普及する政策を打ち出した。その後，多くの地域の近代国家化の過程で，この言語政策が踏襲された。

まとめ

イギリスでは19世紀には世界の諸地域を支配し，その覇権を確立したが，その一植民地であったアメリカはイギリスからの離脱を図った。ラテンアメリカ諸地域では独立運動がおこり，おもにイギリスをモデルとして立憲制のあり方を学んだ。フランスはイギリスに対抗するため，体制の変革を実施（＝フランス革命）し，国民国家を形成した。フランスの影響は世界に派生して，ヨーロッパではイタリア，ドイツなどでおもにフランスの国民国家が模倣された。アジア諸地域でもイギリス，フランスなどの影響を受けてオスマン帝国，日本などで，そのあり方がいち早く取り入れられた。

列強の帝国主義政策とアジア諸国の変容

「20世紀の怪物」が現れた!?

メイン・クエスチョン

なぜ，帝国主義の列強によって，世界は分割されたのだろうか。帝国主義は，世界にどのような影響を及ぼしたのだろうか。

キーワード

帝国主義，世界分割，社会帝国主義，文明化の使命，人の移動，戦争と暴力，差別と排除

1 帝国主義の時代

サブ・クエスチョン

19世紀後半以降，どのような動きが世界中に広がったのだろうか。

A 列強による世界分割

20世紀初めの世界

凡例：中華民国／国民党の支配地域／イギリス領（英）／フランス領（仏）／オランダ領（蘭）／ドイツ領（独）／スペイン領（ス）／ポルトガル領（ポ）／アメリカ領（米）／イタリア領（伊）／日本領

解説 19世紀後半以降，列強諸国がいくつも競合するなかで，一部の例外を除き世界は分割された。この世界分割の動きを帝国主義という。列強による世界分割は，支配関係が法的・制度的に明確な形をとる「公式帝国」とならんで，法的・制度的な支配形態は整わないまま，経済的な面などで実質的に支配関係が存在する「非公式帝国」を含んでいた。この地図は「公式帝国」のみ図示している。また，中国とオスマン帝国は，帝国であると同時に，他の帝国主義列強から浸食されるという性格を持っていた。

列強の植民地領有

（単位：100万km²，100万人）

	本国 1914		植民地 1876		植民地 1914		合計 1914	
	面積	人口	面積	人口	面積	人口	面積	人口
イギリス	0.3	46.5	22.5	251.9	33.5	393.5	33.8	440.0
フランス	0.5	39.6	0.9	6.0	10.6	55.5	11.1	95.1
ロ シ ア	5.4	136.2	17.0	15.9	17.4	33.2	22.8	169.4
ド イ ツ	0.5	64.9	—	—	2.9	12.3	3.4	77.2
イタリア	0.3	35.2	—	—	1.5	1.4	1.8	36.6
ベルギー	0.03	7.5	—	—	2.4	15.0	2.4	22.5
アメリカ	9.4	97.0	—	—	0.3	9.7	9.7	106.7
日 本	0.4	53.0	—	—	0.3	19.2	0.7	72.2

（『帝国主義と世界の一体化』）

サブ・サブクエスチョン

①どのような国々が，植民地や勢力範囲の拡大を進めたのだろうか。
②植民地化が進んだのは，おもにどの地域だろうか。

サブ・サブクエスチョン

アメリカと日本は，どのようにして植民地獲得競争に乗り出したのだろうか。

B ヨーロッパ外の帝国の登場

■アメリカ

解説 アメリカは西部開拓が一段落すると，積極的なカリブ海政策に転じ，スペインとの戦争をおこした。ローズヴェルト大統領は，調停者としてのスタイルを取りながら，片手に棍棒を持ち，海外膨張を強引に進めた。

↑❶棍棒外交を展開するローズヴェルト

●日本

➡❷「アジア支配を夢見る日本」（1899年，ビゴー画）

➡❸「博文の鵜飼亀」（『東京パック』1908年11月1日号）

解説 日本は日清戦争後，台湾の植民地統治に乗り出し，さらに日露戦争中の1905年に韓国を保護国化した。この画は，身動きの取れなくなった韓国の現状を風刺している。

②帝国主義形成の要因

Ⓐ 支配側の要因

●経済的要因

↑❹アメリカにおける独占資本主義の成長 【解説】 1870年代から，欧米諸国では高度の科学技術に支えられて，鉄鋼・化学・石油など重化学工業や電気工業が発達した（第2次産業革命）。また，1870年代半ばからの不況下で，企業結合も進んで独占資本主義への移行がはじまった。この風刺画には，議会の上席でふんぞりかえり，肥満した鉄鋼・銅・石油・砂糖などの独占資本が描かれている。議会上部の額には「独占資本の，独占資本による，独占資本のための議会（上院）」とある。

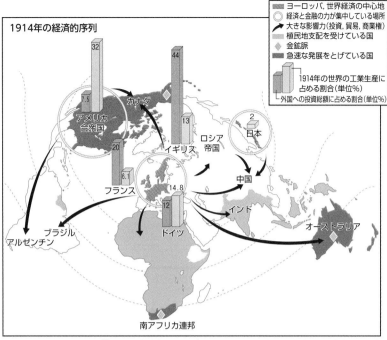

1914年の経済的序列

凡例：
- ヨーロッパ，世界経済の中心地
- ○ 経済と金融の力が集中している場所
- → 大きな影響力（投資, 貿易, 商業権）
- 植民地支配を受けている国
- ◆ 金鉱脈
- 急速な発展をとげている国
- 1914年の世界の工業生産に占める割合（単位%）
- 外国への投資総額に占める割合（単位%）

アメリカ合衆国 32 / 7.5
カナダ
イギリス 13
ロシア帝国
日本 2
アメリカ合衆国 20
フランス 6.1
中国
インド
ブラジル
アルゼンチン
ドイツ 12 / 14.8
オーストラリア
南アフリカ連邦

（『世界の教科書シリーズ　フランスの歴史　近現代史』を参考に作成）

●社会帝国主義

セシル=ローズの談話（1895年）

私は昨日ロンドンのイースト・エンドに行って失業者大会を傍聴した。そして私が，そこでパンを与えよという絶叫にほかならない幾つかの荒々しい演説をきいて帰宅したとき，私は帝国主義の重要さをいよいよ確信した。……私の抱負は社会問題の解決である。イギリス帝国の4000万の人民を血なまぐさい内乱からまもるためには，われわれ植民政治家は，過剰人口を収容するために新領土を開拓し，また彼らが工場や鉱山で生産する商品のために新しい販路をつくらなければならない。決定的な問題は，私が常にいうことだが，胃の腑の問題である。彼らが内乱を欲しないならば，彼らは帝国主義者とならなければならない。　（レーニン『帝国主義論』）

●文明化の使命論

ジュール=フェリーの発言（1885年）

申し上げなければならない第2の点があります。（植民地の）問題の，人道主義的・啓蒙的側面です。すぐれた人種には，劣った人種を文明化する義務があります。この義務は，過去の何世紀にもわたる歴史のなかで，しばしば無視されてきました。しかしこんにち，ヨーロッパの民族がこのすぐれた義務を崇高かつ誠実にはたすべきだと，私は考えます。

（『フランスの歴史【近現代史】』）

↑❺フランスの新聞の挿絵（1911年）この絵の下部には，「フランスはモロッコに文明の恵みをもたらす」と書いてある。当時，これはごく一般的な考え方だった。

Ⓑ 被支配側の要因

イギリスのエジプト支配の開始（1882年）

エジプトの行政を改革し得る現実的な手段は，わずか1つしかなかった。それは，とにもかくにも，政府をイギリスの指導のもとにおくことであった。……彼（ダファリン卿）は次のように語った。「……今後しばらくして，エジプト行政のさまざまな部局において，ヨーロッパの助力が必要となるであろうことは間違いない。……部局が少数の高潔なヨーロッパ人官吏によって組織されないままのとき，……まやかしの契約，そして当てにならない技術操作の餌食になるであろう。……このことは，財政問題について，とりわけいえることである。エジプト財政が均衡を維持してこそ，エジプトの独立が保証される。」　（クローマー卿『近代エジプト』1908年刊）

③ 帝国主義における人々の経験

❓ サブ・クエスチョン

帝国主義の下で，支配はどのような形をとって現われ，人々はどのような経験をしたのだろうか。

Ａ 人々の移動

■ 国際的な人口移動

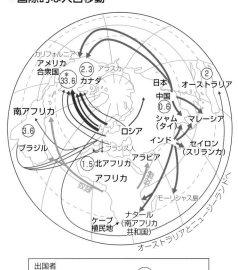

出国者
→ ヨーロッパ人（100万人単位）
→ アジア人
→ アフリカ人（奴隷）
数字 入国者数（100万人単位）
＊1821年〜1920年

（『帝国主義と世界の一体化』）

❓ サブ・サブクエスチョン

帝国主義の時代に，なぜ，人々の大規模な移動がおこったのだろうか。

ヨーロッパ人の海外移住

年次	海外への移民総数	アメリカへの移民
1801−50	500	246*
1851−60	300	260
1861−70	300	232
1871−80	400	281
1881−90	700	525
1891−1900	700	369
1901−10	1,200	880
1911−20	900	574
1921−30	700	411
1931−40	100	
1941−50	0	
*1820−50年		（単位：万人）

（『帝国主義と世界の一体化』）

■ アメリカ合衆国との賃金比較

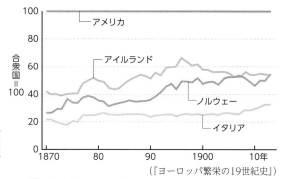

（『ヨーロッパ繁栄の19世紀史』）

❓ サブ・サブクエスチョン

ヨーロッパの人々は，なぜ，アメリカに移住したのだろうか。

❓ サブ・サブクエスチョン

中国人移民労働者（クーリー）は，アメリカでどのような労働に従事したのだろうか。また，中国人移民は，なぜ排斥されたのだろうか。

←❻中国人クーリーの労働作業　黒人奴隷に代わり，中国人移民が低賃金労働者として用いられた。アメリカでは，彼らはおもに鉱山や鉄道建設現場で働いた。

Matthew White Ridley／マシュー・ホワイト・リドリー「Our Special Artist's Voyage to China, Chinese Coolies coaling the Steamer at Hong-Kong (engraving)」
Look and Learn/Illustrated Papers/Collection/Bridgeman Images/DNPartcom

←❼排華の壁（『パック』1882年）　手前のアメリカ側では新たな排華の壁が建造されている。「偏見」「恐怖」「嫉妬」「人種差別法」などと刻まれたブロックを，黒人，イタリア系らの労働者が運んでいる。

Ｂ 戦争と暴力

■ 植民地戦争で失われた人命

軍の損失（単位：千人）	
正規軍[1]	90〜120
現地徴募軍[2]	
インド兵	80〜100
ジャワ兵	300
アフリカ兵	500
民間人の損失（単位：千人）	
セイロン	3000〜3500
インド	28000
アルジェリア	500
コンゴ	5000〜10000
コートジボワール	1000
スーダン	5000
ケニア	1500
南アフリカ（現在のナミビア）	100
総計（単位：百万人）	50〜60

1）植民地軍に従事した「母国」からの兵士
2）現地で徴募された兵士

（『世界の教科書シリーズ　ドイツ・フランス共通歴史教科書　近現代史』）

❓ サブ・サブクエスチョン

①植民地戦争での犠牲者が，支配される側で圧倒的に多かったのはなぜだろうか。
②植民地支配のなかで，どのような暴力や残虐行為がおこなわれたのだろうか。

←❽ヘレロ人の大虐殺　ドイツ領南西アフリカ（現在のナミビア）では，先住民を「居留地」に押し込めようとする政策にヘレロ人が抵抗した。ドイツ側の掃討作戦の結果，人口8万人だったヘレロ人の80%が命を落としたと推定されている。

←❾手首を切断されたコンゴの住民　コンゴのゴム農園では，住民に強制労働が課せられた。命令に従わなかったり，「怠慢である」とみなされたりすると，残忍な行為が行われた。

C 差別と排除

ヨーロッパにおける人種論(1853年)

黒人種は，人種の階梯の最底辺に位置している。骨盤の形状に獣性が表されており，……受胎の時点から，人としての生き方が決定づけられている。……黄色人種は，あらゆる点で凡庸である。容易に理解できるのは，それほど高度でも深遠でもない事柄だけである。……白色民族には，熟考力が，より正確に言うならば，エネルギッシュな知力が備わっている。……歴史をひもとけば，あらゆる文明の起源は白色人種にある，ということもわかる。白色人種の貢献なしには，どの文明も存続しえない。 (ゴビノー『人間の不平等に関するエッセー』)

➡⑩アメリカの州知事選のポスター　1867年に実施されたカリフォルニア州知事選では，このまま共和党政権が続けば，黒人の次は中国人，中国人の次は先住民，先住民の次は猿にまで投票権が与えられてしまうと，有権者に訴えた候補が圧勝した。

> **? サブ・サブクエスチョン**
>
> なぜ，欧米の人々は，植民地の住民を見下して差別的なおこないをしたのだろうか。

> **? サブ・サブクエスチョン**
>
> 欧米の人々は，自分をどのような者と理解し，他の人々をどのように認識したのだろうか。

←⑪黄禍論の寓意画　三国干渉後，ドイツ皇帝ヴィルヘルム2世は，自身による寓意画「ヨーロッパの諸国民よ，汝らのもっとも神聖な宝を守れ」をロシアや欧米の政治指導者に贈った。この画は，西洋世界に黄禍思想が流布するきっかけとなった。

> **? サブ・サブクエスチョン**
>
> 「黄禍」とは，中国人や日本人が白色人種に与える脅威のことをいう。黄色人種の何が脅威だったのだろうか。

④ 植民地社会の変化と異議申し立て

> **? サブ・クエスチョン**
>
> 植民地社会は，帝国主義政策によって，どのように変わったのだろうか。また，支配された人々は，どのように抵抗しようとしたのだろうか。

←⑫セイロン(現スリランカ)の茶農園　温帯・熱帯地域は，入植者によってヨーロッパへの原料・食糧供給地として開発された。欧米資本により経営されたプランテーションは労働力移動に支えられ，セイロンでは南インド出身のタミル人が農園労働者として連行された。

> **? サブ・サブクエスチョン**
>
> 帝国主義政策は，植民地社会をどのような経済状況の下においたのだろうか。

> **? サブ・サブクエスチョン**
>
> 学校教育を受けた植民地住民のなかから，どのような活動をする人々が生まれたのだろうか。

インドの指導者ナオロジーの演説(1906年)

私は……「スワデシ」が不自然な経済的混乱状態にあるインドにとっては強いられた必要にほかならないと主張します。インド人の犠牲と貧窮と引きかえに，外国人の俸給や年金などに毎年2億ルピーほどを供給しなければならないことによって，(インドの)経済状況が不自然で貧窮化を招くままにとどまっているかぎり，インドの状況に(イギリスの)経済法を適用しようと語ることは，危害を加えたうえに侮辱しようというにひとしいのです。 (『世界史史料8』)

> **? サブ・サブクエスチョン**
>
> ナオロジーは，イギリスの支配に対して，どのように批判したのだろうか。

➡⑬ドイツ領東アフリカのドイツ人教師による授業風景(1905年)　学校教育を受けた住民のなかから，官吏や教育者，その他少数の自営専門職となるエリートが生まれた。

解説　インド民族運動の草分けであるナオロジーはインドからイギリスへの「富の流出」を主張し，民族運動に理論的基礎を与えた。インド国民会議派の年次大会におけるこの演説で初めて「スワラージ(自治)」「スワデーシー(国産品愛用)」などの運動目標を掲げた。

まとめ　帝国主義は過去の問題であるが，現在の問題でもある。帝国主義は多くの不正義や暴力，残虐行為などと結びついていたが，開発や技術の普及などに果たした役割をどう評価すべきだろうか。また，帝国主義が現在に残した課題には，どのようなものがあるだろうか。それらを克服していくために，私たちは何をすべきなのだろうか。討論してみよう。

列強の帝国主義政策とアジア諸国の変容

日本を中心に考えてみよう

植民地帝国・日本の登場

❓ メイン・クエスチョン

なぜ，日本はアジア諸地域を領有する植民地帝国となったのだろうか。
日本の帝国主義の動きは，世界にどのような影響を及ぼしたのだろうか。

🔑 キーワード

日清・日露戦争，義和団事件(戦争)，韓国併合，東遊運動，植民地化と近代化，植民地博覧会

① 日清戦争と中国分割

❓ サブ・クエスチョン

日清戦争は，なぜ起こり，東アジアにどのような変動をもたらしたのだろうか。

Ａ 日清戦争

❶首相・山県有朋の外交政略論(1890年)

国家の独立自衛の道は二つある。一つは主権線を守禦し他人の侵害を容れないことで，二つ目は利益線を防護し，自己の形勝(地理的優位)を失わないことである。何が主権線かと言えば，領土がそれである。何が利益線かと言えば，隣国接触の勢いが我が主権線の安危と深く関係する区域を指すものである。……現在の世界で独立を維持しようとすれば，主権線を守禦するだけでは足りない。必ず利益線を防護し，形勝の位置に立たなければならない。……わが国の利益線の焦点は実に朝鮮にある。

(『日本史史料 4』を現代語訳)

❷アメリカ駐清公使の見た日清戦争

朝鮮半島をはさんで，中国と日本は向き合っている。もし，朝鮮が独立国家であれば，日本は朝鮮が望む以上にその内政に干渉し，清はそれに対して腹を立てる権利もなかったであろう。しかし，もし朝鮮が清の属国であれば，朝鮮は日本との関係について清にお伺いを立てねばならなくなる。……この問題全体の根本は，要するに朝鮮が清の朝貢国であるか否か，ということである。

(チャールズ・デンビー『中国とその人々』)

❓ サブ・サブクエスチョン

・山県有朋は，日本の安全保障のために，何が重要だと言っているのだろうか。(資料❶)
・日本と清はそれぞれ，東アジアの国家間関係の中で，朝鮮をどのように位置づけようとしたのだろうか。(資料❷)

❓ サブ・サブクエスチョン

日清戦争はどのような経過をたどり，また，主な戦場となった場所はどこだったのだろうか。(資料❸)

Ｂ 東アジアの変動

❹日清講和条約(下関条約)の主な内容

1. 清は朝鮮が独立自主の国であることを承認する。
2. 清は遼東半島・台湾・澎湖諸島を日本に割譲する。
3. 清は日本に賠償金2億両(約3億1,000万円)を支払う。

❓ サブ・サブクエスチョン

・講和条約の内容は，どのようなものだったのだろうか。(資料❹)
　①この条約により，東アジアの国家間関係はどうなったのだろうか。
　②なぜ，日本は台湾を植民地として確保しようとしたのだろうか。

❓ サブ・サブクエスチョン

日清戦争は，列強の東アジア政策にどのような影響を与え，それによって中国や朝鮮はどのような状況になったのだろうか。(資料❺)

❸日清戦争の経過

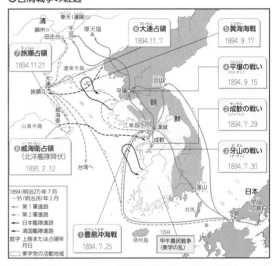

❺大連占領 1894.11.7
❻黄海海戦 1894.9.17
❼旅順占領 1894.11.21
❹平壌の戦い 1894.9.15
❷成歓の戦い 1894.7.29
❽威海衛占領(北洋艦隊降伏) 1895.2.12
❸牙山の戦い 1894.7.30
❶豊島沖海戦 1894.7.25

1894(明治27年)7月～95(明治28年)2月
→ 第1軍進路
→ 第2軍進路
-→ 日本艦隊進路
--→ 清国艦隊進路
数字 上陸または占領年月日
■ 東学党の活動地域

解説 1894年，朝鮮で甲午農民戦争が起こると，朝鮮政府は清に派兵を要請し，日本も居留民保護などを名目に出兵した。同年7月23日，日本軍は朝鮮王宮を占領し，親日派政権を樹立したうえで，豊島沖で清の艦隊を攻撃し，日清戦争が始まった。日本軍は朝鮮半島での戦いを優勢に進め，さらに遼東半島を占領する一方，黄海海戦などで清軍を撃破し，戦いは日本軍の圧倒的勝利に終わった。図中の戦いだけでなく，7月23日の朝鮮との戦争，1895年5月10日以降の台湾征服戦争を含めて，日清戦争とする説もある。

解説 日清講和条約では，北京など7都市を商業居住工業及び製造業のために開港すると規定されていた。この条項によって，列強は中国への投資(資本輸出)を本格化させることとなった。列強は鉄道建設・鉱山開発・工場建設などの投資による利権を安定的に確保する必要から勢力圏を設定し，独占的な地位を確保しようとした。こうして中国分割が開始され，列強の利権獲得競争は1898年にピークに達した。一方，アメリカは，中国に対して門戸開放・機会均等・領土保全を唱えて，利権獲得競争に参加する姿勢を示した。

❺列強の中国侵略(1900年前後)

鉄道利権(1900年前後)
── 中国の自設鉄道
── ロシア・フランス・ベルギー・中国共同
── 四国借款団(米・仏・露・ベルギー)
── イギリス・イタリア
── 日本
── 日本(1905年以後)
── ロシア
── イギリス
── ドイツ
── フランス

ジョン＝ヘイ(アメリカ国務長官)の3原則
・門戸開放 (1899)
・機会均等 (1899)
・領土保全 (1900)

勢力範囲
■ ロシア　■ イギリス
■ ドイツ　■ フランス
■ 日本
● 下関条約による新開港場

② 日露戦争と韓国併合

❓ サブ・クエスチョン

日露戦争はなぜ起こり，この戦争によって世界はどう変わったのだろうか。

Ａ 日露戦争

● 日清戦争後の東アジア

❻義和団事件における列強の共同出兵

国 名	参加兵士 （人）	戦死者 （人）	戦死者の 割合（%）
日 本	21,634	349	1.61
ロシア	15,570	160	1.02
イギリス	10,653	64	0.60
フランス	7,080	50	0.70
ドイツ	8,401	60	0.71
アメリカ	5,608	48	0.85
イタリア	2,545	18	0.70
オーストリア	429	8	1.86
合 計	71,920	757	1.05

（『週刊朝日百科 日本の歴史 104』を参考に作成）

● 日露戦争

❽日露戦争前の帝国主義列強の関係

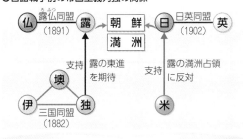

仏──露仏同盟（1891）──露──朝鮮・満洲──日──日英同盟（1902）──英

支持 露の東進を期待／露の満洲占領に反対

墺 伊 独 米

三国同盟（1882）

❾露国に対する宣戦の詔勅（1904年2月10日）

　韓国の存亡は日本の安全保障に直接関係する……仮に満洲がロシア領になってしまえば，我が国が韓国の安全を支援したとしても意味がなくなる……ロシアはすでに日本の提案に応じず，韓国の安全は今まさに危険にさらされ，日本の国益は脅かされようとしている。……今となっては軍事によってこれを確保するしかない。　　　　（『日本史史料　4』を現代語訳）

↓❼ビゴーの見た極東情勢

解説 列強の中国分割に対し，キリスト教の排斥をめざす義和団は「扶清滅洋」を掲げて蜂起し，北京の各国公使館を包囲した。清国政府はこれに乗じて列強に宣戦したが，8か国連合軍によって鎮圧された。イギリスは南アフリカ戦争のために兵力を割くことができず，日本は列強の要請に従って大軍を派遣した。

> イギリス「ほら，これがソーデスカ氏（日本）だよ」
> ロシア「君は何をお望みかね」
> ソーデスカ氏「あなたがたのクラブに入ることを望みます。ドーゾ，オネガイ（シ）マッセ……」

❓ サブ・サブクエスチョン

義和団事件で日本が列強の共同出兵に加わったことは，何を意味していたのだろうか。このことを踏まえて，資料❼の風刺画にタイトルをつけてみよう。

解説 イギリスとロシアとの地球規模での対立（グレート・ゲーム）の中，義和団事件後も満洲に駐兵するロシアとの緊張が高まった。日本は，満洲でのロシアの優越権を認める代わりに韓国における日本の優越権をロシアに認めさせるという「満韓交換」実現のため，日英同盟の圧力によって日露協商の締結を目指し，イギリスとの同盟締結は1902年に実現した。しかし，ロシア側では満洲問題を中国との間の問題と考えていたため，日露交渉は難航して妥協に至らず，日露両国は戦争状態に入ることとなった。

↓❿ビゴー『極東における古きイギリス』

> イギリスが日本に…
> 「後ろにおれがついている。やれっ！こわがるな！奴はのろまだ！」

❓ サブ・サブクエスチョン

日露戦争は，どのような戦争だったのだろうか。
①宣戦の詔勅では，何が日本の戦争目的であると説明しているだろうか。（資料❾）
②世界的に見ると，戦争の背景にはどのような列強諸国の動きがあったのだろうか。資料❿の風刺画での各国の描かれ方を踏まえて考えてみよう。
③日清戦争と比較して，日露戦争にはどのような特徴があるだろうか。（資料⓬）

⓫日露戦争の経過

❶旅順港閉塞 1904.2～.5
❷旅順総攻撃 5.9 1904.8～.12
❸遼陽の会戦 2.4 1904.8～9
❹沙河の会戦 1904.10
❺旅順陥落 1905.1
❻奉天会戦 7.0 1905.3 最大の激戦。ロシア退却
❼日本海海戦 1905.5 バルチック艦隊を破る

日本軍の進路
←黒木第1軍　←乃木第3軍
←奥第2軍　　←野津第4軍
赤数字 日本軍死傷者数（単位：万人）

解説 1904年2月，日本は仁川沖や旅順港のロシア艦隊を奇襲し，日露戦争が始まった。日本は翌年1月までに旅順を陥落させ，奉天会戦や日本海海戦でも勝利を収めた。しかし，日本に戦争を継続する力はなく，ロシアでも血の日曜日事件が発生して，講和への転機となった。

❓ サブ・サブクエスチョン

日露講和条約の締結により，日本は何を獲得したのだろうか。（資料⓭）

⓬日清・日露戦争比較

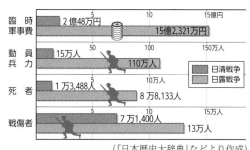

臨時軍事費：日清戦争 2億48万円／日露戦争 15億2,321万円
動員兵力：日清戦争 15万人／日露戦争 110万人
死者：日清戦争 1万3,488人／日露戦争 8万8,133人
戦傷者：日清戦争 7万1,400人／日露戦争 13万人

（『日本歴史大辞典』などより作成）

⓭日露講和条約（ポーツマス条約）の主な内容

1. ロシアは韓国に対する日本の指導・監督権を承認する。
2. ロシアは旅順・大連の租借権と長春以南の鉄道およびその付属の権利を日本に譲渡する。
3. ロシアは北緯50度以南の樺太を日本に割譲する。
4. ロシアは沿海州とカムチャッカの漁業権を日本に承認する。

？ **サブ・サブクエスチョン**

・日露戦争後，アジアではどのような変革の動きが起こったのだろうか。（資料⑭）
・アジアの人々の日本への期待はかなえられたのだろうか。（資料⑮）

B 日露戦争後のアジア

アジア諸国への影響

⑭孫文の回顧

日本がロシアに勝利したその日から，全アジアの民族はヨーロッパを打倒しようと考え，独立運動を起こしました。エジプトに独立運動が起こり，ペルシャやトルコにも独立運動が起こり，アフガニスタンやアラビアに独立運動が起こり，インド人もこの時期から独立運動を起こしました。こういうわけで日本がロシアに勝利した結果として，アジア民族の独立という大きな希望が生まれたのです。

(孫文「大アジア主義」，1924年)

⑮ファン・ボイ・チャウの獄中記（1914年）

（日本が）今ロシアと戦ってこれに勝ったについては，あるいは全アジア振興の志もあろうし，かたがたわが国（ベトナム）が欧州一国の勢力を削るは彼においても利である。……学資を助けて留学生を海外に送ることを国民に勧むる文，一篇を著しました。……フランス人は急に全力を傾注してわが党の抑圧取締りを始めました。……同時に日仏協約の関係上，日本政府に交渉して，わが党の首魁引渡しと留学生団の解散を要求しました。わが学生団はついに……最後の握手を交わして相別れました。

(『日本史史料 4』)

←**⑰抗日義兵たち（1907年）**

？ **サブ・サブクエスチョン**

どのような過程を経て，日本は独立国であった韓国を併合したのだろうか。

韓国併合

⑯韓国の保護国化から併合への過程

| 1904年8月 | 第1次日韓協約 |

日本政府の推薦する財政・外交顧問をおく

〈1905年7～9月〉
桂・タフト協定，第2次日英同盟協約
日露講和（ポーツマス）条約

| 1905年11月 | 第2次日韓協約 |

韓国の外交権を接収し，韓国統監府を設置する
（韓国の保護国化）

〈1907年6月〉ハーグ密使事件

| 1907年7月 | 第3次日韓協約 |

韓国の内政権を掌握，韓国軍隊を解散する

〈1909年10月〉伊藤博文，安重根に暗殺

〈1910年7月〉第2次日露協商

| 1910年8月 | 韓国併合条約 |

⑱義兵闘争（交戦回数と義兵数）

(『世界の教科書シリーズ 韓国現代の歴史』を参考に作成)

---

③ 日本の植民地支配

？ **サブ・クエスチョン**

・日本の植民地支配は，どのように行われたのだろうか。
・日本の植民地支配は，植民地（外地）と日本（内地）の社会や人々の意識にどのような変化をもたらしたのだろうか。

A 日本の植民地統治の制度と実態

初期の植民地統治制度

⑲外務次官・原敬の意見書（1896年1月）

甲　台湾を植民地すなわち「コロニー」の類とみなすこと
乙　台湾は内地と多少制度が異なっても，植民地の類とはみなさないこと

甲案によるときは欧州諸国に数多くの適例があるように，台湾総督に充分な職権を授け，台湾をなるべく自治できるようにすることが必要である。

乙案によるときはあたかもドイツの「アルザス，ロレーヌ」のごとく，またフランスの「アルジェリア」のごとく，台湾総督にはある程度の職権を授けるが，台湾の制度はなるべく内地に近く，最終的には内地と区別がないようにすることが必要である。

(『原敬関係文書 第6巻』)

解説 日本が新たに獲得した台湾に対し，憲法とその法制度をどの程度施行すべきかが問題となった。これは植民地統治の基本方針の選択であり，1つは植民地を本国とは異なる制度の下に置こうとするもの，もう1つは本国と同様の制度下に置こうとするものであった。1896年3月，政府は「六三法」を制定し，台湾総督に法律の効力を持つ命令（律令）の発布権を与えた。また，台湾総督府条例によって，台湾総督は武官から任命され，軍隊統率権が与えられた。この台湾の制度は朝鮮，樺太など日本の植民地統治制度のプロトタイプとなった。

⑳台湾に施行すべき法令に関する法律（六三法）

第1条　台湾総督はその管轄区域内に法律の効力を有する命令を発することを得。
第2条　前条の命令は台湾総督府評議会の議決を取り，拓殖大臣を経て勅裁を請うべし。

㉑初期の植民地支配機構

植民地	日清・日露戦争後の権限
台　湾	台湾総督府，総督＝陸海軍大将・中将，陸海軍を統率，命令を出す権利，行政・軍事・立法・司法を独占
樺　太	樺太庁，長官＝武官・文官，樺太守備隊の出兵要請可，庁令を出す権利，行政全般を掌握
関東州	関東総督府（満洲軍総司令官に隷属，1906年9月まで），関東都督府，都督＝陸軍大将・中将，満洲駐屯軍を統率，勅令で統治権を行使，関東州・満鉄の監督など
満鉄付属地	満鉄，総裁＝関東都督の監督を受けた
朝　鮮	朝鮮総督府，総督＝陸海軍大将，陸海軍を統率，天皇に直接上奏できる，制令を出す権利，行政・立法・軍事・司法・警察を掌握

(『近代日本の軌跡 10』を参考に作成)

？ **サブ・サブクエスチョン**

日本は，新領土となった台湾をどのように統治しようとしたのだろうか。資料⑲の甲案と乙案のどちらが採用されたかを踏まえて考えてみよう。（資料⑳,㉑）

植民地化と近代化

↓㉒大阪商船の航路図（1915年）

㉓植民地における鉄道建設

年次	台湾 （私鉄の内訳）	朝鮮 （私鉄の内訳）	植民地計 （内地鉄道に 対する比率）
1894	0	0	0
1900	91	0	91（ 2.3）
1902	150	0	150（ 3.5）
1906	251	638	1597（33.2）
1910	787（ 496）	694（ 19）	2193（41.0）
1912	1111（ 808）	858（ 21）	2661（44.4）
1914	1291（ 964）	1025（ 31）	3012（42.6）
1920	1575（1131）	1370（213）	3631（42.8）

（『日本の時代史23』を参考に作成）

解説 植民地における開発投資は，鉄道建設と，日本との経済関係強化のための海運航路網の形成，港湾の建設を中心に進められた。大阪商船は日本郵船と並ぶ海外定期航路企業であり，航路網は東アジア全域に張り巡らされていた。

❓ サブ・サブクエスチョン

なぜ，日本は植民地の近代化を進めたのだろうか。
① 台湾や朝鮮では，鉄道建設を始めとするインフラ整備は，どのように進められたのだろうか。（資料㉒，㉓）
② 植民地では，どのような教育制度の下で，どのような内容の教育が行われたのだろうか。（資料㉔）

↓㉔台湾北西部の蕃童教育所

解説 台湾では，1898年に初等教育制度が制定され，台湾在住日本人向けの小学校とは別に台湾人向けの公学校が設置された。また，原住民児童に対しては蕃童教育所が設置され，教師は日本人警察官が兼務した。公学校や蕃童教育所では日本語教育が重視され，台湾人に日本帝国の一員としての自覚を植えつけることが目指された。朝鮮でも，台湾と同様に民族別教育が行われ，1906年の普通学校令は朝鮮人向け初等学校の名称を普通学校に変えるとともに，日本語教育を重視するカリキュラムを定め，初等教育の修業年限が6年から4年に引き下げられた。

B 帝国意識の形成

↓㉕拓殖博覧会のポスター（1912年）

㉖大阪の拓殖博覧会での台湾館の展示（1913年）

　入口の中央には阿里山の老杉を形づくった大木を植え，その根元には……等身大の「生蕃」人形2体を立たせ……その顔面の黄褐色を帯びた形相はいかにも真に迫っている。……歩を南に転ずると，台湾総督府が力を注いだ各種事業の模型類から生産発達の有り様を知ることのできる参考品が少なからず展示されている。……両側の壁面には……大きな油絵で台湾の代表的風物が描いてある。その東面には築港後の打狗港の実景から稲を植えつけた水田，大茶園の茶樹，灌漑用の埤圳，人口，樟脳林，塩田など，西面には台北市街の一部から牛車交通のようす，製糖業，そのほか土人学校書房）から「生蕃」の諸学校が描いてあり，これにより台湾のおおよその様相を知ることができる趣向となっている。

（『明治紀念拓殖博覧会案内記』を意訳）

解説 1912年，当時植民地と目された台湾，朝鮮，樺太，関東州，北海道からの出品物の展示を中心とする拓殖博覧会が東京上野公園で開催された。その目的は，各地域の生産品を日本（内地）に紹介して植民地の産業開発を促進し，国民に植民思想を喚起することであり，樺太，台湾，北海道から人々を連れてきて，会場内に建てられた家屋で生活する様子も展示された。上野の拓殖博が人気を博したことから，翌年には大阪天王寺公園でもほぼ同内容の明治紀念拓殖博覧会が開催され，以後，植民地を主題とする博覧会が度々開催されるようになった。

↓㉗大阪の拓殖博覧会で展示された植民地の人々

㉘ある沖縄人の日記（1910年9月）

　去月29日，日韓併合。さまざまな感情が入り交じり，筆にすることができない。知りたいのは，わが琉球史の真相である。人は言う。琉球は長男，台湾は次男，朝鮮は三男と。あゝ，他府県人から琉球人と侮られるのは，また故なきことではないのだ。

（比嘉春潮の自伝『年月とともに』）

❓ サブ・サブクエスチョン

・植民地支配の様相は，日本（内地）にどのように伝えられたのだろうか。拓殖博覧会での台湾館の展示をもとに考えてみよう。（資料㉖）
・博覧会での展示によって，植民地とその人々に対するどのような意識（メンタリティ）が形づくられたのだろうか。韓国併合の報に接した，ある沖縄人の日記（資料㉘）も参考にして考えてみよう。

まとめ

日本は，なぜヨーロッパの帝国主義に対抗する大国となることができたのだろうか。また，なぜ，20世紀後半に，日本の植民地支配の過去を問い直す動きが出てきたのだろうか。いわゆる「慰安婦」や徴用工をめぐる意見の相違が存在する原因は何だろうか。相違をなくすには何が必要なのだろうか。討論してみよう。

列強の帝国主義政策とアジア諸国の変容

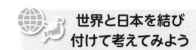
世界と日本を結び付けて考えてみよう

アフリカ大陸で交錯する列強の欲望

B 近代化と私たち

（3）国民国家と明治維新

❓ メイン・クエスチョン

列強の進出によって，アフリカ社会はどう変容したのだろうか。

🔑 キーワード

帝国主義，植民地分割，文明化の使命，資源獲得，支配と抵抗

① ベルリン会議（ベルリン=コンゴ会議）

❓ サブ・クエスチョン

ベルリン会議ではどのような内容が決められたのだろうか。

❓ サブ・サブクエスチョン

この絵から，列強はアフリカ分割をどのように進めようとしていることがわかるだろうか。

←❶ベルリン会議（1884〜85）
ベルギー国王レオポルド2世のコンゴ地域の植民地化に向けた動きをきっかけに，ドイツの宰相ビスマルクが提唱して開かれた国際会議。欧米列強14か国が参加したこの会議で，アフリカ分割の原則が定まることになる。

Ⓐ ベルリン会議の議定書（1885年）

第6章　アフリカ大陸沿岸部での新たな占領が有効とみなされるための根本条件に関する宣言

第34条　今後，アフリカ大陸沿岸部で，現有領域以外の土地を領有しようとする大国（中略）は，必要とあれば本議定書の他の締約国が自らの適切な要求を行いうるように，その旨，他の締約国に通告することとする。

（『世界史史料8』）

❓ サブ・サブクエスチョン

会議の結果，どのようなことが決議されたのだろうか。資料をもとに整理してみよう。

Ⓑ 列強の支配層の意識

ベルギー国王レオポルド2世の演説
（ブリュッセル地理学会議議事録　1876年9月）

　文明のまだ浸透していない地球上の唯一の場所を文明に開放し，すべての人々を包み込んでいる暗闇を突き破ることは，この進歩の世紀の価値ある神の意思にかなう改革運動となる，と敢えて私は申し上げたい。人々の感情がその成就に対して好意的であることを身をもって確認できるのは無上の幸福である。

（『世界史史料8』）

↑❷レオポルド2世の騎馬像
（ブリュッセル）

❓ サブ・サブクエスチョン

レオポルド2世の演説内容から，列強の支配層の人々は，アフリカの人々に対してどのような意識をもっていたことがわかるだろうか。

② アフリカ分割の経過

Ⓐ アフリカ分割の状況

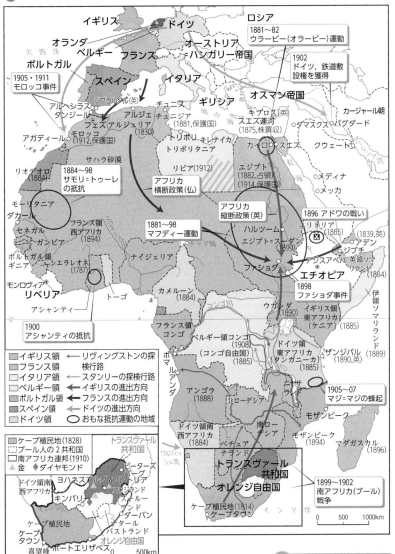

凡例（地図内）:
- ■ イギリス領 ← リヴィングストンの探検行路
- ■ フランス領 ← スタンリーの探検行路
- ■ イタリア領 ← イギリスの進出方向
- ■ ベルギー領 ← フランスの進出方向
- ■ ポルトガル領 ← ドイツの進出方向
- ■ スペイン領 ○ おもな抵抗運動の地域
- ■ ドイツ領

- ■ ケープ植民地（1828）
- ▦ ブール人の2共和国
- ■ 南アフリカ連邦（1910）
- ▲ 金 ◆ ダイヤモンド

Ⓑ スタンリーが見たアフリカ

　長期間のさまざまな経験から，私は蛮人たちが畏敬するのは，ただ，力，断乎とした処置だけであることを知った。（中略）おだやかに，しんぼうづよく，静かにかまえているのは，道理のわからない未発達な蛮人の心には，柔軟さの証拠と映るにすぎない。（中略）だから，私としては，ブンビレ島の首長や島民に，彼らのはじめて目にした白人が，怒らせれば強い力を発揮するけれど，あとでは寛大であることを見せて，永続的な良い効果を彼らの心に残すべきだと思った。（『暗黒大陸』）

解説 ナイル川上流の探検に向かったリヴィングストンが行方不明になったため，ニューヨーク・タイムズの特派員であるスタンリーが捜索に派遣された。その後，スタンリーはアフリカ探検を繰り返すことになる。

？ サブ・サブクエスチョン
スタンリーのアフリカ探検は，アフリカ分割においてどのような意味をもつのだろうか。

Ⓒ 1880年の植民地　　Ⓓ 1891年の植民地

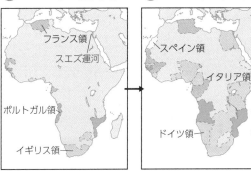

？ サブ・クエスチョン
アフリカにおける英仏の対立は，どのように展開していくことになるのだろうか。

Ⓔ アフリカをめぐる英仏の対立

イギリスの動き	フランスの動き
1814　ウィーン会議，ケープ植民地獲得	1830　アルジェリア占領
1875　スエズ運河の株を買収	1869　レセップス，スエズ運河完成
1881　ウラービー（オラービー）運動	1881　チュニジアを保護国化
1882　エジプト軍事占領	
☆アフリカ縦断政策を推進	
1884～85　ベルリン会議（ベルリン＝コンゴ会議）　会議の結果，列強の先占権が確認され，アフリカの分割が急速に進んだ（ベルギー国王レオポルド2世のコンゴ私有化（コンゴ自由国の成立））	
1890　ローズ，南北ローデシア支配（～94）	1894　フランス領西アフリカ形成
	☆アフリカ横断政策を推進
ローズ，ケープ植民地首相に就任	
1898　ファショダ事件　英仏のアフリカ政策の衝突→妥協へ	
1904　英仏協商	
仏，エジプトの優越権を英に認める	
英，モロッコの優越権を仏に認める　→三国協商への布石	

←③ファショダ事件（風刺画） アフリカ縦断政策をとるイギリスと横断政策をとるフランスは，アフリカの中心ファショダで衝突することになった。この風刺画では，英仏の衝突を童話「赤ずきん」に例えて描いている。

？ サブ・サブクエスチョン
赤ずきんと祖母に扮したオオカミはそれぞれ，何を表しているのだろうか。また，それぞれの登場人物は，どんなセリフを言っているのだろうか。イギリス，フランスの当時の状況を踏まえて考えてみよう。

③ 列強が求めたもの

Ⓐ 豊富な資源

➡️❹ダイヤモンドの採掘
南アフリカにはダイヤモンドや金といった豊富な地下資源があった。

❓ **サブ・クエスチョン**

列強はアフリカ大陸に進出することにより，何を求めたのだろうか。

←❻レオポルド2世によるコンゴ支配（風刺画）

←❺ビッグ・ホール（南アフリカ）　かつてのダイヤモンド鉱山の跡。人間の手によって掘られた穴としては世界最大のものであり，直径約460m，周囲1.6km，深さ365mもある。

❓ **サブ・サブクエスチョン**

風刺画から，レオポルド2世がコンゴに対して求めたことが，現地の人々にどのような影響を与えたと考えられるか。

Ⓑ 南アフリカ戦争からアパルトヘイトへ

❓ **サブ・クエスチョン**

なぜ，南アフリカでは，先住民の居住区が制限されることになったのだろうか。セシル=ローズがグレングレイ法を制定した目的は，どのような点にあったのだろうか。原住民の人々の労働者としての側面に着目して考えてみよう。

グレングレイ法

第4条［原住民指定居住地域の創設と土地の分配］
　…原住民指定居住地域を測量し，……総督の同意に基づき，名簿に記載された者に，およそ4モルゲン［8エーカー＝16,000㎡］の土地を分配する。

第14条［地代］
　原住民指定居住地域内の土地保有者は，権利証書に記載された期限までに，下記のように永久的地代を納めなくてはならない。
　　およそ4モルゲンの土地の場合は，15シリング。5モルゲンを超える場合は，1モルゲンごとに3シリングの追加。

第33条［労働税］
　原住民指定居住地域内の土地を分配された原住民男性は，年間に10シリングの税金を納めなくてはならない。ただし，少なくとも3カ月間，居住地域外で労働した者は，その限りでない。

▶解説　セシル=ローズは南アフリカ戦争によって占領した南アフリカにおける原住民の居住地域の分配についての法律を制定させた。これは，後のアパルトヘイト（人種隔離政策）の起源になったとされる。

❓ **サブ・サブクエスチョン**

左右の居住区は，それぞれどのような人々が住んでいるのだろうか。

THE RHODES COLOSSUS

↑❼セシル=ローズ（風刺画）　ローズ（1853〜1902）は南アフリカで鉱山会社を設立し，ダイヤモンド工業をほぼ独占して金の採掘も推進した。1890年には，ケープ植民地の首相となった。

❓ **サブ・サブクエスチョン**

風刺画では，ローズは，どのような存在として描かれていることがわかるだろうか。ローズの持っているものや服装に注目して考えてみよう。

←❽アパルトヘイトによる居住地域
アパルトヘイトは廃止されたが，居住制限のなごりは現在も残っている。空から見ると旧白人居住区と旧原住民居住区がはっきり分かる。（ヨハネスブルグ近郊）

④ 支配への対応

? サブ・クエスチョン

列強による支配に対して，アフリカの人々はどのように対応したのだろうか。

A 支配と抵抗

↑❾フランス軍と住民の戦闘　1892年，西アフリカのダホメ（現在のベナン）において，フランス軍と住民の戦闘が勃発した。この地域はやがて1894年以降，フランスの植民地となった。

B ナミビアの住民に対する絶滅命令

　ドイツ兵の大将校である余が，この書簡をヘレロ民族に対して送る。ヘレロはもはやドイツ帝国臣民ではない。彼らは，殺人を行い，盗みを働き，傷ついた兵士の耳や鼻やその他の身体の一部を切り落としたが，今は憶病にも戦おうとしなくなっている。ヘレロ民族に対し，余は次のように告げよう。いずれかの首長を捕らえて余のところに連れて来た者には5000マルクを与える。しかし，ヘレロ民族はこの土地を去らなくてはならない。さもなければ大砲によって去らせよう。ドイツ領内にいるヘレロは一人残らず，武器を持つ者であれ持たない者であれ，牛を持つ者であれ持たない者であれ，すべて撃つ。女も子供も容赦はしない。女子どもは同胞のもとに戻らせる。さもなければ撃つ。これがヘレロ民族に対する余の最後の言葉である。

（『帝国への新たな視座』）

解説　ドイツの支配に不満をもつナミビアの部族（ヘレロ）による抵抗運動が起こったことに対して，ドイツ兵の将校は絶滅命令を出し，大量虐殺（ジェノサイド）が行われた。

C 列強による鉄道建設

ダカール (1885)
(1924) ケーズ
タンバコンダ バマコ (1906)
カロッサ
コナクリ (1910) カンカン ワガドゥグ (1954)
フリータウン (1916) ボボ・ジュラソ イロリン
(1905) ケネマ (1936) ブリタ バラク (1911)
タルクワ クマシ (1911)
モンロヴィア
(1936) ロメ
アビシャン コトヌ ラゴス
セコンディ・タコラディ アクラ ポルトノボ
カウラ
カドゥナ カノ ングル
ミンナ (1911)
ザリア
(1911) ジアス (1916)
バロ (1901)
マクルディ (1926)
イバダン
エヌグ ポートハーコート

（『アフリカ史を学ぶ人のために』を参考に作成）

D フランスの鉄道建設に対するカヨール王の手紙（1877年）

　あなたは，海上を航行する汽船のように地上を走るという鉄道というものを建設しようとしている。それは瓶のなかに瓶をいれるのと同じくらい不可能なことである。今あなたが商業の拠点を築きながら鉄道を建設するならば，それが私の国と私の持つすべてのものを奪い取ることを意味していることを理解しなさい。

（『アフリカの植民地化と抵抗運動』）

解説　この手紙はダカール〜サンルイ鉄道が建設が開始される前年に，計画を知ったカヨール王国（セネガル北西部）の国王ラト・ディオールがセネガル長官に対して送ったもの。

? サブ・サブクエスチョン

なぜ列強はアフリカで鉄道建設を進めたのだろうか。アフリカの人々は鉄道建設が進んでいくことをどのようにとらえていたのだろうか。

E 支配の重層性

←❿ダホメ（ベナン）の国王　1892年にフランスに征服されたダホメの国王の様子を撮影したもの。

? サブ・サブクエスチョン

ダホメの国王は周りの人々と異なり，どのような服装をしているだろうか。また，それはなぜだろうか。

←⓫セネガルの狙撃兵　フランスはセネガルにおいて，現地人部隊が組織されることになった。フランスによる征服戦争や反乱の鎮圧に投入されることになった。

? サブ・サブクエスチョン

アフリカの人々は，支配される側だったという認識は正しいのだろうか。「支配する側」と「支配される側」という二つの視点から，アフリカの植民地化の歴史を整理してみよう。

まとめ　ヨーロッパ列強はベルリン会議以降，協調してアフリカの植民地分割に乗り出していった。帝国主義政策をとる列強の植民地分割によって，アフリカ社会は大きく変化することになった。そして，ほぼ全域を植民地化されたアフリカには，現在もなお植民地化の影響が残っている。

【自由・制限】貿易の問題は，私たちの暮らしとどのように関わるか

❓ メイン・クエスチョン

貿易をめぐる問題が，なぜ国を二分したり，戦争へ発展したりするのだろうか。

🔑 キーワード

自由貿易，保護貿易，穀物法，反穀物法同盟，南北戦争，アヘン戦争

2011年下旬より，日本がTPP（環太平洋パートナーシップ協定）に加入することにより打撃を被ると主張する農業従事者によるデモ活動が活発に行われるようになった。東京をはじめとして全国で活動が見られた。

TPPとは，太平洋を環のように取り囲む諸国が関税の撤廃を目指し，自由貿易のための交渉を行う経済協定のことである。2017年のアメリカの離脱によって，2018年には11カ国によるTPP11協定が締結されている。2021年には，日本がこの協定の議長国となり，貿易協定における日本の存在が重要となっている。

歴史上，貿易をめぐる問題は，国内や国外の対立を生じさせてきた。なぜ貿易をめぐる問題が国を二分したり，戦争へ発展したりするのだろうか。

←❶TPPに反対する人々のデモ

❶ イギリスの貿易論争

Ａ 穀物法の廃止

穀物法…外国からの安価な穀物の輸入に高関税を課し，穀物の輸入を制限するイギリスの法律。国内の穀物価格の下落を抑え，地主や農業資本家を保護した。

↑❷反穀物法同盟による穀物法への抗議デモ(1843年)

❓ サブ・クエスチョン

どのような立場の人々が，自由貿易・保護貿易を支持したのだろう。

Ｂ イギリスの貿易政策の転換

小麦の年平均価格

年度	価格（1クォーター当たり）		指数
1835 年	39 シリング	4 ペンス	100
1836 年	48 シリング	6 ペンス	123
1837 年	55 シリング	10 ペンス	142
1838 年	64 シリング	7 ペンス	164
1839 年	70 シリング	8 ペンス	180

（『イギリス近代商業史』を参考に作成）

←❸デヴィッド＝リカード(英：1772〜1823)
イギリスの経済学者。各国が比較優位に立つ産品を重点的に輸出することで経済利潤は高まる，とする「比較生産費説」を主張した。

穀物の低価格が資本の利潤に及ぼす影響についての試論(1815年)

私は，穀物の輸入を法律で制限しないでおくという政策について確信を得た。……穀物輸入の結果が（穀物価格を低下させ，）地代を低下させることにあるとすれば，産業に関係するすべての人たち，すなわち農業者でも，製造業者でも，あるいはまた商人でも，あらゆる資本家は利潤の大きな増加を受けるであろう。穀物価格の低下により……労働の価格が低下するならば，あらゆる部門の利潤は上昇するにちがいない。そして（その場合），社会でもっとも利益を受けるのは製造業および商業の部門の人たちであろう。（『リカードウ全集Ⅳ』）

❓ サブ・サブクエスチョン

穀物法の廃止は，自由貿易・保護貿易どちらを進める政策か。穀物法の内容や資料に描かれた人々の服装から，どのような立場の人々が穀物法の廃止を主張したといえるか。

❓ サブ・サブクエスチョン

当時のイギリスの小麦価格の推移とリカードの主張から，イギリスの穀物法が廃止された理由は，何だと考えられるか。

② アメリカの南北戦争

？ サブ・クエスチョン
自由貿易と保護貿易は，アメリカ国内の問題としてどのような場面で衝突してきたか。

Ⓐ アメリカ南部の様子

↑❹アメリカ南部ミシシッピ(1884年)

↑❺南北の対立の風刺画(『パンチ』1856年)

Ⓑ アメリカ北部の様子

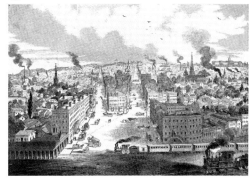

↑❻アメリカ北部ニューヨーク(1855年)

Ⓒ 南部と北部の産業比較

	北部連邦		南部連合
人口		2.5	1
鉄道(マイル数)		2.4	1
工場生産額		10	1
鉄生産		15	1
石炭生産		32	1
綿花生産	1	24	

？ サブ・サブクエスチョン
①ⒶⒷの南北の様子，Ⓒ「南部と北部の産業比較」から，アメリカ南部と北部では，産業はどのように異なっていたといえるか。
②南北の対立の風刺画の左右の人物は，南部と北部のどちらを指しているか。
③それぞれの産業の違いから，南部と北部は，それぞれ保護貿易・自由貿易のどちらを主張したのだろう。その理由は何か。

③ 中国とイギリスのアヘン戦争

Ⓐ 曾望顔のアヘン流入に対する上奏文(1838年)

夷(外国)を制する第一の要策は，海関を封鎖することにあるとのことであります。いずれの国の夷船たるを問わず一律に交易を許さず，茶，大黄(薬草)の輸出を禁止して，その命を制する。海関封鎖の後は，海上交易を厳重に禁止し，水軍を整備して海盗を拿捕根絶する一方，大小の民間船舶はすべて一律に出航を許さない。……夷船を捕獲したさいは，その積載した貨物をすべて褒賞として与える。さすれば英夷(イギリス)は，畏伏して帰順せぬ者はなくなるであろう。そのとき果して心より罪を悔いたか否かを審察して，改めて天恩を奏請して，その交易を許可するが，大黄と茶については，なお規定量以上の搬出を許さず，これを牽制の手段とする。
(『原典中国近代思想史第一巻』)

？ サブ・サブクエスチョン
中国へのアヘン流入に対し，曾望顔はどのように対応すべきと主張しているか。それは自由貿易政策・保護貿易政策のどちらだろうか。

Ⓑ アヘン戦争(1841年)

↑❼イギリスの蒸気船が清朝のジャンク船を砲撃している様子　圧倒的な軍事力により清朝は敗北し，南京条約の締結に至った。

？ サブ・サブクエスチョン
南京条約で，イギリスは中国に対して何を求めているか。それは自由貿易政策・保護貿易政策のどちらだろうか。

Ⓒ 南京条約(1842年)

第２条　清国皇帝陛下は英国臣民がその家族および従者を携えて，広州，厦門(アモイ)，福州，寧波(ニンポー)および上海の市町において商事に従事するため，迫害または拘束を蒙ることなく居住し得べきを約する。

第５条　…(英国商人には，)清国政府より免許を得たる「行」商人※とのみ取引することを強制せしが，清国皇帝は英国商人が居住すべきいっさいの港において，将来右の慣行を廃止し，任意に何人とも通商取引に従事することを許すことを約する。

※1757年以降，清朝の対外貿易は広州のみを開き，「公行」と呼ばれる特許商人に独占されていた。(『世界史資料 下』)

？ サブ・クエスチョン
①自由貿易と保護貿易は，他国との関係においてどのような場面で衝突してきたのだろうか。②それぞれの貿易を支持する立場に共通するのは，どのような状況だろうか。現在の日本の政策との関係を考察し，説明してみよう。

【平等・格差】家族のために働く「他人」

❓ メイン・クエスチョン

産業革命における工業化は，人々に何をもたらしたのだろうか。

🔑 キーワード

産業革命，イギリス，日本，メイド，家事使用人，丁稚（でっち），女中

　家政婦を雇っている家庭は，現代の日本では，ごくわずかだろう。しかし香港では，多くの出稼ぎ家政婦が活躍している。香港は国土が狭く，人口も少ないために，女性は貴重な労働力である。また，男女ともフルタイムで勤務できれば，家計もそれだけ楽になる。こういった事情から，勤務中に炊事や洗濯，買い物などの家事を代行してくれる家政婦の需要が非常に高いのだ。香港には，フィリピンから多くの家政婦が出稼ぎに来ているが，彼女たちが得る月収は，フィリピンの平均月収の5倍近い。そして，香港の平均月収はそれよりもさらに数倍高い金額なので，雇い入れのコストは，共働きの家庭であれば大きな支出にはならない。一方で，人権団体の調査によれば，香港の出稼ぎ家政婦の6人に1人が暴力や賃金搾取などの虐待経験をもつといい，早急な法整備と啓発の必要に迫られている現状がある。

←❶香港中心部の繁華街の路上でくつろぐ，東南アジアからの出稼ぎ家政婦たち（2017年）　朝日新聞社提供

① イギリスにおける工業化と家庭の変化

Ⓐ 家事使用人の変化

❓ サブ・クエスチョン

産業革命によって，家庭にはどのような変化がもたらされたのだろうか。

↑❷中流家庭の食卓　1870年ころの，イギリスの風刺画である。食卓を囲む中流家庭とおぼしき夫婦に料理を差し出すのは，メイド（家事使用人）である。メイドは，キャップにエプロンという，おなじみの服装で描かれている。右側にいる男は食事どきをねらって食事をたかりに来ており，席についている男性が嫌そうな顔で睨（にら）んでいる。

↑❸食事の準備をするメイド　1880年ごろのイギリスの絵画。家事使用人が，家の主人のために食事の準備をしている。これも，メイドのおなじみの服装である。

❓ サブ・サブクエスチョン

19世紀とそれ以前の絵画を，家事使用人に注目して，比較してみよう。どのようなことがわかるだろうか。

←❹シャルル゠ペロー「長靴を履いた猫」の挿し絵
1697年に執筆された寓話「長靴を履いた猫」の挿し絵にも，家事使用人が登場する。

←❺サミュエル゠ジョンソンと仲間たち
1778年の絵画。文学者ジョンソンが，仲間と議論をしながら朝食を囲む場面である。右側で食事を運んでいる人物が，家事使用人である。

Ⓑ 工場労働における男女別の週給(シリング)

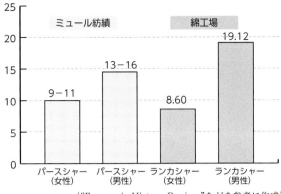

ミュール紡績　綿工場

- パースシャー(女性) 9−11
- パースシャー(男性) 13−16
- ランカシャー(女性) 8.60
- ランカシャー(男性) 19.12

("Economic History Review"などを参考に作成)

❓ サブ・サブクエスチョン

男女のグラフを比較すると、どのようなことがわかるだろうか。

➡️❻児童労働　産業革命当時の労働者の生活はひどいものだった。綿工業の工場で働く労働者の13%が、13歳以下の少年少女であったことが当時の統計からわかる。低賃金の上に、労働時間が13時間から14時間にも及ぶことは日常的で、時には20時間の労働を強いられることもあった。この絵に描かれた炭坑の狭い坑道で炭車を引く少年たちは、当時のようすを如実に今日に伝えている。重労働による肉体の衰弱に伝染病が追い打ちをかけ、子どもたちは驚くほど短命だった。

Ⓒ 都市人口の推移

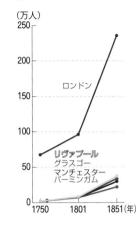

(万人)　ロンドン　リヴァプール　グラスゴー　マンチェスター　バーミンガム

1750　1801　1851(年)

【解説】　工業化の進展に伴い、都市部では労働者の需要が高まった。地方農村などからも多くの人々が流入した結果、都市人口は大きく増加した。

❓ サブ・サブクエスチョン

人々は、工場労働者になるためだけに都市へ流入したのだろうか。工場労働者の増加に比例して、家庭に必要になってくる役割は何であると考えられるだろうか。

② そのころ日本では

←❼歌川広重「東都大伝馬街繁栄之図」(1843年)　この浮世絵で描かれている少年は、当時「丁稚」とよばれていた。丁稚とは、商家に雇い入れられた奉公人の、年の若い時分のよび名である。10歳前後で丁稚となり、商家の雑用や下働きを行う。その後、勤務態度や能力に応じて、およそ5年程度でやっと半人前と見なされ、雇い先の商家で補佐的な業務をおこなう。最終的には手代や番頭として名をなす者もおり、立身出世の出発点であるともいえるが、実際にはその過酷な生活環境から脱落していく者も少なくなかった。

❓ サブ・クエスチョン

同じころの日本にも、イギリスの家事使用人に当たる人々はいたのだろうか。

↑❽歌川広重「東都名所駿河町之図」(1843年)　呉服店・三井越後屋のような大型店舗の場合、まず京都にある本店で一括して丁稚を雇い入れて、それから江戸、大坂の各店舗へ配属を決めていた。丁稚には衣食住こそ約束されたものの、日々の給金はないに等しかった。丁稚になる者は、商家出身の者もいれば、農村の長男ではない者(=跡取りではない者)も多かった。

❓ サブ・サブクエスチョン

先に見たイギリスの「家事使用人」と江戸の「丁稚」「女中」とは、雇い入れ先の雑用や下働きをするという点では共通しているが、異なる点はどういったところだろうか。読み取れることを挙げてみよう。

➡️❾江戸時代の女性の模型(風俗博物館蔵)

雇い入れられ、下働きに従事する女性のことを女中という。「女中」には、さまざまな種類がある。中世以後に宮中、将軍家に仕えた女性は「御殿女中」という。一方、江戸の町家の娘などが武家に奉公に出て、礼儀作法や諸芸を身につけようとすることもあり、これは「屋敷奉公」や「お屋敷奉公」とよばれた。女中の文化は明治以降も残り、例えば料理屋や旅館、一般家庭でも女中は雇い入れられた。ほかにその家の子どもの世話など、仕事は多岐にわたった。

【開発・保全】持続可能な開発のために，私たちが考えること

B 近代化と私たち

(4) 近代化と現代的な諸課題

🔍 メイン・クエスチョン

工業化は環境や人々の生活にどのような影響を与えたのだろうか。

🔑 キーワード

開発，保全，環境，工業化，鉄道，石炭

足尾銅山は明治時代，国内一の生産を誇る銅山だったが，日本の公害問題の原点としても知られている。採掘時に発生する化学物質が渡良瀬川に流れ込み，魚の大量死や河川流域の農作物にも大きな被害が出た。

地元出身の衆議院議員田中正造を中心とした住民の訴えの末，1973年に採鉱を停止し，鉱山は閉山され，問題は解決したとみられた。しかし，2011年3月11日，東日本大震災の影響で，足尾銅山の堆積場の一つである源五郎沢堆積場が地滑りで崩れ，渡良瀬川に有害物質が流入した。水質検査で国の基準値の2倍近く上回る鉛が検出された。公害問題はけっして過去の話ではなく，現在もなお残存し，開発ばかりでなく，開発による多様な弊害にも目を向ける必要があることを私たちに伝えている。

←❶現在の足尾銅山

❶ 工業化による経済成長

❓ サブ・クエスチョン

産業革命からはじまる工業化は，世界をどのように変えたのだろうか。

Ⓐ 都市人口の推移

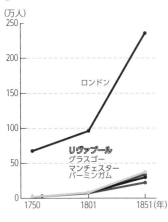

(万人)
ロンドン
リヴァプール
グラスゴー
マンチェスター
バーミンガム
1750 1801 1851(年)

Ⓑ 石炭・銑鉄生産量と綿花輸入量の推移

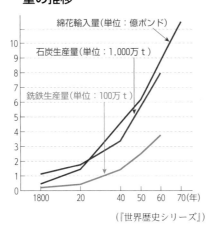

綿花輸入量(単位：億ポンド)
石炭生産量(単位：1,000万t)
銑鉄生産量(単位：100万t)
1800 20 40 50 60 70(年)
『世界歴史シリーズ』

Ⓒ 綿製品の輸出と世界工業生産額に占めるイギリスの割合

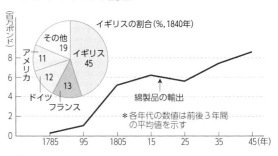

(百万ポンド)
イギリスの割合(％，1840年)
その他 19
イギリス 45
アメリカ 11
ドイツ 12
フランス 13
綿製品の輸出
＊各年代の数値は前後3年間の平均値を示す
1785 95 1805 15 25 35 45(年)

❓ サブ・サブクエスチョン

ⒶⒷⒸの3つのグラフから，どのようなことが読み取れるだろうか。

Ⓓ 鉄道網の発達

1840年
0 500 1000km

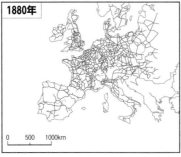

1880年
0 500 1000km

『世界歴史地図』

←❷蒸気機関車(ロコモーション号)
スティーヴンソンが改良した蒸気機関車は，1825年初めて実用化された。写真はストックトン・ダーリントン間17kmを35台の客車と貨車を引いて，時速約18kmで走ったときのものである。

❓ サブ・サブクエスチョン

1840年と1880年を比較すると，どのような変化が読み取れるだろうか。

② 工業化による環境の変化

? サブ・クエスチョン
工業化は，人々の生活にどのような影響を与えたのだろうか。

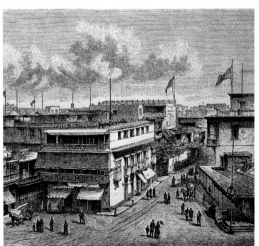

←❸テムズ川の汚濁
ヴィクトリア女王時代は，「世界の工場」としての繁栄期であったが，その陰で衛生・住宅などの都市問題も深刻化した。絵は工場排水・糞尿で汚濁したテムズ川が，ロンドンを象徴する「女王」にコレラとペストをささげているという，当時の風刺画である。

←❹1870年代のブラックカントリー
ブラックカントリーは，イングランド中部の工業地帯で，中心都市はバーミンガムである。当時は，石炭や鉄鉱を原料として，主に鉄鋼を生産していた。左の絵画からもわかるとおり，工場の煙突から黒煙が垂れこめていて，その光景から「ブラックカントリー」とよばれるようになった。

? サブ・サブクエスチョン
なぜテムズ川が汚濁しているのだろうか。汚濁により，人々の生活や環境にどのような影響が出ただろうか。

? サブ・サブクエスチョン
工場や鋳造場の密集により，人々の生活や環境にどのような影響が出たのだろうか。

←❺19世紀ロンドンの貧民街(左)
←❻貧民街に暮らす人々(右)
ロンドン各地に，貧しい労働者たちのスラムができるようになった。彼らは，「コテジ」とよばれる2〜3階建の集合住宅に住んでいた。上下水道もなく一日中陽の当たらない住居で生活し，伝染病の流行などは日常的であった。

? サブ・サブクエスチョン
なぜ貧民街が形成されたのだろうか。

③ どのように対策をしたのか

? サブ・クエスチョン
なぜ理想都市「田園都市」の建設が提唱されたのだろうか。

? サブ・サブクエスチョン
❼と❽を比較すると，どのような共通点があるだろうか。

解説 実業家・渋沢栄一の息子渋沢秀雄がレッチワースなど欧米の田園都市を視察，理念やデザインを学び，計画に取り入れた。1923（大正12）年に「田園調布住宅地」を開発した。

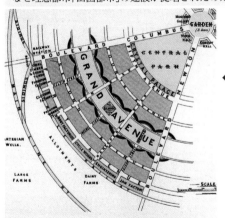

←❼ガーデンシティ構想
解説 イギリスのハワードは都市および田園の利点を併せ持つ理想都市「田園都市」の建設を提唱した。1903年にロンドンの郊外，レッチワースに初の「田園都市」の建設がはじまった。

(出典：国土地理院ウェブサイト https://mapps.gsi.go.jp/maplibSearch.do?specificationId=1877940 など)

↑❽計画都市の空撮(東京都大田区田園調布)

【統合・分化】銅像は何を見てきたのか

❓ メイン・クエスチョン

歴史の中で，銅像は人々にどのような影響を与えたのだろうか。

🔑 キーワード

国民，差別，銅像

アフリカ系アメリカ人への警察の残虐行為をきっかけにアメリカで始まった人種差別抗議運動のBlack Lives Matter(BLMと略される)が注目される中，「米東部ニューヨーク市マンハッタンのアメリカ自然史博物館の出入り口にあるセオドア＝ローズヴェルト元大統領の銅像が撤去される見通しとなった。銅像を所有する市に博物館が撤去を求め，デブラシオ市長が同意。……博物館は21日付の声明で「撤去は進歩の象徴であり，より包容力のある社会の構築，持続に向けたわれわれの決意の象徴にもなる」と説明。市長は22日の記者会見で「銅像は明らかに白人男性を有色人種より優れたものとして描いており，今の時代に受け入れられないし，受け入れるべきでもない」と撤去要請を尊重する考えを示した。(『東京新聞』2020.6.24)と報じられた。近年，銅像をめぐる問題が議論をよんでいる。銅像は，永続的に存在する印象を与えるものだが，様々な国で議論や批判の対象となる像が多く存在し，感情や憎悪を拡大させている。

←❶ローズヴェルトの銅像

❶ 建てられる銅像

❓ サブ・クエスチョン

国民をつくるために銅像はどのように利用されたのだろうか。

←❷ラオスの1,000キープ紙幣

ラオスは，14世紀にラオ族をまとめたファーグム王によりランサン王国として統一される。近代以降はフランスのインドシナ連邦に編入された。1953年に独立するが，内戦が繰り返された。1975年，ラオス人民民主共和国が成立した。一党独裁の社会主義をとるが，仏教国でもある。民族はラオ(ラオス人)族が人口の約半数を占める。公式な民族グループは居住域の標高差により分類された3グループである。1,000キープ紙幣に印刷されている3人の女性は，この3グループを表している。実際は，68ともいわれる民族集団から構成される多民族国家である。

❓ サブ・サブクエスチョン

ラオスの国の特徴はどのようなものだろうか。

↑❸ファーグム王像(ビエンチャン)　↑❹チャオアヌ像(ビエンチャン)

解説 ラオス国の政府は憲法の「前文」に登場したファーグム王の銅像を2003年に，2010年にはシャムに対抗した英雄とされるチャオアヌ王の銅像を建立し，通りの名称にも王の名を冠した。これらの王の銅像に対して，人々の中には，花と線香を手にして仏像を拝むように参拝する者もおり，多くの人々の視覚に，この国の歴史を訴えている。

ラオス人民民主共和国憲法(1991年制定)前文

多民族からなるラオス国民は，数千年もの間，この愛する土地に住み，発展してきた。14世紀中葉から，我々の祖先，特にファーグム王は，人々を指導してランサン王国を建国し，その統一と繁栄をもたらした。18世紀以降，ラオスの国土は，再三にわたり外圧に脅かされ，侵略されたが，ラオス国民は，団結してその祖先の勇壮で強健な伝統を守り，絶えず一貫して再び独立と自由を勝ち取るために戦った。……

解説 憲法の前文に個人の名が記されている例は少ない。15世紀のランサン王国の建国に中心となって活躍したのは，現在のラオスで多数派を占めているラオ族の祖先たちであるといわれている。その他の民族が積極的に王国成立に関わった事実は少ない。

❓ サブ・サブクエスチョン

ラオス政府にとって，かつての王の銅像を建設し，人々の目に触れさせることは，どのような意味があったのだろうか。

② 倒される銅像

A 南北戦争後のアメリカ社会

年代	アメリカの黒人関連の出来事
1865年	南北戦争の終結 リンカン，暗殺される ジョンソン大統領就任 憲法修正第13条(奴隷制の廃止) 　南部諸州では，黒人を差別する州法を制定 反黒人結社であるクー=クラックス=クラン(KKK)結成
1867年	再建法(～77年　南部の「再建時代」) 　南部の白人勢力が復活
1868年	憲法修正第14条(黒人の市民権を承認) 南部にシェアクロッパー制度が広まる 　シェアクロッパー=小作人のこと。黒人は解放されたが 　シェアクロッパーになることが多く，貧困から抜け出す 　ことは困難であった。
1870年	憲法修正第15条(黒人の選挙権を承認)
☆1880年代	ジム=クロウ制度の拡大 　アメリカ南部における，州・郡・市町村レベルでの人種 　隔離の規則や条例
1896年	プレッシー対ファーガーソン事件判決により，公共施設での 黒人差別は合憲とされた。 このころから南部軍の記念碑が公共の場に設置された。

B ジム=クロウ制度下の案内板

←❺❻有色人種用の待合室(上)と映画館の入り口(下)

❓ サブ・サブクエスチョン

南北戦争後のアメリカ南部社会では，どのようなことがおこっていたのだろうか。

C リー将軍像の撤去

↑❼撤去されるリー将軍像(バージニア州，2021年)

解説

リー将軍：南部連合の軍司令官を務め，敗北したが合衆国側の北軍を大いに苦しめた。
リー将軍像：愛馬にまたがった，リー将軍の姿を表したブロンズ像。
1917年建造決定。
1924年建立。像が設置された公園はリー公園と名付けられた。
1997年，アメリカ合衆国国家歴史登録財に記録。
2016年，「この像と公園の名前のせいで足を踏み入れるのも嫌だと思う」「我々はこの町にこのようなものは置くことはできない」と撤去を求める声が広まった。
2017年，像の撤去。
撤去に際しては，右翼団体や白人至上主義勢力が参加する抗議集会が開かれ，撤去を求める人々と激しく衝突した。

❓ サブ・サブクエスチョン

リー将軍像をめぐってどのような意見の対立があったのだろうか。
このことは，人々にどのような影響を与えたのだろうか。

③ 近代の銅像

❓ サブ・クエスチョン

銅像が建てられたり撤去されたりするのには，どのような背景があるのだろうか。
また，意見の衝突を回避するためにどのような方法が考えられるだろうか。

↑❽バタビヤに二宮金次郎の銅像(『読売新聞』1942.6.14)
バタヴィアの日本人街にあった二宮金次郎像(高さ1m。当時日本の小学校に多く設置され，修身の教科書にも掲載されていた)が現地の子どもを日本的に教育する小学校に寄贈された。6月4日に子どもたちは学校まで引っ張って帰り，全校300名の生徒がお迎えの式を挙げて先生からキンジローの話を聞き，自分たちもしっかり勉強しよう，と張り切ったという。

↑❾撤去されるシンガポールのラッフルズ像

←↑❿⓫日露戦争の英雄　広瀬中佐像(1910年建設)(左)と第二次世界大戦後(1947年)，いち早く撤去されたと伝える新聞(上)

イギリスの植民地行政官であり，シンガポールの創設者と評価されるラッフルズ像は，1942年9月に昭南(日本占領後の呼称)市により撤去された。ミャンマーでも，キングジョージ5世像，初代ビルマ総督バットラーらの銅像が，1942年7月にラングーン治安維持会により撤去された。

【対立・協調】文化財のあるべき場所は…

？ メイン・クエスチョン

帝国主義国は，なぜ植民地の文化財を自国へ収集したのだろうか。

キーワード

帝国主義，植民地，文化財

↑❶文化財の返還要求が寄せられている大英博物館

世界の著名な博物館には，歴史を彩る出土品や美術品が数多く展示されている。だが，これらの文化財は西洋諸国の世界進出や植民地支配のなかで，現地から本国に運ばれたものも多い。植民地だった地域は独立後，旧宗主国などに文化財の返還を求めてきたが，略奪や盗掘，売買や交換など文化財の流出経緯は様々で，双方の言い分が一致しないことも多い。所蔵する博物館にとっては存立を左右しかねない集客の目玉なだけに，簡単に手放すわけにはいかないという事情や，自らが万全の保存体制で戦乱などから守ってきたという自負もある。これに対し，植民地支配を脱して独立した国にとって，文化財は「国民」をつくる連帯の象徴として欠かせない。「返せ」と声を上げている側には，植民地配下などで固有の文化を奪われたという思いも強い。「人類共通の財産だ」としてきた博物館だが，「もとの土地に戻せ」との声に応じる例も出てきた。果たして文化財は誰のものなのか。

❶ 博物館に寄せられる返還要求

A 返還要求のある主な文化財

文化財	要求国	所蔵先
ロゼッタ＝ストーン	エジプト	大英博物館（イギリス）
ネフェルティティの胸像	エジプト	ベルリン新博物館（ドイツ）
パルテノン＝マーブル	ギリシア	大英博物館（イギリス）
ミロのビーナス	ギリシア	ルーブル美術館（フランス）
モアイ像	チリ	大英博物館（イギリス）
楽浪墳墓出土品	大韓民国	東京大学（日本）

（高さ124cm，幅72cm）

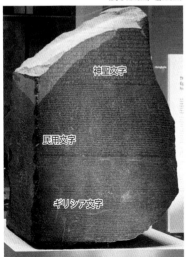

←❷ロゼッタ＝ストーン

解説 1799年にナポレオンのエジプト遠征で発見された。古代エジプトの神聖文字と民用文字がギリシア文字と併記されている。シャンポリオンはギリシア文字を手がかりに解読した。エジプトから，帝国主義の遺物として返還要求を受けている。

神聖文字

民用文字

ギリシア文字

？ サブ・クエスチョン

返還を求めている側と，返還を求められている側には過去にどのような関係があったのだろうか。

B イギリスの海外進出と大英博物館の展示

？ サブ・サブクエスチョン

イギリスの世界進出と文化財の展示はどのような関係があるだろうか。

年代	イギリスの対外関係	年代	大英博物館に関する出来事
1801	エジプトで，フランス軍を降伏させる	1753	大英博物館設立
		1802	ロゼッタ＝ストーン収蔵
1815	ウィーン会議でケープ植民地獲得	1816	パルテノン彫刻収蔵
		1817	ラムセス２世像収蔵
1827	ギリシア独立戦争に干渉		
1840	アヘン戦争		
1856	アロー戦争		
1875	スエズ運河買収		
1877	インド帝国成立	1881	自然史博物館を分離
1897	ベニン侵攻	1898	ベニン美術収蔵

➡❸パルテノン神殿の彫刻

解説 イギリスの駐トルコ大使エルギンによって19世紀にイギリスに運ばれた古代彫刻のコレクション。エルギンは当時ギリシアを支配していたオスマン帝国から勅許状を得て彫刻を運び出した。

② 文化財の返還にまつわる2つの声

？ サブ・クエスチョン

現在，文化財の返還を巡る主張には，どのような考え方があるのだろうか。

パルテノン彫刻に関するメルクーリ大臣のコメント（1984）

なぜならそれはギリシャ人のシンボルであり，血であり，魂だからです。なぜなら，私たちはパルテノンとアクロポリスのために闘って死んだからです。なぜなら，私たちは生まれたときから，ギリシャ的なるものを作りあげた偉大な歴史を聞かされて育ったからです。なぜなら，これはヨーロッパ中でもっとも美しく，もっとも偉大で，最大の記念碑的な建築物であり，世界の七不思議のひとつだからです。なぜなら，パルテノンはわれわれがオスマン・トルコに征服されていたときに，引き剥がされて，もぎ取られたからです。なぜなら，マーブルはエルギン卿という貴族が自分の愉しみのために持ち出したからです。なぜなら，それはわれわれの文化の歴史であり，それは大英博物館ではなく，わが国のあの神殿に属するものだからです。（『パルテノン・スキャンダル』）

解説 文化財は元の場所に戻して保管するべきという「文化現地主義」の考え方。当該地域のナショナリズムと結びつくことも多い。

普遍的博物館の重要性と価値に関する宣言（2002）

国際美術館共同体は，考古学，美術，そして民俗学的な作品の不法な取引は厳しく取り締まられるべきだという主張を共有している。しかし，過去に取得された作品に関しては，過去の時代を反映した，異なった感受性と価値観の下に判断されるべきだと考える。（中略）美術館に長い間所蔵されてきた作品の返還は，美術館にとって重要な問題となっている。各々のケースは個別に判断される必要があるが，美術館は，ある一つの国の市民だけでなく，すべての国の人びとに奉仕しているのだということを認めるべきだ。（『パルテノン・スキャンダル』）

解説 世界的に貴重な文化財は原産国で所有されるよりも普遍的に博物館や美術館で展示されてこそ意義が活かされるとする「文化国際主義」の考え方。

③ 対立を乗り越えるために

？ サブ・クエスチョン

文化財の返還要求に対してどのような解決策がとられているのだろうか。

Ⓐ 文化財の不法取引の禁止

？ サブ・サブクエスチョン

現在，文化財の取引にはどのような基準が設けられているのだろうか。

ユネスコ条約（1970）

（文化財の不法な輸出，輸入及び所有権譲渡の禁止及び防止に関する条約）
第11条 外国による国土占領に直接又は間接に起因する強制的な文化財の輸出及び所有権の譲渡は，不法であるとみなす。（『コロニアリズムと文化財』）

解説 現在は禁止されているが，条約発効前にさかのぼって適用することはできないため，返還は当該国同士の交渉によって判断されている。

Ⓑ 返還要求への対応

↑❻❼マチュピチュ遺跡（左）と発掘したビンガム（右）

解説 アメリカのイェール大学で保管されていた世界遺産マチュピチュの文化財は，ペルー政府から返還を求められていたが，ペルー政府と大学側が共同で文化財を管理する博物館を設置することなどを条件に返還が実現した。返還後の保存に関してもイェール大学は協力している。

↑❹返還されるベナンの文化財　↑❺マクロン大統領

解説 フランスのマクロン大統領は就任早々，旧植民地国への文化財返還の条件を整備する方針を打ち出し，専門家に調査を依頼した。その結果，返還要請があったベナンの文化財26点の返還を決めた。旧植民地国との政治的，経済的な連携を強化する狙いがあるとの見方がある。このように文化財の返還は当該国の政治状況にも左右される。

←❽「日韓図書協定」締結のようす

解説 植民地支配の過程で宮内庁に保存されていた朝鮮王室儀軌は，2010年に「日韓図書協定」が結ばれ，朝鮮半島に戻った。このとき日本側は「引き渡し」と表現し，韓国側は「返還」と表現するなど外交上の駆け引きがあった。

？ サブ・サブクエスチョン

文化財の返還要求への対応は上記のように個別に行われている。それぞれの文化財返還要求にはどのような背景があるのだろうか。
返還を要求されている文化財について，現在に至るまでの経緯と返還を求められている博物館の主張・根拠などを調べてみよう。

19世紀前半の世界

イギリス領カナダ

アメリカ合衆国

大ブリテン=アイルランド連合王国

ヴィクトリア女王　ナポレオン

フランス　オーストリア

オスマン帝国

アルジェリア

ジャクソン

マルクス

1823 モンロー宣言

ケープ植民地

アメリカ	
1803	フランスからルイジアナを購入
1807	フルトン，蒸気船建造に成功
1812	アメリカ=イギリス戦争（～14）
1819	スペインからフロリダを買収
1820	ミズーリ協定
1823	**モンロー宣言**（モンロー教書）
1829	ジャクソン大統領就任（民主党）
1845	テキサス併合
1846	アメリカ=メキシコ（米墨）戦争
1848	**カリフォルニア**金鉱発見

ヨーロッパ（イギリス）	
1801	アイルランド併合
1815	穀物法制定（46廃止）
1832	第1回選挙法改正
1833	東インド会社の中国貿易独占権廃止
1837	**ヴィクトリア女王**即位，チャーティスト運動はじまる（～50年代）

ヨーロッパ（ロシア）	
1801	アレクサンドル1世即位
1825	デカブリスト（十二月党員）の乱

ヨーロッパ（フランス）	
1802	アミアンの和約
1804	**皇帝ナポレオン1世**即位，ナポレオン法典（**民法典**）制定
1805	トラファルガーの海戦，アウステルリッツの戦い（三帝会戦）
1806	**大陸封鎖令**発表，神聖ローマ帝国消滅
1812	ナポレオン，**ロシアに遠征**したが大敗
1813	ライプツィヒの戦い（諸国民戦争）
1814	ナポレオン，エルバ島へ流刑
1814	王政復古，ルイ18世即位
1815	百日天下（ナポレオンの一時的なフランス支配），**ワーテルローの戦い**に敗れ，ナポレオンはセントヘレナ島へ流刑
1830	アルジェリア出兵，**七月革命**，ルイ=フィリップ即位，七月王政成立（～48）
1848	**二月革命**，臨時政府組織，ルイ=ナポレオン大統領就任（のち**ナポレオン3世**）

♫ショパン（1810～49）「革命」

　1830年，パリの七月革命とベルギー独立のニュースが届いたポーランドのワルシャワでは，独立を求めてロシア軍と戦うポーランド蜂起がおこった。一時は革命政府の樹立に成功したが，プロイセン・オーストリア軍の介入もあって鎮圧され，一万数千人が亡命した。ポーランド人ショパンはパリに向かう途中で鎮圧を知り，悲しみの中で「革命」を作曲した。（蜂起の絵はパリ，ポーランド図書館蔵）

➡❷ショパン

➡❸ポーランド蜂起

ロシア帝国

清

イギリス領
インド

日本
（江戸時代後半）

北京

南京

広州

朝鮮
（李朝）

バイカル湖

アムール川
（黒竜江）

黄河

1854
日米和親条約
日本の開国

1840〜42
アヘン戦争

オーストラリア

インド洋

19世紀前半のヨーロッパ

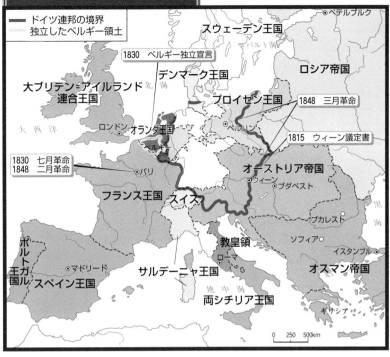

凡例：
— ドイツ連邦の境界
　　独立したベルギー領土

ペテルブルク

スウェーデン王国

ロシア帝国

1830　ベルギー独立宣言

デンマーク王国

大ブリテン＝アイルランド
連合王国

プロイセン王国

1848　三月革命

ベルリン

1815　ウィーン議定書

ロンドン

オランダ王国

1830　七月革命
1848　二月革命

パリ

オーストリア帝国

ウィーン
ブダペスト

ブカレスト

フランス王国

スイス

教皇領
ローマ

ソフィア

イスタンブル

ポルトガル王国

マドリード

スペイン王国

サルデーニャ王国

両シチリア王国

地中海

オスマン帝国

ギリシア

0　250　500km

その時日本は？　鎖国下の貿易

●東インド会社日本支店「出島」

➡❶長崎の港と出島（長崎歴史文化博物館蔵）　日本の鎖国時代，長崎の「出島」は，オランダ連合東インド会社の日本支店でもあった。他のヨーロッパ諸国のキリスト教布教に対する日本側の不安を巧みに利用し，幕府に取り入り，日本の対外貿易を独占した。

オランダ船

ヨーロッパ（ドイツ）

1807 ティルジット条約
　　　プロイセン改革
　　　フィヒテの連続講演「ドイツ国民に告ぐ」（〜08）
1814 **ウィーン会議**（〜15）
1815 ブルシェンシャフト結成
（1819　カールスバート決議で弾圧）
1834 ドイツ関税同盟発足
（40年代　ドイツ産業革命本格化）
1848 三月革命
　　　マルクス・エンゲルス「共産党宣言」
　　　フランクフルト国民議会開催

📖グリム兄弟

➡❹グリム兄弟の記念碑（ドイツ，ハーナウ市庁舎）　兄ヤーコプ（1785〜1863）と弟ヴィルヘルム（1786〜1859）のグリム兄弟は，ドイツ民族の自覚を広めるために童話や民話を集め『グリム童話集』を執筆し，『グリム＝ドイツ語大辞典』の編纂を行った。

アジア（インド）

1833 東インド会社の中国貿易独占権廃止

世界史の交差点

ウィーン会議

ウィーン会議は，フランス革命とナポレオン戦争後のヨーロッパの秩序再建のために開催された。当時のオーストリア外相メッテルニヒが議長を務めたが，列強の利害が錯綜する一方で舞踏会などに明け暮れたため，「会議は踊る，されど進まず」と皮肉られた。

アジア（日本）

1804 ロシア使節**レザノフ**，長崎に来航し通商を要求
1806 文化の薪水給与令
1808 フェートン号事件
1811 ロシア海軍軍人ゴロー（ウ）ニンを国後島で捕える
1812 高田屋嘉兵衛が国後島でロシア人に捕らえられる
1813 高田屋嘉兵衛帰還，ゴロー（ウ）ニン釈放
1823 ドイツ人医師シーボルト，オランダ商館医として長崎に来航
1825 **異国船打払令**
1828 シーボルト事件
1837 モリソン号事件
1839 蛮社の獄
1842 **天保の薪水給与令**
1844 オランダ国王の開国勧告
1846 米使ビッドル，浦賀に来航し通商を要求

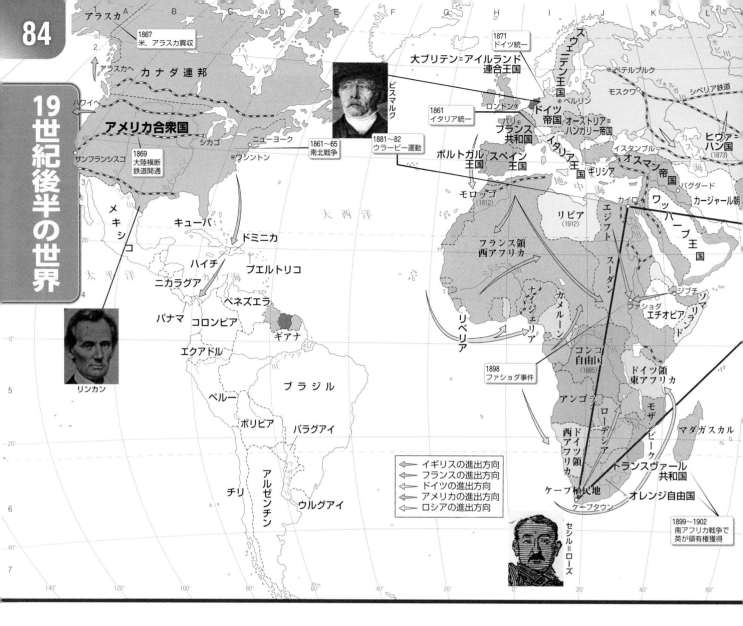

19世紀後半の世界

アメリカ
1854 カンザス・ネブラスカ法成立 日米和親条約
1861 リンカン大統領就任（共和党） 南北戦争（～65）
1862 ホームステッド法
1863 奴隷解放宣言
1867 カナダ自治領成立，アラスカ買収
1869 大陸横断鉄道開通
1886 アメリカ労働総同盟（AFL）設立
1889 第1回パン=アメリカ会議（ワシントン）
1890 フロンティアの消滅
1898 アメリカ=スペイン戦争
1899・1900 ジョン=ヘイの門戸開放宣言

ヨーロッパ（フランス）
1851 1851年クーデタ （大統領ルイ=ナポレオンが主導）
1852 ルイ=ナポレオン，ナポレオン3世として即位（～70），第二帝政を開始
1858 ナポレオン3世とカヴールがプロンビエール密約かわす
1861 メキシコ遠征（～67）
1862 サイゴン条約（第1次条約）
1870 プロイセン=フランス（普仏）戦争（～71）
1871 パリ=コミューン樹立
1875 第三共和国憲法制定
1881 チュニジアを保護国化
1884 清仏戦争（～85天津条約）
1887 フランス領インドシナ連邦成立，ブーランジェ事件（～89）
1894 露仏同盟調印，ドレフュス事件（～99）

ヨーロッパ（ドイツ）
1862 ビスマルク，プロイセン首相就任（～71）
1864 デンマーク戦争
1866 プロイセン=オーストリア（普墺）戦争
1867 北ドイツ連邦結成（～71），マルクス『資本論』第1巻刊行
1870 プロイセン=フランス（普仏）戦争（～71）
1871 ドイツ帝国成立（～1918），ヴィルヘルム1世，初代皇帝即位
1873 三帝同盟締結
1875 ドイツ社会主義労働党結成（90ドイツ社会民主党に改称）
1878 社会主義者鎮圧法制定，ベルリン会議開催
1879 独墺同盟成立
1882 三国同盟成立（独・墺・伊）
1888 ヴィルヘルム2世即位
1890 ビスマルク辞職
1898 膠州湾租借

ロシア帝国

1881 イリ条約の国境線
1858 アイグン条約の国境線
1860 北京条約の国境線

外モンゴル
コーカンド=ハン国 (1876)
バラ=ハン国
フガニ スタン (1880)
新疆
内モンゴル
北京
青海
チベット
デリー
ビルマ (1886)
カルカッタ
インド帝国
ボンベイ
マドラス
清
南京（天京）
上海
1856～60 アロー戦争
香港 (英)
台湾

1900～01 義和団事件
ウラジヴォストーク
朝鮮 (李朝)
漢城
北京
1868 明治維新
日本 （明治時代）
東京
1851～64 太平天国
1876 日朝修好条規

タイ（ラタナコーシン朝）
バンコク
フランス領インドシナ連邦 (1887)
サイゴン
マニラ
フィリピン (1898 西→米)
グアム島 (1898 西→米)
マリアナ諸島 (1899 独)
カロリン諸島 (1899 独)
マレー連合州 (1895)
ボルネオ
オランダ領東インド
バタヴィア
ジャワ
スマトラ
東ティモール (ポ)

イギリスの3C政策

オーストラリア連邦 (1901自治領)

凡例：
- イギリス領（英）
- フランス領（仏）
- オランダ領（蘭）
- ドイツ領（独）
- スペイン領（西）
- ポルトガル領（ポ）
- アメリカ領（米）
- イタリア領（伊）

19世紀後半のヨーロッパ（1871年頃）

ペテルブルク
スウェーデン王国
デンマーク王国
ロシア帝国
1871 ドイツ帝国の成立
大ブリテン＝アイルランド連合王国
ロンドン
オランダ王国
ドイツ帝国
ベルリン
ベルギー
パリ
1870または1871 第三共和政の成立
フランス共和国
スイス
オーストリア＝ハンガリー帝国
ウィーン
ブダペスト
ブカレスト
ソフィア
イスタンブル
ポルトガル王国
スペイン王国
マドリード
バルセロナ
トリノ
ローマ
イタリア王国
1861 イタリア王国の成立
オスマン帝国
ギリシア
大西洋
北海
地中海
黒海

0 250 500km

➡❶シパーヒーの反乱（インド大反乱，セポイの乱）

新式ライフル銃の薬莢の包み紙に牛と豚の脂が使用されているとのうわさが理由で，ヒンドゥー教徒・ムスリム両方の東インド会社傭兵（シパーヒー，セポイ）が銃使用を拒否したことから始まった。反乱軍はデリーを占領してムガル皇帝の復活を宣言し，各地の農民や職人も呼応して「インド大反乱」となったが，英軍によって鎮圧されムガル帝国は名実ともに滅んだ。絵はデリー攻防戦。

世界史の交差点

スエズ運河会社株買収

1875年，財政難に陥ったエジプト政府からイギリス政府がスエズ運河会社の株を買収した。時の英首相ディズレーリ（1804～81）は，同じユダヤ系であるよしみから，いつものようにロスチャイルド家に招かれて，第2代当主・ライオネルと夕食をとっていた。この食事中にメモが届けられ，株売り出しの情報を得た二人は即決断。首相は閣議で白紙委任状を取り付け，買収を開始した。後日ヴィクトリア女王に次のように報告した。

女王様，まとまりました。貴女は運河を手に入れました。（中略）
400万ポンドの大金，それもほとんど即金での支払いです。これだけの金を用立てできる会社はただ一つ，ロスチャイルド家しかありません。ロスチャイルドは低利で事前に融資して，見事に期待に応えてくれました。（後略）
（『ロスチャイルド家』講談社現代新書）

ヨーロッパ（イギリス）

1858	インドを直接統治（～1947）
1859	ダーウィン『種の起源』刊行
1867	第2回選挙法改正
1875	スエズ運河会社株買収
1877	インド帝国（イギリス植民地インド）成立
1884	第3回選挙法改正

ヨーロッパ（ロシア）

1853	クリミア戦争（～56パリ条約），アレクサンドル2世即位
1858	アイグン条約
1860	北京条約
1861	農奴解放令
1877	ロシア=トルコ戦争（～78サン=ステファノ条約）
1894	露仏同盟調印
1898	ロシア社会民主労働党結成

アジア（インド）

1857	シパーヒーの反乱（～59）
1858	ムガル帝国滅亡，英がインドを直接統治（～1947）
1877	インド帝国（イギリス植民地インド）成立
1885	インド国民会議発足（ボンベイ）

アジア（日本）

1853	ペリー，浦賀来航，プチャーチン，長崎来航
1854	日米和親条約
1855	日露和親条約
1858	日米修好通商条約・貿易章程調印
1863	薩英戦争
1864	四国連合艦隊下関砲撃事件
1867	明治維新
1871	岩倉使節団を欧米に派遣
1889	大日本帝国憲法発布
1894	日清戦争（～95下関条約）

事前準備：班分け（3～5人）をし，進行係・記録係を決めよう。

(1)「**① 鉄道がつながった**」について，できるだけたくさんの問いをつくりなさい。

授業の4つのルール
①できるだけたくさんの問いを出す。
②話し合ったり，評価したり，答えを言ったりしない。
③発言のとおりに問いを書きだす。
④意見や主張は疑問文に書き直す。

(2)自分たちがつくった問いを「閉じた問い」と「開いた問い」に分類しなさい。次に，それぞれの例となる問いを出し，それをもう一方の問いに書き換えなさい。「閉じた問い」と「開いた問い」で，どのような回答が得られるかを考え，2種類の問いの特徴をあげなさい。

閉じた問い：「はい」か「いいえ」，もしくは短い言葉で答えられるもの
開いた問い：説明が必要なもので，「はい」か「いいえ」もしくは短い言葉で答えられないもの

(3)「**② のびゆくアメリカ**」について，上記(1)～(2)の手順で問いをつくり，分類しなさい。ただし，問いの書き換えは省略してよい。

(4)「**① 鉄道がつながった**」と「**② のびゆくアメリカ**」を関連づけて，あたらしい問いをつくりなさい。

(5)つくった問いのなかから，とても知りたいと思う問いを3つ選びなさい。これら3つを選んだ理由をまとめなさい。

(6)選んだ3つの問いを使って，どのようなことが学べるかを考えてまとめなさい。

① 鉄道がつながった

↑大陸横断鉄道の開通（1869年）

② のびゆくアメリカ

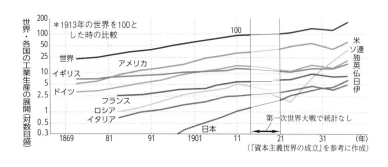

世界・各国の工業生産の展開（対数目盛）
＊1913年の世界を100とした時の比較
100
世界
アメリカ
イギリス
ドイツ
フランス
ロシア
イタリア
日本
第一次世界大戦で統計なし
米ソ連独英仏日伊
1869　81　91　1901　11　21　31　（年）
『資本主義世界の成立』を参考に作成

メモ

アメリカ合衆国とソヴィエト連邦の台頭

事前準備：班分け（3〜5人）をし，進行係・記録係を決めよう。

(1)「**① 国際会議の中心国**」について，できるだけたくさんの問いをつくりなさい。

授業の4つのルール
①できるだけたくさんの問いを出す。
②話し合ったり，評価したり，答えを言ったりしない。
③発言のとおりに問いを書きだす。
④意見や主張は疑問文に書き直す。

(2)自分たちがつくった問いを「閉じた問い」と「開いた問い」に分類しなさい。次に，それぞれの例となる問いを出し，それをもう一方の問いに書き換えなさい。「閉じた問い」と「開いた問い」で，どのような回答が得られるかを考え，2種類の問いの特徴をあげなさい。

閉じた問い：「はい」か「いいえ」，もしくは短い言葉で答えられるもの
開いた問い：説明が必要なもので，「はい」か「いいえ」もしくは短い言葉で答えられないもの

(3)「**② 戦間期の国際経済**」について，上記(1)〜(2)の手順で問いをつくり，分類しなさい。ただし，問いの書き換えは省略してよい。

(4)「**① 国際会議の中心国**」と「**② 戦間期の国際経済**」を関連づけて，あたらしい問いをつくりなさい。

(5)つくった問いのなかから，とても知りたいと思う問いを3つ選びなさい。これら3つを選んだ理由をまとめなさい。

(6)選んだ3つの問いを使って，どのようなことが学べるかを考えてまとめなさい。

C 国際秩序の変化や大衆化と私たち

(1) 国際秩序の変化や大衆化への問い

① 国際会議の中心国

解説 パリ講和会議（左，1919年）とヤルタ会談（右，1945年）。この2つの会議によって，世界の趨勢が決まった。

② 戦間期の国際経済

Ⓐ アメリカの国際経済

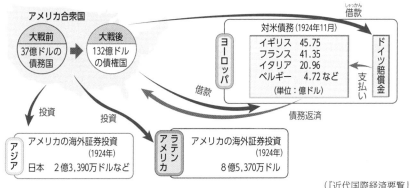

（『近代国際経済要覧』）

Ⓑ 世界の工業生産の推移（1929年＝100）

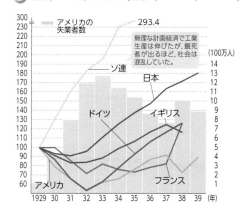

メモ

植民地の独立

C 国際秩序の変化や大衆化と私たち

事前準備：班分け（3〜5人）をし，進行係・記録係を決めよう。

(1)「**①**「塩の行進」（1930年）」について，できるだけたくさんの問いをつくりなさい。

授業の4つのルール
①できるだけたくさんの問いを出す。
②話し合ったり，評価したり，答えを言ったりしない。
③発言のとおりに問いを書きだす。
④意見や主張は疑問文に書き直す。

(2)自分たちがつくった問いを「閉じた問い」と「開いた問い」に分類しなさい。次に，それぞれの例となる問いを出し，それをもう一方の問いに書き換えなさい。「閉じた問い」と「開いた問い」で，どのような回答が得られるかを考え，2種類の問いの特徴をあげなさい。

閉じた問い：「はい」か「いいえ」，もしくは短い言葉で答えられるもの
開いた問い：説明が必要なもので，「はい」か「いいえ」もしくは短い言葉で答えられないもの

(3)「**②** 植民地か，自治か。」について，上記(1)〜(2)の手順で問いをつくり，分類しなさい。ただし，問いの書き換えは省略してよい。

(4)「**①**「塩の行進」（1930年）」と「**②** 植民地か，自治か。」を関連づけて，あたらしい問いをつくりなさい。

(5)つくった問いのなかから，とても知りたいと思う問いを3つ選びなさい。これら3つを選んだ理由をまとめなさい。

(6)選んだ3つの問いを使って，どのようなことが学べるかを考えてまとめなさい。

① 「塩の行進」（1930年）

(1) 国際秩序の変化や大衆化への問い

↑❶塩を拾うガンディー

② 植民地か，自治か。

Ⓐ 戦間期のインドの歩み

1919年	ガンディー指導のインド国民会議派が中心となり，非暴力・植民地行政への非協力などの運動が始まる（第1次サティヤーグラハ）。
1930年	ガンディーが「塩の行進」をおこなう。英印円卓会議開催（〜32年）。ガンディーは，イギリスとの交渉のために運動を中断する。
1932年	英印円卓会議の決裂により，不服従運動が再開される。
1934年	逮捕者が続出し，ガンディーが運動を中止する（第2次サティヤーグラハ）。
1935年	1935年（新）インド統治法（①財政・防衛・外交の権限をイギリスが掌握する。②州政府はインド人が掌握，ただし州内閣の上部に英国王任命の州知事が存在。③ビルマをインドから切り離す）
1939年	第二次世界大戦でイギリスはインドを連合国側で参戦させる。
1942年	インド国民会議派は，イギリスに対し「クイット＝インディア（インドを出て行け）運動」を始める。
1947年	インドとパキスタンが分離独立する。

Ⓑ インド財政構造の変化（左：1938年　右：1939年）

	中央政府		州政府		合計	
歳入		%		%		%
関税・中央消費税	49.2	23.9	2.5	1.21	51.7	25.10
所得税・法人税	15.8	7.66	1.5	0.73	17.3	8.39
塩税	8.1	3.93	0	0	8.1	3.93
アヘン税	0.5	0.24	—	—	0.5	0.24
鉄道収入	31.3	15.2	0	0	31.3	15.20
地租	0.2	0.1	26.0	12.60	26.2	12.70
州消費税	0.3	0.15	13.6	6.60	13.9	6.74
印紙税	0.3	0.15	9.8	4.75	10.1	4.90
灌漑	0.0	0.00	9.2	4.46	9.2	4.46
合計	121.1	58.70	85.1	41.30	206.2	100.00

（『南アジア史』を参考に作成）

メモ

大衆の政治的・経済的・社会的地位の変化

① 女性のデモ行進と当時の新聞（1914年）

② 日本の選挙ポスター（1928年）

事前準備：班分け（3〜5人）をし，進行係・記録係を決めよう。

(1)「① 女性のデモ行進と当時の新聞（1914年）」について，できるだけたくさんの問いをつくりなさい。

授業の4つのルール
①できるだけたくさんの問いを出す。
②話し合ったり，評価したり，答えを言ったりしない。
③発言のとおりに問いを書きだす。
④意見や主張は疑問文に書き直す。

(2)自分たちがつくった問いを「閉じた問い」と「開いた問い」に分類しなさい。次に，それぞれの例となる問いを出し，それをもう一方の問いに書き換えなさい。「閉じた問い」と「開いた問い」で，どのような回答が得られるかを考え，2種類の問いの特徴をあげなさい。

閉じた問い：「はい」か「いいえ」，もしくは短い言葉で答えられるもの

開いた問い：説明が必要なもので，「はい」か「いいえ」もしくは短い言葉で答えられないもの

(3)「② 日本の選挙ポスター（1928年）」について，上記(1)〜(2)の手順で問いをつくり，分類しなさい。ただし，問いの書き換えは省略してよい。

(4)「① 女性のデモ行進と当時の新聞（1914年）」と「② 日本の選挙ポスター（1928年）」を関連づけて，あたらしい問いをつくりなさい。

(5)つくった問いのなかから，とても知りたいと思う問いを3つ選びなさい。これら3つを選んだ理由をまとめなさい。

(6)選んだ3つの問いを使って，どのようなことが学べるかを考えてまとめなさい。

メモ

① 街が変わった

↑❶20世紀初頭のアメリカの街

事前準備：班分け（3〜5人）をし，進行係・記録係を決めよう。

(1)「① 街が変わった」について，できるだけたくさんの問いをつくりなさい。

　授業の4つのルール
①できるだけたくさんの問いを出す。
②話し合ったり，評価したり，答えを言ったりしない。
③発言のとおりに問いを書きだす。
④意見や主張は疑問文に書き直す。

(2)自分たちがつくった問いを「閉じた問い」と「開いた問い」に分類しなさい。次に，それぞれの例となる問いを出し，それをもう一方の問いに書き換えなさい。「閉じた問い」と「開いた問い」で，どのような回答が得られるかを考え，2種類の問いの特徴をあげなさい。

閉じた問い：「はい」か「いいえ」，もしくは短い言葉で答えられるもの

開いた問い：説明が必要なもので，「はい」か「いいえ」もしくは短い言葉で答えられないもの

(3)「② 『新しい女』が現れた」について，上記(1)〜(2)の手順で問いをつくり，分類しなさい。ただし，問いの書き換えは省略してよい。

(4)「① 街が変わった」と「② 『新しい女』が現れた」を関連づけて，あたらしい問いをつくりなさい。

(5)つくった問いのなかから，とても知りたいと思う問いを3つ選びなさい。これら3つを選んだ理由をまとめなさい。

(6)選んだ3つの問いを使って，どのようなことが学べるかを考えてまとめなさい。

② 「新しい女」が現れた

↑❷フラッパー（アメリカ）

朝日新聞社提供

↑❸モダンガール（日本）

メモ

青い目の「友情人形」～移民法と日米人形交流事業～

繁栄の20年代と移民法

第一次世界大戦後，工業力と金融力に抜きん出るアメリカの出現で世界は「パクス=アメリカーナ」の時代が始まることになる。「繁栄の20年代」を迎えたアメリカでは，自動車やラジオ・洗濯機・冷蔵庫などの家庭電化製品が普及し，映画やジャズ，野球やボクシングなどが大衆娯楽として生活に根付いていった。

しかし繁栄の一方，この時代のアメリカは「不寛容の時代」とも呼ばれる。第一次世界大戦中に工業化のために南部から北部へ黒人の移住が進んだが，これに対する白人社会の保守的な傾向も現れ，黒人差別をおこなう秘密結社（KKK）が復活して大きな勢力となった。アメリカ社会の中心は白人であり，黒人や東欧・南欧系そしてアジア系住民は差別された。移民に対する排外主義も高まり，1924年に制定された移民法では，日本人などのアジア系移民は禁止されたのである。

日米関係の悪化と人形交流

➡❶「友情人形」と市松人形

解説 埼玉県の熊谷東小学校に残る「友情人形」。「答礼人形」と同じ市松人形を添え，一緒に収納できるケースで保存した。上部には手書きの日米国旗も付けられている。

日本人移民を全面禁止した移民法に対する日本側の憤激は相当のものだった。人種差別的対応に加えて，日露戦争を経て「一等国」になったという自負を傷つけられた国民感情も影響したという。新聞雑誌は連日報道し，各地で抗議集会が開かれた。中には抗議の割腹自殺をする人まで現われ，アメリカへの反発で異様な興奮に包まれた。

悪化した日米関係を改善すべく，1927（昭和2）年，アメリカから約12,000体の人形が日本に贈られてきた。この事業の提唱者はシドニー=L=ギューリック（1860～1945）というアメリカ人牧師だった。彼は同志社大学で教鞭を執るなど20年以上も日本に滞在しており，渋沢栄一（1840～1931）とも親交があった。日本文化にも造詣の深かったギューリックは，全米の子どもたちに呼びかけて，日本でのひな祭りに合わせて「友情人形（青い目の人形）」を日本に贈ったのである。

人形歓迎式と「答礼人形」

日本側では渋沢栄一が中心となり，受け入れのために政府や民間を動かし，日本国際児童親善会が設立された。日本青年館で盛大な人形歓迎式が行われ，人形は全国に配布されることになった。文部省は1学校・幼稚園に1体を配布することを原則とし，その順序は①師範学校附属小学校・幼稚園，②県庁所在地の公立小学校・幼稚園，③主要郡邑（町や村）の公立小学校・幼稚園，④外国人居住など出入りの多い場所，⑤その他道府県知事が適当と認めた小学校・幼稚園とした。ギューリックの意図は，相互の偏見を子どもに託して取り除くことにあったというが，渋沢栄一の努力もあって対米感情は好転していった。

1927（昭和2）年の暮れ，日本から58体の市松人形が，お返しの「答礼人形」として贈られた。これはクリスマスに合わせて贈ったものだった。「答礼人形」はアメリカ国内を54日間にわたって巡回し，各地で歓迎会が開かれた。こちらでも対日感情の改善に大きく寄与したという。

現在残る「友情人形」

しかし，現在残る青い目の「友情人形」はごくわずかである。1941（昭和16）年に始まる太平洋戦争により敵視され，廃棄・焼却されたのである。中には，竹槍で突かれたという痛ましい話もある。しかし，現在残る人形は，廃棄処分の命令にあらがい，密かに守り通した人がいた事実もまた伝えてくれるのである。

さて，この話には後日談がある。この事業を始めたシドニー=L=ギューリックの孫であるシドニー=ギューリック3世さんと妻のフランシスさんは，祖父の遺志を継いで1987（昭和62）年から人形を毎年10体ほど日本に贈っている。2021（令和3）年には長野市立長沼小学校に「ナオミ」という名前の人形が届けられ，子どもたちの拍手歓声があがった。2019年の台風被害を心配したギューリック夫妻からの励ましの贈り物だったという。「青い目の友情人形」の話は今も続いていたのである。

↑❷アメリカでの「答礼人形」歓迎会

解説 1927（昭和2）年12月，ワシントンのナショナル劇場で「答礼人形」の歓迎会が開催された時のひとこま。後列左から2番目にいるのがギューリックである。

コラム

アメリカの歌と映画に見る人種差別と戦争の記憶

ボブ=ディラン『ハリケーン』

「……夜のバーで銃声が鳴り響いた／上の階からパティー=バレンタインが降りてきて／彼女は血の海の中のバーテンダーを見つけて／叫んだ「ああ！人が大勢殺されてる!!」／これはハリケーンの話／権力に罪を着せられた男／決してやってないのに……」

これはノーベル平和賞を受けた世界的な歌手ボブ=ディランの歌「ハリケーン」である。1976年初頭に発表されたアルバム『欲望』に収録された。この『欲望』はアメリカでNo.1を獲得するとともに自身最大のセールスを記録した。

歌詞の内容は殺人の冤罪で投獄された黒人ボクサー，ルービン=ハリケーン=カーターの無実を訴えたプロテストソング（政治主張をこめた歌）である。カーターの半生を描いた映画『ザ・ハリケーン』（1999年公開）では「ハリケーン」がサウンドトラックで使用された。この曲は黒人差別についての問題を投じた。当時の日本では大学生・高校生の間でもかなり話題になった。実在したカーターは一旦釈放されたものの再び投獄され1988年に釈放されるという苦難に満ちた人生を送った。

↑❶映画『ザ・ハリケーン』（1999年公開）のカーター
冤罪で収監されるが知人の奔走で無罪となるまでを描く。

人種差別への問いかけ

アメリカではこのような人種差別に関する映画がいくつも制作されている。

例えば，『ミシシッピー・バーニング』は，1964年に米ミシシッピ州フィラデルフィアで公民権運動家3人が殺害された事件をモデルにした映画であり1988年に公開された。

その他，現代の若い世代にも人気のシリーズにX-MENがある。『ファースト・ジェネレーション』『X-MENフューチャー＆パスト』『X-MENアポカリプス』『X-MENダーク・フェニックス』と何作も制作されている。このシリーズは特撮や派手な戦闘シーンが印象に残りがちであるが，実はこの作品はミュータントと一般の人間の紛争が描かれている。

この争いはユダヤ人，アフリカ系アメリカ人，社会主義者，LGBTなどの，アメリカのマイノリティが経験したことを作品に投影している。

特に1960年代のアメリカで巻き起こった公民権運動の問題が潜んでいる。映画の主人公ミュータントは迫害を受ける人種的・宗教的マイノリティの暗喩であると見られている。

X-MENの創始者として車椅子の姿で登場するプロフェッサーXはアフリカ系アメリカ人の公民権運動の指導者マーティン=ルーサー=キング=ジュニア，その宿敵マグニートーはマルコムXがモデルとされる。

映画をよく見るとナチスのユダヤ人虐殺や東西冷戦下のキューバ危機もとりあげられており，かなり奥が深い。

最近のアメリカ映画では戦争関連のものが多い。『ワンダーウーマン』では第一次世界大戦が舞台となっている。モンスターバースシリーズの一本『キングコング 髑髏島の巨神』は太平洋戦争とベトナム戦争が回顧に登場する。太平洋戦争中にある島に墜落したアメリカ陸軍兵が日本海軍兵から逃れるため島の奥地に入り込みキングコングと遭遇する。アメリカがベトナム戦争からの撤退を宣言したころ，特務研究機関がキングコングの住む髑髏島の地質調査を行う内容である。

戦争の記憶から

➡❷キャプテン・アメリカ
最新の映画では，第二次大戦中に特殊能力と破壊不能なシールドを手にして，国家究極の「武器」となった存在として設定されている。

映画アベンジャーズシリーズでも有名なキャプテン・アメリカの場合は複雑な運命をたどる。原作の設定では1922年生まれで母はアイルランドからの移民である。彼はナチズムへの義憤と愛国心に駆られ1941年に軍の「超人兵士計画」に志願した。第二次世界大戦中枢軸国と戦い，戦後はアメリカ国内の犯罪者や未来人らと戦った。1953年から1954年の間は「赤狩り」の風潮に合わせ，アメリカに潜む共産主義者らと戦う存在にされてしまった。その後別人のキャプテン・アメリカに設定され現在に至る。アメリカの光と闇を体現している。

アメリカの歌と映画には社会問題・戦争の記憶から歴史への問いかけを世界に発信しているものが多い。

コラム

同時代の人心を考察する ～大正期の一断面～

日露戦争の記憶と語り

下の写真は，「日露戦役記念火箸」である。かつて偶然に古物市で見つけ，入手した。銃弾の側面に「旅順紀念」と刻まれている。調べてみると，旅順で記念品として作成され，販売されたもののようだ。日露戦争で日露両軍が使用した銃弾と鉄条網を組み合わせてつくった火箸で，実際に火箸として使用したような痕跡も見られる。戦争が誇らしいものとして受け止められていた時代の雰囲気を今に伝えている。

↑❶日露戦役記念火箸

この火箸には当初，次のような説明書きが同梱されていた（旧漢字は現在の常用漢字に改めてある）。

日露戦役記念火箸

明治三十七八年戦役日露両軍ノ使用シタル小銃弾及鉄条網ヲ以テ製シタルモノニシテ彼我幾多ノ精霊ヲ犠牲ニシ天下ノ耳目ヲ震動セシメタル文明軍器ノ一端ナリ又世界歴史ノ一部ヲ語ルヘキ好紀念品ナレハ永久子孫ニ伝ヘ日日常使用シツヽ戦役当時ニ於ケル幾多将卒ノ忠勇義胆ヲ忘レシメサル様子弟教育上ノ好材料トシテモ欠クヘカラサル一大紀念品ナリ

旅順　東京堂記念品販売所

「子弟教育上ノ好材料」として宣伝されているところが興味深い。それも"多くの犠牲を出した二度と繰り返してはならない悲劇"としてではなく，「幾多将卒ノ忠勇義胆ヲ忘レシメサル様」子孫に語り継ぐべきとうたわれているところに時代の雰囲気を感じる。この火箸を買い求め，日常使用した人物は，囲炉裏端に座る子どもたちに，「幾多将卒ノ忠勇義胆」を語り聞かせたかもしれない。

軍縮の時代

日露戦争の「忠勇義胆」を聞いて育った少年たちが大人になるころ，世の中の雰囲気は変わった。第一次世界大戦が終わり，世界は新しい国際秩序の形成に向かっていた。すなわち国際連盟の創設に象徴される，国際協調路線である。そして世界的な軍縮ムードの中，ワシントン・ロンドンの海軍軍縮条約が結ばれた。日本の場合は戦後恐慌の影響もあって陸軍の軍縮を求める声も大きくなり，加藤友三郎内閣における山梨軍縮，加藤高明内閣における宇垣軍縮が実行された。とくに陸相宇垣一成のもと進められた軍縮は，4師団を廃止するという大規模なものであった。こうした軍縮ムードの中，昭和の初めごろは，「軍人は到るところ道行く人々の軽侮の的となり，軍服姿では電車に乗るのも肩身が狭いといふやうな状態であった」という（『日本の歴史24ファシズムへの道』より）。日露戦争の「忠勇義胆」にあこがれて軍人をめざしたであろう当時の青年将校たちは，軍人が無用の長物のごとくに扱われた時代に，どのような思いを抱いたであろうか。

もっとも，宇垣軍縮は，師団廃止で余剰となった現役将校を中等

学校以上の学校に配属させて軍事教練をおこなわせるなど，国家総力戦に即応する総動員体制をつくりあげる計画と一体のものとして実行されたことを，我々は注意しておく必要がある。

学歴の大衆化とエリート層の分断

明治30年頃までは，旧制高等学校も軍学校も士族出身者が多かった。明治20～30年代初期の旧制高等学校生徒は半数以上が士族で，軍学校は，明治30年代までは陸軍士官学校で60％，陸軍幼年学校で60～70％が士族だった。その意味において，文官エリートと軍エリートとの間に，族籍の共通性にもとづく気質の類似性があった。ところが，明治40年代の旧制高校の士族占有率は20％台に下がり，軍学校では，大正10年代には陸軍士官学校で20％前後，陸軍幼年学校で30％前後になる。昭和初期の青年将校のほとんどは平民だったことになる（『日本の近代12学歴貴族の栄光と挫折』より）。

一方，1918（大正7）年の大学令によって，公・私立大学の設置が認められ，大学生の数は飛躍的に増えた。大正時代は学歴の大衆化が進んだ時代でもあった。進学熱の高まりは，結果として，受験競争の過熱と学校間格差の固定化を招いた。

大学在学者数の推移

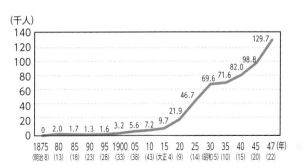

（『数字で見る日本の100年』を参考に作成）

そのなかで，農家の子弟は軍学校に比較的多く行き，高等学校や帝国大学にはあまり行かないという傾向があったという。とくに第一次世界大戦以後，農民の相対所得が急激に低下したことを考えれば，相対的に貧困層が軍学校を選び，高等学校や帝国大学は富裕層が行くという傾向が顕著になったといえる。軍エリートと，官僚ら非軍事エリートとの間に，階層的な断層が深まっていった。ある青年将校は，1936（昭和11）年のある座談会で，「蒼白い高慢ちきな秀才面」と帝国大学出身の官僚への反感を吐露している。一方，旧制高校生は，軍人を「ゾル」（ドイツ語のゾルダート＝兵士による）とよんで嫌った。こうしたエリート間の格差と分断，そして不信感が，「問答無用」（五・一五事件で青年将校らが犬養毅首相に発砲する際にいった台詞）の時代につながった。デモクラシーの語とともによばれる大正時代だが，昭和ファシズムへの伏線が静かに進行していたのである。

総力戦と第一次世界大戦後の国際協調体制

地球サイズの戦争！　そして地球レベルの平和……？

❓ メイン・クエスチョン

第一次世界大戦は国際関係にどのような影響をもたらしたのだろうか。

🔑 キーワード

植民地，勢力均衡，社会主義，集団安全保障，国際連盟

① 第一次世界大戦の勃発

❓ サブ・クエスチョン

戦前の国際関係と1914年に始まった戦争の世界大戦化にはどのような関係があるのだろうか。

Ⓐ 第一次世界大戦前の国際関係

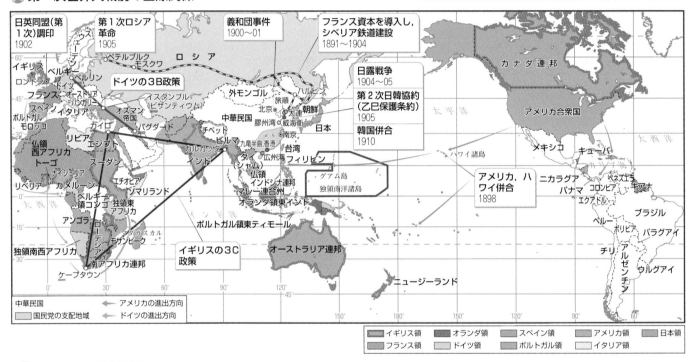

日英同盟（第1次）調印 1902	第1次ロシア革命 1905
義和団事件 1900〜01	フランス資本を導入し，シベリア鉄道建設 1891〜1904
ドイツの3B政策	日露戦争 1904〜05
	第2次日韓協約（乙巳保護条約）1905
	韓国併合 1910
	アメリカ，ハワイ併合 1898
イギリスの3C政策	

中華民国　██ 国民党の支配地域　← アメリカの進出方向　← ドイツの進出方向

██ イギリス領　██ オランダ領　██ スペイン領　██ アメリカ領　██ 日本領
██ フランス領　██ ドイツ領　██ ポルトガル領　██ イタリア領

❓ サブ・サブクエスチョン

①20世紀の初めにおいて，どのような同盟関係があったのだろうか。
②第一次世界大戦勃発の背景には，ヨーロッパのどのような国際情勢があったのだろうか。

Ⓑ 第一次世界大戦直前の国際情勢

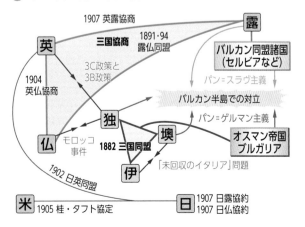

Ⓒ 井上馨の提言

一，今回欧州の大禍乱は，日本国運の発展に対する大正新時代の天佑にして，日本国は直ちに挙国一致の団結をもって，この天佑を享受せざるべからず。

一，此戦局と共に，英・仏・露の団結一致はさらに強固になると共に，日本は右三国と一致団結して，茲に東洋に対する日本の利権を確立せざるべからず。

（『世外井上公伝』）

❓ サブ・サブクエスチョン

井上は第一次世界大戦の勃発をどのように受け止め，日本はどのように行動すべきと説いているのだろうか。

②「世界大戦」化

C 国際秩序の変化や大衆化と私たち

(2) 第一次世界大戦と大衆社会

？ サブ・クエスチョン

ヨーロッパ以外の国はなぜ参戦したのだろうか。

A 第一次世界大戦の軍人死者数

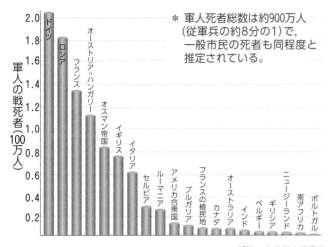

＊ 軍人死者総数は約900万人（従軍兵の約8分の1）で、一般市民の死者も同程度と推定されている。

（『第一次世界大戦⊕』）

軍人の戦死者（100万人）: ドイツ, ロシア, フランス, オーストリア=ハンガリー, オスマン帝国, イギリス, イタリア, セルビア, ルーマニア, アメリカ合衆国, ブルガリア, フランスの植民地, カナダ, オーストラリア, インド, ベルギー, ギリシア, ニュージーランド, 南アフリカ, ポルトガル

？ サブ・サブクエスチョン

ヨーロッパ以外の国で戦死者が出ているのはなぜだろうか。

B 自治領からの動員

？ サブ・サブクエスチョン

カンガルーに例えられている国はどこだろうか。

↑❶❷カンガルーの風刺画（左）とポスター（右）
トルコ軍と戦う姿の風刺画と、「イギリスに5万人以上の兵士を送ると約束した。それを守るために君たちの助けが必要だ」と訴えるポスター。

？ サブ・サブクエスチョン

インド兵がヨーロッパの戦場にいるのはなぜだろうか。

C 植民地からの動員

↑❸1916年9月、ソンムの戦場で兵士と会話するロイド=ジョージ（当時軍需大臣） ソンムは西部戦線で最大の激戦がおこなわれた場所である。

←❹英領インドのヒンディー語募兵ポスター
この兵士がインドを守っている。「家族を助ける最善の方法は、インド軍に加わることだ」と書かれている。

D 労働者としての動員

？ サブ・サブクエスチョン

中国は「以工代兵」の方針で協商国側で参戦した。この方針は、具体的には何をすることだろうか。

←❺「一戦華工」（威海市博物館蔵）
解説 「一戦」とは中国語で、第一次世界大戦のことをいう。戦後交渉で一定の地位を得ることを目的に協商国側で参戦した中国は、「以工代兵」として戦場に多くの労働者を派遣した。労働者らは兵士に代わり、物資の輸送・塹壕掘り・道路建設など最前線の軍隊を支える広範囲の業務に従事した。

③ 日本の参戦

A 日本の戦場

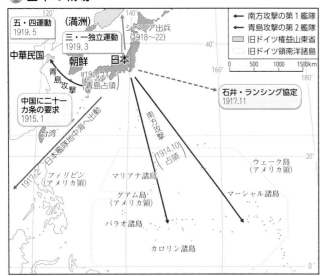

- 五・四運動 1919.5 （満洲）
- 三・一独立運動 1919.3
- シベリア出兵 （1918〜22）
- 中華民国
- 朝鮮
- 日本
- 青島攻撃 （1914.11）青島占領
- 中国に二十一カ条の要求 1915.1
- 台湾
- 日本艦隊地中海へ出征
- 南方攻撃 （1914.10）占領
- 石井・ランシング協定 1917.11
- フィリピン（アメリカ領）
- マリアナ諸島
- グアム島（アメリカ領）
- パラオ諸島
- カロリン諸島
- ウェーク島（アメリカ領）
- マーシャル諸島
- ← 南方攻撃の第1艦隊
- ← 青島攻撃の第2艦隊
- ▨ 旧ドイツ権益山東省
- ▨ 旧ドイツ領南洋諸島

? サブ・クエスチョン

日本はなぜ参戦したのだろうか。❶の❸をもとに考えてみよう。

? サブ・サブクエスチョン

日本はおもにどの国を相手にどこで戦ったのだろうか。

片岡覚太郎『日本海軍地中海遠征記』

その駆逐艦の影が艦尾の水平線下に沈んで，間もないこと，艦は左舷側方に敵潜水艇を発見し，茲に悲惨なる戦の幕は切って落とされたのである。時に午後一時三十二分，所は正に北緯三十六度十五分，東経二十三度五十分。

左舷正横約二百米の近距離に敵の潜望鏡を認めた「榊」は直ちに開戦，全部の四吋七砲は即座に廻転して，その一弾は潜望鏡の側近く落下炸裂したが，この時遅く，かの時早く，敵の放った一発の魚雷は，「榊」の左舷艦橋下に命中爆発し，艦橋から全部悉く粉砕せられ，檣は後ろに倒れ，船体は少し前方に傾いて，爆煙の中に頭を突込んだ。それはホンの一瞬間の出来事である。

(注)「榊」……日本の駆逐艦　　　　　（『日本海軍地中海遠征記』）

? サブ・サブクエスチョン

地中海地域での戦闘はどのようなものだったのだろうか。

解説 日本は，地中海に海軍を派遣し，マルタ島を拠点に輸送船の護衛をおこなっていた。当時地中海ではドイツ軍の潜水艇Uボートがイギリス軍の巡洋艦を撃沈するなどの軍事行動をとっていた。上記史料を執筆した片岡覚太郎は第一次世界大戦時，海軍主計中尉で，地中海遠征の体験を手記に残した。

←❻地中海域マルタでの日本の巡洋艦「日進」とUボート

④ ロシア革命の衝撃

? サブ・クエスチョン

ロシア革命は世界にどのような影響を与えたのだろうか。

A ロシア革命の勃発

↑❼「同志レーニンが地球を掃除」（風刺画）

解説 大戦前からのロシアの反政府運動は，総力戦で国民生活がひっ迫する中革命に発展した。1917年の二月革命(ロシア暦)で食糧危機をきっかけに，皇帝ニコライ2世は退位し，臨時政府がつくられた。戦争継続に不満を持った労働者・兵士・農民たちは，十月革命でレーニンを指導者とするボリシェヴィキが臨時政府を倒してソヴィエト政権を樹立した。

B ロシア革命の影響

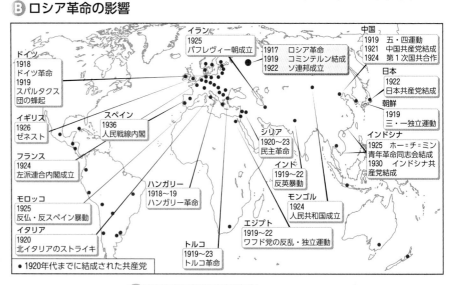

- **イラン** 1925 パフレヴィー朝成立
- **中国** 1919 五・四運動／1921 中国共産党結成／1924 第1次国共合作
- **ドイツ** 1918 ドイツ革命／1919 スパルタクス団の蜂起
- 1917 ロシア革命／1919 コミンテルン結成／1922 ソ連邦成立
- **日本** 1922 日本共産党結成
- **朝鮮** 1919 三・一独立運動
- **イギリス** 1926 ゼネスト
- **スペイン** 1936 人民戦線内閣
- **シリア** 1920〜23 民主革命
- **インドシナ** 1925 ホー＝チ＝ミン 青年革命同志会結成／1930 インドシナ共産党結成
- **フランス** 1924 左派連合内閣成立
- **インド** 1919〜22 反英暴動
- **モロッコ** 1925 反仏・反スペイン暴動
- **ハンガリー** 1918〜19 ハンガリー革命
- **モンゴル** 1924 人民共和国成立
- **イタリア** 1920 北イタリアのストライキ
- **エジプト** 1919〜22 ワフド党の反乱・独立運動
- **トルコ** 1919〜23 トルコ革命
- ● 1920年代までに結成された共産党

? サブ・サブクエスチョン

レーニンが掃き清めているのはどのような人々だろうか。

? サブ・サブクエスチョン

ロシア革命の影響を受けて立ちあがったのはどのような人々だろうか。

⑤ 国際連盟の設立

C 国際秩序の変化や大衆化と私たち
(2) 第一次世界大戦と大衆社会

Ⓐ ウィルソンと「十四カ条」

① 秘密外交の廃止　② 公海の自由
③ 平等な通商関係の確立　④ 軍備縮小
⑤ 植民地についての公平な調整（民族自決）
⑥ ロシアからの撤兵とロシアの完全独立
⑦ ベルギーの主権回復
⑧ アルザス・ロレーヌのフランスへの返還
⑨ イタリア国境の再調整
⑩ オーストリア＝ハンガリー国内の諸民族の国際
　的地位の保障
⑪ バルカン諸国の独立保障
⑫ オスマン帝国支配下のトルコ人地域の主権と他
　の民族の自治の保障
⑬ ポーランドの独立　⑭ 国際連盟の設立

❓ サブ・サブクエスチョン
民族自決の原則が適用されたのはどこだろうか。

Ⓑ ヴェルサイユ条約

(1) 国際連盟規約
(2) ドイツは全植民地と海外のすべての権利を放棄し，領土を割譲
　① アルザス・ロレーヌをフランスへ
　② ポーランド回廊をポーランドへ
　③ メーメルを国際連盟管理下におく
　④ ザールは15年間国際連盟の管理下におき（炭田の所有・採掘権はフランスに帰属），その後人民投票で帰属を決める
　⑤ ダンツィヒは自由都市として国際連盟管理下におく
　⑥ オーストリアとの合併を禁止する　など
(3) 軍備制限（陸軍10万，海軍1万5,000），徴兵制禁止，空軍・潜水艦保有禁止，ラインラント非武装化（左岸を15年間連合国が占領，右岸50kmを非武装化）
(4) 賠償金支払い（額はのちのロンドン会議で1,320億金マルクに）
(5) 戦争犯罪人としてヴィルヘルム2世の裁判

❓ サブ・サブクエスチョン
この条約をドイツはどのように受け止めただろうか。

Ⓒ 国際連盟の設立

設立時,42か国
1934年,58か国
本部　ジュネーヴ

① 提唱者：ウィルソン（米）　② 目的：勢力均衡論から集団安全保障による平和維持へ　③ 評決方法：全会一致主義　④ 制裁措置：経済的制裁中心　⑤ 問題点：意志決定困難。大国の不参加や脱退で実行力に限界。制裁措置不十分

❓ サブ・サブクエスチョン
「大国」とされる国で常任理事国でない国はどこだろうか。

Ⓓ アメリカの不参加

「ウィリアム＝ボーラの国際連盟加盟反対演説」(1919年11月19日)
　本条約は，わが共和国の基盤であり，まさに第一の原理と私が考えるものを危険ならしめます。それは，わが国の人民が，外国による法的ないしは道義的ないかなる制約もなしに，みずからを統治する権利と衝突いたします。……われわれは本条約は平和をもたらすと聞かされております。たとえそうであっても，私には代価を支払うつもりはありません。＜議長＞閣下はわが国の独立のいかなる部分を代償として平和を購おうとされるのか。

❓ サブ・サブクエスチョン
ボーラ議員は，アメリカ合衆国の基盤になる原理をどのようなものととらえているだろうか。

解説　ボーラは共和党の上院議員であり，ヴェルサイユ条約と国際連盟に強く反対した人物として知られる。この演説が，上院での批准拒否に大きな影響を与えた。

Ⓔ 国際連盟加盟国 (1920年)

原加盟国(1920年)　委任統治領(1920年)　非加盟国
1920年以降の加盟国　加盟国の非独立地域

THE GAP IN THE BRIDGE.

←⑧「橋の欠陥」
解説　1919年12月にイギリスで発表された風刺画。アーチ形の橋の要石が抜けており左側の看板には「この国際連盟橋はアメリカ大統領によって設計された」と書かれている。

❓ サブ・サブクエスチョン
アメリカと国際連盟との関わりはどのように描かれているだろうか。

まとめ　サライェヴォの銃声はヨーロッパ列強の対立と連動して戦争になったのみならず，人類が初めて経験した世界大戦となった。列強の同盟国，自治領，植民地も戦いに動員され，人的物的資源を戦争に差し出すこととなった。その結果，戦後植民地の自治や独立を求める運動が活発化した。また，世界大戦の反省から，従来の勢力均衡から国際組織による集団安全保障での平和維持がめざされたが，2度目の世界大戦を防ぐには至らなかった。

総力戦と第一次世界大戦後の国際協調体制

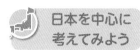
日本を中心に
考えてみよう

日本から遠くて近い「欧州大戦」

C 国際秩序の変化や大衆化と私たち

（2）第一次世界大戦と大衆社会

❓ メイン・クエスチョン

日本は参戦によって，他国とどのような関係を築きたかったのだろうか。また，日本が参戦した目的は何だったのだろうか。

🔑 キーワード

二十一カ条の要求，シベリア出兵，大戦景気，民族運動，協調外交

① 日本の対独参戦

❓ サブ・クエスチョン

Ⓐ 政治家の提言　日本が参戦した理由は何だろうか。

加藤高明外相の提言　1914（大正3）年8月9日

日本は今日同盟条約（＝日英同盟協約）の義務に依って参戦せねばならぬ立場には居ない。条文の規定が日本の参戦を命令するやうな事態は今日の所では未だ発生しては居ない。たゞ一は英国からの依頼に基く同盟の情誼（＝義理）と，一は帝国が此機会に独逸の根拠地を東洋から一掃して，国際上に一段と地位を高めるの利益と，この二点から参戦を断行するのが機宜の良策と信ずる。　（『加藤高明』）

［解説］ アジアでは，ドイツ租借地である中国の膠州湾・青島が攻撃の対象となった。日本は1914（大正3）年9月から攻撃を開始し，11月にドイツ軍は降伏した。ドイツが南太平洋に領有していた島々も，日本・オーストラリア・ニュージーランドが占領した。

Ⓒ 中国への二十一カ条の要求に対する反応

❓ サブ・サブクエスチョン

日本は，なぜ二十一カ条の要求を突きつけたのだろうか。

二十一カ条の要求　（1915（大正4）年1月18日提出）

第一号　第一条　中国政府は，ドイツが山東省に関して条約その他によって中国に対して現在持っているすべての権利，利益，譲与などの処分について，日本国政府がドイツ国政府と協定する一切のことがらを承認することを約束する。

第二号　第一条　日中両国は旅順，大連の租借期限，並びに南満洲鉄道と安奉鉄道の租借期限をそれぞれさらに九十九年ずつ延長することを約束する。

第五号　一，中国の中央政府に政治・財政・軍事の顧問として，有力な日本人を招いて雇い入れること。

（『日本外交年表竝主要文書』を現代語訳）

［解説］ 1915（大正4）年，第二次大隈内閣が袁世凱政府に利権拡大を要求し，第1～4号と第5号の一部を承認させた。要求を受諾した5月9日は，中国国民によって国恥記念日とされ，排日運動が強まった。

❓ サブ・サブクエスチョン

真のねらいは何だろうか。第一次世界大戦で日本が攻撃した地域を地図で確認しながら，考えてみよう。

Ⓑ 関連地図 ― 日本が攻撃した地域 ―

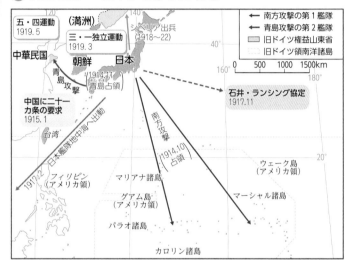

主な内容と中国の反応

➡ ❶戦場（弾薬庫）の中国人労働者
戦後の講和の過程で中国が発言権を得るため，1916年から労働者をヨーロッパに送り出し，フランス・イギリス軍を援助した。その数は14万人に及んだ。

日本国内での批判的な意見

「禍根をのこす外交政策」（1915（大正4）年5月5日号「社説」）

吾輩は我が政府当局ならびに国民の外交に処する態度行動を見て憂慮に堪えないものがある。その一は，露骨なる領土侵略政策の敢行，その二は，軽薄なる挙国一致論である。この二者は世界を挙げて我が敵となるものであって，その結果は，帝国百年の禍根を残すものといわねばならぬ。　（『石橋湛山評論集』）

［解説］ 石橋湛山は帝国主義政策による獲得物の放棄，軍備の撤廃（小国主義）を主張したが，日本政府の方針を変えることはできなかった。1917（大正6）年，石井菊次郎特派大使とランシング国務長官が交渉し，アメリカは中国における日本の「特殊権益」を認め，日本はアメリカの主張（中国の「門戸開放」）を承認した。

D ドイツ兵捕虜の生活

↑❷陸戦ノ法規慣例ニ関スル条約および同規則

解説 ヨーロッパでの戦闘が長期化したため，4700名余りのドイツ兵捕虜は，5年近くの間，日本各地の俘虜収容所に収容された。日本は捕虜をハーグ陸戦条約(1907年改定)にのっとって取り扱った。

？ サブ・サブクエスチョン

日本がハーグ陸戦条約に批准していたことは，捕虜の取り扱いにどのように影響しただろうか。また，日本が捕虜を条約にしたがって扱うことで，欧米は日本にどのような印象を抱くだろうか。

エーリッヒ=カウルの日記(習志野俘虜収容所)

収容所での生活
・弦楽音楽会が行われた。ピアノ1台と自作も混じるバイオリン何本かの演奏。
・復活祭だ！　合唱の演奏会。故郷にいるかのように感じた。
・トゥルネン(ドイツの体操)の練習。開催したのは当地で結成されたトゥルネン協会。

スペインかぜ
・収容所でインフルエンザが大流行。およそ650名の兵士が床についている。
・兵舎1棟がまるごと病院として整備された。そこへ130名の重症患者が収容された。

(『東京新聞』の記事から抜粋)

↑❸レンガづくりのパン竈と働く捕虜(板東俘虜収容所)　この他，捕虜が経営する菓子工房にも竈が築かれ，パンや菓子を製造していた。板東捕虜収容所では，作業には「労役」として賃金を支払い，捕虜による物販も認めていた。

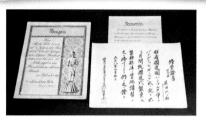

↑❹地元の日本人が捕虜から製菓・製パンの講習を受けた修了証　左は菓子工房から，右上は製パン所から，右下は所長松江豊壽から出されたもの。松江はドイツ兵捕虜を人道的に取り扱った人物として知られている。

② シベリア出兵 ―7年間に及ぶ派兵―

A 共同出兵した主な国々の派兵人数・撤兵が完了した年

	派兵人数（1918年秋）(人)	撤兵が完了した年（年）
日本	7万2,400	1922　※1925（樺太）
アメリカ	9,000	1920
イギリス	7,000	1919
フランス	1,300	1919

(『シベリア出兵』麻田雅文などを参考に作成)

B 日本の戦病死者数

第一次世界大戦（人）	1,300
シベリア出兵（尼港事件の民間人被害者を除く）(人)	3,333

(『靖国神社忠魂史』などを参考に作成)

？ サブ・クエスチョン

ロシア革命に対する干渉戦争に，日本はどのように関わったのだろうか。

？ サブ・サブクエスチョン

日本の派兵人数や撤兵完了の時期には，どのような特徴があるだろうか。

解説 ロシア革命の翌1918(大正7)年，日米英仏らは革命に干渉するために，出兵した。各国が撤兵した後も日本は派兵を続け，1920年には，黒龍江河口のニコライエフスク(尼港)でロシアの抗日パルチザン(労働者・農民のゲリラ部隊)により多くの死傷者を出し，捕虜や民間人も殺害された。この尼港事件を契機に，原敬内閣は北樺太(北サハリン)に出兵し占領した。1925年5月，日ソ基本条約の取り決めにより撤兵する際の交換条件は，北樺太の石油利権であった。

③ 「大戦景気」の発生

産業別総生産額の変化

1914(大正3)年 総生産額 30.7億円	農業 45.4% ／ 水産業 5.1 ／ 鉱業 5.1 ／ 工業 44.4（軽工業 30.6 ／ 重化学工業 12.5 ／ その他 1.3）
1919(大正8)年 総生産額 118.7億円	35.1% ／ 56.8 ／ 1.1 ／ 37.4 ／ 18.3 ／ 4.3 ／ 3.8

(『日本資本主義発達史年表』などを参考に作成)

A 農業国から工業国へ

？ サブ・クエスチョン

「大戦景気」によって，日本の社会や人々の生活にどのような変化があったのだろうか。

解説 1914(大正3)年に11億円の債務国から，1920(大正9)年には27億円以上の債権国となった。1919(大正8)年には工業生産額が農業生産額を超え，アジア最大の工業国となった。1915(大正4)年，福島県・猪苗代水力発電所～東京・田端変電所間の長距離送電が開始され，水力発電の発展は工業化を支えた。

←❺戦争成金(和田邦坊筆)　短期間に富豪になる人を，将棋の駒にたとえて「成金」と呼んだ。「百円札」は今の20～30万円の価値。船成金や鉄成金の多くは，戦後恐慌で没落した。

(『漫画明治大正史』画像提供：灸まん美術館)

④ ヴェルサイユ体制と朝鮮・中国の民族運動

サブ・クエスチョン

❓ サブ・クエスチョン

パリ講和会議の最中に，朝鮮や中国で民族運動が起こったのはなぜだろうか。

Ⓐ 日本の支配に対する民族運動

三・一独立運動の発生（朝鮮）

（『アジア歴史地図』などによる）

【解説】 1919（大正8）年3月1日，「民族自決」の原則にもとづく独立を求めた朝鮮の学生や民衆は，パゴダ公園（現・タプコル公園）で独立宣言を読み上げ，「独立万歳」と叫びソウル市内でデモ行進を行った。朝鮮全土に広がった運動を，朝鮮総督府は軍隊を動員して鎮圧し，膨大な死傷者を出した。独立運動に共感した数少ない日本人に，柳宗悦，吉野作造，石橋湛山らがいる。

←❻三・一独立運動を記念するパゴダ公園（現・タプコル公園）のレリーフの1枚 中央の人物は独立運動に参加した15歳の女子学生・柳寛順。日本の憲兵隊が発砲している。

↑❼逮捕された柳寛順 投獄中に死亡した。

五・四運動の発生（中国）

❓ サブ・サブクエスチョン

旗・横断幕には，どのような文字が書かれているだろうか。それらの文字から，学生たちがどのような要求を掲げていたことが分かるだろうか。

←❽五・四運動の絵　梁玉龍作（北京中国国家博物館）

【解説】 パリ講和会議で二十一カ条の要求撤廃が却下されたため，デモ行進や日貨排斥（日本商品ボイコット）などの愛国運動が広まった。中国はヴェルサイユ条約への調印を拒否した。アメリカの国務長官ランシングの日記（1918年12月30日）には，「この宣言（ウィルソンの十四カ条）はダイナマイトを積んでいる。決して実現されない希望を呼び起こす」，と事態を予見するような記述がある。

Ⓑ ヴェルサイユ条約で日本が獲得した権益

日本の委任統治領

【解説】 日本は山東省の旧ドイツ権益を継承したほか，赤道以北のドイツ領南洋諸島が日本の委任統治領となった。国際連盟規約による「委任統治」として，植民地支配は継続されていった。

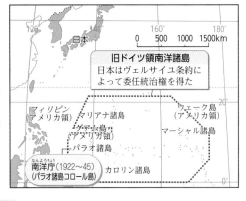

旧ドイツ領南洋諸島 日本はヴェルサイユ条約によって委任統治権を得た

拡大する日本の支配地域

↑❾絵はがき「第1回国勢調査記念」1920年10月1日

❓ サブ・サブクエスチョン

日本地図の周囲の人物はそれぞれどの民族を表しているだろうか。日本の統治は，この絵のようになごやかに受容されていたといえるだろうか。

⑤ ワシントン体制と協調外交

❓ サブ・クエスチョン

アメリカの台頭とワシントン体制は，日本にどのような影響を与えたのだろうか。

Ⓐ ワシントン会議で締結された国際条約

条約名	参加国	日本全権	内容・関連事項
四ヵ国条約 (1921.12)	米・英・日・仏	加藤友三郎 幣原喜重郎 徳川家達	太平洋の平和について。日英同盟協約終了。
九ヵ国条約 (1922.2)	米・英・日・仏・伊・ベルギー・葡・蘭・中		中国問題に関する条約。石井・ランシング協定廃棄。
ワシントン海軍軍縮条約 (1922.2)	米・英・日・仏・伊		主力艦・航空母艦の保有量の制限。5大国の間で主力艦の保有比率を，英米5：日3：仏伊1.67と規定し，10年間建造を禁止。
山東懸案解決条約 (1922.2)	日・中	加藤友三郎 幣原喜重郎	日本が二十一ヵ条の要求によって獲得した山東半島の旧ドイツ権益を中国へ返還。　※英・米が仲介

Ⓑ 日本の軍縮（陸軍）

山梨軍縮	1922.6	各連隊の中隊を廃止し，経費を削減。装備近代化は関東大震災で頓挫。
宇垣軍縮	1925.5	4個師団を削減した経費で，戦車・航空機・自動車など，装備を近代化。失業将校対策として学校に軍事教練を導入。

コラム 関東大震災

被害統計

家屋（戸）		人員（人）	
全　壊	128,226	死　者	99,331
半　壊	126,233	負傷者	103,733
焼　失	447,128	行方不明	43,476
津波による流出	868	虐殺された朝鮮人	約6,000
計	70万余	罹災者計	約340万
被害総額	約65億円（当時の国家一般会計の4倍以上）		

（『日本生活文化史』などによる）

解説 1923（大正12）年9月1日午前11時58分，M7.9の大地震が関東地方を襲い，東京府・神奈川県下に戒厳令がしかれた。混乱下，軍隊・警察や住民らの自警団が多数の朝鮮人や中国人を殺害したほか，亀戸署内で労働運動家10人を殺害した亀戸事件，憲兵大尉・甘粕正彦が無政府主義者の大杉栄・妻の伊藤野枝・甥の橘宗一少年を殺害した甘粕事件などが起きた。社会主義弾圧は，無政府主義者・難波大助による摂政宮（昭和天皇）暗殺未遂につながった（虎の門事件）。

↓⑩武装した自警団

朝日新聞社提供

学校記録に記された流言と虐殺事件

神奈川高等女学校校長・佐藤善治郎の学校記録（抜粋のうえ現代語訳）

9月1日　横浜の被災状況
地震の当時はかなり強い西風であった。二，三分と経たないで風上の保土ケ谷方面に火の手が二つ上がった。……校舎を見巡れば外観は大体安全……避難者は五分とたたぬ中にかけつける。やがて続々と来る。十二時頃になると群れをなして来る。

9月2日　「鮮人来襲」のデマ
二日の昼頃になると避難者の一人たる某大学生がせきこんで来たり「ただいま保土ケ谷方面から鮮人約千人来襲の報知がありました。急いで防御の準備を」という。私は平然として「それは誤伝であろう。言語不通の彼らは食事にも困るであろう。来るとすれば食物を探して来るので，吾々は食を割って与えてやろうではないか」といえば彼の学生は不興に立ち去った。やがて庭に出て見れば，みな竹槍や鉄棒を携え，団体になって学校へ来る人あれば，門際に押し寄せる者数百名，怒鳴り散らして正気の沙汰でない。夜になると某学校から数百の銃剣を徴発し来たって大警戒ということになった。

9月5日　軍隊が介入するとき
戒厳令は三日に施されたが軍隊がまだ来ない。一日千秋の思いで待っていると五日の午後五六十騎神奈川台を下って来る。皆雀躍した。これまでは自警団で保護したが，その自警団にも色々ある。中には人を殺傷し，恐喝するのもあった。

（『学校時報——大震災記念号』（神奈川高等女学校学友会雑誌部発行））

解説 「朝鮮人が攻めてくる」「井戸に毒を入れた」などの根拠のない流言（デマ）が震災直後から発生した。三・一独立運動や五・四運動の発生によって，朝鮮人や中国人が日本の支配に抱いている不満が明白になっており，流言は説得力を持った。さらに，政府や警察が誤った情報を伝え警戒を呼びかけたため，流言は真実味を帯びた。

まとめ

日本が第一次世界大戦に参戦した背景と，その参戦がもたらした国内外への影響について，大戦景気など経済面もふくめて確認しよう。
中国への二十一ヵ条の要求や，シベリア出兵時の日本の姿勢を，アメリカをはじめ列強諸国はどのように受け止めたのか，考えてみよう。
また，第一次世界大戦後に朝鮮・中国で発生した大規模な民族運動と，ワシントン体制下での協調外交などと関連付けてとらえてみよう。

総力戦と第一次世界大戦後の国際協調体制

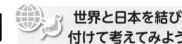
世界と日本を結び付けて考えてみよう

―ヒトもカネも注ぎこめ!! すべては，勝利のため。

❓ メイン・クエスチョン

「総力戦」とはどのような戦争だろうか。

🔑 キーワード

国際関係，世界大戦，新兵器，ジェンダー，大量殺戮，プロパガンダ，国民生活，戦争の費用，愛国心

① 第一次世界大戦の勃発

Ⓐ 大戦前の国際関係

解説 1914年6月28日，オーストリアの帝位継承者夫妻が暗殺され(サライェヴォ事件)，国際危機が高まり，空前の世界大戦がはじまった。ヨーロッパ列強の同盟関係により参戦する国が相次いだほか，それらの国の植民地も戦いに巻き込まれていった。日本はこれを中国大陸におけるドイツ権益を奪う好機ととらえ，日英同盟を根拠として参戦した。早期に終わると思われていた戦争は予想に反して長期化し，戦場だけでなく銃後の社会も戦争に動員される「総力戦」となった。社会主義革命や植民地の独立運動の活発化など，その後の世界情勢に大きな影響を与える事態も生まれた。また，アメリカ合衆国やソヴィエト=ロシアが国際政治の重要なプレーヤーとして登場することにもなった。

❓ サブ・クエスチョン

バルカン半島でおこった対立は，なぜヨーロッパから拡大して「世界」大戦になったのだろうか。

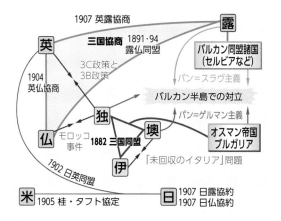

Ⓑ 第一次世界大戦中のヨーロッパ

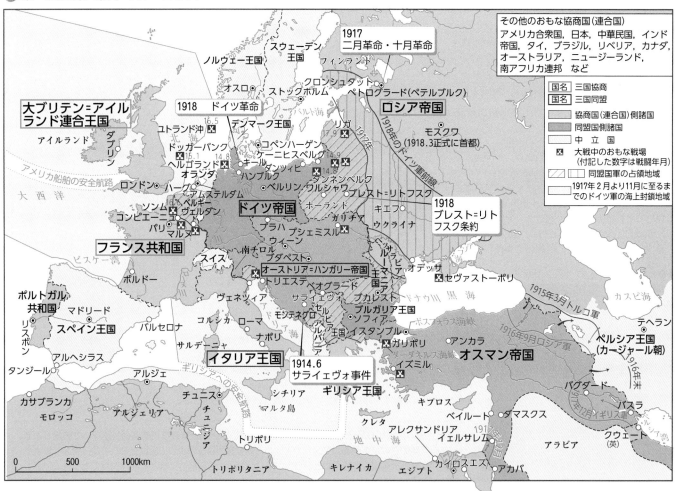

② 塹壕戦と新兵器の登場

Ⓐ 塹壕戦
ざんごう

❓ サブ・クエスチョン
新しい兵器と戦い方は，戦争の性質をどのように変えたのだろうか。

❓ サブ・サブクエスチョン
塹壕戦を戦う兵士はどんな思いでいただろうか。

←↑❶❷塹壕のようす

Ⓑ 戦車

↑❸バリケードを突破する戦車

Ⓒ 毒ガス　↓❹ジョン=シンガー=サージェント「毒ガスをあびて」(1918〜19)

Ⓓ 19世紀のおもな戦争と第一次世界大戦の死者数

戦争名	該当期間	死者数（万人）
クリミア戦争	1854~56年	48万5,000人
南北戦争	1863~65年	65万6,000人
プロイセン=フランス戦争	1870~71年	29万人
第一次世界大戦	1914~18年	900万人

0　200　400　600　800　1,000

（『近代国際経済要覧』，『第一次世界大戦㊤』による）

❓ サブ・サブクエスチョン
19世紀までの列強間の戦争よりも多くの死者が出たのはなぜだろうか。

❓ サブ・サブクエスチョン
兵士たちが互いに支え合っているのはどうしてだろうか。

←❺毒ガス攻撃の犠牲者
ドイツ軍の毒ガス攻撃によるロシア軍の犠牲者たち。不意の攻撃で防毒マスクを装着する暇もなく，100名以上の兵士が犠牲となった。埋葬のために安置されている。

Ⓒ 国際秩序の変化や大衆化と私たち

(2) 第一次世界大戦と大衆社会

③ プロパガンダによる国民の動員と統制

❓ サブ・クエスチョン
戦争は国民生活にどんな影響を与えただろうか。

Ⓐ 「女性」を用いたプロパガンダ

↑❻「イギリスの女性は「行け!」という」
去っていく男性(兵士)たちを、女性や子どもが見送っている。

➡❾イギリス陸軍の兵士募集ポスター
アイルランド人男性へ向けた、1914年のポスターである。アイルランドの女性が男性に向かって「アイルランドの栄光のために、あなたが行くか、さもなければ私が行かねばならないか」と迫っている。

↑❼「ああ! 私が男だったら!」
アメリカ海軍の兵士募集ポスター。「私が男だったら海軍に加わるのに!」という女性の姿が描かれている。

❓ サブ・サブクエスチョン
ポスターの女性はどのような立場から、誰にどんなことを訴えているのだろうか。

←❽アメリカのポスター あなたが初めてアメリカの自由に感動したときのことを思い出そう、と移民してきた人々の愛国心を刺激した。

↑❿ドイツのポスター このポスターには、戦場で闘う男性とともに、女性も国内で一緒に闘っているというメッセージが込められている。

Ⓑ 生活の中で愛国心を示す

↑⓫イギリスのポスター 「あなたの5シリングを国に貸してください。そして、ドイツの兵士たちをやっつけましょう」と書かれている。

←⓬ジャンヌ=ダルクのポスター 「ジャンヌ=ダルクはフランスを救った。アメリカの女性は戦時貯蓄切手を買うことでアメリカを救う」と書いてある。

←⓭自由の女神を模した女性
「今、10億ドルが必要です」と、自由の女神を模した女性が電話を掛けている。戦時公債に関するアメリカのポスター。

❓ サブ・サブクエスチョン
戦争中、各国の財政状況はどう変化したのだろうか。財政悪化に関連して、政府は国民にどんな呼びかけをしただろうか。

C 戦時財政

		1914年	1915年	1916年	1917年	1918年	1914～18年
ドイツ (10億マルク)	歳　出	8.8	25.8	27.8	52.2	44.4	159.0
	歳　入	2.5	1.8	2.1	8.0	7.4	21.8
	不足分	6.3	24.0	25.7	44.2	37.0	137.2
フランス (10億フラン)	歳　出	10.4	22.1	36.8	44.7	56.6	170.6
	歳　入	4.2	4.1	4.9	6.2	6.8	26.2
	不足分	6.2	18.0	31.9	38.5	49.9	144.5
イギリス (10億ポンド)	歳　出	560	1,560	2,200	2,700	2,580	9,590
	歳　入	230	340	570	710	890	2,730
	不足分	330	1,220	1,630	1,990	1,690	6,860

←⑭戦時貯蓄切手の購入を促すアメリカのポスター
「独裁政治と貧困から子どもたちを救うために，戦時貯蓄切手を購入しよう」とある。戦争で勝つことが子どもたちを救うことにもなる，という訴えかけである。子どもがまたがっているのは自由の女神の腕である。

D 「男性」を用いたプロパガンダ

↑⑮「栄養充分な兵士が戦争に勝利する」
「我々はあなたを守っている。あなたは食料を節約せよ」とよびかけるカナダのポスター。

↑⑯「我々はこの戦争を戦い抜く！」
ドイツのプロパガンダ絵葉書。下部に示された国旗柄はドイツ・オーストリア＝ハンガリー・ブルガリア・オスマン帝国を示している。

❓ サブ・サブクエスチョン

ポスターの男性はどのような立場から，誰にどのようなことを訴えているだろうか。

❓ サブ・サブクエスチョン

大戦は，女性の労働にどのような影響を与えたのだろうか。

E 女性の労働

↑⑰⑱⑲⑳軍需関連工場をはじめ，戦前は男性のものとされた職場で働く女性たち

❓ サブ・サブクエスチョン

ウィルビー氏は，婚約者にどのようなことを求めているだろうか。婚約者はこの手紙を読んでどのように感じたか想像してみよう。

T.G.Fウィルビーが婚約者にあてた手紙

　愛しい人よ，君には仕事の時にズボンをはいてほしくない。僕はそういう格好にうんざりしている。君は決してそんなものを身につけないだろうが，もしズボンをはいているのならば，ぼくにはそんな姿を見せてほしくないし，僕と会う前に脱いでほしい。（中略）君が何をしようが，女性らしさを失ってほしくない。僕は君がかよわい女性だからこそ君を愛している。僕が君に軍需工場の仕事から身を引いてほしいと思っている唯一の理由は，粗野で男みたいな気質が育てられるかもしれないと思っているからだ。（『戦う女，戦えない女』）

まとめ

「ヨーロッパの火薬庫」とよばれたバルカン半島での対立は，列強とその植民地を巻き込み，人類初の世界大戦・総力戦となった。「総力戦」は従来の戦争とはまったく違った形態の戦争となった。大量殺戮兵器の登場は，それを生み出す生産力の戦いも招いた。国家の持つすべての資源を戦争につぎ込む中で，国民生活への介入もおこなわれた。その一方で，戦場に出た男性に代わっての女性の社会進出も広がった。

大衆社会の形成と社会運動の広がり

人々，民衆，庶民，群衆…「大衆」って，どんな人たち？

❓ メイン・クエスチョン

大衆社会は，いつ頃どのような背景の中で成立したのだろうか。

🔑 キーワード

大衆社会，選挙権拡大，教育の普及，都市化，大量消費社会，娯楽，マスメディア

① 歴史の表舞台に「大衆」が登場

❓ サブ・クエスチョン

大衆の行動が歴史を変えていった出来事には，どのようなものがあるだろうか。

➡️ ❶1918年の名古屋（桜井清香筆『米騒動絵巻 二巻（栄町伊藤屋前2）』 富山県でおこった米騒動は，またたく間に全国に広がった。この絵は，名古屋駅近くで民衆と憲兵がにらみあっているようすで，この騒動をスケッチした稿本をもとに作成されたもの。

徳川美術館所蔵©徳川美術館イメージアーカイブ/DNPartcom

❓ サブ・サブクエスチョン

絵の左側に描かれた人々は，どのようなことを求めているのだろうか。

❓ サブ・サブクエスチョン

なぜ人気俳優が戦費調達を訴えているのだろうか。

⬅️ ❷1918年のアメリカ合衆国 人気映画俳優が第一次世界大戦の戦費調達のため，戦時公債の購買を呼びかけている。ウォール街が人であふれている。

② 大衆社会成立の背景

❓ サブ・クエスチョン

大衆が登場した背景は何だろうか。第一次世界大戦前後の社会の変化などに着目し，グラフなども参考に考察してみよう。

🅐 選挙権の拡大

イギリスと日本の選挙権の拡大・有権者の割合

イギリス			日本		
年	選挙権の拡大	有権者の割合	年	選挙権の拡大	有権者の割合
1832	中産市民層	4.6%			
1867	工場労働者，中小商工業者	9%	1889	15円以上の納税，25歳以上の男子	1.1%
1884	農業・鉱業労働者	16%	1900	10円以上の納税，25歳以上の男子	2.2%
1918	21歳以上の男，30歳以上の女	50%	1919	3円以上の納税，25歳以上の男子	5.5%
1928	21歳以上の男女	63%	1925	25歳以上の男子	19.8%

❓ サブ・サブクエスチョン

選挙権は，それぞれの国でどのように拡大していったのだろうか。

（『平凡社大百科事典8』，『新版日本長期統計総覧1』より作成）

日本の有権者数と投票者数の推移

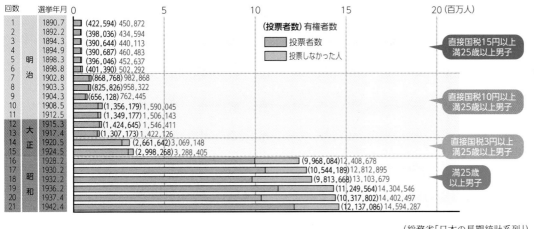

回数		選挙年月	(投票者数) 有権者数
1	明治	1890.7	(422,594) 450,872
2		1892.2	(398,036) 434,594
3		1894.3	(390,644) 440,113
4		1894.9	(390,687) 460,483
5		1898.3	(396,046) 452,637
6		1898.8	(401,390) 502,292
7		1902.8	(868,768) 982,868
8		1903.3	(825,826) 958,322
9		1904.3	(656,128) 762,445
10		1908.5	(1,356,179) 1,590,045
11		1912.5	(1,349,177) 1,506,143
12	大正	1915.3	(1,424,645) 1,546,411
13		1917.4	(1,307,173) 1,422,126
14		1920.5	(2,661,642) 3,069,148
15		1924.5	(2,998,268) 3,288,405
16	昭和	1928.2	(9,968,084) 12,408,678
17		1930.2	(10,544,189) 12,812,895
18		1932.2	(9,813,668) 13,103,679
19		1936.2	(11,249,564) 14,304,546
20		1937.4	(10,317,802) 14,402,497
21		1942.4	(12,137,086) 14,594,287

凡例: (投票者数) 有権者数　■ 投票者数　□ 投票しなかった人

注記:
- 直接国税15円以上 満25歳以上男子
- 直接国税10円以上 満25歳以上男子
- 直接国税3円以上 満25歳以上男子
- 満25歳以上男子

（総務省「日本の長期統計系列」）

B 教育の普及

義務教育の就学率

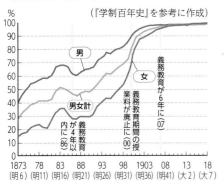

（『学制百年史』を参考に作成）

（グラフ内ラベル: 男、女、男女計、義務教育が6年に（07）、義務教育期間の授業料が廃止に（00）、内が義務教育4年以上（86）、%、1873（明6）78（明11）83（明16）88（明21）93（明26）98（明31）1903（明36）08（明41）13（大2）18（大7））

C 都市化の進行

　社会を埋め尽くすものは大衆である。大衆は左翼の専売ではない。そして、大衆社会とか大衆文化、大衆文学というふうに、つまり現在われわれが使うように「大衆」という言葉が使われだしたのは、関東大震災前後からなのである。それ以前に、このような意味での「大衆」という言葉は存在しなかった。

（『日本の近代4「国際化」の中の帝国日本』）

東京市人口の推移

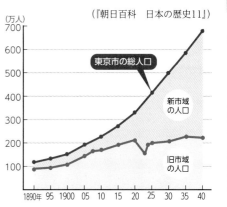

（『朝日百科　日本の歴史11』）

（グラフ内ラベル: 東京市の総人口、新市域の人口、旧市域の人口、（万人）、700 600 500 400 300 200 100、1890年 95 1900 05 10 15 20 25 30 35 40）

D 社会運動の活発化

労働争議・小作争議の件数

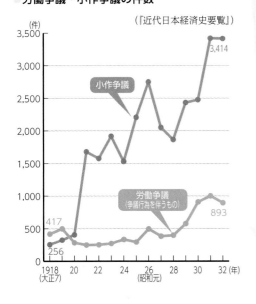

（『近代日本経済史要覧』）

（グラフ内ラベル: （件）、3,500 3,000 2,500 2,000 1,500 1,000 500 0、小作争議、3,414、417、労働争議（争議行為を伴うもの）、256、893、1918（大正7）20 22 24 26（昭和元）28 30 32（年））

社会思想家 高畠素之に関する回想

　マッス（Mass）という言葉には、ひとつの大集団として見た国民の大多数、少数特権者に対する大多数民という意味がある。それには勿論、工場労働者、農民も、小商人も、安月給取りも一時的に含まれる。西洋人の社会主義の書物にはよくこの意味でマッスという言葉が使用される。然るに日本では、これにあたる適当な言葉が従来使用されていない。平民、民衆、労働者、下層階級、労働階級、等々の語はあっても、何れも適切にマッスの意味に当て嵌らない。そこで高畠さんは、かなり長い間色々と考えた末、遂に古書などに見える「大衆」という言葉を採用するに至ったのである。

（「『大衆』主義」『急進』1929年6月号）

③ 大量生産・大量消費がもたらしたもの

C 国際秩序の変化や大衆化と私たち

(2) 第一次世界大戦と大衆社会

車の販売台数・登録台数と所有比率

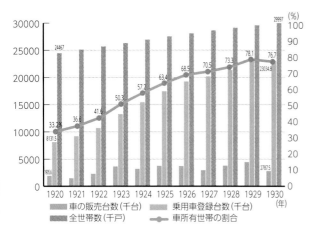

(『世界史リブレット48　大衆消費社会の登場』を参考に作成)

↑❸1920年代の
アメリカ

❓ サブ・サブクエスチョン

アメリカの1920年代は，どのような時代だったのだろうか。

↑❺イギリスの電気掃除機の広告

チャールストンを踊る男女　1920年代のアメリカを象徴する写真。

↑❹チャールストンを踊る男女　1920年代のアメリカを象徴する写真。

❓ サブ・サブクエスチョン

電化製品の利用は，家事労働に関わる
時間をどう変化させただろうか。

❓ サブ・サブクエスチョン

ゆとりの時間は，どんな風に
活用されただろうか。

↑❻日本の電気釜(大正12年)

←❼日本の
電気洗濯機
(昭和初期)

➡❽日本の
電気冷蔵庫
(昭和初期)

毎日新聞社提供

↑❾ラッパ付きラジオを聞く人たち

④ 大衆文化

↑⑩ハリウッドの映画スター達のポスター

↑⑪『キング』創刊号（1924年11月）

↑⑫『少年倶楽部』創刊号（1914年11月）

↑⑬『モダン都市東京』（1924年9月）

〔解説〕 『キング』は大衆雑誌であり，『少年倶楽部』は当時の中学生向け雑誌である。

余暇の過ごし方（1923年大阪の研究）

男工（20〜30才）		女工（20〜30）		男工（30〜40）		俸給生活者		商人		中学男子生徒		女学校生徒	
散歩	192	洗濯	94	散歩	175	散歩	175	散歩	69	勉学	406	勉学	221
活動（映画）	64	家事手伝	70	家事手伝	120	読書	77	社寺参拝	23	散歩	221	散歩	199
家事手伝	64	裁縫編物	60	社寺参拝	45	訪問	57	旅行	23	読書	148	花見	136
旅行	53	芝居	24	活動（映画）	33	旅行	50	家事手伝	20	遠足	144	遊戯	127
読書	52	花見	14	子守	33	遠足	41	休息	13	旅行	135	読書	107
芝居	45	旅行	13	遠足	30	家事手伝	27	遠足	11	登山	76	登山	80
登山	43	生花	13	芝居	28	登山	18	花見	9	野球	62	裁縫編物	77
遠足	39	活動（映画）	9	訪問	25	勉学	14	訪問	9	家事手伝	53	遠足	56
訪問	22	見物	9	花見	25	庭球	14	競技	7	花見	45	洗濯	50
野球	22	読書	9	読書	23	芝居	14	読書	7	訪問	44	訪問	47
職	16	休息	6			釣魚	11			テニス	37	トランプ	41
調査人数	719		181		606		98		305		1342		1223
回答総数	819		403		723		189		227		1684		1731

（『20世紀の歴史9　大衆文化　上』）

↑⑭⑮宝塚少女歌劇（1914年第1回公演「ドンブラコ」）（上）と「モンパリ」ポスター（下）「モンパリ」は1927年に公演され，好評を博した。

年	ラジオ・テレビに関する主な出来事
1895	マルコーニが無線電信を実用化
1912	タイタニック号事件…無線の重要性認識
1920	アメリカで世界最初のラジオ放送開始
1923	関東大震災…ラジオの重要性認識
1925	日本で最初のラジオ放送開始
1930	アメリカでテレビ電話実験開始
1934	アメリカでラジオ世帯普及率65％超
1935	イギリス・ドイツでテレビ定時放送開始
1941	アメリカでテレビ放送開始
1953	日本テレビ，NHK，テレビ放送開始

（『21世紀メディア論』を参考に作成）

 まとめ 第一次世界大戦前後の社会の変化に着目し，日本と世界の動向を見据えて，大衆社会が形成されていく様子を概観する。その際，参政権の拡大や経済の発達による大量生産・大量消費社会の成立や都市化，教育の普及，マスメディアの発達などを考慮して，大衆社会がどのような背景のもとで成立したかを多面的に考察できるようにする。

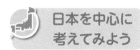
C 国際秩序の変化や大衆化と私たち

(2) 第一次世界大戦と大衆社会

怒り爆発!! 荒ぶる大衆

? メイン・クエスチョン

人々が暴動に訴えるようになった背景には何があったのか，探ってみよう。また，米騒動はアジアとどのようにつながったのだろう。

? キーワード

大衆，都市暴動，国家権力，資本主義経済，帝国主義，グローバル化

① 日比谷焼打ち事件

? サブ・クエスチョン

何に対する人々の怒りが，日比谷焼打ち事件を引き起こしたのだろうか。

←❶日比谷焼打ち事件(『東京騒擾画報』)1905(明治38)年9月5日，講和条約破棄を求めて行われた国民大会がきっかけとなり起こった日比谷焼打ち事件の様子を描いたものである。左の絵は日比谷公園門前での投石のようす，右は路面電車破壊のようす。

Ⓐ 事件被告人の階層

解説 右の表は，暴動参加者のうち逮捕されて被告となった274名の職業を表にしたものである。彼らの約65%が16〜25歳だった。

職業	人数
商人	29
小営業者	15
工場労働者	40
運輸労働者	10
職人	70
事務員	10
車夫	13
人夫日雇	27
商店の雇人	22
学生	8
農民	5
漁師	1
その他	4
無職	20
合計	274

? サブ・サブクエスチョン

どんな人たちが暴動に参加しているのだろう。絵や表から読み取ってみよう。

? サブ・サブクエスチョン

なぜ，これらの施設が襲撃されたのか，その理由を考えてみよう。

Ⓑ 日比谷焼打ち事件で襲撃された主な施設

襲撃された施設	備考
国民新聞社	講和条約の内容を批判しなかった新聞社。
内務大臣官邸	警察や地方行政など国内行政の大半を管轄する機関。日比谷公園正門を出た大通り沿いに位置していた。
警察署・派出所	東京市内警察署2か所，分署9か所，派出所258か所が襲撃された(東京市内の派出所の約7割が焼失)。
外務省	小村寿太郎外務大臣が日本全権として講和会議に出席。
ニコライ堂	ロシア人司祭ニコライの名を取った日本正教会施設。
桂太郎私邸	桂太郎は日露戦争当時の総理大臣。
米国公使館	アメリカのポーツマスで講和会議が開かれた。
路面電車	東京市街鉄道会社の車両15台が放火された。

(『都市と暴動の民衆史』を参考に作成)

Ⓒ 日露戦争の戦費調達

臨時軍事費　17億4,600万円

外債 6億9,000万円	内債 6億2,400万円	その他

(『近代日本経済史要覧』による)

解説 外債募集には高橋是清の活躍もあった。ロシアでも血の日曜日事件を機に革命が活発化し，日本海海戦後，ローズヴェルト米大統領の講和仲介が本格化した。また，非常特別税(地租や所得税)も戦費となった。

? サブ・サブクエスチョン

戦費の多くを占めているものは何だろう。

Ⓓ 日清・日露戦争比較

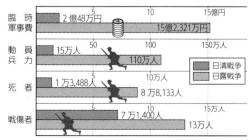

	日清戦争	日露戦争
臨時軍事費	2億48万円	15億2,321万円
動員兵力	15万人	110万人
死者	1万3,488人	8万8,133人
戦傷者	7万1,400人	13万人

(『日本歴史大辞典』などより作成)

② 米騒動

? サブ・クエスチョン

次の資料を総合して，この事件が起こった理由を改めて説明してみよう。

徳川美術館所蔵©徳川美術館イメージアーカイブ/DNPartcom

←❷1918年の名古屋の米騒動(桜井清香筆『米騒動絵巻 二巻(泥江橋付近カブトビール前)』) シベリア出兵を契機に7月に富山県で発生した米騒動は，新聞報道がきっかけとなって一気に全国化した。8月には大阪や神戸，東京，さらには東北，北九州などでも暴動が発生し，各地で軍隊と衝突し，死傷者が出た。

? サブ・サブクエスチョン

「名古屋の米騒動」の絵を見て，何が描かれているのか読み取ろう。

Ⓐ 東京市米騒動被告人の階層分布

職業	人数
商人	14
小営業者	7
工場労働者	57
運輸労働者	3
職人	66
事務員	15
車夫	6
人夫日雇	27
商店の雇人	43
学生	8
農民	0
漁師	0
その他	15
無職	9
合計	270

解説 米騒動の被告人の年齢分布は日比谷焼打ち事件同様に16～25歳が全体の64%を占めていた。

? サブ・サブクエスチョン

どんな人が米騒動に参加しているのだろうか。

? サブ・サブクエスチョン

なぜ，これらの施設が襲撃されたのだろうか。

(Ⓐ，Ⓑの表は，『都市と暴動の民衆史』を参考に作成)

Ⓑ 東京市米騒動の襲撃対象

月日	襲撃対象
8月13日	警官，タクシー会社，製薬工場，飲食店，紙商，洗濯屋，米商，電車，自動車
8月14日	警官，警察署，派出所，警察官練習所，公証人役場，郵便局，配電所，銀行，保険会社，タクシー会社，紡績会社，通運会社，その他会社，製缶業，飲食店，呉服店，自動車店，その他商店，湯屋，米商，自動車，人家，電車，酒屋，遊郭
8月15日	警官，軍隊，憲兵，派出所，飲食店，芝居小屋，時計店，博物館，呉服店，電機会社出張所，自動車店，洋品店，氷屋，牛肉店，その他商店，電車，自動車，劇場，農商務省，逓信省，自動車学校，浪花節常設館，映画館，吉原非常門，遊郭，米商
8月16日	警官，派出所，軍隊，飲食店，写真店，電車，紙商

解説 暴動参加者たちは，大通りにある近代的な建造物を「大将になったような気に」なって破壊したり，「金のあるのを自慢して，自動車なんか乗り回して，馬鹿野郎どもが……」と悪態をつきながら自動車を破壊していったりしたのである。

Ⓒ 物価指数・賃金指数

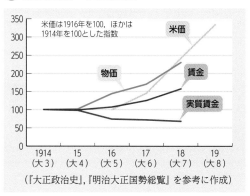

米価は1916年を100，ほかは1914年を100とした指数

米価／物価／賃金／実質賃金

| | 1914 (大3) | 15 (大4) | 16 (大5) | 17 (大6) | 18 (大7) | 19 (大8) |

(『大正政治史』，『明治大正国勢総覧』を参考に作成)

Ⓓ 米騒動の発生と推移

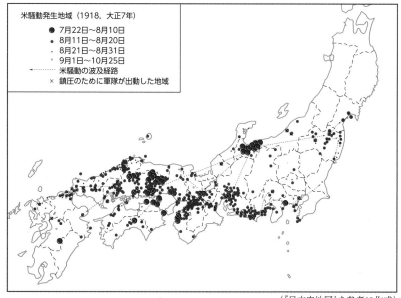

米騒動発生地域 (1918, 大正7年)
● 7月22日～8月10日
● 8月11日～8月20日
・ 8月21日～8月31日
・ 9月1日～10月25日
← 米騒動の波及経路
× 鎮圧のために軍隊が出動した地域

(『日本史地図』を参考に作成)

③ 第一次世界大戦前後の都市暴動

Ⓐ 東京における都市暴動の全体像

年月	暴動事件	襲撃対象
1905年9月	日比谷焼打ち事件	警官，新聞社，内相官邸，派出所，教会，電車など
1906年3月	電車賃上げ反対	電車，電車会社事務所など
1906年9月	電車賃上げ反対	電車
1908年2月	増税反対	電車
1913年2月	憲政擁護(大正政変)	議員，警官，新聞社，派出所
1914年2月	シーメンス事件	議員，新聞社，電車，派出所
1918年2月	普通選挙要求	警官と衝突
1918年8月	米騒動	商店・飲食店，電車，自動車，米商，吉原遊郭など

(「都市と暴動の民衆史」を参考に作成)

> **❓ サブ・クエスチョン**
>
> 日比谷焼打ち事件から米騒動に至る暴動に参加した人々は，何に対して怒っていたのだろうか。今まで考察してきたことと，左の表を参考にして考えてみよう。

解説 日比谷焼打ち事件から米騒動までの13年間で，左に示したような暴動が起こった。また，暴動には至らなかったものの，小競り合いも発生したといわれている。

④ 日本から世界へ ── 米騒動 その後

Ⓐ 米騒動 政府の対応

←❸寺内正毅(第18代内閣総理大臣)(左)
←❹原敬(第19代内閣総理大臣)(右)

解説 1917年から1918年にかけて不作が続き米価が大きく高騰したため，寺内正毅は外米輸入の促進をおこなった。続く原敬も「外米を有らゆる手段にて取寄すべく」(『原敬日記』)とあるように，輸入促進に向けて関税免除，政府主導で外米買い付け・輸入を積極化したのである。

> **❓ サブ・クエスチョン**
>
> 日本の米騒動が東・東南アジアへどのような影響を与えたのだろうか。

Ⓑ 日本の米穀需給

(1,000トン)

年度	前年度から繰越量	前年生産量	移入量		輸入量				総供給量
			朝鮮	台湾	英印	仏印	タイ	合計	
1910		7,866	42	112	23	53	39	134	8,129
1911		6,995	55	106	88	129	38	279	7,435
1912		7,757	37	98	194	92	44	302	8,193
1913		7,533	44	147	210	251	73	499	8,224
1914	449	7,539	154	122	81	156	57	371	8,634
1915	877	8,551	281	104	7	18	39	78	9,891
1916	935	8,389	200	120	0	5	38	44	9,688
1917	872	8,768	179	118	1	27	55	79	10,015
1918	671	8,185	260	171	243	391	50	549	9,837
1919	354	8,205	421	189	4	482	155	815	9,984
1920	624	9,123	248	99	1	56	7	113	10,207
1921	826	9,481	436	155	18	52	48	123	11,013
1922	1,224	8,277	470	111	115	96	213	569	10,652
1923	1,096	9,145	518	170	57	45	97	243	11,215

(注)玄米150kg=1トンとした。空欄は数値不明。

(「米騒動前後の外米輸入と産地」)

解説 表中の「英印」とはビルマ，「仏印」とは仏領インドシナを指す。なお，「移入」とは(植民地を含む)国内での貨物輸送を意味し，「輸入」とは外国からの貨物輸送を意味する。

> **❓ サブ・サブクエスチョン**
>
> 米の輸入量や移入量に着目すると，どのようなことが読み取れるだろうか。また，なぜ1914年から1917年の間，英印，仏印からの米の輸入量が減り，朝鮮からの移入量が増えているのだろうか。

> **❓ サブ・サブクエスチョン**
>
> 1918年における日本の米の生産量や移・輸入量がどのようになっているか，表から読み取ってみよう。

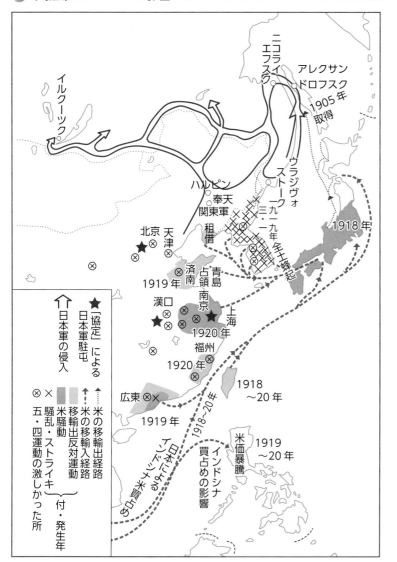

？ サブ・サブクエスチョン

①左の地図から，米騒動や移輸出反対運動が発生した地域に共通する特徴を読みとってみよう。

②米騒動が発生した地域では人々の暮らしはどのようになったと考えられるだろうか。p.111の日本の米騒動における物価・賃金指数を参考にして，考えてみよう。

③米騒動や移輸出反対運動が発生した地域では，その後どのようなことが起こったのだろうか。左の地図や下の写真を参考にして考えてみよう。

（『図説 米騒動と民主主義の発展』を参考に作成）

↑⑤朝鮮の三・一独立運動（1919年）
ソウル市内をデモ行進する女子学生。

↓⑥中国の五・四運動（1919年）

↓⑦芝公園での普選要求演説会（左は尾崎行雄）（1920年2月）

毎日新聞社提供

まとめ
明治期の日本では，日比谷焼打ち事件・米騒動など，都市における民衆の暴動が相次いだ。政府は，全国へと波及・拡大した暴動の鎮火と民衆の「怒り」の原因解決を迫られた。その後の中国や朝鮮でも，五・四運動や三・一独立運動など，民衆の暴動が起こったが，それぞれにおける「怒り」は，どのようなものだったのだろうか。日本国内と中国・朝鮮での暴動を比較し，相違点を考えてみよう。

大衆社会の形成と社会運動の広がり

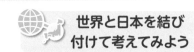
世界と日本を結び
付けて考えてみよう

繁栄の1920年代―その光と影

❓ メイン・クエスチョン

第一次世界大戦後の大衆化は，世界にどのように広がり，社会をどのように変化させたのだろうか。

🔑 キーワード

大量消費社会，広告，スポーツ，女性参政権，繁栄の1920年代

① 第一次世界大戦後の社会状況の変化―経済分野

↑❶1900年にシカゴに建てられた通信販売会社，モンゴメリー・ウォード社の本社ビル　完成当時は世界一の高層ビルだった。この会社は，1920年代にアメリカ国民の4割強を占めていた農民たちに対し，カタログに掲載された商品の販売をおこなった。

↑❷左の会社のライバルでもあった通信販売会社，シアーズ・ローバック社の1927年春夏用のカタログの表紙　1,100ページに3万5,000種の商品が掲載されていた。農村部のみならず，都市の中流階級へも客層を広げ，アメリカの大量消費社会をつくり上げる広告・宣伝の先駆けとなった。

❓ サブ・サブクエスチョン

こうしたカタログや広告を見た人は，どのような意識を持つだろうか。

❓ サブ・クエスチョン

第一次世界大戦後の社会のようすから，人々の生活がどのように変わったと考えられるだろうか。

↑❸❹❺❻1921年のモンゴメリー・ウォード社のカタログの一部

➡❽1927年に開通した地下鉄のポスター(杉浦非水『東洋唯一の地下鉄道　上野浅草間開通』)　現在の銀座線で，松屋浅草店(浅草駅)，松坂屋上野店(上野広小路駅)，日本橋三越本店(三越前駅)，日本橋高島屋店(日本橋駅)，松屋銀座本店・銀座三越店(銀座駅)とつながる買い物客の交通機関として利用された。

(東京国立近代美術館所蔵
Photo：MOMAT/DNPartcom)

↑❼老舗百貨店，高島屋の京都烏丸店前で1928年に撮影された記念写真
百貨店ではさまざまな商品が並べられ，人々の購買意欲をそそった。

❓ サブ・サブクエスチョン

百貨店誕生の背景には，どのようなことがあるのだろうか。

② 第一次世界大戦後の社会状況の変化—スポーツ分野

↑❾大リーグで活躍したベーブ゠ルース

↑❿ボクシングのヘビー級世界王者ジャック゠デンプシー

↑⓭スポーツ観戦を楽しむファンたちのようす
それをラジオが実況放送し、新聞でも多くの人々が熱狂する記事を書きたてた。

? サブ・サブクエスチョン

アメリカ国民のスーパーヒーローたちは、なぜ生まれたのだろうか。

←⓫飛行機がスポーツ競技に使われるようになり、1927年、ニューヨーク〜パリ間の無着陸飛行に成功したリンドバーグ　史上初の大西洋横断・単独飛行で一夜にして世界的ヒーローとなった。

↓⓬リンドバーグを歓迎するニューヨーク市民

? サブ・サブクエスチョン

盛り上がるプロスポーツのようすから、1920年代のアメリカのどんなようすがうかがわれるだろうか。

右側縦書き：C 国際秩序の変化や大衆化と私たち　⑵ 第一次世界大戦と大衆社会

③ 女性の解放

Ⓐ アメリカ女性の姿から

↑⓮⓯⓰女性の服装の変化（アメリカ合衆国）　左が第一次世界大戦以前。中央は1920年代。右は1930年代。

? サブ・クエスチョン

女性を取り巻く環境はどのように変わっていったのか、探ってみよう。

解説　1920年には、憲法修正第19条が成立し、女性参政権が全米的に実現した。アメリカの女性解放運動は、初めから黒人解放運動と結びついていた。…南北戦争で解放された黒人に参政権が与えられた。…では、女性の参政権はどうなのか。女性解放運動は主な目標は参政権の獲得におくようになった。黒人女性も参加した。彼女らは黒人として、女性として二重に差別されていたのだ。
（『写真記録アメリカの歴史３』）

? サブ・サブクエスチョン

服装の変化から、女性たちのどのような意識の変化が読み取れるだろうか。

B 流行は，アジアの地へも…

←⑰1920年代アメリカの流行歌の楽譜の表紙　若者たちは，速いテンポのジャズナンバーに熱狂した。

? サブ・サブクエスチョン

アジアの女性たちのファッションは，どのように変化したのだろうか。

←⑱1927年に撮影された朝鮮の少女たち　服装はチマチョゴリだが，髪型は果敢に欧米のヘアースタイルに挑戦している。

←⑲日本のモダンガール（略してモガ）モガには反発も強かった。

C 女性の地位向上のきっかけ

? サブ・サブクエスチョン

第一次世界大戦の際の2枚のポスターを比較すると，どんな違いがあるだろうか。国家が女性にどのような役割を求めたのだろうか。

D 女性の参政権獲得

年	女性参政権の実現国
1893	ニュージーランド
1902	オーストラリア
1906	フィンランド
1913	ノルウェー
1915	デンマーク
1917	オランダ・メキシコ
1918	イギリス（30歳以上）・ソ連・オーストリア
1919	ドイツ
1920	アメリカ・インド
1921	スウェーデン
1928	イギリス（男女平等）
1934	トルコ
1944	フランス
1945	日本・イタリア

? サブ・クエスチョン

女性はどのように参政権を獲得したのか，また，それによって真の男女平等は実現したのだろうか。

ドイツの復員政策の基本方針（1918年11月）

　大戦中に招集されたすべての労働者はただちに旧来の職場への再雇用を要求できる。女性労働力は，その「本姓」にかなった方法で活用されるべき。女性の解雇の順番は①就業の必要のない女性，②他の職業（農業，家事使用人など）への移行が可能か，以前その職に従事していた女性，③解雇後の就職口があるか，故郷で生活できる出稼ぎの独身女性，④未成年で教育課程への編入が可能。　（『ジェンダーから見た世界史』）

? サブ・サブクエスチョン

女性参政権の実現がゆるやかに進む中で，第一次世界大戦後の「ドイツの復員政策の基本方針」や日本のポスターから，女性に求められたことは何だったのか考えてみよう。

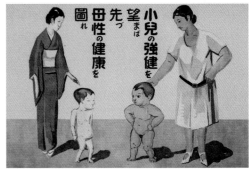

↑⑳内務省衛生局編纂・大日本私立衛生会発行のポスター（1931年）

コラム 20～21世紀の女性議員割合

● 日本の衆院選における女性議員割合の推移

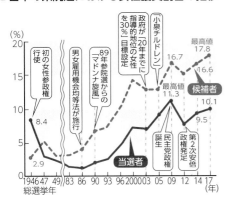

（『東京新聞』2020年12月21日配信による）

● 諸外国の国会に占める女性議員割合の推移

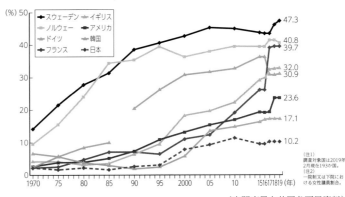

（注1）調査対象国は2019年2月現在が193か国。
（注2）一院制又は下院における女性議員割合。

（内閣府男女共同参画局資料）

解説 日本の女性議員の割合は，諸外国に比べると低く，1割前後しかない。これら2つのグラフから読み取れることから，現代の政治におけるジェンダー格差について考えてみよう。

C 国際秩序の変化や大衆化と私たち

④ アメリカの繁栄の時代—光と影

？ サブ・クエスチョン
1920～30年代にかけて，アメリカではどのような「影」の部分があったのだろうか。

？ サブ・サブクエスチョン
経済的繁栄の一方であらわれた，社会の保守化や排外主義的傾向は，どのようなものにみられるだろうか。例を挙げてみよう。

↑㉑クー＝クラックス＝クラン（KKK） 南北戦争後に結成された秘密結社が，再び勢力を増す。黒人だけではなく，社会主義者，移民などを排撃した。

↑㉒禁酒法 1920年に成立した法律。その結果，酒を密造・販売するギャングが急成長することになった。この写真は摘発した密造酒を川に捨てているようす。

© 2021 T.H. and R.P. Benton Trusts / Licensed by Artists Rights Society (ARS), New York G2653

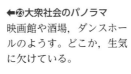
←㉓大衆社会のパノラマ 映画館や酒場，ダンスホールのようす。どこか，生気に欠けている。

➡㉔夢を売るハリウッド 1930年代に入り，不況になった際，生活が苦しくなるとアメリカ人は，夢に逃避した。夢の提供者であるハリウッド映画ではチャップリンやミッキーマウスなどが楽しい世界を見せてくれた。

？ サブ・サブクエスチョン
その後の不況の中で，生活が厳しくなった人々はどのようなものに夢を求めたのだろうか。

（2）第一次世界大戦と大衆社会

まとめ 第一次世界大戦を契機に大量生産・大量消費社会が到来し，都市化が進行した。アメリカ的な生活様式の成立に関連した資料を軸に，繁栄を謳歌した部分と深刻な社会問題となった点を比較しながら，考察する。さらに，アメリカ以外の地域についても，資料を集めたり，変化のようすを考察したりして比較してみよう。

国際協調体制の動揺

ヒトラーを熱狂的に支持した人々の言い分は……

❓ メイン・クエスチョン

第一次世界大戦後に国際協調体制が成立したにもかかわらず，なぜ第二次世界大戦が勃発したのだろうか。

🔑 キーワード

世界恐慌，ブロック経済，ファシズム
昭和恐慌，国際協調体制

❶ 世界恐慌の背景と影響

❓ サブ・クエスチョン

世界恐慌が発生した背景とその影響を探ってみよう。

Ⓐ 世界恐慌の発生

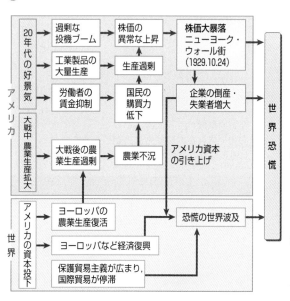

Ⓑ 世界の工業生産の推移（1929年を100とした場合）

国＼年	1928	1929	1930	1931	1932	1933	1934	1935
アメリカ	93.3	100.0	80.7	68.1	53.8	63.9	66.4	75.6
イギリス	94.4	100.0	92.3	83.8	83.5	88.2	98.8	105.6
ドイツ	98.6	100.0	85.9	67.6	53.5	60.7	79.8	94.0*
フランス	91.0	100.0	99.6	86.4	72.2	80.7	75.2	73.1
イタリア	91.6	100.0	91.9	77.6	66.9	73.7	80.0	93.8
日 本	89.7	100.0	94.8	91.6	97.8	113.2	128.0	141.8
スウェーデン	—	100.0	103.0	96.0	89.0	91.0	110.0	123.0
ベルギー	98.9	100.0	88.8	81.1	69.1	72.2	73.0	82.2
カ ナ ダ	92.5	100.0	84.8	71.0	58.1	60.3	73.5	81.3
ポーランド	103.3	100.0	82.0	69.5	53.9	55.6	63.0	66.4
ソ 連	79.5	100.0	130.9	161.3	183.4	198.4	238.3	293.4

＊ザール地方を含む。(League of Nations, *Monthly Bulletin of Statistics* を参考に作成)

❓ サブ・サブクエスチョン

世界恐慌の影響をあまり受けなかったのは，どこの国だろうか。

❓ サブ・サブクエスチョン

世界恐慌は，なぜアメリカ合衆国で発生したのだろうか。

（学研まんが NEW世界の歴史 11巻より）

揺れるアメリカ

　1929年末に開始された大恐慌，すなわち，全世界をまきこみ，未曾有の深刻さと期間の長さによって，まさに資本主義世界の「全機構的震撼」として，のちに固有名詞となったこの「大恐慌」は，20年代の好況を先導したアメリカから，そしてそこで最大の投機的熱狂をつくり出した株式市場の大暴落から始まったのは決して偶然ではなかった。……株価下落の報を聞いて取引所や仲買人の店頭に殺到した人達にとっては，時々刻々自分の破産が目前の表示板に示されていったのである。

（『岩波講座世界歴史27』）

↑❶証券取引所前の群衆

❓ サブ・サブクエスチョン

株価の大暴落はどのような影響を与えたのだろうか。

❓ サブ・サブクエスチョン

ブロック経済は，恐慌対策として，どのような効果があったのだろうか。

② ファシズムの伸張

❓ サブ・クエスチョン

ブロック経済をとれなかった国は，どのように世界恐慌を乗り切ろうとしたのだろうか。

Ⓐ ファシズム台頭の構造

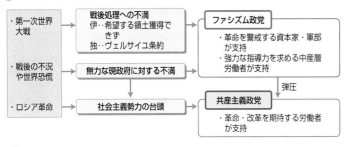

```
・第一次世界    戦後処理への不満          ファシズム政党
  大戦         伊…希望する領土獲得で   →   ・革命を警戒する資本家・軍部
        →      きず                        が支持
             独…ヴェルサイユ条約           ・強力な指導力を求める中産層
                                            労働者が支持
・戦後の不況                                              ↓弾圧
  や世界恐慌   無力な現政府に対する不満
                                         共産主義政党
・ロシア革命 →  社会主義勢力の台頭     →   ・革命・改革を期待する労働者
                                            が支持
```

❓ サブ・サブクエスチョン

ファシスト政権が成立した戦勝国のイタリアで，ムッソリーニはどのような政策をとったのだろうか。

Ⓑ イタリアの場合

↑❷ローマ進軍(1922年)

←❸ムッソリーニ(1883～1945)
領土問題や戦後不況で混乱するイタリアにおいて「戦闘的ファッショ」を組織。社会主義の台頭を警戒する資本家などの保守層から支持を得，ローマ進軍後に国王から政権を与えられた。

➡❹ラテラノ(ラテラン)条約(1929年)
ムッソリーニはローマ教皇に対してヴァチカン市国の独立を認めるかわりに自らの政権を承認させる条約を締結し，人気を一層高めた。

ムッソリーニ
ローマ教皇

「危機」の時代

　第一次世界大戦後，戦勝国といわず敗戦国といわず，ヨーロッパのさまざまな国で，中間諸層は，重大な，いくつかの場合には(イタリアやドイツのように)きわめて重大な，危機の時期にはいった。この危機の原因は，一部は，戦争以前からあったものに，そのときにはすでに始まっていた社会変化の過程と初期大衆化との過程がむすびついたものであり，一部は，戦争に，また一般的には社会変化の過程と特殊的には戦争の誘発した社会的流動性との加速化に，直接由来するものであり，一部はこれらの原因に，まず戦争直後の経済的―社会的危機とついで1929年の「大恐慌」とに由来する他の諸原因がつながった，結果であった。　(R.デ=フェリーチェ『ファシズム論』)

Ⓒ ドイツの場合

◎ 賠償金問題

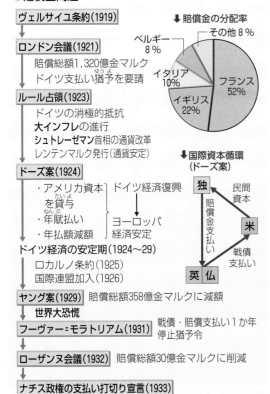

```
ヴェルサイユ条約(1919)
     ↓
ロンドン会議(1921)
  賠償総額1,320億金マルク
  ドイツ支払い猶予を要請
     ↓
ルール占領(1923)
  ドイツの消極的抵抗
  大インフレの進行
  シュトレーゼマン首相の通貨改革
  レンテンマルク発行(通貨安定)
     ↓
ドーズ案(1924)
  ・アメリカ資本   ドイツ経済復興
    を貸与
  ・年賦払い         ヨーロッパ
  ・年払額減額       経済安定
     ↓
ドイツ経済の安定期(1924～29)
  ロカルノ条約(1925)
  国際連盟加入(1926)
     ↓
ヤング案(1929) 賠償総額358億金マルクに減額
     ↓
  世界大恐慌
     ↓
フーヴァー=モラトリアム(1931) 戦債・賠償支払い1か年
                              停止猶予令
     ↓
ローザンヌ会議(1932) 賠償総額30億金マルクに削減
     ↓
ナチス政権の支払い打切り宣言(1933)
```

↓賠償金の分配率

その他 8%
ベルギー 8%
イタリア 10%
イギリス 22%
フランス 52%

↓国際資本循環(ドーズ案)

```
     独
  ↙    ↘
民間    賠償金支払い
資本        ↘
  ↓         米
  英―仏 ← 戦債支払い
```

❓ サブ・サブクエスチョン

ルール占領後のドイツでおこった大インフレーションは，人々の気持ちをどのように変えたのだろうか。

➡❺❻預金をおろすために窓口に並ぶ市民(左)と，価値が落ち込んだ札束で遊ぶ子ども(右)
第一次世界大戦後のわずか10年ほどでインフレーションが進み，ドイツ国立銀行では，毎日3兆マルクが引き出された。

◎ ドイツ国会における主要政党の議席割合

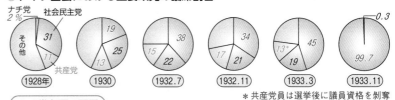

ナチ党 2%
社会民主党
その他
共産党

1928年	1930	1932.7	1932.11	1933.3	1933.11
31	19	38	34	45	0.3
11	25	22	21	19	99.7
13	15	17	13*

＊共産党員は選挙後に議員資格を剝奪

ナチ党台頭の要因

①資本家と労働者の間に挟まれて没落感を強めていた**中産層**(商人・手工業者・ホワイトカラー)の支持を広げた。
②共産党の台頭に危機感を抱いた**資本家・軍部**にも支持を広げた。
③**時代の閉塞感**の中で指導者原理をかかげたことが人々の期待を集めた。
④**大統領緊急命令**が繰り返されて**議会政治そのものが空洞化**しつつあった。

ヒトラーの『わが闘争』

大衆の心理というものは，すべて中途半端なもの，力の弱いものにたいしては，感受性がにぶいものだ。それは女性のようなもので，女性の精神的感覚は，抽象的な理性的根拠によって規定されるよりも，むしろ自分の足らないところを補ってくれる力に対する，定義しがたい，感情的なあこがれによって決められるものだ。それゆえ，女は弱い男を支配するよりも，強い男に服従することを好む。……大衆はまた，たいてい自由主義的な自由を与えられても，それをどうしていいのかを知らないし，それどころか，かえって見捨てられたとさえ感ずるものである。

（『わが闘争』）

↑❽「ドイツ人はユダヤ人から物を買うな」と書いたプラカードを手にする突撃隊の少年

❓ サブ・サブクエスチョン

ヒトラーは，人々の意見を無視して，強引に政権を奪取したのだろうか。

ナチスの集会
（アメリカ人記者ウィリアム＝L＝シャイラーの記述）

ローマ帝国のように，ヒトラーは今日日没にこの中世の都市にはいり，びっしりならんではげしい歓呼の声をあげている人たちの前を通っていった。……何千というかぎ十字の旗が，その地の美しいゴシック建築を埋めつくしていた。……ヒトラーが……バルコニーにほんのしばらく姿をあらわしたときの人々の顔，とくに女性の顔に，私はちょっとした衝撃を受けた。……かれらは，ヒトラーをまるで救世主のようにふりあおいだのである。　（『ネヴァ・トゥ・フォアゲット』）

↑❼ヒトラーを支持する人，人，人

❓ サブ・クエスチョン

日本経済の1930年前後のようすを探ってみよう。

③ 日本の情勢

A 金解禁の経緯と昭和恐慌への流れ

1897（明治30）年　第2次松方正義内閣
日清戦争で賠償金獲得→それを基金に金本位制を確立（貨幣法制定）

1917（大正6）年　寺内正毅内閣
第一次世界大戦による情勢の不安定→金本位制から離脱

1923（大正12）年　第2次山本権兵衛内閣
関東大震災→震災手形の決済難航

1927（昭和2）年　第1次若槻礼次郎内閣
金融恐慌の発生→震災手形問題もあり金本位制に復帰できず

1930（昭和5）年　浜口雄幸内閣（蔵相：井上準之助）
金輸出・金兌換の解禁（金解禁）→金本位制に復帰
【目的】為替相場の安定　貿易の振興
【影響】旧平価（金輸出禁止前の為替相場）で解禁
→円高（輸出減少・輸入増大）

1930（昭和5）年　浜口雄幸内閣　第2次若槻礼次郎内閣
昭和恐慌の発生
● 輸出の減少・輸入の増大→正貨（金）の流出
● 通貨量の縮小　　　　　→デフレーション
● 株価・諸物価の暴落　　→倒産・失業者の増大
● 繭価・米価の暴落　冷害→農村の疲弊（身売り・欠食児童）

1931（昭和6）年　犬養毅内閣（蔵相：高橋是清）
【対策】重要産業統制法により産業合理化を推進
金輸出の再禁止（管理通貨制度へ移行）
→円安（輸出増大・輸入減少）

1932（昭和7）年頃～　恐慌は終息に向かうが産業分野により格差が拡大

【工業】生産額は以前の水準に回復→財閥の発展
【農業】農産物価格はその後も低迷→農村の疲弊

（縦書き）1929・10〜世界恐慌

B 貧しき人々のむれ　関連職種の賃金（1928〜36年）

(日給，銭)

	日雇人夫・男	農作雇・男	農作雇・女	下男（月給）	下女（月給）	製糸工・女	紡績工・女	織布工・女
1928年	198	147	123	1,658	1,260	92	113	102
1929年	193	144	112	1,621	1,230	98	117	98
1930年	163	112	85	1,437	1,152	86	106	86
1931年	140	90	69	1,250	1,024	75	89	76
1932年	130	82	61	1,211	958	67	79	70
1933年	128	84	63	1,223	974	67	75	67
1934年	131	84	66	—	—	62	67	65
1935年	133	91	70	—	—	64	68	73
1936年	133	95	73	—	—	65	68	68

（『改訂新版 日本の歴史6』を参考に作成）

❓ サブ・サブクエスチョン

恐慌は，どのような階層の人や職業の人に深刻な影響を及ぼしたのだろうか。

↑❾大根をかじる東北地方の欠食児童（1934年）

❓ サブ・サブクエスチョン

左の年表から，明治期から昭和初期にかけての経済状況を考えてみよう。

毎日新聞社／時事通信フォト
↑❿女子の身売りの相談に応じる役所のはり紙（1934年）

④ 国際協調体制の動揺

？ サブ・クエスチョン
日本の対外政策によって，国際協調体制はどのように変化したのだろうか。

A 日中戦争がはじまるまで

	日本	中国
1927		蔣介石が南京国民政府を樹立し，国共分裂。
1931		柳条湖事件を皮切りに，満洲事変が勃発する。
1932	五・一五事件がおこる。	満洲国が建国される。
1933	国際連盟から脱退する。	
1935		八・一宣言により内戦停止。
1936	二・二六事件がおこる。日独伊防共協定を締結。	西安事件がおこる。
1937		盧溝橋事件がおこる。日中戦争がはじまる。第2次国共合作（抗日民族統一戦線結成）。
1938	国家総動員法が成立。	日中和平交渉が打ち切られる。

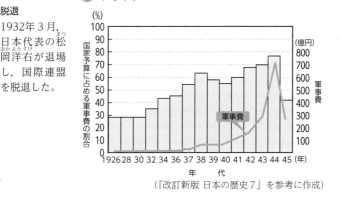

？ サブ・サブクエスチョン
日本の大陸進出は，どのように進められていったのだろうか。

地図中：
ソ連／満洲国（1932.3）／ウランバートル／モンゴル人民共和国（1924）／モンゴル自治連合政府（1939）／ノモンハン事件 39.5／チチハル 31.1／ハルビン 32.2／満洲事変 31.9／包頭 37.10／熱河33.3／吉林 31.7／新京（長春）31.9／奉天 31.9／朝鮮軍越境進軍 31.9／太原 37.1／北京／天津／大連／旅順／京城／朝鮮／青島 32.1／日中戦争 37.7／延安 36.10／済南 37.1／上海事変 32.1／西安／南京／中華民国／重慶／漢口 38.10／長沙 41.9／瑞金 34.10／金沙江／イギリス領ビルマ／昆明／ハノイ／タイ／ハイフォン 40.9／澳門（ポ）39.11／香港（英）／海南島／広州 38.10／台北／台湾／澎湖諸島／日本／金山

領域の拡大
□ 満洲事変
■ 日中戦争
日本軍進路
← 満洲事変
← 日中戦争
← 中国共産党の大西遷
← 援蔣ルート

←⓫国連からの脱退
1932年3月，日本代表の松岡洋右が退場し，国際連盟を脱退した。

？ サブ・サブクエスチョン
日本が国際連盟を脱退したのは，なぜだろうか。

B 軍事費グラフ

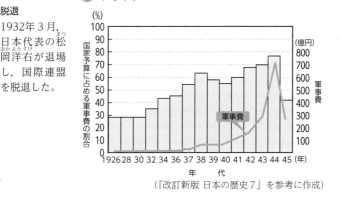

（グラフ）縦軸：国家予算に占める軍事費の割合（％）／右軸：軍事費（億円）／横軸：年代 1926 28 30 32 34 36 38 39 40 41 42 43 44 45（年）
軍事費

（『改訂新版 日本の歴史7』を参考に作成）

？ サブ・サブクエスチョン
左のグラフから，人々が戦争にどう対応したと考えられるだろうか。

？ サブ・サブクエスチョン
ラジオ放送受信契約の推移や「決戦イロハかるた」の内容から，人々が戦争に対してどのように対応したと考えられるだろうか。

C 放送受信契約の推移

年	契約数	普及率（%）
1924（大正13）年	5,455	0.1
1925（大正14）年	258,507	2.1
1929（昭和4）年	650,479	5.4
1933（昭和8）年	1,714,223	13.4
1938（昭和13）年	4,165,729	29.4
1944（昭和19）年	7,473,688	49.5

（『改訂新版 日本の歴史6』）

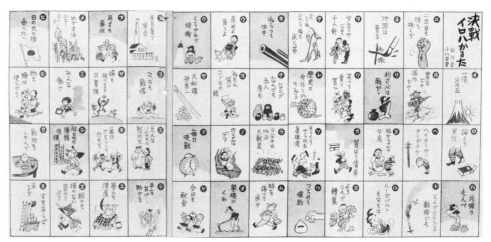

➡⓬『アサヒグラフ』（1942年）に掲載された「決戦イロハかるた」
（朝日新聞社提供）

まとめ
世界恐慌やファシズムの伸張，日本の対外政策などを資料から読み解き，第一次世界大戦後に国際協調体制が進んだのにもかかわらず，第二次世界大戦へと向かってしまった国際秩序や政治体制の変化を考察する。各国の事情を比較することで，国際協調体制が動揺していくようすを理解する。

日本を中心に
考えてみよう

「あの戦争」と経済的危機

❓ メイン・クエスチョン

昭和恐慌は，なぜ満洲事変や軍部の台頭を招いてしまったのだろうか。また，日本はどのようにして昭和恐慌を切り抜けたのだろうか。

🔑 キーワード

昭和恐慌，世界恐慌，転向，思想弾圧，パリ不戦条約，二・二六事件，国連脱退，満洲国

① 民衆を襲った昭和恐慌

❓ サブ・クエスチョン

昭和恐慌の中，人々はどのような暮らしを強いられたのだろうか。

Ⓐ 農村の子どもたち

↑❶東北の凶作地帯の子どもたち
1934（昭和9）年の青森県の農村の子どもたち。凶作地帯では，欠食児童が問題化した。児童によっては，1日1食がやっとで，米ではなく稗や粟，馬鈴薯などの代用食で腹を満たすこともあった。

◀❷欠食児童のために弁当を作る学校用務員
1934（昭和9）年秋田県雄勝郡田代村のようす。中央の男性は田代小学校の学校用務員で，右側にいる子どもたちは欠食児童である。男性は，囲炉裏のそばで米をよそい，欠食児童のための弁当を作っている。

◀❸身売り防止相談所が開設

朝日新聞社提供

❓ サブ・サブクエスチョン

昭和恐慌によって，当時の農村はどのような状況になったのだろうか。写真❶❷❸から読み取ろう。

Ⓑ 労働者たちと労働組合

◀❹職探しの長い行列　写真は，1931（昭和6）年のようす。昭和恐慌により，街には失業者があふれ，労働争議が各地で頻発した。1931年の調査によると，当時の失業者は37万人を超えていた。

➡❺大学生のアルバイトを募集するポスター
1929（昭和4）年に，兵庫県の芦屋駅のホームに掲示されていたポスターである。大学の夏休みの期間のアルバイト先を求めており，「家庭教師，校正，翻訳，製図，留守居，労働その他」の職を求めている。

朝日新聞社提供

➡❻労働組合のポスター
当時の労働組合によるポスターである。

❓ サブ・サブクエスチョン

昭和恐慌によって，当時の労働者はどのような状況に立たされたのだろうか。写真❻から読み取ってみよう。

② 世界恐慌への対応

❓ サブ・クエスチョン

世界恐慌の下，日本が置かれていたのはどのような状況だったのだろうか。

❓ サブ・サブクエスチョン

各国が世界恐慌に苦しむ中，早い段階で恐慌を切り抜けたのは，どの国だったのだろうか。下のⒶの資料から読み取ろう。

Ⓐ 各国の工業生産高の回復

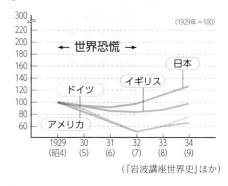

（『岩波講座世界史』ほか）

Ⓑ 日本の為替相場の推移（平価＝100円）

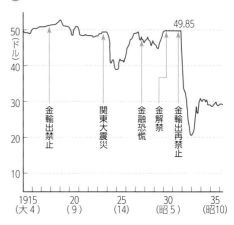

❓ サブ・サブクエスチョン

金輸出再禁止によって，日本の為替相場はどのように変化したのだろうか。その変化は，Ⓐの資料とどのようなつながりがあるのだろうか。

C 日本の為替相場の推移

一般会計歳出の動き

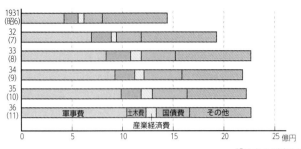

凡例: 軍事費 / 土木費 / 国債費 / その他 / 産業経済費

年（昭和）: 1931(昭6)、32(7)、33(8)、34(9)、35(10)、36(11)

（『日本の歴史24』）

❓ サブ・サブクエスチョン

日本の財政支出は，どのように変化しているだろうか。また，その変化から，日本は昭和恐慌に対してどのような対応をとったといえるだろうか。

D 日本の産業構造の変化

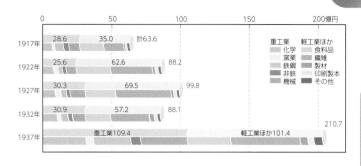

凡例: 重工業（化学・窯業・鉄鋼・非鉄・機械）／ 軽工業ほか（食料品・繊維・製材・印刷製本・その他）

年	重工業	軽工業ほか	計
1917年	28.6	35.0	計63.6
1922年	25.6	62.6	88.2
1927年	30.3	69.5	99.8
1932年	30.9	57.2	88.1
1937年	重工業109.4	軽工業ほか101.4	210.7

（『長期経済統計10 鉱工業』東洋経済新報社）

❓ サブ・サブクエスチョン

①世界恐慌が起こった年を境に，日本の生産業でもっとも減少していく産業と，増加していく産業は何だろうか。
②それをもとに，日本の産業構造の変化を説明してみよう。

③ 昭和恐慌下の「民衆の目」

A 立憲民政党と立憲政友会の選挙ポスター

↑❼❽立憲民政党のポスター（左）と立憲政友会のポスター（右）

❓ サブ・クエスチョン

世界恐慌下，日本の政治はどのような状況にあったのだろうか。

❓ サブ・サブクエスチョン

①この立憲民政党と立憲政友会のポスターから，どのようなことが読み取れるだろうか。
②そのような政治状況を，昭和恐慌に苦しむ民衆はどのように感じ，誰に期待を寄せていったのだろうか。

B 世界恐慌前後の政府の汚職事件

←❾田中義一首相
- 鈴木内務大臣弾劾議案問題（1928）
- 宮田警視総監汚職疑惑（1929）
- 朝鮮総督疑獄事件（1929）

←❿浜口雄幸首相
- 北海道鉄道疑獄事件（1929）
- 東大阪電気鉄道疑獄事件（1929）
- 売勲疑獄事件（1929）
- 伊勢電鉄疑獄事件（1930）
- 奈良電鉄疑獄事件（1930）
- 博多湾鉄道疑獄事件（1930）

④ 昭和恐慌前後の思想変化

A 北一輝の国家論

「日本改造法案大綱」（1923年）の骨子

一 天皇は，国家改造のために3年間憲法を停止し，軍・吏・財・党閥を排除した国家改造内閣を組織する。
二 在郷軍人会議を国家改造内閣の直属とする。
三 華族制度を廃止する。
四 25歳以上の男子に選挙権を与える。
五 国民の私有財産の限度額を100万円とする。
六 労働省を設置し，私企業純益を労働者に還元する。
七 児童・女性・老人を擁護し，義務教育を延長する。
八 20年後に朝鮮人に参政権を与える。
九 「国家又ハ民族」のために開戦する権利を持つ。

解説 北一輝は，新潟県佐渡出身で，日蓮宗の信者だった。辛亥革命（1911年）の際に中国に渡り，排日運動に直面した北は，日本国内の改革の必要性を痛感した。その後北は，陸軍の皇道派（天皇の下で国家改造を図り昭和維新を実現しようとする派閥）に大きな影響を与えた『日本改造法案大綱』を書き上げた（1923年刊）。のちに二・二六事件（1936年）の黒幕的指導者とみなされて軍法会議にかけられ，1937（昭和12）年に死刑となったが，北自身は事件を計画しても指導してもいなかった。

←⓫北一輝（1883～1937） 国粋主義団体である猶存社に参加，国家改造運動にかかわった。
（毎日新聞社提供）

❓ サブ・サブクエスチョン

北一輝は，どのような社会をめざそうとしていたのだろうか。

C 国際秩序の変化や大衆化と私たち

B 1930年代の思想弾圧

弾圧された思想は，主にどのような学者や思想だったのだろうか。

滝川事件 (1933. 5)	著書や講演が共産主義的だとして，京大法学部滝川幸辰教授が休職となった。これに抗議し，京大法学部教授会は全員辞表を提出。
天皇機関説問題 (1935. 2)	貴族院で菊池武夫男爵(陸軍中将)が「機関説は国体に対する緩慢なる謀反…美濃部は学匪(世の中を乱す学者)」と弾劾。これを機に軍部・右翼は日本が天皇主権の国家であることを明確にする国体明徴運動をおこし，岡田内閣は2度の国体明徴声明を発した。美濃部達吉の著書発禁と貴族院議員辞職で問題は終息。
矢内原事件 (1937)	東大の植民地政策講座担当の矢内原忠雄教授は，論文「国家の理想」で軍部の戦争政策を批判。辞職を余儀なくされた。
河合栄治郎事件 (1938〜39)	河合栄治郎は東大教授で自由主義経済学者。二・二六事件を批判して右翼の攻撃対象になった。4著書が発禁。休職処分。
人民戦線事件 (1937〜38)	コミンテルン(共産党の国際組織)の方針に基づく扇動活動を行ったとして加藤勘十・山川均・鈴木茂三郎ら(第1次)，大内兵衛・有沢広巳・美濃部亮吉らが治安維持法により検挙(第2次)。

←⑫佐野学と鍋山貞親の転向を報じる新聞 (1933年)
(毎日新聞社提供)

社会主義運動への弾圧が激しくなる中で，共産党最高指導者佐野学・鍋山貞親は獄中声明「共同被告に告ぐる書」で共産主義からの転向(共産主義思想を放棄すること)を表明した。これを機に，共産党員の転向が続出した。

(3) 経済危機と第二次世界大戦

⑤ 国際協調体制の欠陥

[解説] 第一次世界大戦後の1929年に発効となった，国際政策の手段としての戦争を放棄することを定めた条約であり，日本も締約国の一つだった。

この条文の「戦争」とは，どのような争いをさしているのだろうか。それは，明確に分類することができるものだろうか。また，「締結国」以外との戦争は認められるのだろうか。

パリ不戦条約(1929年発効)

第1条　締約国は，国際紛争解決のために戦争に訴えることを非難し，かつ，その相互の関係において国家政策の手段として戦争を放棄することを，その各々の人民の名において厳粛に宣言する。

第2条　締約国は，相互間に発生する紛争又は衝突の処理又は解決を，その性質または原因の如何を問わず，平和的手段以外で求めないことを約束する。

(『日本外交年表竝主要文書』を意訳)

⑥ 1936(昭和11)年2月26日の新聞記事

[解説] 1936(昭和11)年2月26日未明，陸軍皇道派青年将校らが1,400余名がクーデタをおこし，斎藤実内大臣・高橋是清蔵相・渡辺錠太郎教育総監らを殺害，東京中枢部を占拠した。事件後陸軍当局は指導者を極刑に処して粛軍人事を進めるとともに，広田内閣への人事介入や軍部大臣現役武官制の復活など，軍部の発言力は一段と強まった。

新聞が報じているこの事件はどのようなものだったのだろうか。当時の日本の社会や政治は，どのような状況だったと考えられるだろうか。

↑⑬事件当時の新聞　東京朝日新聞1936(昭和11)年2月27日朝刊2頁の紙面である。「昨早暁(昨日の朝早く)一部青年将校等　各所に重臣を襲撃」「内府，首相，教育総監は即死」という見出しが出ている。

朝日新聞社提供

↑⑭反乱部隊(陸軍皇道派の兵士たち)　反乱部隊が，27日に宿泊した料亭「幸楽」を出発し，国会方面へ行進しているようす。場所は千代田区(東京)。

朝日新聞社提供

↑⑮騎馬隊の出動　クーデタ発生後，天皇が発令した戒厳令下，赤坂(東京)を陸軍の騎馬隊が警備に当たっているようす。

⑦ 満洲事変に対する「民衆の目」

Ⓐ 東京帝大生へのアンケート（1931年，満洲事変の2か月前）

質　問　「満蒙に武力行使は正当なりや」
回　答　「正当である」88%
　　　　「正当である」の内訳
　　　　「直ちに武力行使すべき」52%
　　　　「外交手段を尽くした後に武力行使すべき」36%

？ サブ・クエスチョン

満洲事変に対する人々の考えはどのようなものだったのだろうか。

？ サブ・サブクエスチョン

当時の知識人やメディアは，満洲事変にどのような反応を示していたのだろうか。また，昭和恐慌の時と比較して「民衆の目」はどのように変化しているだろうか。

Ⓑ 当時のメディアの共同声明（意訳）

満洲の政治的安定は，極東の平和を維持するための絶対条件である。そのため，満洲国の独立とその健全なる発達とは，満洲を安定させるための唯一の道なのである。東洋平和の保全を自己の崇高な使命と信じ，かつそこに最大の利害をもつ日本が，国民を挙げて満洲国を支援する決意をなしたことは，まことに理の当然といわねばならない。いや，日本のみならず，真に世界の平和を希求する文明諸国は，ひとしく満洲国を承認し，かつその成長に協力する義務があるといっても過言ではない。仮にも満洲国の厳然たる存立を危うくするような解決案は，どのような事情，どのような背景のもと提起されるかを問わず，断じて受諾すべきものではないということを，日本言論機関の名において，ここに明確に声明するものである。

昭和7年12月19日（以下12社の報道機関名が並ぶ）

（『東京朝日新聞』1932（昭和7）年12月19日）

⑧ 満洲事変後の国際関係

Ⓐ 国際連盟の脱退

←⑯国際連盟の脱退を報じる新聞記事
（朝日新聞1933年2月25日）

？ サブ・サブクエスチョン

「満洲国」は，他の国々からどのように受け止められたのだろうか。それに対して日本は，どのように対応したのだろうか。

Ⓑ 新しい「国際関係」

？ サブ・サブクエスチョン

満洲事変後，日本はどのような国際関係を「構築」したのだろうか。それは，世界の国々との関係にどのような影響があったのだろうか。

←⑰⑱日独伊防共協定記念展のポスター（左）と満洲国郵政の切手（右）

⑨ 日本の大陸進出

Ⓐ 満洲国に関する2枚のポスターと満洲国の紙幣

←⑲⑳満洲移住協会による移民募集広告（左）と「五族共栄」をうたう満洲国のポスター（右）　五族とは，和（日）・韓・満・蒙・漢（支）を示す。

？ サブ・サブクエスチョン

写真⑳ではどのような理想が掲げられているだろうか。㉑には，「満洲中央銀行」と書いてあるが，通貨は何だろうか。また，なぜそうなっているのだろうか。

→㉑満洲国の紙幣

まとめ

満洲事変は，国民から好意的に受け止められた。「極東の平和を維持するための絶対条件」として，メディアも含め事変を正当化した。国際連盟を脱退して孤立した日本は，大陸に進出し，「五族共栄」をスローガンに満洲国を建設する。

国際協調体制の動揺

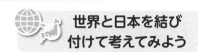
世界と日本を結び
付けて考えてみよう

新しい未来社会について語ろう

❓ メイン・クエスチョン

世界恐慌に各国はどのように対応したのだろうか。

🔑 キーワード

世界恐慌，ニューディール，ブロック経済，五カ年計画，ファシズム，民族共同体，スペイン内戦

① 世界恐慌（1929年10月24日）

❓ サブ・サブクエスチョン

ここで，いったい何が起こっているのだろうか。

↓❶プラカードを持つ男性

❓ サブ・サブクエスチョン

プラカードには何と書いてあるのだろうか。

❓ サブ・サブクエスチョン

この行列は何を求めて並んでいるのだろうか。

↓❷1930年のシカゴのようす

↓❸ニューヨークの証券取引所前に殺到する人々（1929年）

解説 1929年10月24日の木曜日に，アメリカ・ニューヨークの証券取引所で，株価が大暴落を起こした。これが誘因となり，世界経済に大きなダメージを与えることになった。「世界恐慌」のはじまりである。

❓ サブ・クエスチョン

下の **A**〜**C** から，1920〜39年ごろのアメリカの経済はどのような状況になっていたのか考えてみよう。

🅐 各国の失業率

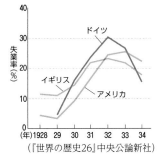

ドイツ
イギリス
アメリカ
失業率（%）
（年）1928 29 30 31 32 33 34
『世界の歴史26』中央公論新社

🅑 各国の工業生産指数（1929年＝100）

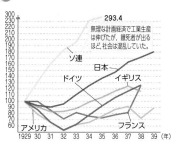

293.4
無理な計画経済で工業生産は伸びたが，餓死者が出るほど，社会は混乱していた。
ソ連
日本
ドイツ
イギリス
アメリカ
フランス
1929 30 31 32 33 34 35 36 37 38 39（年）

🅒 当時のアメリカ

カリフォルニアでは売れ残りのオレンジに石油をかけて燃やしているというのに，アパラチア山脈のある地方では村民のすべてがタンポポその他の雑草で飢えをしのいでいた。アイオワではとうもろこしが余りにも値が安いため，郡部の裁判所では暖炉の薪がわりに燃やされたが，干ばつに見舞われた北西部では多数の牛や羊や馬が餓死していた。酪農家が売れない牛乳を排水溝に流しているというのに，失業中の親は育ち盛りの子供に何とか1パイントの牛乳でも飲ませてやりたいと必死だった。　（林敏彦『大恐慌のアメリカ』）

② アメリカでは

❓ サブ・クエスチョン

ニューディールの成果を **A**・**B** を参照し考えよう。

🅐 フーヴァーの演説（1928年）

政府の経済的活動を当然と考える自由主義は，誤った自由主義である。自由主義は真の精神の力，つまり政治的な自由を保持しようとするなら経済的自由を犠牲にしてはならないという認識，から出てくる力である。　（『世界史史料10』）

🅑 フランクリン＝ローズヴェルトの演説

サンフランシスコでの演説（1932年）

資源や工場を管理し，（中略）生産と消費を調整し，富と物資をより公平に分配し，現存する経済組織を人々のためになるように適応させるといった地味な仕事に取り組まなければなりません。賢明な政府が必要とされる時代が到来したのです。　（『フランクリン・ローズヴェルト』）

大統領就任演説（1933年）

われわれは今日我が国の状態を直視することを恐れる必要はない。われわれが恐れなければならないものは，恐怖心そのものだけだということである。

🅒 ニューディール

経済救済と復興	・金本位制の停止（1933） ・農業調整法（AAA）（1933） 　→農産物の生産調整と，価格の統制 ・全国産業復興法（NIRA）（1933）→産業の統制
社会政策	・テネシー川流域開発公社（TVA）設立（1933） 　→ダム建設などの公共事業による失業者救済 ・ワグナー法（1935）→労働者の団結権・団体交渉権承認
外交政策	・善隣外交政策　＊市場の拡大が目的

❓ サブ・サブクエスチョン

1929年を境に，1929年以前と以後との経済的思想にはどのような違いがあるだろうか。

③ 英・仏では

Ａ 世界経済のブロック化

円ブロック

ドイツ支配下の為替管理地域

ドル地域（汎米ブロック）

ドイツ＝アメリカの抗争のため帰属が変動又は不明確な地域

通貨ブロックに対する帰属度のゆるい地域

ポンド地域（スターリング＝ブロック）

金ブロック（フラン＝ブロック）

（『世界歴史地図』）

解説 イギリス，フランスはともに世界恐慌の影響を受け，ブロック経済体制を構築した。ブロック経済圏（スターリング＝ブロック，フラン＝ブロック）にはそれぞれの従属諸国地域が含まれ，圏内では激しい民族運動が展開された。

Ａの世界地図を見ながら，イギリス，フランスの影響下にあった国名，地域名をそれぞれ具体的に記してみよう。

Ｂ イギリス帝国の再編　ウェストミンスター憲章（1931年）

　連合王国，カナダ，オーストラリア連邦，ニュージーランド，南アフリカ連邦，アイルランド自由国，ニューファンドランドの各政府代表は，1926年，および1930年にウェストミンスターで開催された帝国会議にて，会議報告書における宣言と決議に合意した。（イギリス国王の）王冠は，英領コモンウェルス諸国の自由な統合の象徴であり，諸国は王冠への共通の忠誠によって結びつけられている。それゆえに，王位継承や君主制に関連する法を改変するにあたっては，連合王国議会のみならず，ドミニオン（自治領）諸国の議会による同意も今後必要となるということを，本法の前文において明示しておくことが適切である。　（『世界史史料10』）

Ｂを読み，＿＿＿＿が引かれた「ドミニオン」（自治領）の共通点は何か考えてみよう。

④ ソ連では

Ａ スターリンの演説（1928年）

　われわれは，一般的に工業，とくに生産手段の生産のテンポを早めることが，一国の工業化の基本的な土台であり鍵である……という命題から，われわれのテーゼを考えねばならぬ。しかし，急テンポの工業化とは，何を意味するのだろうか。それは工業への基本投資をできるかぎり多くすることである。……もちろん，われわれも，内外の情勢を考えないで抽象的にいうのなら，もっとゆっくりしたテンポで工業化を進めることもできるだろう。だが問題は次のことである。第一に内外の情勢を考えずにすますことはできないし，第二に，……この情勢こそ，われわれに急テンポの工業化を要請しているのだということを認めなければならない。……そのことは……資本主義国に包囲されているという情勢のなかで，わが国の独立を守りぬかねばならないという点からみても正しいのである。国防のための十分な工業力を持たなければ，独立を守りぬくということは不可能なのである。

Ａの演説がなされたとき，ソ連で実施されていた経済政策はどのようなものだろうか。Ｂを見ながら，考えてみよう。

Ｂ ソヴィエト経済の成長

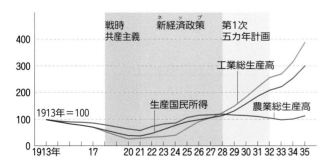

戦時共産主義　新経済政策（ネップ）　第1次五カ年計画

工業総生産高

生産国民所得

農業総生産高

1913年＝100

（『近代国際経済要覧』）

↑❹「スターリン憲法，万歳」と書かれたポスター（1936年）

解説 スターリンの独裁体制下，経済的には一国社会主義論にもとづく「五カ年計画」により重工業が発展した。政治的には「スターリン憲法」が制定され，「民主的な」市民の諸権利が記されたが，その一方で「粛清」がおこなわれた。

Ｃ ソヴィエト社会主義共和国連邦憲法（1936年）

第1条　ソヴィエト社会主義共和国連邦は，労働者と農民の社会主義国家である。
第4条　ソ連邦の経済的基礎を構成するのは，資本主義的経済制度の清算，生産用具と生産手段の私的所有の廃止，そして人間による人間の搾取の絶滅の結果として確立された，社会主義的経済制度，および生産用具と生産手段の社会主義的所有である。
第12条　ソ連邦における労働は，「働かざるものは食うべからず」の原則により，労働能力のあるすべての市民の義務であり名誉の事業である。　（『世界史史料10』）

スターリンの提起した政策は世界の人々に対して，どのような影響を与えることになったのだろうか。①のＡＢの世界恐慌時の失業率，工業生産を参照しつつ，Ｃを読んで考えてみよう。

⑤独・伊では

ムッソリーニ

↑❺ローマ進軍時のムッソリーニ

↑❻ナチ党の集会で敬礼を受けるヒトラー

●解説● ヴァイマル憲法下にナチ党は外敵の存在を煽ることにより「民族共同体」をつくり、「賛同にもとづく独裁」をおこなった。ヒトラーはムッソリーニのファシズムを模倣しながら国民統合を図り、「東方生存圏」確保を企図した。

❓ サブ・サブクエスチョン

❺❻を見比べて、共通点はどのような点か、考えてみよう。

A 世界恐慌下のドイツ（1932年）

　ドイツにおける失業者の状態はどのようなものでしょうか。……バーデンでは、その地域全体の人々に向けて窮乏救済のための呼びかけがなされました。まがいもないその窮乏の度合いは、何週間にもわたってパンなしで生活している家族がいくつもあることで確かです。ジャガイモも不作のためになくなってしまいました。子供たちは空腹のまま学校に通っています。
（『世界史史料10』）

❓ サブ・サブクエスチョン

ABの史料を読み、「戦間期」の民衆がナチ党を支持する理由には、どのようなことがあると思うか、考えてみよう。

C 全権委任法（1933年）

第1条　国の法律は、憲法の定める手続きによるほか、政府によっても制定され得る。……

第2条　政府が制定した国の法律は、憲法と背反し得る。ただし、国会および参議院の仕組みそのものが対象とならないかぎりにおいてである。大統領の権限は従来のままである。
（『世界史史料10』）

❓ サブ・サブクエスチョン

Cの条文と憲法（＝ヴァイマル憲法）との関係はどのようになるのだろうか。Cの条文を読んで考えよう。

↓❼1938年出版のドイツの絵本『毒キノコ』

❓ サブ・サブクエスチョン

❼は1938年に出版された絵本であるが、左側の一群が学校から退去していくようすが描かれている。彼らはどのような人々で、またどのような理由で学校から退去しなければならないのだろうか。Dを読んで、考えてみよう。

❓ サブ・クエスチョン

❼の絵の一群を退去＝排除することにより、ドイツ帝国はどのような社会になることが想像されるだろうか。Eの史料を読み、考えてみよう。

B ナチ体制下の民衆の生活

　なぜ人びとは、ナチズムにこんなに熱狂し、心から信じ込んだのだろうか。それにはいくつもの理由があった。まず、ナチスは失業を解消してくれた。これは、街頭に放りだされていた人びとにとっては、とても重要なことであった。それから「歓喜力行団」の旅行があった。人びとは客船に乗ってマデイラ島やノルウェーのフィヨルドに旅行した。これはもうまったくすばらしいことだった。

　……わたしは歓喜力行団の水泳コースに通っているが、このコースには50人を超える女性が参加している。ここには、ナチ党らしい雰囲気がほとんどないことに、気づかざるをえなかった。参加している女性は、まったく普通の人びとである。ここでは「ハイル・ヒトラー」など聞いたこともない。
（山本秀行『ナチズムの記憶』）

D ニュルンベルク法（1935年9月15日）

（1）ドイツ国公民法

第2条　第1項　ドイツ国公民とは、ドイツ人の血または同種の血を有し、ドイツ民族およびドイツ国家に忠誠をつくす意思と、その適格性を自らの態度によって示す国籍所有者のみをいう。

（2）ドイツ人の血統および名誉保護法

第1条　第1項　ユダヤ人と、ドイツ人の血または同種の血を有するドイツ国公民との婚姻は、これをしてはならない。この規定を潜脱する目的で海外でなされた婚姻は、無効である。
（『世界史史料10』）

E 民族共同体

　アーリア人で健康な、業績能力のあるドイツ人の「民族同胞」であれば、階級や教養、宗教、出身地域に関係なく「対等」な人間と見なされ、ナチ国家によって社会政策による支援を受けた。他方、民族的、社会的、生物学的、そしてとりわけ人種的に排除された人びとは「民族同胞」と対等の立場ではなく、法を奪われ、厚生・治安当局から排除され、追放され、もしくは生殖を阻まれたのだ。
（U=ヘルベルト『第三帝国』）

⑥日本では

❓ サブ・サブクエスチョン

❽から，日本と満洲国との関係は，どのようなものになったと考えられるだろうか。

❓ サブ・クエスチョン

ⒶとⒷのグラフをみて，なぜ日本は世界恐慌後に工業生産が増加したのか考えてみよう。

➡❽満洲国の誕生を祝うポスター　右から，日本人，モンゴル人，満洲人，朝鮮人，漢人を表す。「王道楽土，五族共和」をスローガンとし，建国した満洲国を描いた。　名古屋市博物館蔵

解説　日本は満洲事変を契機に満蒙の地に円ブロック圏を形成し，「大東亜共栄圏」確立を図った。ファシズム国家としてドイツ，イタリアと共同した。一党独裁体制，計画経済政策の手法を取ることにより，たちまち経済状況が上向きになった。

Ⓐ 各国輸出品中の工業製品比率（ブリュッセル分類）

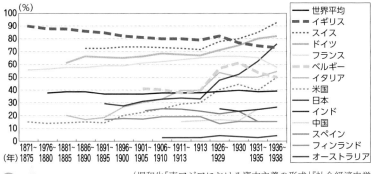

凡例：世界平均／イギリス／スイス／ドイツ／フランス／ベルギー／イタリア／米国／日本／インド／中国／スペイン／フィンランド／オーストラリア

（堀和生「東アジアにおける資本主義の形成」『社会経済史学』）

❓ サブ・サブクエスチョン

①Ⓐのグラフで，日本の輸出中の工業製品比率がイギリスを追い越したのは何年だろうか。
②イギリス，フランスは1930年代にブロック化を形成しているが，その結果，工業生産は増加したのだろうか。

Ⓑ イギリス・フランス・日本の対植民地輸出

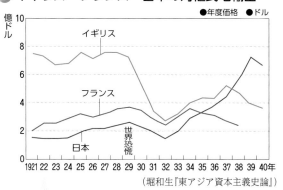

（堀和生『東アジア資本主義史論』）

❓ サブ・サブクエスチョン

①Ⓑのグラフで，イギリス，フランス，日本それぞれの対植民地輸出が最低値となった年はいつだろうか。
②日本がイギリスを追い抜いた年はいつだろうか。

⑦ スペイン内戦（1936年）

↑❾ゲルニカ（1937年）

❓ サブ・サブクエスチョン

ピカソは何を表現したかったのだろうか。

Ⓐ ドイツのねらい

ドイツ経済の自立と軍事化にとって，銅，鉄，黄鉄鉱など，スペインの豊富な鉱物資源は必要不可欠のものであった。ドイツのフランコ援助はこれらの資源を入手する近道であった。さらに援助と引換えにこれらの資源を入手することは，ドイツにとって貴重な外貨を節約することを意味したし，その外貨で他の原料資源を入手することができた。　　（『ゲルニカ物語―ピカソと現代史―』）

❓ サブ・クエスチョン

なぜドイツ軍はバスク地方のゲルニカに無差別爆撃をおこなったのだろうか。

解説　人民戦線政府に対するフランコ将軍のクーデタからはじまったスペインでの内戦は，結果として「新地中海帝国」を標榜するイタリアと「東方生存圏」確立を模索するドイツとの連携関係を促し，ベルリン=ローマ枢軸へと結実した。その中で古都ゲルニカに無差別爆撃がおこなわれた。

Ⓑ オーウェル『カタロニア讃歌』

フランコは彼が単にイタリアやドイツの傀儡（かいらい）でないとすれば，封建的大地主と結託し，古臭い教権的・軍国主義的な反動勢力を代表してきた。人民戦線はいかさまかもしれないが。フランコときたら時代錯誤である。彼に勝ってほしいのは，百万長者かロマンチストぐらいなものだろう。……もしわれわれが，フランコとその外人部隊を海に追い落とすことができれば，世界の状況は大いに改善されるかもしれないのだ。よしんばスペインにおいて，息の詰まるような独裁制が樹立され，最優秀の人物がことごとく投獄されるようなはめになったとしても。それだけでも，この戦争は克（か）つに値するとおもうのだ。

❓ サブ・サブクエスチョン

当時の人々にとって，スペイン内戦はどのような意味のある戦争と捉えていたのだろうか。

まとめ

世界恐慌は地球規模に波及した。当時の人々にある選択肢は，アメリカの修正資本主義「ニューディール」，ソ連の社会主義「五カ年計画」，イタリア・ドイツのファシズム治世下の経済政策であった。その帰結が第二次世界大戦だが，その前哨戦としてスペイン内戦がある。

世界大戦の教訓はいかされたのか

？ メイン・クエスチョン

二度の大戦を経た人類は，どのような社会をめざしたのだろうか。

🔑 キーワード

第二次世界大戦，国際連合，冷戦

① 第二次世界大戦の展開

？ サブ・クエスチョン

第二次世界大戦はどのように推移したのだろうか。また，この戦争は人類にとってどのような戦争だったのだろうか。

A ヨーロッパ戦線①（1939〜42年）

B ヨーロッパ戦線②（1943〜45年）

？ サブ・サブクエスチョン

A・Bを比較すると，戦局の展開にどのようなちがいがあるだろうか。また，その変化の転換点となったのはどのような出来事だろうか。P.131の**G**も参考にして考えてみよう。

C アジア・太平洋戦線①　日中戦争

？ サブ・サブクエスチョン

日中戦争について，1941年12月の日米開戦以後，日本軍の作戦はおもにどのような場所で展開しているのだろうか。

D アジア・太平洋戦線②　太平洋戦争

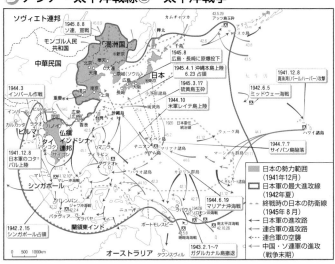

？ サブ・サブクエスチョン

太平洋戦争について，戦局の転換点はいつだったと考えられるだろうか。日本軍と連合軍の進攻路の方向と時期から，P.131の**G**も参考に考えてみよう。

E 第二次世界大戦開始時の国際関係

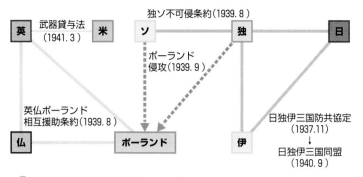

? サブ・サブクエスチョン

日独伊三国の関係は、なぜ防共協定から同盟に変わったのだろうか。また、アメリカはいつからヨーロッパの戦争に関わってきたのだろうか。

F 太平洋戦争開始時の国際関係

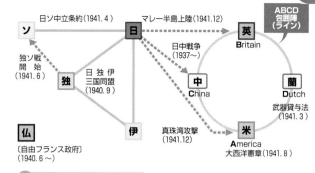

? サブ・サブクエスチョン

Eの国際関係から変化したのはどの国同士の関係だろうか。また、新たに登場したのはどの国か。

右側縦書き：
C 国際秩序の変化や大衆化と私たち
(3) 経済危機と第二次世界大戦

G 第二次世界大戦の展開

	ヨーロッパ戦線	アジア太平洋戦線
大戦の勃発	1936 .10 ベルリン＝ローマ枢軸の結成 1937 .11 日独伊三国防共協定の成立 1939 .8 独ソ不可侵条約締結 .9 ドイツ、ポーランド侵攻 →第二次世界大戦開始 ソ連もポーランド・バルト3国に侵攻 .11 ソ連＝フィンランド戦争（～40） .12 国際連盟がソ連を除名	1931 .9 満洲事変 1937 .7 日中戦争勃発 1939 .5 ノモンハン事件 （～.9）
ドイツの征服	1940 .5 ドイツがベルギー・オランダ・ルクセンブルクに侵攻 .6 イタリア参戦 フランスがドイツに降伏 .7 フランス、ヴィシー政府成立 .8 ドイツのロンドン空襲が始まる 1941 .3 アメリカで武器貸与法が成立 .6 独ソ戦開始 .8 米・英が大西洋憲章を発表	1940 .9 日本が北部仏領インドシナに進駐 .9 日独伊三国同盟成立 1941 .4 日ソ中立条約が成立 .7 日本が南部仏領インドシナに進駐 .8 アメリカ、対日石油輸出全面禁止 .12 日本が真珠湾を奇襲 →太平洋戦争開始
連合国陣営の反撃と勝利	1942 .1 連合国共同宣言 .11 連合軍が北アフリカ上陸 1943 .1 カサブランカ会談 .2 スターリングラードの戦いでドイツ軍が敗北 .7 連合軍がシチリア島上陸 ムッソリーニ失脚、バドリオ政権成立 .9 イタリアが連合国に無条件降伏 .11 カイロ会談、テヘラン会談（～.12） 1944 .6 連合軍がノルマンディー上陸 .8 連合軍、パリ解放 1945 .2 ヤルタ会談 .5 .2 ソ連軍、ベルリンを占領 .5 .7 ドイツが無条件降伏	1942 .6 ミッドウェー海戦で敗北 1943 .2 ガダルカナル島で敗北 .3 日本が朝鮮にも徴兵制をしく 1944 .7 サイパン島陥落 .10 米軍レイテ島上陸 1945 .4 沖縄本島に米軍上陸 .7 ポツダム会談 .8 .6 広島に原爆投下 .8 .8 ソ連の対日参戦 .8 .9 長崎に原爆投下 .8 .15 日本の無条件降伏

? サブ・サブクエスチョン

第二次世界大戦の死者数を第一次世界大戦の死者数のグラフ（→P.103）と比べてみよう。民間人の被害がとくに多いのはどの国だろうか。また、それはなぜだと考えられるだろうか。

H 連合国の戦後処理構想

会談・宣言	会談国	概要
❶ 大西洋上会談 （1941.8）	米・英	「大西洋憲章」で、領土不拡大・国際機構再建・民族自決などを主張。
❷ 連合国共同宣言 （1942.1）	連合国	ワシントンで、連合国26か国が戦争目的を反ファシズムと表明。
❸ カサブランカ会談 （1943.1）	米・英	対イタリア作戦（シチリア島上陸）と、枢軸国に無条件降伏をさせることを決定。
❹ カイロ会談 （1943.11）	米・英・中	日本の無条件降伏と朝鮮の独立、満洲・台湾の中国への返還などを決定。
❺ テヘラン会談 （1943.11～.12）	米・英・ソ	対ドイツ作戦で第二戦線の形成（北フランス上陸の作戦）を決定。
❻ ダンバートン＝オークス会議 （1944.8～.10）	米・英・中・ソ	国際連合憲章の原案を作成。
❼ ヤルタ会談 （1945.2）	米・英・ソ	ドイツの分割占領、国連の拒否権、ソ連の対日参戦と南樺太・千島のソ連帰属など合意。
❽ ポツダム会談 （1945.7）	米・英・ソ	ポツダム宣言で日本の早期無条件降伏・軍国主義の一掃などを勧告。

? サブ・サブクエスチョン

アメリカとイギリスは一貫して会談の中心にあるが、ソ連と中国はどの会談に参加しているだろうか。また、その理由を戦局と合わせて考えてみよう。

I 主要交戦国の死者数

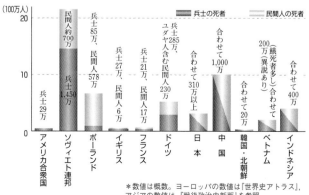

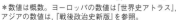

＊数値は概数。ヨーロッパの数値は『世界史アトラス』、アジアの数値は、『戦後政治史新版』を参照。

② 第二次世界大戦後の国際秩序の形成

C 国際秩序の変化や大衆化と私たち

(3) 経済危機と第二次世界大戦

A 国際連合の成立

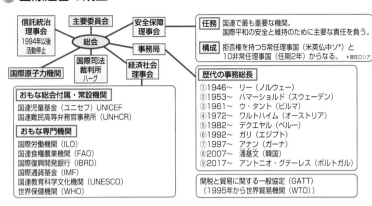

？ サブ・クエスチョン

第二次世界大戦後，どのような国際秩序が形成されたのだろうか。
また，日本の国際社会への復帰はどのように実現したのだろうか。

● 加盟国の推移

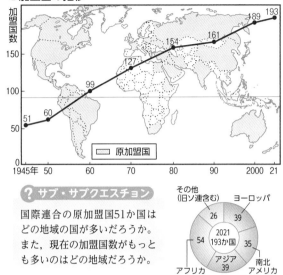

？ サブ・サブクエスチョン

歴代事務総長の出身国にはどのような特色が見られるだろうか。また，安全保障理事会の5常任理事国がもつ拒否権とはどのようなものか，調べてみよう。

？ サブ・サブクエスチョン

国際連合の原加盟国51か国はどの地域の国が多いだろうか。また，現在の加盟国数がもっとも多いのはどの地域だろうか。

● 国際連盟と国際連合の比較

	国際連盟（League of Nations）	国際連合（United Nations）
期間	1920～46	1945～
本部	ジュネーヴ（スイス）	ニューヨーク（アメリカ）
加盟国	42か国→59か国（1934年当時）	51か国→193か国（2021年現在）
表決方法	全会一致（総会・理事会）	多数決（安全保障理事会は常任理事国［5大国］の一致が必要）
制裁措置	経済的制裁が中心	経済的制裁，安全保障理事会による軍事的制裁
問題点	・表決が全会一致だったため，決定が困難 ・米の不参加，ソ連・独の加盟遅延，日・独・伊の脱退で，実行力に限界 ・制裁措置が不十分	・冷戦時，米ソの拒否権発動で安全保障理事会の機能が麻痺 ・第二次世界大戦の戦勝国がそのまま安全保障理事会の常任理事国として強い権限を保有

？ サブ・サブクエスチョン

国際連盟の失敗を教訓に国際連合が発足したが，米ソ冷戦下では十分に機能を発揮できなかった。その理由を上の表から説明してみよう。

● ブレトン＝ウッズ国際経済体制の成立

国際通貨基金（IMF）	・アメリカ＝ドルを基軸通貨とする固定為替相場制（金ドル本位制）を採用して国際貿易を発展させ，為替の安定を図る ・貿易赤字国に対して融資をおこなう
国際復興開発銀行（IBRD，世界銀行）	・戦後復興のための融資をおこなう →現在は発展途上国に対する融資をおこなっている
関税及び貿易に関する一般協定（GATT）	・自由貿易の拡大を目的として，関税の撤廃と削減，非関税障壁の撤廃をめざす →1995年に世界貿易機関（WTO）に発展した

？ サブ・サブクエスチョン

固定為替相場制，復興融資，自由貿易を原則とする国際経済体制は，戦後の経済復興のためにどのような効果が期待されていただろうか。

● 西側の封じ込め政策と東側の対抗措置

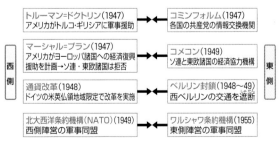

？ サブ・サブクエスチョン

西側と東側の対立はどのように推移しているだろうか。

解説 東西の陣営は北極海を隔てて向かい合っており，共産主義の拡大とその封じこめとが衝突した場合，ソ連と近接するアジア諸国，特に中国の帰属が争点となった。

B 冷戦のはじまり

？ サブ・サブクエスチョン 「鉄のカーテン」とよばれた線は何を隔てる境界だろうか。

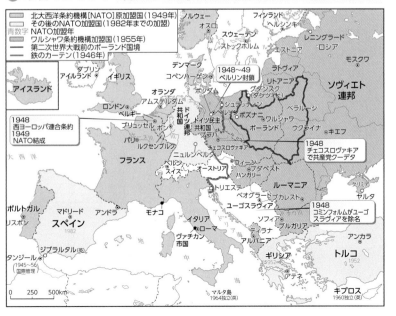

C 冷戦の影響

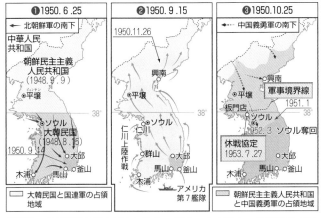

西側〔資本主義陣営〕　　東側〔社会主義陣営〕

朝鮮戦争
韓国 ← → 北朝鮮

国共内戦
中華民国〔中国国民党〕 → ← 中華人民共和国〔中国共産党〕

アメリカ　　　　　　　　　　　　　　ソ連

日本

インドシナ戦争
南ベトナム ← → 北ベトナム

フランス

戦争 ⟶☆⟵　　同盟・支援 ═══

❓ サブ・サブクエスチョン

朝鮮，中国，ベトナムの内戦は冷戦とどのように
関係しているだろうか。

●朝鮮戦争 （1950年6月〜53年7月）

❶1950.6.25	❷1950.9.15	❸1950.10.25

❶1950.6.25
← 北朝鮮軍の南下
中華人民共和国
朝鮮民主主義人民共和国（1948.9.9）
平壌
ソウル
大韓民国（1948.8.15）
1950.9.14
大邱
木浦　釜山
38°
□ 大韓民国と国連軍の占領地域

❷1950.9.15
1950.11.26
興南
平壌
仁川上陸作戦
ソウル
群山　大邱
馬山　釜山
木浦
アメリカ第7艦隊
38°

❸1950.10.25
← 中国義勇軍の南下
興南
軍事境界線 1951.1
平壌
板門店
1952.3 ソウル奪回
ソウル
休戦協定 1953.7.27
大邱
木浦　馬山　釜山
38°
■ 朝鮮民主主義人民共和国と中国義勇軍の占領地域

解説 北朝鮮軍が38度線を越えて韓国に攻め込み，朝鮮戦争がはじまった。韓国軍は釜山周辺に追い詰められたが，国連軍（主力は米軍）の参戦で半島北部まで押し戻した。さらに中国義勇軍の参戦で再び38度線まで後退し戦線は膠着。1953年7月休戦協定が結ばれた。日本は米軍の特需で戦後不況を脱し，また，在日米軍出動の空白を埋めるため警察予備隊が創設された（1952年に保安隊，54年に自衛隊と改称）。

● アジア諸国の独立

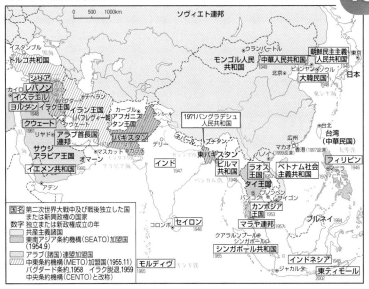

❓ サブ・サブクエスチョン

中華人民共和国が成立した年までに独立していた国はどこだろうか。
大陸の中国が「東側」となったことを西側諸国はどう受け止めただろうか。

↓❶米軍の注文で照明弾の製造をする工場

↑❷警察予備隊（のちの自衛隊）

● 朝鮮特需による経済の復興

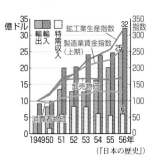

輸出入　特需収入
鉱工業生産指数　製造業賃金指数（上期）
卸売物価
消費者物価
1949 50 51 52 53 54 55 56年
（『日本の歴史』）

❓ サブ・サブクエスチョン

朝鮮戦争は日本にどのような
影響をもたらしたのだろうか。

D 日本の国際社会への復帰

● 平和条約の調印国

会議参加は日本を含め52か国（1951年当時の国境）
ポーランド
チェコスロヴァキア
ユーゴスラヴィア
ソ連
中華人民共和国
中華民国
インド　ビルマ
リベリア
南アフリカ連邦
■ 調印（48か国）
■ 調印拒否（3か国）
□ 不参加（3か国）
□ 不招請（2か国）

❓ サブ・サブクエスチョン

日本はサンフランシスコ平和条約により独立を回復したが，条約を調印したのは西側諸国に限られた。このことは戦後日本の国際的立場を，とくに安全保障の面でどのように制約したと考えられるだろうか。地図を参考に考えてみよう。

● 平和条約締結後の領土

サンフランシスコ平和条約による日本領・日本領土
同上により日本が放棄した地域
中華人民共和国
朝鮮民主主義人民共和国
竹島問題
大韓民国
日本
東京
北方領土問題
尖閣諸島
沖ノ鳥島（1968返還）
北大東島
小笠原諸島（1968返還）
父島
硫黄島
南鳥島（1968返還）
琉球諸島
奄美群島（1953返還）
ラサ大東島（1972返還）（沖縄返還）

まとめ 第二次世界大戦は，植民地などを含む世界規模での総力戦であった。兵士だけでなく一般市民にも甚大な被害が出たのがこの戦争の特徴である。大戦後は，平和維持のための国際機関として国際連合が発足したが，東西冷戦の中，国際協調の上で十分に機能を発揮できなかった。東西緊張の高まりは連合国の日本における占領政策を転換させ，日本は「反共の防波堤」としての役割を担いつつ西側諸国の一つとして独立を回復した。

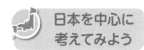

欧州情勢に翻弄される日本外交

❓ メイン・クエスチョン

日本は第二次世界大戦に何を目的に参戦し，戦後どのように国際社会に復帰したのだろうか。

🔑 キーワード

第二次世界大戦，空襲，民主化政策，日本国憲法，平和条約

❶ 第二次世界大戦

❓ サブ・クエスチョン

日本は，どのような経緯を経て第二次世界大戦に参戦したのだろうか。

Ⓐ 2つの共同宣言

連合国共同宣言（1942年1月1日）

　本宣言の署名国政府は，大西洋憲章として知られる1941年8月14日付のアメリカ合衆国大統領と連合王国首相による共同宣言に示された目的と原則の共同綱領に賛意を表し，敵国に対する完全な勝利こそ，生命，自由，独立，宗教的自由を守るために，また自国および他国における人権と正義を維持するために必須であることを確信するとともに，自国が世界征服を望んでいる野蛮で残酷な力との共通の戦いに現在従事していることを確信し，以下の宣言を行う。

　一，各政府は，自国が戦争状態に入っている敵国たる三国同盟の構成国および三国同盟への参加国に対し，軍事的，経済的資源をあまねく用いることを誓う。

　二，各政府は本宣言の署名国政府と協力し，敵国と単独の休戦もしくは単独の講和に入らないことを誓う。

以上の宣言には，ヒトラー主義に対する勝利に向けた戦いに物的支援や貢献を行っている他の国，もしくはそのような支援や貢献を行うであろう他の国も加入することができる。

（『世界史史料10』）

大東亜共同宣言（1943年11月6日）

　抑々世界各国ガ各其ノ所ヲ得相倚リ相扶ケテ万邦共栄ノ楽ヲ偕ニスルハ世界平和確立ノ根本要義ナリ

　然ルニ米英ハ自国ノ繁栄ノ為ニハ他国家他民族ヲ抑圧シ特ニ大東亜ニ対シテハ飽クナキ侵攻搾取ヲ行ヒ大東亜隷属化ノ野望ヲ逞ウシ遂ニハ大東亜ノ安定ヲ根柢ヨリ覆サントセリ大東亜戦争ノ原因茲ニ存ス

　大東亜各国ハ相提携シテ大東亜戦争ヲ完遂シ大東亜ヲ米英ノ桎梏ヨリ解放シテ其ノ自存自衛ヲ全ウシ左ノ綱領ニ基キ大東亜ヲ建設シ以テ世界平和ノ確立ニ寄与センコトヲ期ス

（『世界史史料10』）

❓ サブ・サブクエスチョン

連合国と日本側は，第二次世界大戦をどのように捉え，その後の世界をどのように構築しようと考えていたのだろうか。また，連合国共同宣言，大東亜共同宣言には，どのような国や地域が参加したのだろうか。

Ⓑ 戦時下における国民（私たち）の生活

❓ サブ・クエスチョン

戦時下において，国民生活はどのような影響を受けたのだろうか。

戦時生産と生活物資の欠乏

1937（昭和12）年＝100とした指数

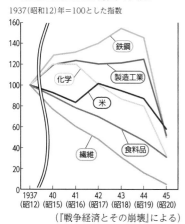

（『戦争経済とその崩壊』による）

解説 国民生活に欠かせない繊維・食料品の下降が著しく，一方で戦争遂行のための鉄鋼・製造工業（機械）は1943～44年が生産のピークであった。

↑❶配給制・切符制（長野県神科村）

生活必需品は1940（昭和15）年6月から砂糖とマッチを皮切りに切符制を主要な手段として配給された。

朝日新聞社提供

←❷衣料切符

1942（昭和17）年2月には，衣料品も切符制となった。

朝日新聞社提供

❓ サブ・サブクエスチョン

生活物資の欠乏に対して，政府はどのような対応をしたのだろうか。

↑③第1回学徒出陣壮行会(明治神宮外苑)
1943(昭和18)年10月2日，勅令によって理・工・医・教員養成以外の大学・高等専門学校在学生の徴集延期を廃止。満20歳に達した学生は臨時徴兵検査のうえ，同年12月1日に入営・入団した。この日7万人の学生の壮行会が行われた。

↑④教室で軍服を縫う女学生(長野県長野高等女学校) 1944(昭和19)年には女学校を中心に学校の工場化が全国的に拡大。生徒は女子挺身隊員として働いた。この時には鉢巻に日の丸はまだない。

↑⑤ローズヴェルト，チャーチルの似顔絵をたたく小学生(1943　山梨県塩山国民学校)

C 空襲地域と原爆投下

本土空襲

? サブ・クエスチョン
第二次世界大戦による日本の被害はどのようなものだったのだろうか。

? サブ・サブクエスチョン
子どもをはじめとした若者の生活は，戦時下でどのように変化したのだろうか。上の写真がそれぞれ何の場面かを考え，大学生，女学生(中高校生)，小学生の現在の生活と比較してみよう。

空襲による被災者　全国死者数計509,469人
- 100万人以上　○死者数100人
- 50〜100万人　以上の都市
- 10〜50万人
- 1〜10万人
- 1万人未満

? サブ・サブクエスチョン
私たちの住む地域は，空襲被害を受けたのだろうか。また，米軍はどのような場所に空襲をおこなったのだろうか。

解説 1944(昭和19)年末からの本格的な空襲はマリアナ諸島に設置された米軍航空基地からのB29によるものであった。1945(昭和20)年3月以降，低空からの焼夷弾爆撃が始まり，東京・名古屋・大阪・神戸などの大都市や地方都市が焼け野原になった。3月10日未明の東京大空襲は推定11万人の死者を出し，東京の4割が焦土と化した。

根室
釧路
室蘭
青森
釜石
仙台・女川
神戸 6,235
広島 78,150
明石
西宮
尼崎
敦賀
福井
岐阜
富山
長岡
宇都宮
前橋
日立
太田
水戸
銚子
千葉
東京 110,500
甘木・大刀洗
鳥栖
佐世保
長崎 74,013
下関
福山
徳山
岩国
宇部・光
大分
呉
今治
徳島
松山
高知
岡山
姫路
豊田市
四日市
和歌山
豊橋
浜松
静岡
横浜 4,616
名古屋 8,076
大阪 10,388
大牟田
鹿児島
宮崎
延岡
佐伯
那覇
沖縄：地上での戦闘による死傷者10万人以上

原爆投下目標都市の選定過程　1945年

.4.27	米，第1回目標選定委員会。17都市を研究対象(東京湾・川崎・横浜・名古屋・大阪・神戸・京都・広島・呉・八幡・小倉・下関・山口・熊本・福岡・長崎・佐世保)
.5.10〜.11	第2回目標選定委。京都・広島・横浜・小倉を目標として勧告
.5.15	ワシントン第20航空軍，「広島・京都・新潟」が「予約された地域(空襲禁止)」と指令
.5.28	第3回目標選定委。京都・広島・新潟に変更
.6.27	広島・京都・新潟に加え，小倉の通常爆撃禁止
.7.25	広島・小倉・長崎・新潟を目標とする投下命令

原爆の規模と被害

種類	広島	長崎
	ウラニウム235	プルトニウム239
TNT　火薬換算の威力	12±1 kt(キロトン)	22±2 kt
死没者数(1990年 厚生省発表)	20万1,990	9万3,966
	男　11万　589	男　4万8,453
	女　 9万1,258	女　4万5,498
	不詳　　　243	不詳　　　　15

? サブ・サブクエスチョン
原爆投下場所はどのように変わっていったのか。また，被害はどれくらいの規模に及んだのだろうか。

広島市の被害状況　1945年8月6日

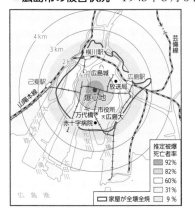

4 km
3 km
2 km
1 km
横川駅
己斐駅
広島城
爆心地
放送局
市役所
大広島大
万代橋
赤十字病院
広島駅
芸備線
山陽本線
広島港
推定被爆死亡者率
- 92%
- 82%
- 60%
- 31%
- 9%
家屋が全壊全焼

長崎市の被害状況　1945年8月9日

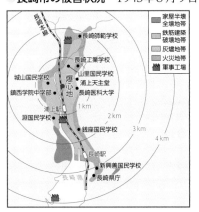

長崎本線
長崎師範学校
長崎工業学校
城山国民学校
山里国民学校
浦上天主堂
鎮西学院中学部
長崎医科大学
淵国民学校
浦上駅
銭座国民学校
長崎駅
新興善国民学校
長崎県庁
1 km
2 km
3 km
4 km
- 家屋半壊全壊地帯
- 鉄筋建築破壊地帯
- 灰燼地帯
- 火災地帯
- 軍事工場

解説 アメリカ陸軍のB29爆撃機「エノラ・ゲイ」号から投下された「リトルボーイ」は，広島の地上580mで爆発，強烈な閃光に続いて熱線と衝撃波，爆風と放射線が地上を襲った。広島市では，放射線による急性障害が一応おさまった1945(昭和20)年末までに約14万人が亡くなったと推計され(広島市発表)，長崎市では同年末までに7万人以上が亡くなったと推計されている(長崎原爆資料館発表)。生存者も放射能による後遺症に苦しみ，それは現在も続いている。原爆投下は，人類史上例をみない無差別，大量の破壊と殺戮である。

② 占領から平和条約締結へ

❓ サブ・クエスチョン

日本の戦後処理は，どのように進められたのだろうか。また戦争に関係する問題は，現在の私たちの社会とどのような関わりがあるのだろうか。

A 連合国の主要会談

□ 国連の成立に関する会議
□ 日本に関する会議

❶大西洋上会談
1941.8（米・英）
対独戦争とソ連援助
大西洋憲章発表

❼ポツダム会談
1945.7〜.8（米・英・ソ）
ポツダム協定（対独処理）
ポツダム宣言（対日処理）

❺ヤルタ会談
1945.2〜.8（米・英・ソ）
対独戦後処理を討議
ソ連の対日参戦など多くの秘密協定の締結

❹ダンバートン＝オークス会議
1944.8〜.10（米・英・ソ・中）
モスクワ宣言（1943）に基づき，「国連憲章」の原案作成

❸テヘラン会談
1943.11〜.12（米・英・ソ）
第二戦線の最終的決定
ソ連，対日参戦を表明

❻サンフランシスコ会議
1945.4（50カ国）
「国連憲章」採択
信託統治制度に関する規定

❷カイロ会談
1943.11（米・英・中）
カイロ宣言（対日処理方式，日本の無条件降伏まで戦う）発表

出席した各国首脳
米：ローズヴェルト トルーマン（ポツダム会談）　英：チャーチル アトリー（ポツダム会談）　ソ：スターリン　中：蔣介石

カイロ宣言の主な内容

①太平洋地域の植民地の剝奪　②満洲・台湾・澎湖諸島の中国への返還　③朝鮮の独立　④日本の無条件降伏まで戦う

ヤルタ秘密協定の主な内容

①ソ連はドイツ降伏後2〜3カ月以内に対日参戦　②ソ連に満洲への権益付与，南樺太返還，千島列島割譲

ポツダム宣言の主な内容

①軍国主義の除去　②連合国の日本占領　③日本領土の制限　④日本軍の武装解除　⑤戦争犯罪人の処罰と民主主義・基本的人権の尊重

［解説］ ヤルタ会談で米・英・ソの対日秘密協定が締結された。これによってソ連は，ナチス＝ドイツ降伏から3カ月後の8月8日，対日宣戦を通告し，日ソ中立条約を破棄して翌9日からソ満国境を越えて侵攻した。満洲移民の人びとは置き去りにされる形のなか，悲惨な逃避行をしたり，ソ連軍に捕えられて長くシベリア抑留という過酷な体験をすることになった。また領土の割譲条項は，その後の北方領土問題の原因ともなった。

↑❾終戦を伝える新聞記事（『朝日新聞』1945.8.15）

［解説］ 1945（昭和20）年8月14日の御前会議でポツダム宣言受諾が決定し，連合国側に通告した（正式な終戦は9月2日の降伏文書調印日）。8月15日正午に天皇の肉声による終戦詔書をラジオ放送し（玉音放送），国民に諭旨する方法がとられた。

B 中国残留孤児

（『週刊朝日百科 新訂増補 日本の歴史』による）

一般・義勇隊開拓団
・1941年以前入植
・1942年以後入植
← ソ連軍

ソ連
第2極東方面軍
ハバロフスク
ザバイカル方面軍
第1極東方面軍
チチハル
ハルビン
満洲国
ウラジオストク
太平洋艦隊
ソ蒙連合機動軍
長春 吉林
奉天
朝鮮
中国
鞍山
平壌
大連
京城

［解説］ 1936（昭和11）年以降満洲移民は本格化した。1937年からは16〜19歳の青少年を満蒙開拓青少年義勇軍に編成，3年間の軍事・農事の現地訓練ののちに入植させる義勇隊開拓団が多くなった。45年8月のソ連参戦で，入植者27万人のうち8万人近くが死亡した。絶望的な状況下，子どもを中国人に預けた母親も多く，中国残留孤児の原因となった。

生き別れた者の記録
近く来日する47人

↑❿孤児の来日を伝える新聞記事
（『朝日新聞』1981.2.28）

❓ サブ・サブクエスチョン

日本とドイツの戦後補償を比較してみよう。2国にどのような処理の違いがあるだろうか。

C 降伏文書の調印

重光葵外相
梅津美治郎参謀総長
マッカーサー

←⓫調印式のようす
1945（昭和20）年9月2日，東京湾上の米戦艦「ミズーリ号」上で降伏文書の調印式が行われた。日本側は政府代表重光葵外相と大本営代表梅津美治郎参謀総長が署名，連合国側はマッカーサー元帥を含む10名が署名した。

❓ サブ・サブクエスチョン

日本の代表はなぜ2人いるのだろうか。

D 戦後補償の国際比較 −戦後補償問題を考えるための多面的な視点

ドイツ	日本
●イスラエルとの補償協定（1952）：35億マルク ナチスの迫害を受けたユダヤ人	●サンフランシスコ平和条約（1951）
●包括協定（1959，91〜93，95，97） ：28億マルク ナチス被害を受けた各対象国国民	●賠償額等の具体的取り決めは日本に占領されたアジア諸国と日本との個別協定（二国間協定）に委ねる
●連邦補償法（1956）：796億マルク ナチスによる被害者でドイツ第三帝国領域に居住していた者。国籍不問	●賠償請求権を放棄する代わりに無償経済協力を行う形（準賠償）が多い。その後の日本のODA開発援助と日本企業進出の背景となる
●連邦返還法（1967）：40億マルク ナチスに強制収用された動産と不動産等物的損害についての補償	●日本政府は，日本国籍をもたない元植民地の軍人・軍属，慰安婦などの犠牲者個人への補償，日本国内の空襲犠牲者への補償などは実施していない
●補償年金法（1992）：10億マルク 旧東ドイツのファシズム抵抗者，その犠牲者に対する年金継続，旧東ドイツにおけるナチス迫害の犠牲者への補償	その他
	●犠牲者個人に対する補償　ドイツのナチス迫害犠牲者に対する補償，アメリカ・カナダにおける日系人強制収容者への補償など

E 民主化政策と日本国憲法

占領下の改革一覧表

ポツダム宣言

6条：軍国主義者の排除　　9条：日本国軍隊の武装解除
10条：民主主義的傾向の復活強化・基本的人権の尊重

↓

五大改革指令

①婦人の解放：選挙法改正による女性参政権，民法改正
②労働組合の結成：労働組合法・労働関係調整法・労働基準法の労働三法制定
③教育の自由主義化：軍国主義教育(修身・国史・地理)の停止，教育基本法
　・学校教育法・教育委員会法制定
④圧政的諸制度の撤廃：陸海軍解体・軍事工業停止指令，極東国際軍事裁判，
　治安維持法・特高警察の廃止，政治犯の釈放，天皇制批判の自由，天皇の人
　間宣言，公職追放令，神道指令(国家と神道の分離)
⑤経済機構の民主化：農地改革，財閥解体

❓ サブ・サブクエスチョン

五大改革指令の目的は何だったの
だろうか。また，改革を１つ取り
上げ，改革内容をまとめてみよう。

❓ サブ・サブクエスチョン

日本国憲法は，どのような
経過を経て公布されたのだ
ろうか。

日本国憲法の制定経過

→⑫松本烝治(1877～1954)

GHQ*（*連合国軍最高司令官総司令部）

政　府

マッカーサー → 憲法改正示唆 1945.10.11 → 幣原内閣

作成指示 1946.2.3

提出 1946.2.8

GHQ案

松本案拒否 GHQ案手交 1946.2.13

憲法問題調査委員会を設置
松本烝治委員長1945.10.25

「松本草案」まとまる1946.1.4

憲法研究会をもとに鈴木安蔵が「憲法
改正草案要綱」作成発表1946.3.6
「憲法改正草案」発表1946.4.17

↓ 提出1946.6.20

第90回帝国議会　吉田内閣

憲法改正案修正可決1946.10.7

日本国憲法公布1946.11.3

国　民

新選挙法による
衆議院総選挙
1946.4.10
民間草案の作成

解説 政府作成の松本草案は明治憲法に近く国体護持を唱えたた
め，GHQは拒否。そののち，GHQの原案がもとになって作成され
たため，「押しつけ憲法」といわれるが，国民は新憲法を支持した。

F 占領政策の転換と平和条約

←⑬米軍の車両を修理する工場(神奈川県横須賀市)
朝日新聞社提供

⑭行進する警察予備隊の隊員
朝日新聞社提供

❓ サブ・サブクエスチョン

日本の工場で米軍向けの武器の製造や車両の修
理がされたり，警察予備隊が設置されたりした
背景には，どのようなことがあったのだろうか。

解説 在日米軍の朝鮮出動の空白を埋めるため，
1950年8月発足(定員7万5,000人)。「治安維持」と
いう名目だったが，米軍から貸与されたバズーカ(対
戦車ロケット戦発射器)を用い米式訓練を受けた。

↑⑮吉田首相の言に激怒する南原繁総長(那須
良輔筆)　東大南原総長の全面講和論を吉
田は「曲学阿世の徒」(世俗におもねってい
る学者)として非難した。全面講和論には
米軍駐留継続への反対の意味も含まれてい
た。　　　　　　　湯前まんが美術館蔵

❓ サブ・サブクエスチョン

スティックを指している人物と怒って
いる人物は誰で，この構図は何を表し
ているのだろうか。

サンフランシスコ平和条約(1951年9月8日)

第1条(a)　日本国と各連合国との間の戦争状態は，第
　23条の定めるところによりこの条約が日本国と当該連
　合国との間に効力を生ずる日に終了する。
第2条(a)　日本国は，朝鮮の独立を承認して，……朝鮮
　に対するすべての権利・権原及び請求権を放棄する。
　(b)　日本国は，台湾及び澎湖諸島に対するすべての権
　　利，権原及び請求権を放棄する。
　(c)　日本国は，千島列島並びに日本国が1905年9月
　　5日のポーツマス条約の結果として主権を獲得した
　　樺太の一部及びこれに近接する諸島に対するすべて
　　の権利，権原及び請求権を放棄する。……
第6条(a)　連合国のすべての占領軍は，……90日以内
　に，日本国から撤退しなければならない。……

『日本外交主要文書・年表』

日米安保と行政協定

・**日米安全保障条約**
　　　　　　　(第3次吉田茂内閣)
(1951.9.8調印　52.4.28発効)
1．アメリカ合衆国に対し，陸海空
　軍の配備を日本は認める。米軍は，
　極東における平和と安全に寄与す
　るため，外国からの侵略や外国の
　影響で起きた内乱や騒じょうを鎮
　圧するためにも使用することがで
　きる。
2．米軍の国内配備などについては
　日米行政協定で決定する。

・**日米行政協定**
(1952.2.28調印　52.4.28発効)
1．日本は，在日米軍に基地(施設・
　区域)を提供する。
2．日本は，在日米軍駐留経費の一
　部を負担する。

まとめ 日本の国際社会との関わりについて，アジア太平洋戦争からサンフランシスコ平和
条約に至る経過をアメリカとの関係を軸にまとめてみよう。また日本は，アメリカ
以外の世界各国とは，この期間，どのような関わりを持ったかも整理してみよう。

❓ サブ・サブクエスチョン

日本においてアメリカ軍はどのように
位置づけられているか。

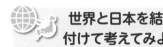

C 国際秩序の変化や大衆化と私たち

(3) 経済危機と第二次世界大戦

「封じ込め」からの「巻き返し」へ

メイン・クエスチョン

アメリカ(西側陣営)はどのように東側陣営に対峙しようとしたのだろうか。

キーワード

冷戦,「封じ込め」政策,「巻き返し」政策,朝鮮戦争,日米安全保障条約,核保有

① 冷戦下のヨーロッパ

A 4国による分割占領

地図中：検問所、飛行場、占領地域（米・英・仏・ソ連）、1945年以後のベルリン市界の境界、東西ベルリンの境界（ベルリンの壁1961〜89）、ハンブルク、シュテッテン、ポーランド、西ドイツ・ベルリン、東ドイツ、ボン、ニュルンベルク、プラハ、チェコスロヴァキア、テーゲル、東ベルリン、西ベルリン、ブランデンブルク門、テンペルホーフ、ミュンヘン、ウィーン、ベルン、スイス、オーストリア、ガトウ、シェーネフェルト、フランス

解説 敗戦後のドイツは、東西対立の縮図であった。米英仏が西ドイツ地区を、ソヴィエトが東ドイツ地区を占領した。ベルリンも同様に分割され、西ベルリン地区は、社会主義の海に浮かぶ、資本主義の孤島になった。

サブ・クエスチョン

冷戦下のヨーロッパは、どのような状況にあったのだろうか。

←❶ベルリン空輸　1948年、ソヴィエトは西ベルリンに通じる道や送電線を封鎖した。これにより孤立してしまった西ベルリン市民に物資を送るため、西側諸国は、1949年5月まで西ベルリンへの空輸をおこなった。

サブ・クエスチョン

アイゼンハワー大統領が「巻き返」そうとしたものとは、なんだったのだろうか。

② アイゼンハワー大統領と「巻き返し」政策

A 第二次世界大戦直後の世界情勢

←❷アメリカ国務長官ダレス(左)とアイゼンハワー大統領(右)　アイゼンハワー大統領は、就任に際し「巻き返し」政策とよばれる外交を展開した。その構想に大きく関わっていた人物として、国務長官のダレスの存在がある。

B ダレス国務長官の演説(1953年)

われわれは強固な軍事体制を持たねばならないし、友好国との間に軍事提携をしなければならない。その目的は戦争を開始することではなく、戦争を抑止することである。アメリカ外交政策の目的は、諸国民が共産主義世界の全体主義的独裁に吸収されないよう、自由への愛着と尊敬の念を彼らのうちに生みだすことでなければならない。

C 第二次世界大戦直後の世界情勢

	米	（資本主義陣営）　アメリカ・ヨーロッパ　（社会主義陣営）		ソ連	アジア・アフリカ(第三世界)	中国	日本
冷戦の激化	トルーマン	1945 アメリカ，原子爆弾保有　　国際連合発足		スターリン			
		1946 「鉄のカーテン」演説(チャーチル)			1946 インドシナ戦争(〜54)		1946 日本国憲法公布
		1947 トルーマン=ドクトリン	1947 コミンフォルム結成				
		マーシャル=プラン					
		1948 西ヨーロッパ連合条約	1948 チェコスロヴァキア=クーデタ		1948 大韓民国成立，朝鮮民主主義人民共和国成立		
		1948　ベルリン封鎖(〜49)			第1次中東戦争(パレスチナ戦争，〜49)		
		1949 北大西洋条約機構(NATO)	1949 経済相互援助会議(コメコン)		1949 中華人民共和国成立		
		ドイツ連邦共和国(西独)成立	ドイツ民主共和国(東独)成立			毛沢東	
			ソ連，原子爆弾保有		1950 中ソ友好同盟相互援助条約		1950 特需景気
					朝鮮戦争(〜53)		警察予備隊
							1951 サンフランシスコ平和条約
							日米安全保障条約
		1953 アイゼンハワー大統領就任	1953 スターリン死去				

←❸トルーマン大統領
終戦間際にアメリカ大統領になり，戦後直後は「封じ込め」政策を展開してきた。

➡❹マーシャル=プランのポスター
「封じ込め」政策の一環としておこなわれたマーシャル=プランの参加国が記されたポスター。

D アチソン=ライン

日本
中国
フィリピン（米）

┈解説┈ アチソン国務長官が，演説において戦後のアメリカの極東情勢における防衛ラインを示した。これは「アチソン=ライン」とよばれる。

？サブ・クエスチョン
冷戦下の対立は何をもたらしたのだろうか。

③ 冷戦下での変化

A 1950年代以降の国際関係

中ソ友好同盟相互援助条約
1950（1980解消）

北大西洋条約機構
NATO 1949
アメリカ・カナダ・イギリス・イタリア・フランス・ベルギー・オランダ・ルクセンブルク・ノルウェー・デンマーク・アイスランド・ポルトガル（のち，ギリシア・トルコ・西ドイツ・スペインが加盟）。さらに東欧諸国も加盟し，現在30か国（2022年6月現在）

ワルシャワ条約機構
1955（1991解体）
ソ連・ポーランド・東ドイツ・チェコスロヴァキア・ハンガリー・ルーマニア・ブルガリア・アルバニア（1968脱退）

日米安全保障条約　1951
米韓相互防衛条約　1953
米華（台湾）相互防衛条約
1954（1979解消）
米比相互防衛条約　1951

アフリカ統一機構
OAU 1963
南アを除くアフリカ独立国32か国で発足。2002年にアフリカ連合（AU）に発展
＊シリアは2011年より資格停止。

太平洋安全保障条約
ANZUS 1951
アメリカ・オーストラリア・ニュージーランド

米州機構
OAS 1948
アメリカと中南米21か国。現在，アメリカ・カナダと中南米35か国（2021年）

アラブ（諸国）連盟　1945
原加盟国イラク・シリア＊・レバノン・トランスヨルダン・サウジアラビア・イエメン・エジプト。PLOを含めて22か国（2021年）

東南アジア条約機構　SEATO 1954（1977解消）
アメリカ・イギリス・フランス・オーストラリア・ニュージーランド・タイ・フィリピン・パキスタン（1972脱退）

中東条約機構　METO→中央条約機構　CENTO
1955（1958崩壊）　　　　1959（1979崩壊）
イギリス・イラン・トルコ・パキスタン・イラク（1959脱退）

┈解説┈ 1951年のサンフランシスコ平和条約で日本の独立が承認されたが，同時に，日米安全保障条約も締結された。これは日本の「西側」諸国としての国際社会復帰を意味した。朝鮮戦争開始より，警察予備隊の設置や戦争犯罪人の公職復帰がおこなわれるなど，日本の民主化・非軍事化を目指した戦後改革は，「逆コース」をたどっていくこととなった。

B 国防のあり様の変化

？サブ・サブクエスチョン
アメリカはどのような同盟を結んだのだろうか。また，その中で日本の国防はどのように変化したのだろうか。

↑❺サンフランシスコ平和条約調印式（1951年）　東西冷戦の緊張下，アメリカは，日本を西側陣営の一因とするために日本の国際復帰を望んでいた。

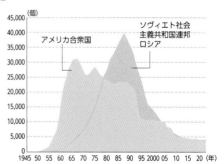

朝日新聞社提供

↑❻警察予備隊　在日米軍の朝鮮出動の空白を埋めるため，1950年8月に発足。「治安維持」という名目だったが，米軍から貸与されたバズーカを用い，米式訓練を受けた。

C 世界にある核兵器の数の推移

（個）
アメリカ合衆国
ソヴィエト社会主義共和国連邦
ロシア
45,000
40,000
35,000
30,000
25,000
20,000
15,000
10,000
5,000
0
1945 50 55 60 65 70 75 80 85 90 95 2000 05 10 15 20 （年）

？サブ・サブクエスチョン
アメリカの核兵器数が増加するのは，いつ頃だろうか。

まとめ　アメリカの戦後はマーシャル＝プランをはじめとする「封じ込め」政策を展開したが，朝鮮戦争の勃発など想定外の展開に直面する中で，アイゼンハワーが登場する。受け身ともいえる「封じ込め」政策から，積極的に東側陣営に対峙していく「巻き返し」政策が展開され，安全保障体制が世界各地で形成されていく。また東側陣営も同様の動きをとっていることにも注目したい。また，こうした情勢下で軍事費の増大が，とくにアメリカ・ソ連の財政を圧迫した結果，核兵器の「抑止力」によってその乗り越えが図られていくことにもなる。現在の各国の核戦略との結びつきも考えたい。

【自由・制限】女性は「国民」なのか

❓ メイン・クエスチョン

世界大戦下の「総力戦」や「銃後の守り」を経て，女性は何を得て，何を得ることができなかったのだろうか。

🔑 キーワード

総力戦，銃後の守り，国民，権利と義務，ジェンダー

アメリカの映画プロデューサーによるセクハラ疑惑をきっかけに起こった「#MeToo」運動をうけて，2019年日本において，職場でハイヒールやパンプスの着用を義務付けられるなど，女性にだけある服装規定に対して女性たちが起こしたのが「#kuToo」運動である。「KuToo」とは，「靴」「苦痛」をもじったものとされる。

① 第一次世界大戦と 「総力戦」

❓ サブ・クエスチョン

「総力戦」によって，女性は何を得たのだろうか。

Ⓐ イギリス女性参政権運動

➡❶警官に取り押さえられるサフラジェットの女性(左)
➡❷WSPUのメンバー(右)
サフラジェットとは，19世紀末から20世紀初頭にかけて，参政権を求め，過激な行動も辞さなかった女性活動家たちのこと。中でも女性政治社会連合(Women's Social and Political Union,WSPU)のメンバーなどを指す。

❓ サブ・サブクエスチョン

サフラジェットが過激な活動をもやらざるを得なかった社会の状況を想像してみよう。

Ⓑ 女性の服装の変化

↑❸弾薬工場で働く女性(1914年)
第一次世界大戦により生まれた新しい戦争の形態や考え方で，戦闘のみが戦争の勝敗を決める要因ではなく，軍事・政治・経済・人的諸能力などの国力のすべてを戦争に投入することを重視した考え方を「総力戦」という。

↑❹ヴィクトリア朝時代(19世紀)の女性

↑❺20世紀前半の欧米の女性

❓ サブ・サブクエスチョン

「ヴィクトリア朝時代の女性」の服装の特徴と，「20世紀前半の欧米の女性」の服装の特徴の違いなどを写真から読み取り，なぜ変化したのか考えてみよう。

C 女性兵士の募集

←❻アメリカでの女性志願兵を推奨するポスター

解説 イギリスやアメリカは、第一次世界大戦時に女子の志願兵を採用した。さらにイギリスは第二次世界大戦中、女子に対しても徴兵制を導入した。

一方、日本ではアジア太平洋戦争末期の1945年に兵力不足を補うために、女子航空整備員、女子衛生兵を募集しているものの、後方支援が業務の中心であった。

？ サブ・サブクエスチョン

なぜ、多くの欧米の国では20世紀前半に女性参政権が実現したのだろう。ポスターや表などを根拠にして説明してみよう。

D 女性参政権の実現

年	女性参政権の実現国
1893	ニュージーランド
1902	オーストラリア
1906	フィンランド
1913	ノルウェー
1915	デンマーク
1917	オランダ・メキシコ
1918	イギリス(30歳以上)・ソ連・オーストリア
1919	ドイツ
1920	アメリカ・インド
1921	スウェーデン
1928	イギリス(男女平等)
1934	トルコ
1944	フランス
1945	日本・イタリア

② 太平洋戦争と「銃後の守り」

A 「銃後の守り」と大日本国防婦人会

↑❼大日本国防婦人会「砺波正倉」

軍の支援のもと、出征兵士を見送ったり、慰問袋(戦地の兵士を慰めるため日用品を袋に詰めたもの)を作ったりして「銃後の守り」の立場で戦争協力をおこなった。

↑❽米軍の空襲に備えてバケツリレーでの消火訓練のようす

？ サブ・サブクエスチョン

❼❽や年表をみて、戦時下の日本の女性たちはどのような役割を担っていたのか、考えてみよう。

？ サブ・クエスチョン

日本では、女性参政権を実現するためにどのような動きがあったのだろうか。また、それは女性たちにどのような変容をもたらしたのだろうか。

年	できごと
1900	治安警察法(女性の政治活動禁止)
1925	男性普通選挙法(普通選挙法)
1930	婦人公民権法案衆議院で可決、貴族院で流れる
1931	婦人公民権法案衆議院で可決、貴族院で否決 満洲事変
1932	大日本国防婦人会(発足後10年間で会員1,000万人)
1933	日本、国際連盟脱退
1937	日中戦争開始
1938	母子保護法
1939	婦人事局研究会(会長市川房枝)
1940	国民優生法　優生結婚相談所設置 贅沢不要不急品追放に婦人団体動員 婦人参政権同盟解散 婦選獲得同盟解散、婦人時局研究会に合流 厚生省、優良多子家庭(10人以上)表彰
1941	日米開戦
1942	大日本婦人会(国防婦人会900万会員、愛国婦人会400万会員、大日本聯合婦人会の合同)
1944	女子挺身隊143人播磨造船所入所
1945	.2　女子航空整備員採用 .4　女子衛生兵600人募集 .6　大日本婦人会、国民義勇戦闘隊へ発展的解消 　　義勇兵役法(15〜60歳男子、17〜40歳女子を国民義勇戦闘隊に編成し、本土決戦に備える) .8.15　ポツダム宣言受諾、敗戦

(『ナショナリズムとジェンダー』を参考に作成)

③ 男女平等ランキングから見る日本の女性

A 男女平等ランキング (2023)

世界ジェンダー・ギャップ報告書 (Global Gender Gap Report) 2023

順位	国名	スコア
1	アイスランド	0.912
2	ノルウェー	0.879
3	フィンランド	0.863
4	ニュージーランド	0.856
5	スウェーデン	0.815
6	ドイツ	0.815
7	ニカラグア	0.811
8	ナミビア	0.802
9	リトアニア	0.800
10	ベルギー	0.796
105	韓　国	0.680
107	中　国	0.678
125	日　本	0.647

？ サブ・クエスチョン

現代の女性をめぐる課題とは何だろうか。

解説 男性を1とした時の女性がどれくらいなのかを指数で表したもので、ジェンダー間の「経済的参加度および機会」「教育達成度」「健康と生存」「政治的エンパワーメント」の4つの指標をもとに格差を算定している。
(政治的エンパワーメントとは、例えば大臣の男女比率など、政治分野においてどの程度権限が付与されているかを示す指標。)

？ サブ・サブクエスチョン

この統計を、特にスコアに注目してみてみると、どのようなことがわかるだろうか。

【平等・格差】「上から」の経済政策

? メイン・クエスチョン

沖縄の「名物」は，沖縄経済とどのようにつながっているのだろうか。

キーワード

近代化，帝国主義，冷戦，明治時代，沖縄，
サトウキビ，米軍基地，基地経済

←❶サトウキビ畑のようす

➡❷沖縄県嘉手納基地

沖縄では，17世紀以降サトウキビから砂糖を生産するようになり，今日に至る。歌手・森山良子の楽曲「さとうきび畑の唄」は広く知られているし，生産量においても全国の6割以上を占めているため，サトウキビは沖縄「名物」の代表格ともいえる存在となっている。また，沖縄を語る上で，米軍基地の存在は欠かすことができない。沖縄には，他県と比較しても多数の米軍基地が存在しており，わたしたちに多くの問題を投げかけている。この米軍基地建設の中で，多くのサトウキビ畑が失われていった。そうした意味で，沖縄のサトウキビ畑は，今日に至るまでの沖縄の歴史を目の当たりにしてきた「名物」であるともいえる。

① 帝国主義の時代が沖縄にもたらしたもの

Ⓐ 栽培制限の撤廃(1888年)

サトウキビ栽培についての反別制限（一反ごとの栽培制限）を解除し，サトウキビ栽培を奨励したことで，サトウキビ栽培がそれまで精糖を許可されていなかった宮古島や八重山諸島にも拡がっていった。

（『沖縄糖業年報』掲載の文章を意訳）

解説 沖縄県の発展のためには，砂糖の生産が重要とされた。1888(明治21)年にサトウキビの作付制限が撤廃され，以後沖縄県の各地で畑をサトウキビ畑に転用したり，新たに開墾したりして，サトウキビを植え付ける人が増えた。

Ⓑ サトウキビの作付面積・収穫量・製糖量の推移

	作付反別（町歩）	収穫量（万斤）	製糖量（万斤）
1883(明治16)年	1,939	7,159	記録なし
1898(明治31)年	4,142	記録なし	2,336
1902(明治35)年	5,819	記録なし	4,177
1907(明治40)年	8,281	45,171	3,730
1912(大正元)年	11,690	94,330	6,615
1916(大正5)年	13,901	120,351	12,068
1919(大正10)年	16,783	16,856	8,596

（『沖縄県史』を参考に作成）

Ⓔ 昭和恐慌期（1932年）の沖縄

沖縄とても資本主義経済の盤上に立っている。だからこそ恐慌のあおりを受けることも不可避的だ。事実沖縄では恐慌のあおりを食って，農産物の価格が下落した。殊にこの島国唯一の砂糖価格の暴落には急激なものがあった。糅てて加えて昨年下半期の暴風と今年へ這入っての旱魃とは，この島に於ける主要食物としての甘藷に大不作を招来した。就中国頭では，その農民の多くは，甘藷もなければ，米もなく，それら食物を買って食うべき金は勿論なく，山野に自生する蘇鉄を以て食用に供した。ところがこの蘇鉄には，命取りの毒素が含まれている。だからこれを食糧にすることは甚だし。

（『日本農業年報』）

? サブ・クエスチョン

日本の近代化の中で，沖縄の産業はどのような構造になったといえるのだろうか。

? サブ・サブクエスチョン

沖縄のサトウキビの生産量は，いつごろから伸びていったのだろうか。また，そのきっかけとは何だろうか。

Ⓒ サトウキビ栽培者の構成(1921年)

大規模農家 24.4

零細企業 75.6%

解説 グラフのとおり，1921(大正10)年においては，全体の約4分の3を零細農家が占めていた。これら零細農家においては，サトウキビ栽培が，現金収入を得る唯一の手段といってよかった。

（『琉球の歴史』を参考に作成）

Ⓓ サトウキビが輸移出額で占めていた割合

	那覇港県輸移出全金額	糖業生産物輸移出額	糖業の割合
1933(昭和8)年	17,252,948 円	12,270,013 円	71%
1934(昭和9)年	17,332,297 円	11,283,137 円	65%
1935(昭和10)年	18,048,118 円	11,860,202 円	66%
1936(昭和11)年	19,463,318 円	12,737,288 円	65%
1937(昭和12)年	21,452,541 円	13,995,870 円	65%
5年間の平均	18,709,844 円	12,429,202 円	66%

（『砂糖に関する書類』を参考に作成）

解説 移出は国内での輸送を指し，輸出は国境を越えた場合に用いる。

? サブ・サブクエスチョン

昭和恐慌は，沖縄のサトウキビ生産にどのような影響を与えたのだろうか。

② 冷戦構造が沖縄経済に与えたもの

❓ サブ・クエスチョン

戦後まもなく全国各地で反基地運動が展開されたが，結果としてそれぞれの地域の米軍基地はどうなったのだろうか。

Ⓐ 基地の建設・拡大

(沖縄県公文書館)

↑❸普天間飛行場(沖縄県伊佐浜)の反基地運動　普天間飛行場は，沖縄県宜野湾市にある軍用飛行場である。もともとは広大な農村地帯だったが，沖縄戦で宜野湾が米軍の支配下におかれた時点から，既に滑走路の建設ははじまっていた。戦後も飛行場は拡大を続け，沖縄県の基地総面積は，1951(昭和26)年の120km²から，1953(昭和28)年には170km²と，短期間で70%も増加した。

←❹砂川町(東京都)の反基地運動(いわゆる「砂川闘争」)　沖縄で反基地運動が展開される中で，東京都でも運動が起こっていた。東京都立川米軍基地の拡張に反対する砂川町民が，反対闘争をおこなったのである(砂川闘争)。1956年10月にはピケ隊と警官隊とが衝突し，流血事件に発展，1,100人あまりの負傷者が出た。写真中の小屋には，「基地拡張絶対反対」の幕が見える。

Ⓑ 沖縄の戦略的重要性

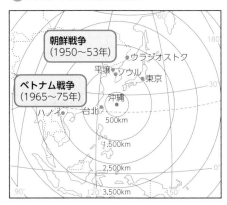

| 朝鮮戦争 (1950~53年) |
| ベトナム戦争 (1965~75年) |

◀解説　1949(昭和24)年の中華人民共和国の成立と翌年の朝鮮戦争勃発を契機として，沖縄の基地拡大はさらに強化された。特に，1965(昭和40)年にアメリカが本格的にベトナムに介入をはじめると，基地としての沖縄の重要性はより高まり，数多くの兵士や艦船，航空機が，沖縄からベトナムに向かった。

←❺沖縄から飛び立つB52爆撃機

「黒い殺し屋」の異名をとるB52爆撃機は，米軍によるベトナム爆撃の中心的な役割を担った。1968(昭和43)年には，B52爆撃機が嘉手納基地内で着陸に失敗し，搭載していた爆弾が爆発した結果，多数の死傷者が出るという事故が起きている。

(読売新聞社提供)

Ⓒ 沖縄の米軍基地の現状

◀解説　1955(昭和30)年時点で，国内の米軍基地に占める沖縄県の割合は11%だった。これが沖縄返還のあった1972(昭和47)年には58.7%と過半数を超え，1995(平成7)年には75%，2016(平成28)年でも74.5%と，依然として高い割合を沖縄県は占めている(その後，訓練場が返還されるなどされ現在は約70%)。

沖縄県の面積	：2,281km²
沖縄本島の面積	：1,207km²
沖縄の米軍基地 の総面積	：186km²

❓ サブ・サブクエスチョン

米軍基地の存在は，地元経済にどのような影響を与えているだろうか。

Ⓓ 県民所得に占める基地関連収入の割合

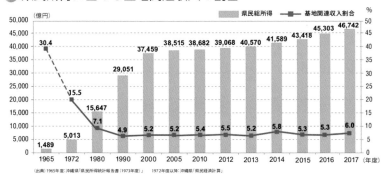

（凡例）■ 県民総所得　■ 基地関連収入割合 %

(億円)												
県民総所得	1,489	5,013	15,647	29,051	37,459	38,515	38,682	39,068	40,570	41,589	43,418	45,303	46,742
基地関連収入割合	30.4	15.5	7.1	4.9	5.2	5.2	5.4	5.5	5.2	5.8	5.3	5.3	6.0
年度	1965	1972	1980	1990	2000	2005	2010	2012	2013	2014	2015	2016	2017

(出典) 1965年度：沖縄県「県民所得統計報告書(1973年度)」 1972年度以降：沖縄県「県民経済計算」

(沖縄県知事室の写真を基に作成)

(沖縄県知事室の写真を基に作成)

←❻現在の普天間飛行場

住宅街の中に，普天間飛行場がある。在日米軍専用施設の約75%が沖縄県に集中しているが，騒音や戦争への不安，在日米軍の不祥事など，問題は依然として残されている。鳩山内閣のときに普天間飛行場の国外・県外移転案が検討されたが，実行されることはなく，現在も難航している。

【開発・保全】人が「自然」に求めてきたもの

メイン・クエスチョン

なぜ，20世紀初頭に人々は自然にふれる旅にでかけたのか。

キーワード

都市，大衆，公害，自然保護，ナショナルトラスト，国立公園，余暇，観光，先住民，優生思想

（公益財団法人トトロのふるさと基金提供）

自然を保護することの大切さということは，よく耳にするだろう。環境保全ボランティアに参加した人もいるかもしれない。また，都市で生活している人が，自然豊かな場所に旅に行くということもよく見られる。近年では，エコ・ツアーという旅行タイプも知られる。それでは，このような自然保護の考え方や，自然を求めて旅をする行動が，大衆の支持を得て，広く社会に認められるようになるのは，いつからだろうか。

二つの資料を見てほしい。一つは，ナショナルトラスト運動によって保全された，東京都と埼玉県にまたがる狭山丘陵の森のようすである。ナショナルトラストは，イギリスで1895年に設立された。自然破壊や開発から守ろうと，財産を出して地域一帯を買い取り，未来に信託する取り組みだった。日本でも高度成長期に鎌倉ではじまり，このトトロの森や知床半島の保全などが知られている。

もう一つは，ジャパンツーリストビューロー(現JTB)の旅行案内書の表紙である。もともと外国人旅行者誘致のために1912年に当時の鉄道院を中心に設立された団体である。以後，日本人を対象とした旅行も行い，『旅』という旅行文化雑誌も刊行した。

これらの活動が活発になるのは20世紀初頭。20世紀は，二つの世界大戦が起こり，戦争のために生活や娯楽が制限され，資源の戦争動員が進んだ。しかし，一方で多くの国では一大観光ブームが起こり，人々は自然を求めて移動していた。なぜ，このような動きが起こったのか，考えてみよう。

① 都市と大衆

A 大都市に集まる人々

? サブ・クエスチョン

20世紀初頭に先進国で拡大する大都市の中では，どのような変化が起こっていたのか。外国や地方から移住した人々の人種的・階層的特徴，都市生活のようす，居住空間の変化などに着目して，説明してみよう。

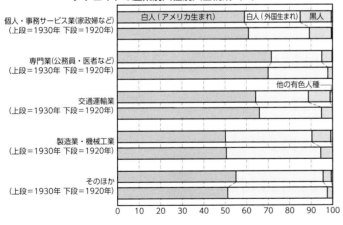

デトロイトの産業別人種別人口構成（%）

凡例：白人（アメリカ生まれ）／白人（外国生まれ）／黒人

個人・事務サービス業(家政婦など)（上段＝1930年 下段＝1920年）
専門業(公務員・医者など)（上段＝1930年 下段＝1920年）
交通運輸業（上段＝1930年 下段＝1920年）　他の有色人種
製造業・機械工業（上段＝1930年 下段＝1920年）
そのほか（上段＝1930年 下段＝1920年）

0 10 20 30 40 50 60 70 80 90 100

（『アメリカ黒人と北部産業』を参考に作成）

解説 1910～30年代，アメリカ北部の都市人口が増加し，移民や黒人の比率も高まった。デトロイトの総人口に占める黒人の割合は1920年に1.2%，1930年には7.7%へ急増。多くの黒人は，交通運輸業や家政婦などの仕事に就いた。人口増加は居住地域に過密化をもたらし，スラムの形成なども生じる。

B 都市空間の問題と変化

←❶ロンドンのスモッグ smoke(煙)とfog(霧)を合わせたsmogという言葉が生まれたのは20世紀初頭のイギリスである。工場の煙とロンドンの霧による，産業革命後の都市を象徴する現象で，健康被害や死者も出した。その後，世界的にsmogは広がる。

C 田園都市運動

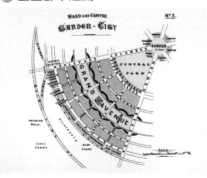

←❷ハワードによって構想された職住一体型の計画都市

解説 ロンドンの北，レッチワースで実現し，日本の田園調布などの郊外住宅地の計画にも影響を与えた。

←❸20世紀初頭のキャンプ風景
機械工業の発達により所得と余暇を手にした都市労働者は，映画やギャンブルなど都市型レジャーとともに，キャンプや登山など自然と接する機会を求めた。生産の問題に加え，余暇やレジャーに人々の関心が向かいだした。

? サブ・サブクエスチョン

田園都市運動ではどういう街づくりを理想としたのか。一方，1920年代の日本の工業地帯や都市はどうだろうか。

② 観光開発と自然

？ サブ・クエスチョン
先進国で都市化が進む中，農村社会にはどのような問題が生じたのだろうか。都市化と大衆化が進む20世紀前半の社会変化，自然と農村との関係の変化，都市と地方を結ぶ交通の変化に着目して説明しよう。

Ａ ナショナルトラストの開始

？ サブ・サブクエスチョン
ピーターラビットと自然保護はどうつながるのか。

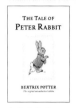

↑❹❺『ピーターラビット』（左）とナショナルトラスト発祥地である湖水地方の風景（右）
『ピーターラビット』の作者B・ポターは1920年代に印税などを使い湖水地方の農場と土地を購入し，死後にナショナルトラストに遺贈された。湖水地方の風景は現在も維持されている。

Ｂ 都市と自然をつなぐ交通

？ サブ・サブクエスチョン
なぜ人が住んでいない場所を鉄道が走っているのだろうか。

↑❻イエローストーン国立公園を走る汽車
アメリカのノーザンパシフィック鉄道は最初の国立公園を活かした観光誘致に積極的に乗り出し，マスツーリズムの呼び水となった。

解説 農村も近代化の影響を受け，モノ・人・情報面で都市との関係を強める。田園地帯では観光地として積極的に開発を進める一方，自然保護運動も起こる。20世紀初頭には，先進国で登山家，自然愛好家，ハンターなど，多様な背景を持つ環境保護団体が設立され活動を開始している。

Ｃ 国際秩序の変化や大衆化と私たち

(4) 国際秩序の変化や大衆化と現代的な諸課題

③ 国家による自然の保護と開発

Ａ 国立公園の設置

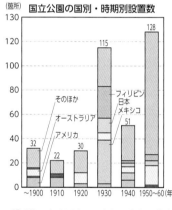

国立公園の国別・時期別設置数
（箇所）

？ サブ・サブクエスチョン
いつ，どこの国で国立公園ができたのか。

解説 最初の国立公園は1872年にアメリカで設置された。国家が設置・管理をする公園で，生態系の維持やレクリエーションの場となっている。日本では1931年に国立公園法制定以降，各地で指定されていった。

（『近代日本公園史の研究』を参考に作成）

？ サブ・クエスチョン
国立公園など，この時期の自然保護には「国（ネイション）にとっての自然」というまなざしが強い。国家の自然に対する保全・開発の目的は何だったか。

Ｂ ナチスと自然保護

？ サブ・サブクエスチョン
動物たちは，なぜナチスに敬礼しているのか。ナチスの政治主張，生命思想，ヒトラーユーゲントの活動などについて調べてみよう。

解説 民間で生じていた自然保護を，戦間期には，法を整備したり，多大な資金を確保したりするなど，国家の統制により強力に進める動きがみられる。アメリカから始まる国立公園設置や，ナチス政権のドイツでも自然保護が進んだ。

↑❼ナチスの動物保護政策の風刺画
ナチスは政権獲得後，動物保護法，自然保護法など，積極的に自然保護政策を行う。これらの政策には，郷土の景観を維持する目的や，優生思想に基づく人種差別政策に通じる自然観・生命観の影響があるといわれる。風刺画は，担当大臣だったゲーリングに，動物たちが敬礼するようすを描く。

④ 植民地という旅先

？ サブ・クエスチョン
植民地への観光で出会ったものは，どのようなものだったのだろうか。

Ａ 南洋のカナカ

？ サブ・サブクエスチョン
左の絵葉書は，旅先の何を伝えようとしているのだろうか。

←❽サイパンの風俗と風景絵葉書
サイパン島を含む北マリアナ諸島は南洋諸島として第一次世界大戦後日本の委任統治領となった。著名人では「李陵」を書いた作家・中島敦が，官吏として南洋に滞在している。この絵葉書は，同時期のサイパン島に暮らした人々の風俗を写したもの。「カナカ」とはチャモロ人以外の南洋諸島の人々を総称して呼んだ。

Ｂ 自然は誰のものか

？ サブ・サブクエスチョン
ウルルを巡ってはどのような問題があるだろうか。

↑❾オーストラリアのウルル 1873年イギリスの探検家の「発見」により「エアーズ・ロック」と名付けられ，観光地として著名となった。先住民族アボリジニの聖地であることも知られる。

解説 戦間期には，帝国主義国から植民地を観光で訪れる人も多かった。都市生活との対比で，自然や先住民の生活をとらえた。当時の芸術作品には，人間の内なる「自然」や「野生」への言及もみられる。

【統合・分化】100年後の移民還流—「いってらっしゃい」から「いらっしゃい」？

❓ メイン・クエスチョン

人々が母国を離れ，移民として生きていこうとする背景には何があるだろうか。

🔑 キーワード

移民，ブラジル，出稼ぎ，日系人，外国人，多文化共生

←❶ポルトガル語で表記されたごみ出しのルール（浜松市）

ごみ出しルールは，都道府県，市町村によって異なる。使用するごみ袋やごみの分別する種類など，細かな指定があり，長く暮らしている人でも完璧に行うのは難しい。

これは在留ブラジル人の数が日本で最も多い浜松市のホームページ上のポルトガル語版ごみの出し方である。近年，各自治体では環境への配慮からごみの分別ルールを周知徹底することに力を入れている。資料のようなポルトガル語以外にも，多言語での情報発信がされている。

その背景にはどのような歴史があるのだろう。

❶ 国策としてのブラジル移民

Ⓐ 植民会社の設立

←❷渋沢栄一

←❸桂太郎

解説　1913（大正2）年，第二次桂太郎内閣のとき，外務大臣も兼ねていた桂太郎は実業家を外相官邸に招待し，海外移民の必要性を説いて植民会社の設立を促した。この場で渋沢栄一を委員長とする「ブラジル移民会社創設委員会」が発足し，のちに東京商工会議所において「伯刺西爾拓殖会社」設立総会が開催された。渋沢は，会社の創立後も経営に関わった。伯刺西爾拓殖会社は，ブラジルにおける営業認可を受けたのち，植民地開設に着手していった。

Ⓑ ブラジルへの日本人移入の推移（1908〜69年）

（人）

25000

20000

15000

10000

5000

0

1908　12　16　20　24　28　32　36　40　52　56　60　64　68（年）

（『日本人と海外移住』を参考に作成）

❓ サブ・クエスチョン

ブラジル移民の後押しをしたのはどのような人々だろうか。移民たちは，ブラジルでの生活にどのようなことを期待したのだろうか。

❓ サブ・サブクエスチョン

募集されている移民は，移住先でどのような仕事に従事するのだろうか。

←❹南米拓殖会社の移民募集ポスター

「鐘紡を大株主とする南米拓殖会社移民大募集／ブラジル国パラー州へ／家族の多い純農業者を歓迎する／二十五町歩の独立農とコロノの二様あり」とある。「コロノ」とは，ここでは土地を持たない短期契約農民のこと。移民の最盛期は1930（昭和5）年からの10年間とされ，この間に十数万人がブラジルへ渡った。現在，世界には200万人前後の日系ブラジル人がいる。

朝日新聞社提供

➡❺ブラジルに移民する人々を乗せて神戸港を出港する「さんとす丸」1929（昭和4）年のようす。大勢の人々が見送りに来ている。

❓ サブ・サブクエスチョン

日本からの移民が急増したとき，日本ではどのようなことがあったのだろうか。

C 第1回移民船「笠戸丸」で移民した人々の回想

「わしは、いつ帰れるのかと笠戸丸が迎えに来るのをずっと待っていた……。日本で百姓して暮らしておった方が、だいぶよかったと思っているが、今は、どうにもならん」(1884年生まれ 本多キクさん／福島県出身)

「妹夫婦がハワイに行く予定だったが、ハワイ移民が中止となり、ブラジル行きに急遽変更しました。ところが出発直前、妹が急病で倒れ、わたしが妹の身代わりになってしまって……」

「ブラジルに行けば何でも手に入るとの移民会社の説明でしたが、耕地についてみると戸もない牛小屋のようなところに入れられて……。苦労といえば数えきれないが、ブラジル国籍の息子たちが、「もし兵隊にとられ、ヨーロッパ戦線へ送られたら日本の同盟国のドイツ兵とは戦えない」といって悩んだ時です」(1888年生まれ 島袋カマさん／沖縄県出身)

(『日本人移民2 ブラジル』)

? サブ・サブクエスチョン

日系2世が第二次世界大戦時に悩んだのはどんなことだろうか。

解説 1908(明治41)年、「笠戸丸」には783名の移民が乗り込み、ブラジルへ渡った。移民募集に応じた人々は、沖縄県、鹿児島県、熊本県、福島県出身者が多かった。ブラジル側も1888年に奴隷制が廃止されたこと、コーヒーの輸出が増大したことから新たな労働力として、積極的に移民受け入れを行った。日本からの移民は、それから間もなく供給された労働力だった。ブラジル移民たちは、開拓や排日運動などの苦労を経験したが、他国からの移民に比べて、日本人移民の定着率は90%を超える。ブラジルで生まれた日系2世たちは、大戦中に日本が敵国になったことで、アイデンティティの危機も体験した。現在のブラジルには、日本以外で最大の日系人社会が根付いているほか、日系2世の社会進出も進んだ。

② 第二次大戦後のブラジル移民

A 伊佐浜部落の海外移住関連資料

? サブ・サブクエスチョン

伊佐浜部落の住民が南米に移民したのはなぜだろうか。

軍用地立退者を海外へ移住させるについて

昨年8月、軍用地に接収されて、宜野湾村伊佐浜部落から、美里村高原部落へ移動した、田里友一以下15世帯93名は、今年来襲した数回の台風によって、家屋及び農作物に相当な被害を受けた為、暴風雨被害の少ない地方に代替地を求めていたが適当な土地が得られず、部落全体が南米へ移住することを決意し、そのあっせん及び援助方を願い出ていますので、接渉[ママ]中であります。

➡❻琉球政府経済局による南米移民募集ポスター

琉球政府とは、1945年の沖縄戦から1972年の日本復帰までの間、アメリカ統治下にあった沖縄での住民側での統治機構である。第二次世界大戦後、沖縄で軍用地の接収により人々の生活基盤となる土地が大幅に減少した。その一方で人口は増加した。過剰人口解消の政策として、海外移民の方針が打ち出された。

③ 日本で生活するブラジル系の人々

A 日系3世の抱える問題

何より大きな壁は言葉だった。

日本語がわからないことが、どれだけつらいか。

それは学校の中だけに収まらない。例えば駅で切符を買おうとしても買えない。コンビニで買い物をしようとしても、日本語が片言だと店員が警戒心をあらわにする。女性用のトイレに間違って入ってしまい、大声を出されたこともある。

そして何より大切な、サッカー部の仲間たちとのコミュニケーションが不足してしまうのが一番の問題だった。(田中マルクス闘莉王『大和魂』)

↑❼田中マルクス闘莉王 日系三世。日本国籍を取得。サッカー日本代表や浦和レッドダイヤモンズなどで活躍した。

? サブ・クエスチョン

私たちは、どのようにしたら多様な人々と生活していけるのだろうか。

? サブ・サブクエスチョン

日本に在留するブラジル国籍者が最も多かった時、どのくらいの人数がいただろうか。

B 日本に在留するブラジル国籍者数の推移

(政府統計などを参考に作成)

? サブ・サブクエスチョン

Ⓐで挙げられていること以外で、日本で生活している外国の人々が、日本語が話せないために直面する問題や状況には、どのようなものがあるだろうか。

解説 ブラジルでは1980年代に年率1000%を超えるハイパー・インフレが起こり、海外への出稼ぎに行く者が出てきていた。1990年の日本の入管法改正で日系人の就労可能な長期滞在が可能になったことから、多くの日系人が出稼ぎ(ポルトガル語でもDekassegui)に来た。日本が生活の拠点になり、永住を希望する日系人やその子弟も増えた。現在では、戦前戦後の日本からのブラジル移民数よりブラジル国籍の外国人登録者数の方が多くなっている。

【対立・協調】協調が先か，対立が先か

❓ メイン・クエスチョン

独立をめぐる動きは，どのような対立や協調を生み出したのだろうか。

🔑 キーワード

ヴェルサイユ体制，民族自決，独立運動，報道の影響

↑①紛争地帯の瓦礫の前に座る子ども

下の表は2019年中に起こった紛争の一覧である。20世紀以降，人類は2度の世界大戦，核の恐怖におびえた冷戦を経験した。それでもなお，現在の世界では，民族，宗教，領土などをめぐる対立から紛争が絶えることがない。歴史の中で，対立はどのように起こり，協調はどのような状況で生まれるのか，現代の課題を解決するために何か教訓になることはあるのだろうか。

	開始年	国	地域	累計死亡者数	対立要因
アフガニスタン紛争	1978年	アフガニスタン	カーブルより北部	約200万人	アメリカとターリバーン勢力
シリア内戦	2011年	シリア	シリア全土	約50万人	シリア政府軍とシリア反体制派
イラク内戦	2003年	イラク	イラク全土	約30万人	アメリカとイラク
クルド対トルコ紛争	1984年	トルコ イラク シリア	クルド人居住地域など	約5万人	トルコ政府とクルド人
リビア内戦	2011年	リビア	トリポリなど	約2万人	トリポリ政府とトブルク政府

① パリ講和会議での協調と対立

❓ サブ・クエスチョン

第一次世界大戦後の国際協調と対立はどのように生まれたのだろうか。

A 協調の結果

❓ サブ・サブクエスチョン

ヴェルサイユ体制により新たに生まれた独立国はどの地域に多いだろうか。独立を後押しした考えは何だろうか。

解説　ヴェルサイユ体制は第一次世界大戦の講和条約で形成されたヨーロッパの国際秩序である。この体制のもとで，敗戦国の領土削減・軍備制限が進められた。民族自決の原則の下で多くの独立国が生まれた。また，ソ連の締め出しや戦勝国による植民地維持がはかられた。

第一次世界大戦中のヨーロッパ

第一次世界大戦後のヨーロッパ

B 対立の結果

↓②パリ講和会議　パリ講和会議にはソヴィエト政権や敗戦国ドイツの代表は招かれなかった。参加したのは戦勝27カ国であった。

❓ サブ・サブクエスチョン

パリ講和会議をリードした国はどのような立場の国だろうか。

パリ講和会議の参加国代表人数

主要国(代表5名)　イギリス，フランス，イタリア，日本，アメリカ

代表3名　ベルギー，ユーゴスラヴィア王国，ブラジル

代表2名　中華民国，ギリシア，ポルトガル，ルーマニア，タイ，ポーランド，チェコスロヴァキア，英領インド，カナダ，オーストラリア，南アフリカ連邦など

代表1名　南米諸国，アルメニア，ニュージーランド

❓ サブ・サブクエスチョン

下の風刺画は，パリ講和会議でのどのような状況を表しているのだろうか。

ウィルソン大統領の連邦議会での演説(1918年1月8日)
先の「十四カ条」を述べた終結部分

……私が概要を述べたこの計画全体には，明確な原則が貫いている。それは，すべての国民と民族に対する正義であり，そして強い弱いにかかわらず，互いに自由と安全の平等な条件の下に生きる権利である。この原則が土台となっていない限り，国際正義という建造物は，どの部分もしっかり立つことはできない。

(「The Avalon Project at Yale Law School」アメリカンセンターJAPANホームページ)

←③「ウィルソンの十四カ条：ヨーロッパのベビーショー」(風刺画)　左の人物の首にJUDGEのタイ。右手に「ウィルソンの十四カ条」と書いた書類。赤ん坊の胸にはそれぞれ，敵国・英・仏・伊・ポーランド・露の要求と書かれている。

十四カ条の5項(植民地についての公平な調整)の詳細

植民地に関するすべての請求における，自由で寛容な，しかも完全に公平な調整。ただし，主権を巡るそうした問題すべてを決するに際しては，関係住民の利害が，法的権利を受けんとしている政府の正当な請求と同等の重要性を有しなければならない，という原則の厳格な遵守に基づくものとする。植民地に関するすべての請求の，自由で柔軟，かつ絶対的に公平な調整。その際には，主権に関するそうしたすべての問題の決着に当たっては，当事者である住民の利害が，法的権利の決定を待つ政府の正当な請求と同等の重みを持たされなければならない，という原則に基づくものとする。

? サブ・サブクエスチョン
英仏はこの5項に不安感を表明したが，それはなぜだろうか。

● ドイツ植民地の戦後

? サブ・サブクエスチョン
アジアやアフリカ地域のドイツ植民地はどのように処理されたのだろうか。

② 東アジアの民族運動

Ⓐ 三・一独立運動の影響

私は世界的大運動に重要な役割を演じているような気持ちで，至福千年がついに来たのだという思いこんでいた。2，3週間後に伝わってきたヴェルサイユの裏切りのショックは大変なもので，私など心臓が裂けてとび出すかと思った。言葉を信じたわれわれ朝鮮人はなんと純真な感激屋だったことか！

（『アリランの歌―ある朝鮮人革命家の生涯』）

? サブ・サブクエスチョン
朝鮮半島の人々は，何に期待し，何に失望したのだろうか。

? サブ・クエスチョン
朝鮮の独立運動からみえる，当時の国際協調の限界はどこにあったのだろうか。また，日本国内の独立を支持する考えは，なぜ広がらなかったのだろうか。

解説 1919年3月1日，日本の植民地支配に反対し，朝鮮の知識人・学生らが京城(ソウル)のパゴタ公園で独立宣言を発表し，「独立万歳」を叫んだ運動は，朝鮮半島の全土に広がった。日本は軍隊を出動させて，運動を弾圧した。

↑❹三・一独立運動の100周年記念式典会場へ太極旗を手に向かう学生ら(2019.3.1)

? サブ・サブクエスチョン
三・一独立運動はどのように展開したのだろうか。この運動は現在の韓国でどのように評価されていると考えられるだろうか。

Ⓑ 独立運動と日本

民族自決主義

民族自決主義は米国大統領ウィルソン氏が主張するものである。……もしこれを実際の世界で見てみると，特にその危険性は予測を超えるような結果を生じさせて，このためにその民族の大きな不利益を招くことも少なくない。……チェッコ，スロヴァキア民族が独立することやポーランドが復活を許されることには納得できる理由があるが，エジプトとインドの独立を目的とする暴動は，どのように見ても正当な理由がない。ましてや朝鮮の独立はかえって東洋の世界を暗黒の旧時代に逆転させる危険を生むことになる。……

（神戸大学経済経営研究所 新聞記事文庫 政治(11-045)大阪新報 1919.4.21）

? サブ・サブクエスチョン
上の新聞記事では，朝鮮の独立運動をどのように評価しているだろうか。

鮮人暴動に対する理解

およそいかなる民族であっても，他民族の属国であることを愉快とするような事は，歴史上ない。インド・エジプトの英国への反感は年々高まっている(中略)朝鮮人も一民族である。彼らは彼らの特徴ある言語を持っている。これまでの独立国としての歴史を持っている。心から日本の属国であることを喜ぶ朝鮮人はおそらく一人もいないだろう。だから，朝鮮人は結局その独立を回復するまで，我が国の統治に対して反抗を継続することは間違いない。(中略)もし朝鮮人のこの反抗を緩和して，無用な犠牲を回避する道があるとすれば，結局，朝鮮人を自治の民族とすること以外にはない。

（『石橋湛山評論集』）

←❺石橋湛山(1884〜1973) 戦前の『東洋経済新報』で，大正デモクラシーにおけるオピニオンリーダーの一人として活躍。三・一独立運動をはじめとする朝鮮における独立運動に理解を示した。

? サブ・サブクエスチョン
上の評論は，朝鮮人と協調するためには何が必要だと主張しているだろうか。

20世紀前半の世界

カナダ連邦

アメリカ合衆国
ワシントン

ニューヨーク

メキシコ

キューバ　ハイチ　ドミニカ
ジャマイカ　プエルトリコ
パナマ
ベネズエラ
コロンビア
ギアナ
エクアドル
ブラジル
ペルー
ボリビア
パラグアイ
チリ
アルゼンチン
ウルグアイ

大西洋

1917
アメリカが第一次世界大戦に参戦
1918
ウィルソンが「十四カ条」発表

1914～18
第一次世界大戦

1929.10.24
ウォール街の株価大暴落
世界恐慌始まる

1939～45
第二次世界大戦

大ブリテン＝アイル
ランド連合王国
ロンドン
ベルギー
パリ
オランダ
ベルリン
ドイツ
チェコスロヴァキア
フランス
共和国
イタリア王国
ローマ
ポルトガル　スペイン
王国
スイス
モロッコ

1917 ロシア革命
1919 コミンテルン結成

フィンランド
ノルウェー王国
スウェーデン王国
エストニア
ラトヴィア
リトアニア
モスクワ
ポーランド
ハンガリー
ルーマニア
黒海
アンカラ
トルコ共和国
ギリシア
シリア　イラク
トランス
ヨルダン
パフレヴィー朝
(1925)
カイロ
エジプト
(1922)
サウジアラビア王国
(1932)
イエメン

1919～23
トルコ革命

1920 国際連盟成立

フランス領
西アフリカ
フランスの
委任統治
ナイジェリア
(1914)
リビア
(1912)
スーダン
エチオピア
イタリア領
ソマリランド
リベリア
イギリスの
委任統治
ベルギー領
コンゴ
(1908)
ベルギーの
委任統治
アンゴラ
イギリスの
委任統治
南アフリカ連邦の
委任統治
モザンビーク
マダガスカル
南アフリカ連邦
(1910自治領)
ケープタウン

1935～36
伊，エチオピア侵攻

ムッソリーニ

ウィルソン　トルーマン

イギリス領
フランス領
オランダ領
ドイツ領
スペイン領
ポルトガル領
アメリカ領
イタリア領
ベルギー領
日本領

ヒトラー

レーニン　スターリン

第二次世界大戦期の世界

④1940　オランダ・ベルギー侵攻

1939　独ソ不可侵条約
1940　日独伊三国同盟
1941　日ソ中立条約

ソヴィエト連邦

③1939　ポーランド侵攻

⑥1941　独ソ戦開始

②1939　チェコスロヴァキア解体

ドイツ
イタリア

①1938　オーストリア併合

①1931　柳条湖事件

②1937　盧溝橋事件

日本

1941　アメリカ，対日参戦

アメリカ合衆国

⑤1940　フランス侵攻

③1940　北部仏印進駐

太平洋

ハワイ

④1941　真珠湾（パールハーバー）攻撃

おもな枢軸国と
その植民地
おもな中立国
ドイツの進攻ルート
日本の進攻ルート

「ヨーロッパ戦線」と「アジア・太平洋戦線」

従来，分断して理解しがちなこれらの戦争は相互に結びついたものであった。1939年の独ソ不可侵条約と40年の日独伊三国同盟からは，ソヴィエト連邦を牽制し，西ヨーロッパ戦線に集中したいドイツの思惑が見える。一方，ドイツのフランス占領と呼応する形で40年に実行された日本の北部仏印進駐，また41年の日ソ中立条約からは，来るべき独ソ戦に備えたいソヴィエト連邦と，太平洋戦線に集中したい日本の思惑が見え隠れする。

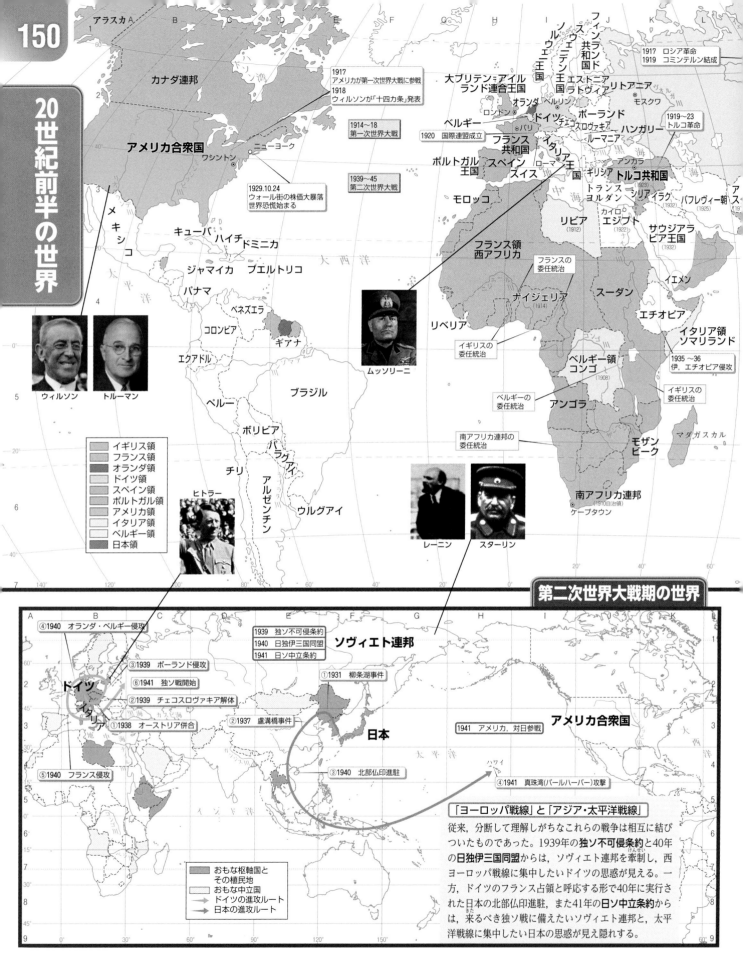

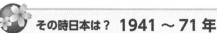

その時日本は？ 1941〜71年

●戦中・戦後の日本の歩み

緑字：世界のできごと

	できごと	首相
破局への道〜太平洋戦争	1941 真珠湾(パールハーバー)攻撃 　　　太平洋戦争開始(〜45)	東条英機
	1942 連合国共同宣言(連合国26カ国) 　　　食糧管理法公布 　　　ミッドウェー海戦	
	1943 ガダルカナル島撤退。学徒出陣 　　　大東亜会議開催(東京) 　　　カイロ会談。テヘラン会談	
	1944 ノルマンディー上陸作戦 　　　サイパン島日本軍玉砕	
	1945 ポツダム宣言受諾し降伏	
国際社会への復帰	1950 朝鮮戦争勃発(〜53) 　　　警察予備隊設置。レッド=パージ	吉田茂
	1951 サンフランシスコ平和条約調印 　　　日米安全保障条約調印	
	1952 血のメーデー事件。保安隊設置	
	1954 自衛隊発足	
	1955 社会党再統一，自由民主党結成(保守合同)。 　　　55年体制の成立	鳩山一郎
	1956 日ソ共同宣言。日本の国連加盟	
	1958 ヨーロッパ経済共同体(EEC)発足	岸信介
高度経済成長期	1960 日米新安全保障条約調印。60年安保闘争 　　　政府，所得倍増計画を決定	
	1962 キューバ危機	池田勇人
	1963 部分的核実験禁止条約成立	
	1964 オリンピック東京大会開催	
	1965 日韓基本条約調印	佐藤栄作
	1966 中国でプロレタリア文化大革命開始	
	1968 小笠原諸島返還実現(東京都に所属)	
	1969 大学紛争激化	
	1970 新安保条約，自動延長	
	1971 沖縄返還協定調印。ドル=ショック	

東条から佐藤へと続く，主要な歴代首相の事績をたどることは，日本の現代史の原点を探るうえで欠くことができない。反ファシズムで結集し，日本の軍部を打倒した連合国は，戦後イデオロギーの対立から米ソ二極に分裂。一方廃墟となった日本はアメリカの占領のもと，西側陣営の一角に否応なしに組み込まれた。アメリカの庇護のもとに日米安保，経済復興，そして経済大国化。日本の枠組はこのときにつくられ，現在を規定することになる。

←❶東条英機

→❷吉田茂

←❸岸信介

アメリカ
1903 パナマ独立，米運河地峡を永久租借(04)
1914 パナマ運河開通
1917 対独宣戦
1918 ウィルソンが「十四カ条」発表
1921 ワシントン会議(〜22)
1928 不戦条約(パリ不戦条約，ブリアン・ケロッグ条約)
1929 ニューヨーク・ウォール街の株価大暴落
1930年代　ローズヴェルトのニューディール政策
1931 フーヴァー=モラトリアム
1941 大西洋憲章，太平洋戦争勃発
1947 トルーマン=ドクトリン，マーシャル=プラン発表
1948 米州機構(OAS)成立
1949 北大西洋条約機構(NATO)成立

ヨーロッパ(ドイツ)
1917 無制限潜水艦作戦
1918 ドイツ革命(〜19)でヴィルヘルム2世亡命，ドイツ共和国成立
1919 スパルタクス団結成，ヴァイマル憲法制定
1921 賠償総額1320億金マルク決定
1923 ミュンヘン一揆，レンテンマルク発行
1925 ロカルノ条約
1926 国際連盟加入
1933 ヒトラー内閣成立
1936 ラインラントの非武装地帯へ進駐
1938 オーストリア併合，ミュンヘン会談
1940 日独伊三国同盟成立
1949 ドイツ連邦共和国(西ドイツ)とドイツ民主共和国(東ドイツ)の成立

ヨーロッパ(フランス)
1904 英仏協商成立
1923 ルール占領(〜25)
1940 ドイツ軍がパリ占領
1946 第四共和国憲法制定，第四共和政(〜58)

ヨーロッパ(ロシア)
1904 日露戦争
1905 ポーツマス条約，血の日曜日事件
1917 ロシア革命(二月革命：ケレンスキー内閣成立，十月革命：レーニン政権成立)
1922 ソヴィエト社会主義共和国連邦成立
1930年代　スターリン体制

(地図内の記載)

ソヴィエト社会主義共和国連邦
(1922)

モンゴル人民共和国
(1924)

1924 モンゴル人民共和国成立

「満洲国」
(1932)

朝鮮

ウランバートル

中華民国

北京
京城(ソウル)
南京　上海
東京

日本
(大正・昭和時代)

日本の委任統治

1911〜12 辛亥革命
1919 中国国民党結成
1921 中国共産党結成

台湾

インド帝国

カルカッタ
(コルカタ)

デリー

ボンベイ

1919〜22
非暴力・非協力運動
1930〜34
非暴力・不服従運動

タイ

フランス領
インドシナ連邦

フィリピン
マニラ

マリアナ諸島

グアム島

カロリン諸島

1930
インドシナ共産党結成

マレー連合州

スマトラ
ボルネオ

ビスマルク諸島

1920
インドネシア共産党結成

オランダ領東インド

東ティモール

オーストラリアの委任統治

オーストラリア連邦

ニュージーランド

インド洋

20世紀後半の世界

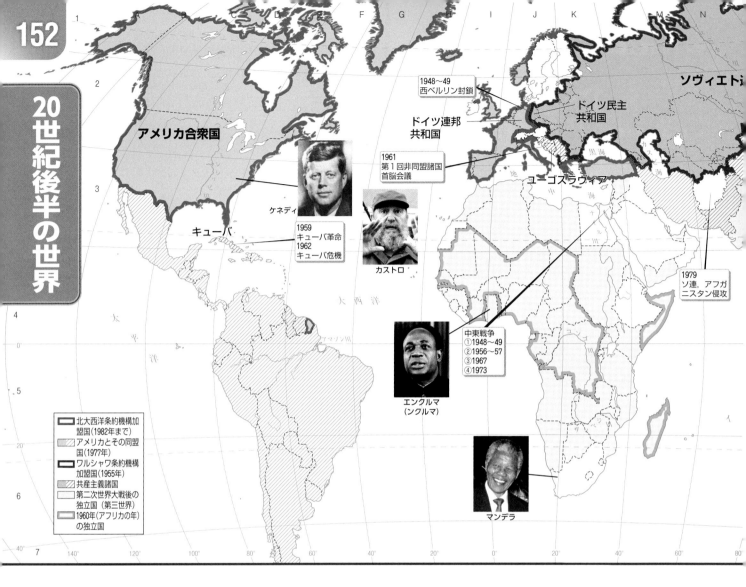

1948〜49
西ベルリン封鎖

ドイツ民主
共和国

ドイツ連邦
共和国

ソヴィエト連

アメリカ合衆国

1961
第1回非同盟諸国
首脳会議

ユーゴスラヴィア

ケネディ

キューバ

1959
キューバ革命
1962
キューバ危機

黒海

カストロ

地中海

1979
ソ連，アフガ
ニスタン侵攻

大西洋

アマゾン川

太平洋

中東戦争
①1948〜49
②1956〜57
③1967
④1973

エングルマ
（ンクルマ）

マンデラ

北大西洋条約機構加
盟国（1982年まで）
アメリカとその同盟
国（1977年）
ワルシャワ条約機構
加盟国（1955年）
共産主義諸国
第二次世界大戦後の
独立国（第三世界）
1960年（アフリカの年）
の独立国

アメリカ	
1951 米比相互防衛条約，太平洋安全保障条約（ANZUS），日米安全保障条約調印	1971 ドルの金兌換停止（ドル=ショック）
	1973 米軍，ベトナム撤退
1954 ビキニ環礁での水爆実験	1974 ウォーターゲート事件
1958 人工衛星エクスプローラー1号打ち上げ成功	1975 ベトナム戦争終結
1959 キューバ革命，カストロ政権成立	1979 エジプト=イスラエル平和条約
	米中国交正常化
1962 キューバ危機	スリーマイル島原発事故
1963 ケネディ大統領が暗殺される	1989 マルタ会談（冷戦の終結宣言）
部分的核実験禁止条約調印（米英ソ）	1991 湾岸戦争
1964 公民権法成立	1992 北米自由貿易協定（NAFTA）調印
黒人解放運動指導者キング牧師，ノーベル平和賞受賞	（アメリカ・カナダ・メキシコ）
	1993 オスロ合意（パレスチナ暫定自治協定）調印
1965 ベトナム戦争介入	1995 ベトナムと国交正常化
1968 キング牧師暗殺される	1997 米議会，京都議定書の批准拒否
1969 アポロ11号が月面着陸成功	1999 コソヴォ紛争

ヨーロッパ（イギリス）
1952 核実験に成功
1956 スエズ戦争（第2次中東戦争）参戦，のちに撤退
1960 ヨーロッパ自由貿易連合（EFTA）発足
1961 南アフリカ連邦，英連邦を離脱
1972 英政府，北アイルランド紛争激化を受け，直接統治へ
1973 ヨーロッパ共同体（EC）加盟
1982 フォークランド戦争
1997 香港を中国に返還
1998 北アイルランド和平成立
1999 スコットランド，ウェールズに自治議会成立

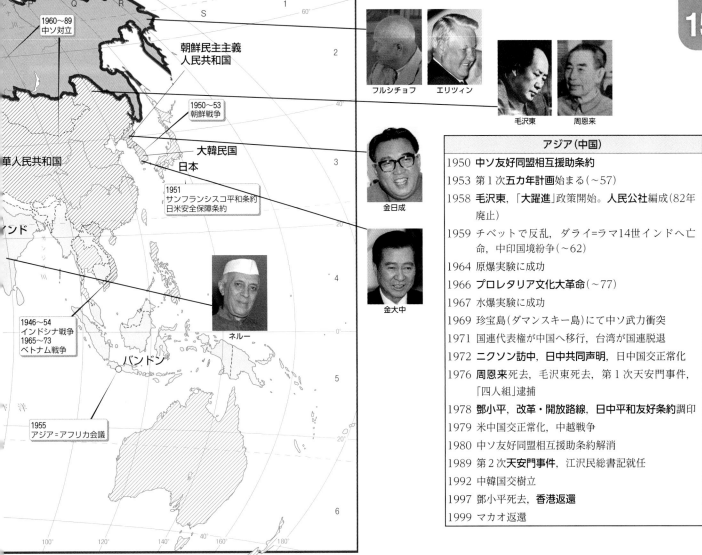

1960〜89
中ソ対立

朝鮮民主主義
人民共和国

1950〜53
朝鮮戦争

大韓民国
日本

1951
サンフランシスコ平和条約
日米安全保障条約

華人民共和国

ンド

1946〜54
インドシナ戦争
1965〜73
ベトナム戦争

バンドン

1955
アジア＝アフリカ会議

フルシチョフ　エリツィン

毛沢東　周恩来

金日成

金大中

ネルー

アジア(中国)
1950 中ソ友好同盟相互援助条約
1953 第1次五カ年計画始まる(〜57)
1958 毛沢東,「大躍進」政策開始。人民公社編成(82年廃止)
1959 チベットで反乱, ダライ=ラマ14世インドへ亡命, 中印国境紛争(〜62)
1964 原爆実験に成功
1966 プロレタリア文化大革命(〜77)
1967 水爆実験に成功
1969 珍宝島(ダマンスキー島)にて中ソ武力衝突
1971 国連代表権が中国へ移行, 台湾が国連脱退
1972 ニクソン訪中, 日中共同声明, 日中国交正常化
1976 周恩来死去, 毛沢東死去, 第1次天安門事件,「四人組」逮捕
1978 鄧小平, 改革・開放路線, 日中平和友好条約調印
1979 米中国交正常化, 中越戦争
1980 中ソ友好同盟相互援助条約解消
1989 第2次天安門事件, 江沢民総書記就任
1992 中韓国交樹立
1997 鄧小平死去, 香港返還
1999 マカオ返還

ヨーロッパ(ロシア)	
1956 第20回共産党大会でスターリン批判	1986 ペレストロイカ(建て直し)開始, チェルノブイリ原発事故, 米ソ首脳会談(アイスランド・レイキャビク)
1957 人工衛星スプートニク1号打ち上げ成功	1987 米ソ首脳会談(ワシントン), 中距離核戦力(INF)全廃条約調印
1958 フルシチョフ第一書記首相兼任(〜64)	1988 アフガニスタンから撤退(89年完了)
1959 フルシチョフ訪米	1989 マルタ会談(冷戦の終結宣言)
1962 キューバ危機	1990 バルト三国, 独立を宣言
1963 部分的核実験禁止条約調印(米英ソ)	1991 エリツィンがロシア共和国大統領に就任, 保守派のクーデタを弾圧, 共産党が解散。11共和国が独立国家共同体(CIS)を結成。バルト三国, 独立を回復, ソ連消滅
1968 チェコスロヴァキアに軍事介入	
1969 珍宝島(ダマンスキー島)にて中ソ武力衝突	
1970 西ドイツと武力不行使条約調印	1994 チェチェン紛争(〜96,99〜2009)
1979 アフガニスタン侵攻	
1982 アンドロポフ書記長就任	
1984 チェルネンコ書記長就任	
1985 ゴルバチョフ書記長就任	

ヨーロッパ(ドイツ)
1954 西ドイツ, パリ協定で主権回復
1955 西ドイツ, NATO加盟, ソ連と国交回復
1961 東ドイツ, ベルリンの壁を建設
1965 西ドイツ, イスラエルと国交樹立
1970 西ドイツ, 東方外交を展開, ソ連と武力不行使条約調印, ポーランドと国交正常化
1972 東西ドイツ基本条約
1973 東西ドイツ, 国連同時加盟
1985 ヴァイツゼッカー大統領演説
1989 ベルリンの壁崩壊
1990 東西ドイツの統一
1991 ベルリン移転決議
1999 ベルリン遷都

① 冷戦とアジア

↑❶朝鮮戦争時，崩壊した橋を渡り，避難する人々

事前準備：班分け（3〜5人）をし，進行係・記録係を決めよう。

(1)「① 冷戦とアジア」について，できるだけたくさんの問いをつくりなさい。

授業の4つのルール
①できるだけたくさんの問いを出す。
②話し合ったり，評価したり，答えを言ったりしない。
③発言のとおりに問いを書きだす。
④意見や主張は疑問文に書き直す。

(2)自分たちがつくった問いを「閉じた問い」と「開いた問い」に分類しなさい。次に，それぞれの例となる問いを出し，それをもう一方の問いに書き換えなさい。「閉じた問い」と「開いた問い」で，どのような回答が得られるかを考え，2種類の問いの特徴をあげなさい。

閉じた問い：「はい」か「いいえ」，もしくは短い言葉で答えられるもの

開いた問い：説明が必要なもので，「はい」か「いいえ」もしくは短い言葉で答えられないもの

(3)「② 冷戦と経済」について，上記(1)〜(2)の手順で問いをつくり，分類しなさい。ただし，問いの書き換えは省略して良い。

(4)「① 冷戦とアジア」と「② 冷戦と経済」を関連づけて，あたらしい問いをつくりなさい。

(5)つくった問いのなかから，とても知りたいと思う問いを3つ選びなさい。これら3つを選んだ理由をまとめなさい。

(6)選んだ3つの問いを使って，どのようなことが学べるかを考えてまとめなさい。

② 冷戦と経済

↑❷1960年代のキューバ危機当時の情勢を描いた風刺画

↑❸1990年に開店したモスクワのマクドナルド1号店で客にほほ笑む従業員

メモ

① 人口の国際移動

↑❶1998年フランスワールドカップ優勝チーム　ブラジルを下し，自国開催で初優勝。

フランスW杯時の代表チーム在籍者・フランス以外にルーツを持つ主な選手

氏名　五十音順	ポジション	ルーツ
アラン=ボゴシアン	MF	アルメニア系フランス人
クリスティアン=カランブー	MF	フランス領ニューカレドニア出身
ジネディーヌ=ジダン	MF	両親がフランス領アルジェリア出身
ダヴィド=トレゼゲ	FW	両親がアルゼンチン人
ティエリ=アンリ	FW	フランスの海外県・グアドループ（カリブ海）出身
パトリック=ヴィエラ	MF	セネガル出身
ベルナール=ラマ	GK	フランス領ギアナ出身
マルセル=デサイー	DF	ガーナ出身
ユーリ=ジョルカエフ	FW	父がカルムイク系，母がアルメニア系
リリアン=テュラム	DF	フランスの海外県・グアドループ出身
ロベール=ピレス	FW	父がポルトガル人，母がスペイン人

事前準備：班分け（3～5人）をし，進行係・記録係を決めよう。

(1)「① 人口の国際移動」について，できるだけたくさんの問いをつくりなさい。

授業の4つのルール
①できるだけたくさんの問いを出す。
②話し合ったり，評価したり，答えを言ったりしない。
③発言のとおりに問いを書きだす。
④意見や主張は疑問文に書き直す。

(2)自分たちがつくった問いを「閉じた問い」と「開いた問い」に分類しなさい。次に，それぞれの例となる問いを出し，それをもう一方の問いに書き換えなさい。「閉じた問い」と「開いた問い」で，どのような回答が得られるかを考え，2種類の問いの特徴をあげなさい。

閉じた問い：「はい」か「いいえ」，もしくは短い言葉で答えられるもの

開いた問い：説明が必要なもので，「はい」か「いいえ」もしくは短い言葉で答えられないもの

(3)「② 資本の国際移動」について，上記(1)～(2)の手順で問いをつくり，分類しなさい。ただし，問いの書き換えは省略して良い。

(4)「① 人口の国際移動」と「② 資本の国際移動」を関連づけて，あたらしい問いをつくりなさい。

(5)つくった問いのなかから，とても知りたいと思う問いを3つ選びなさい。これら3つを選んだ理由をまとめなさい。

(6)選んだ3つの問いを使って，どのようなことが学べるかを考えてまとめなさい。

② 資本の国際移動

Ⓐ 海外直接投資残高（投資国別）

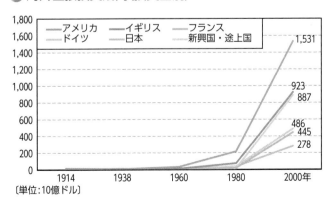

凡例：アメリカ　イギリス　フランス　ドイツ　日本　新興国・途上国

1,531
923
887
486
445
278

〔単位：10億ドル〕

Ⓑ 海外直接投資残高（受入国別）

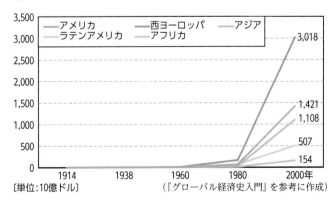

凡例：アメリカ　西ヨーロッパ　アジア　ラテンアメリカ　アフリカ

3,018
1,421
1,108
507
154

〔単位：10億ドル〕
（『グローバル経済史入門』を参考に作成）

メモ

Dグローバル化と私たち

① 市民による社会運動（1950年代）

↑❶婦人団体の運動

(1) 1954（昭和29）年4月3日の婦人月間中央集会が、原水爆禁止運動を展開することを決議した。代表が外務省を訪問して原水爆禁止の要求をアメリカに対しておこなうよう申し入れ、4月17日から婦人団体が東京都内各所で署名運動に立った。

(1) グローバル化への問い

② 市民による社会運動（2010年代）

❶サイトにアクセス

❷名前とメールアドレスを記入し「Sign Now」をクリックする

❸メールが届いたらここをクリックして署名完了

←❷❸ネットでの運動（嘆願書サイト（上）と署名の方法（下））

2018年12月18日、ハワイ在住で沖縄県系4世の作曲家ロブ・カジワラさんが、米ホワイトハウスの嘆願書サイトで、「辺野古新基地建設に伴う埋め立ての賛否を問う県民投票（19年2月24日に実施）の結果が出るまで、名護市辺野古の新基地建設の工事停止を求める」電子署名の呼びかけをスタートした。当時、カジワラさんのツイッターのフォロワーは270人だったが、署名開始から10日間で目標の10万件を達成し、1ヶ月後には約20万件となった。沖縄出身の芸能人や海外のアーティストがリツイートしたほか、モデルのローラさんが「We the people okinawaで検索してみて。美しい沖縄の埋め立てをみんなの声が集まれば止めることができるかもしれないの。名前とアドレスを登録するだけでできちゃうから、ホワイトハウスにこの声を届けよう」とインスタグラムに書き込むなどの動きが見られた。

➡❹辺野古の土砂

2018年12月14日午前、沖縄県名護市・辺野古の埋め立て海域に投入される土砂。辺野古沿岸は絶滅危惧種であるジュゴンを含む多くの生物のすみかとなっている。赤土を含む土砂の投入により、サンゴ礁の死滅など生態系への打撃も危惧される。

📖
事前準備：班分け（3〜5人）をし、進行係・記録係を決めよう。

(1)「① 市民による社会運動（1950年代）」について、できるだけたくさんの問いをつくりなさい。

授業の4つのルール
①できるだけたくさんの問いを出す。
②話し合ったり、評価したり、答えを言ったりしない。
③発言のとおりに問いを書きだす。
④意見や主張は疑問文に書き直す。

(2)自分たちがつくった問いを「閉じた問い」と「開いた問い」に分類しなさい。次に、それぞれの例となる問いを出し、それをもう一方の問いに書き換えなさい。「閉じた問い」と「開いた問い」で、どのような回答が得られるかを考え、2種類の問いの特徴をあげなさい。

閉じた問い：「はい」か「いいえ」、もしくは短い言葉で答えられるもの
開いた問い：説明が必要なもので、「はい」か「いいえ」もしくは短い言葉で答えられないもの

(3)「② 市民による社会運動（2010年代）」について、上記(1)〜(2)の手順で問いをつくり、分類しなさい。ただし、問いの書き換えは省略してよい。

(4)「① 市民による社会運動（1950年代）」と「② 市民による社会運動（2010年代）」を関連づけて、あたらしい問いをつくりなさい。

(5)つくった問いのなかから、とても知りたいと思う問いを3つ選びなさい。これら3つを選んだ理由をまとめなさい。

(6)選んだ3つの問いを使って、どのようなことが学べるかを考えてまとめなさい。

メモ

事前準備：班分け（3〜5人）をし，進行係・記録係を決めよう。

(1)「**①** 世界の穀物生産の変化」について，できるだけたくさんの問いをつくりなさい。

授業の4つのルール

①できるだけたくさんの問いを出す。
②話し合ったり，評価したり，答えを言ったりしない。
③発言のとおりに問いを書きだす。
④意見や主張は疑問文に書き直す。

(2)自分たちがつくった問いを「閉じた問い」と「開いた問い」に分類しなさい。次に，それぞれの例となる問いを出し，それをもう一方の問いに書き換えなさい。「閉じた問い」と「開いた問い」で，どのような回答が得られるかを考え，2種類の問いの特徴をあげなさい。

閉じた問い：「はい」か「いいえ」，もしくは短い言葉で答えられるもの
開いた問い：説明が必要なもので，「はい」か「いいえ」もしくは短い言葉で答えられないもの

(3)「**②** 人口と農業生産の推移」について，上記(1)〜(2)の手順で問いをつくり，分類しなさい。ただし，問いの書き換えは省略してよい。

(4)「**①** 世界の穀物生産の変化」と「**②** 人口と農業生産の推移」を関連づけて，あたらしい問いをつくりなさい。

(5)つくった問いのなかから，とても知りたいと思う問いを3つ選びなさい。これら3つを選んだ理由をまとめなさい。

(6)選んだ3つの問いを使って，どのようなことが学べるかを考えてまとめなさい。

① 世界の穀物生産の変化

● ハンガーマップと地域別栄養不足人口

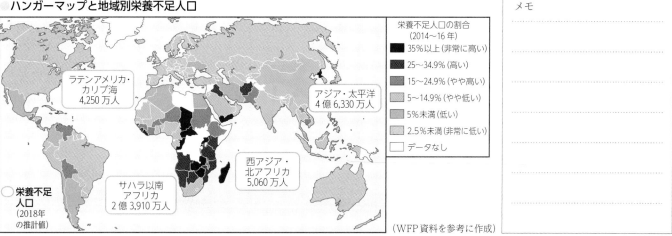

栄養不足人口の割合（2014〜16年）
- 35%以上（非常に高い）
- 25〜34.9%（高い）
- 15〜24.9%（やや高い）
- 5〜14.9%（やや低い）
- 5%未満（低い）
- 2.5%未満（非常に低い）
- データなし

ラテンアメリカ・カリブ海 4,250万人
アジア・太平洋 4億6,330万人
サハラ以南アフリカ 2億3,910万人
西アジア・北アフリカ 5,060万人

○ 栄養不足人口（2018年の推計値）

（WFP資料を参考に作成）

メモ

② 人口と農業生産の推移

● 世界の穀物及び大豆の需給と世界人口の動向

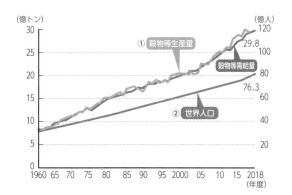

（USDA PSD Online data, UN World Population Prospects: The 2019 Revision. を参考に作成）

● 世界全体の穀物の収穫面積，単収等の推移

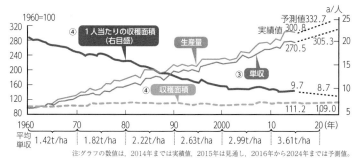

注：グラフの数値は，2014年までは実績値。2015年は見通し，2016年から2024年までは予測値。

（農林水産省「知ってる？日本の食料事情」を参考に作成）

解説 20世紀後半からの世界の①穀物生産量，②人口，③単収，④収穫面積（総面積，1人当たり）を示している。このうち③単収とは，単位面積当たりの収穫量のことである。数値が大きいほど，生産効率が高い。

事前準備：班分け（3～5人）をし，進行係・記録係を決めよう。

(1)「① プラごみ処理のグローバル化（塩化ビニルごみの場合）」について，できるだけたくさんの問いをつくりなさい。

授業の4つのルール

①できるだけたくさんの問いを出す。
②話し合ったり，評価したり，答えを言ったりしない。
③発言のとおりに問いを書きだす。
④意見や主張は疑問文に書き直す。

(2)自分たちがつくった問いを「閉じた問い」と「開いた問い」に分類しなさい。次に，それぞれの例となる問いを出し，それをもう一方の問いに書き換えなさい。「閉じた問い」と「開いた問い」で，どのような回答が得られるかを考え，2種類の問いの特徴をあげなさい。

閉じた問い：「はい」か「いいえ」，もしくは短い言葉で答えられるもの

開いた問い：説明が必要なもので，「はい」か「いいえ」もしくは短い言葉で答えられないもの

(3)「② 廃棄物の越境問題」について，上記(1)～(2)の手順で問いをつくり，分類しなさい。ただし，問いの書き換えは省略してよい。

(4)「① プラごみ処理のグローバル化（塩化ビニルごみの場合）」と「② 廃棄物の越境問題」を関連づけて，あたらしい問いをつくりなさい。

(5)つくった問いのなかから，とても知りたいと思う問いを3つ選びなさい。これら3つを選んだ理由をまとめなさい。

(6)選んだ3つの問いを使って，どのようなことが学べるかを考えてまとめなさい。

(1) グローバル化への問い

① プラごみ処理のグローバル化（塩化ビニルごみの場合）

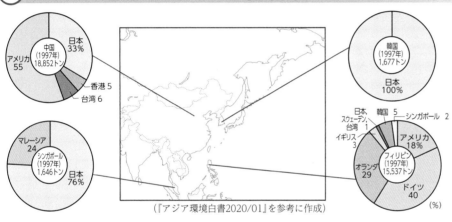

（『アジア環境白書2020/01』を参考に作成）

解説　左の資料は，今から20年以上前（1990年代後半）の，東アジア各国における塩化ビニルごみ（プラスチックの種類）の輸入量を示したものである。1980年代から有害廃棄物の輸出入が「公害輸出」として問題化され，1992年にバーゼル条約が制定された。2019年に汚れたプラスチックごみも規制対象に加えられた。この間に国内であった身近なものの変化では，1996年に500mlの清涼飲料水ペットボトルが生産されるようになった。なお，塩化ビニルのほかに，プラスチックごみには「エチレンの重合体」「スチレンの重合体」「ポリエチレンテレフタレート」などがある。

② 廃棄物の越境問題

Ⓐ 廃プラ

↑❶ フィリピンのごみ山と廃プラスチック　1980年代から「スモーキー・マウンテン」とよばれるようになったフィリピンのごみ山と，そこで生活する人々の問題は，現在でも続いている。ごみ山の中には人々が生計を立てているプラスチックが見える。

Ⓑ 近年の動向

　日本は廃プラスチック（プラスチックごみ）の処理を海外に頼ってきた。だが大半を引き受けていた中国が2017年末に輸入を原則禁止にした。代わりの受け入れ先の東南アジアの国々も規制強化を打ち出し始めている。（中略）首都圏でプラスチックごみを含む廃棄物の収集・運搬を手がける白井グループの白井徹社長は「状況はどんどん悪くなる」と話す。同社の収集車が集めたプラスチックごみを中間処理場に搬入する際，混雑などで数時間待たされることが常態化しているという。新たに収集・運搬の依頼があっても，受け入れてくれる中間処理場や最終処分場が見つからず，断るケースもあるという。白井さんは「プラスチックごみ対策は喫緊の課題。収集・運搬を効率化するなど，国内でのリサイクルを進めていくべきだ」と話す。（『朝日新聞』2019年4月17日夕刊）

解説　最近，アジア各国は日本からの廃プラスチック輸入を制限するようになっている。日本では，2020年からレジ袋有料化がはじまった。

メモ

事前準備：班分け（3～5人）をし，進行係・記録係を決めよう。

(1)「**①** スペインかぜ（1918年から1920年にかけて全世界で流行）」について問いを考えて，できるだけたくさんの問いを作りなさい。

授業の4つのルール
①できるだけたくさんの問いを出す。
②話し合ったり，評価したり，答えを言ったりしない。
③発言のとおりに問いを書き出す。
④意見や主張は疑問文に書き直す。

(2)自分たちがつくった問いを「閉じた問い」と「開いた問い」に分類しなさい。次に，それぞれの例となる問いを出し，それをもう一方の問いに書き換えなさい。「閉じた問い」と「開いた問い」で，どのような回答が得られるかを考え，2種類の問いの特徴をあげなさい。

閉じた問い：「はい」か「いいえ」，もしくは短い言葉で答えられるもの

開いた問い：説明が必要なもので，「はい」か「いいえ」もしくは短い言葉で答えられないもの

(3)「**②** 新型コロナウイルス（2019年から全世界で流行）」について，上記(1)～(2)の手順で問いをつくり，分類しなさい。ただし，問いの書き換えは省略してよい。

(4)「**①** スペインかぜ（1918年から1920年にかけて全世界で流行）」と「**②** 新型コロナウイルス（2019年から全世界で流行）」を関連づけて，あたらしい問いをつくりなさい。

(5)つくった問いのなかから，とても知りたいと思う問いを3つ選びなさい。これら3つを選んだ理由をまとめなさい。

(6)選んだ3つの問いを使って，どのようなことが学べるかを考えてまとめなさい。

① スペインかぜ（1918年から1920年にかけて全世界で流行）

時期	感染状況
1918年 3月	カンザス州の米軍ファンストン基地でインフルエンザ（スペインかぜ）感染者発生
4月	イギリス・フランス・スペインへ到達
4～5月	台湾巡業中の大相撲力士，インフルエンザとみられる感染症で死亡
5月	インド・ドイツ・ロシア・北アフリカに到達
8月	フランスで毒性の強いインフルエンザ（第2波）発生
	同時期にアメリカ・シエラレオネでも第2波発生
9月	ポーランド・ロシア・アメリカ南部に第2波到達シベリア鉄道を伝い，中央アジア・インド・イランへ拡大
10月	中国・日本に第2波到達
1919年 1月	オーストラリアで第3波発生
1月下旬	イギリスを経て，第3波がアメリカへ到達
1919年 5月	北半球での第3波が収束
1919～20年	日本で3度目の流行が発生

（『今がわかる時代がわかる世界地図』などを参考に作成）

② 新型コロナウイルス（2019年から全世界で流行）

←**❶** イギリスの病院の壁に描かれたバンクシーの絵（2020年）

メモ

D グローバル化と私たち

事前準備：班分け（3〜5人）をし，進行係・記録係を決めよう。

(1)「**①** 食材表示の絵文字「フードピクト」」について，できるだけたくさんの問いをつくりなさい。

授業の4つのルール
①できるだけたくさんの問いを出す。
②話し合ったり，評価したり，答えを言ったりしない。
③発言のとおりに問いを書きだす。
④意見や主張は疑問文に書き直す。

(2)自分たちがつくった問いを「閉じた問い」と「開いた問い」に分類しなさい。次に，それぞれの例となる問いを出し，それをもう一方の問いに書き換えなさい。「閉じた問い」と「開いた問い」で，どのような回答が得られるかを考え，2種類の問いの特徴をあげなさい。

閉じた問い：「はい」か「いいえ」，もしくは短い言葉で答えられるもの
開いた問い：説明が必要なもので，「はい」か「いいえ」もしくは短い言葉で答えられないもの

(3)「**②** 日本の外国人労働者」について，上記(1)〜(2)の手順で問いをつくり，分類しなさい。ただし，問いの書き換えは省略してよい。

(4)「**①** 食材表示の絵文字「フードピクト」」と「**②** 日本の外国人労働者」を関連づけて，あたらしい問いをつくりなさい。

(5)つくった問いのなかから，とても知りたいと思う問いを3つ選びなさい。これら3つを選んだ理由をまとめなさい。

(6)選んだ3つの問いを使って，どのようなことが学べるかを考えてまとめなさい。

(1) グローバル化への問い

① 食材表示の絵文字「フードピクト」

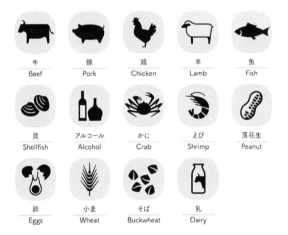

↑❶フードピクトの一例
（フードピクトは株式会社フードピクトの登録商標です。
(FOODPICTⒸ INTERNASHOKUNAL & NDC Graphics)）

↑❷料理のネームプレートに記載された「フードピクト」（2019年のG20大阪サミット）

メモ

② 日本の外国人労働者

国籍別在留外国人人口の推移
（『人口統計資料集』2020）

コラム
セクシュアル・マイノリティと「プライドパレード」の歴史

社会運動としての「プライドパレード」

"声をあげる。世界を変える。Our Voices ,Our Rights"『東京レインボープライド2021』のテーマである。「プライドパレード」とは、セクシュアル・マイノリティ（性的少数者）が"LGBTQ+"文化を讃えるイベントである。これまで歴史上，各時代の法的権利（同性婚や性差別の撤廃など）を求めるセクシュアル・マイノリティの社会運動の場となってきた。

↑❷「ストーンウォール・イン」

↑❸当時の暴動のようす

↑❶サンパウロのプライドパレード

約300万人が参加するとされるパレード。「世界最大のプライドパレード」として，2006年にギネスブックにより認定された。

「プライド（Pride）」は，一般的に「誇り」を意味する単語だが，「セクシュアル・マイノリティのパレード」を指す言葉としても，国際的に認知されている。欧米諸国をはじめとする世界の主要都市では，毎年恒例行事としてプライドパレードが開催されている。とくにニューヨークやサンパウロでは，毎年100～300万人を動員する大規模なパレードがおこなわれている。

「ストーンウォール事件」

プライドパレードが開催されるようになったきっかけは，1969年にニューヨークで起きた「ストーンウォール事件」にさかのぼる。

ストーンウォールの反乱とも呼ばれるこの事件は，「ストーンウォール・イン（Stonewall Inn）」というゲイバーで起こった。（当時の「ゲイ（Gay）」は，LGBTQ+を包含する人びとを広く意味する言葉）

1960年代当時，ニューヨークではセクシュアル・マイノリティに対する，警察の不当な取り締まりや捜査が当たり前におこなわれており，ストーンウォール・インは，ゲイたちが差別から逃れる憩いの場だった。

1969年6月28日，警察がストーンウォール・インへ強制捜査に入った際，店内にいた約200人のゲイたちは連行に反発・抵抗した。警察からの弾圧に耐えてきたゲイたちの怒りは爆発し，負傷者や逮捕者を出す2,000人規模の大きな暴動に発展した。

事件発生後，ニューヨークではゲイ解放運動の組織が次々と発足された。運動は世界各地へ広がり，その後のセクシュアル・マイノリティの人権運動へつながった。

1970年，ストーンウォール事件1周年を記念して，アメリカ各地でデモ行進がおこなわれた。このデモ行進は世界中に広がり，現在おこなわれるプライドパレードとなった。

日本では，1994年に初めてのプライドパレードが東京で開催された。3回目の実施以降，一時は中止となったが，2000年に「東京レズビアン＆ゲイパレード」として復活し，約2,000人が行進した。また，「レズビアン＆ゲイ」という名称には，バイセクシュアルやトランスジェンダーなど，ほかのセクシュアル・マイノリティの人びとから批判があったため，2007年に海外ではスタンダードになっていた「プライド」に変更した。

↑❹第1回レズビアン＆ゲイパレード（1994年）

↑❺東京レインボーパレード（2019年）

"私たちの"セクシュアル・マイノリティ問題

セクシュアル・マイノリティだけでなく，社会的マイノリティが受ける構造的な差別は，一部の人びとの問題ではなく，社会の一員である"私たち"の問題である。私たちは，社会に振り回されるのではなく，社会を組み変える存在であり，これまでの人類の歴史では，多くの人びとが社会的抑圧に立ち向かってきた。これからの社会のあり方を考えるために，歴史から学べることはたくさんある。

一枚の絵から想像する「戦争」と「戦後」

戦争の「終わり」

戦争の終わりをもたらすものは何だろう。

組織的な戦闘行為がやめば事実上戦争は終わり，交戦国が講和条約を締結すれば，国際法上の戦争状態は終了する。

では，個人の人生における戦争はいつ終わるのだろう。平時であれば遭遇せずに済んださまざまな体験や，それらが人生に与えた影響は法的な終戦によってきっぱりと区切りがつくものではない。戦争を経験した人々はそれらを抱えて，どのように戦後を生きたのだろうか。

後世に生きる私たちがそこに迫っていく一つの手がかりとして，アートがある。ここでは，戦後の日本美術史を代表する画家香月泰男（1911〜74）をとりあげてみよう。彼は，中国大陸での戦争に動員されて出征し，旧満洲国で終戦を迎えた画家である。

難民化した日本人

この絵の中では，どんなことが起こっているだろうか。まずは画面と向き合ってみよう。

↑❶『避難民』（香月泰男，1960年，油彩・画布，72.8×116.7cm）

1931年の満洲事変とそれに続く「満洲国」建国ののち，中国東北部から南モンゴルにかけて，満蒙開拓団として日本国内で経済的に行きづまった人々が国策移民として送り出された。

第二次世界大戦末期の1945年8月9日，ソ連が日ソ中立条約を破棄して侵攻し，満洲は戦場と化した。8月15日の日本の降伏後，この地にいた日本人は一転難民となった。かれらは日本への帰国をめざしたものの，引き揚げは当然平穏におこなわれるものではなく，港にたどり着くまでに命を落とす人，やむなく我が子を地元住民に預ける人，命は保っても想像を絶する苦難を経験した人，さまざまであった。

一方，日本軍の兵士や一部の民間人は，ソ連軍によってシベリアに連行され，強制労働をさせられた。そこでは寒さと飢えで多くの人々が亡くなった。

兵士であった香月もシベリア抑留を体験し，1947年にようやく復員する。その後美術教員をしながら制作活動をおこない，自らの戦争体験をシベリア・シリーズ全57点として発表した。この絵は，香月の代表作とされるシベリア・シリーズの中の一枚『避難民』である。

作品から考える戦争と戦後

戦争体験を作品とした画家は少なくない。シベリア・シリーズ作品群の特筆すべき点は，「連作の一点一点が芸術にまで昇華された優れた絵画『表現（アート）』」になっていることである。また「『表現』されたのが，出征に始まり復員で終わる，一兵卒がたどった戦争・虜囚体験にまつわる『心情』の記録」であることも重要である。

香月泰男の自筆解説文

敗戦を知った私たちの貨車は，同胞の避難民を満載した貨車と何度も出会った。鰯のかんづめのようにぎっしり詰めこまれ，八月の太陽をさけるため覆れたシートをもちあげて，外をのぞく顔，顔。蒸し風呂のような中のどの顔も，不安と恐怖と疲労で，刑場に運ばれる囚人のようにおし黙って，うつろな目を向けていた。時には貨車の中から，火のついたように泣き叫ぶ赤ん坊の声が聞えた。一切の財産を奪われ，希望を失い，現地人の強奪におののき，あさましさをむき出しにした人たちの貨車と，無力の兵となった私たちの貨車が，行方もわからずに，すれ違っていった。　　　　（『シベリヤ画集』）

➡❷『避難民』のオブジェ

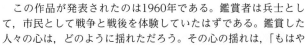

『避難民』はまずオブジェが作られ，その後多くの下図が描かれたと考えられている。オブジェや画面の中に見える顔や手は，どのような心情を語っているのだろう。描く香月はどのように記憶をたぐり，心情を表現したのだろう。

この作品が発表されたのは1960年である。鑑賞者は兵士として，市民として戦争と戦後を体験していたはずである。鑑賞した人々の心は，どのように揺れただろう。その心の揺れは，「もはや戦後ではない」とされ，高度経済成長期に向かおうとしている日本社会と個人の人生をどのように意義づけただろう。

作品発表時から60年を経て，戦争体験を持つ人は少

↑❸『避難民』下図の一枚

なくなり，やがて時を経ればみなこの世を去ってしまう。個人の戦争体験を，どのようにして後世に残していけるのか。

ひと一人の力は小さいが，決して無力ではない。実体験をもたない私たちは，何らかの形で事実を知り，かれらの心情に触れ，人間社会の参画者，国家の主権者として，愚行や惨禍を繰り返さぬよう小さな行動を積み重ねていきたい。

これからも「戦争を知らない世代」であり続けるために。

コラム
子ども服っていつからあるの？

近代以前の子ども

現代の私たちは，従来の家族観が大きく変容している中に生きている。国際結婚やステップファミリーが珍しくなくなり，同性婚を認める動きも広がっている。では，この家族観はいつ生まれたのだろうか。

欧米で，市民革命や産業革命を経て社会が変革されていくとともに，家族のありかたにも革命的な変化が訪れた。

近代以前，農業や手工業を営む家は生産と労働の場であり，血縁関係以外の奉公人なども含んだ一つの経営体であった。そこでの子どもは関心を払われる存在ではなく，幼児期を過ぎると「小さな大人」として扱われ，家業経営に組み込まれていった。

上流階級においても労働させられることはなかったものの，家門の存続拡大という＜家業＞に従事する点では変わりなく，乳母に養育されたり養子に出されたりするなど，やはり親子の間に親密な愛着関係が築かれることはほとんどなかった。これは人口動態での多産多死社会であったことも大きいだろう。

ヨーロッパ美術における親子の図像といえば，イエスとマリアを描いた聖母子が思い浮かぶだろう。中世のものに比べ，ラファエロに代表されるルネサンス期のそれは母子間の情愛を感じさせ，私たちに共感を与える。そこからはルネサンス期の人間らしさや写実性の追求だけではなく，中世を境にした子ども観の変化も感じ取ることができないだろうか。

←↑❶❷チマブーエ「荘厳の聖母」（13世紀頃・左）とラファエロ「小椅子の聖母」（16世紀・上）

こうした子どもの地位を象徴する衣服が，幼児のスワドリング・バンドである。現代のそれは，肌触りもよく，幼児に安心感を与えるベビー用品として知られる。しかし，近代までのものは，幼児の身体全体を布で繭状にくるんで身動きできないようにしたものである。幼児の身体矯正のほか，保護や防寒などの機能があった。これは養育者にとっては非常に便利なもので，幼児を小さな荷物のようにすることで，自由に持ち運んだり，置いたりかけたりできる。しかし，幼児にとっては自由な動作を妨げるものであった。ヨーロッパでは長い間，あらゆる階級でスワドリング・バンドは用いられてきた。

↑❸スワドリング・バンドで巻かれた赤ん坊

見出された「子ども」時代

17世紀から18世紀に広がった啓蒙主義は，人民の権利や国家のあり方について大きな影響を後世に与えたが，「小さな大人」ではない子どもの存在に光を当ててもいる。ロックは『教育に関する考察』において，子どもが動きやすい服装をすること，戸外で活動して身体を丈夫にすることの必要性を主張した。

その影響を受けたルソーは，著書『エミール』の中で，スワドリング・バンドについて，子どもの身体は衣服の中で自由にさせるべきであると批判した。スワドリング・バンドを外された子どもは，大人と同じ服装をさせられた。ルソーは，これが子どもの精神面に悪影響を与えることも説いている。

服装は年齢区分ではなく，身分と性別によって着る人の社会的地位を記号化するものであったことを思い起こせば，ここにも身分制度を打破しようとする近代化の萌芽が見て取れるだろう。

子ども時代は，人生において幸福であるべき独立した時代で，「小さな大人」ではないという子ども観はこのころから確立されていった。

➡❹『ギャリリー・デ・モード・エ・コスチューム・フランセ』（1781年）に見る子どもの衣服

子ども服の登場

それとともに，18世紀後半から子ども用の衣服の変化が生まれる。

幼児期は，男児も女児と同じドレスを着用していた。ドレスを脱いでズボンを履くようになることは，男児の成長過程における重要な通過儀礼であった。その年齢は，19世紀半ばには4〜8歳ごろであったとされる。幼児期を過ぎると，男児は，長ズボンとジャケットをボタンでつないだ服装をしている。これは，スケルトン・スーツとよばれた。一方女児は，同時代の成人女性のドレスと髪形をそのまま縮小した装いである。ここからは，男児のほうが女児よりも，長い子ども時代を認められていたことを読み取ることができる。

日本の子ども服

明治以降，日本でも洋装への移行が進んでいくが，子どもの洋装が進んだのは，大正時代のことである。

学校制度がつくられ，子どもは「児童」となった。かれらにふさわしい装いとして，子どもの活動を妨げず洗濯が容易な洋装が推奨された。しかし，洋服製作の技術は普及しておらず，エプロンや帽子，手袋といった洋装小物を取り入れることから，子どもの洋装化ははじまっていった。ほとんどの子どもが洋服を着るようになったのは，昭和初期のことである。

➡❺ポスター「東京菓子株式会社」

国際政治の変容

Cold Warだって？　おかげでこっちはHot Warだ!!

❓ メイン・クエスチョン

東アジアに分断国家が生まれたのはなぜだろうか。

🔑 キーワード

冷戦，東アジア，分断国家，内戦，中国，台湾，韓国，北朝鮮

① 第二次世界大戦後の東アジア

❓ サブ・クエスチョン

敗戦後，日本が支配していた地域ではどのようなことがおこったのだろうか。

A カイロ宣言（1943年）

同盟国（※アメリカ・イギリス・中華民国）ノ目的ハ日本国ヨリチ九百十四年ノ第一次世界戦争開始以後二於テ日本国力奪取シヌハ占領シタル太平洋ニ於ケル一切ノ島嶼ヲ剥奪スルコト並ニ満洲，台湾及澎湖島ノ如キ日本国力清国人ヨリ盗取シタル一切ノ地域ヲ中華民国ニ返還スルコトニ在リ。……前記三大国ハ朝鮮ノ人民ノ奴隷状態ニ留意シ軈テ朝鮮ヲ自由且独立ノモノタラシムルノ決意ヲ有ス。

（『日本外交年表竝主要文書』）

B ポツダム宣言（1945年）

ハ，「カイロ」宣言ノ条項ハ履行セラルヘク，又日本国ノ主権ハ本州，北海道，九州及四国並ニ吾等ノ決定スル諸小島ニ局限セラルヘシ。　（『日本外交年表竝主要文書』）

❓ サブ・サブクエスチョン

カイロ宣言・ポツダム宣言で，戦後の日本の領土についてどのような決定がされたのだろうか。

❓ サブ・サブクエスチョン

岩里政男という日本名から中国名李登輝へと戻した背景には，どのような国際情勢の変化があったのだろうか。

C 第二次大戦末期の台湾での徴兵制（1944年）

←❶台湾徴兵制を宣伝するポスター　1944年9月に台湾で徴兵制が導入された。

←❷台湾からの志願兵制度（1941年）　徴兵制以前は，志願兵という形で戦争への参加を募った。日中戦争においては，敵の中国と同じ漢民族であるという点で，台湾人を兵士にすることには異議もあった。

朝日新聞社提供

D "日本人"から……

　1946年春，23歳の台湾人青年，岩里政男は日本敗戦を機に学生の身分に戻し，東京から台北に帰って，台湾大学へ通うことにした。
　古い米軍貨物船「リバティ」に乗り，彼は基隆に到着した。……甲板からは中国兵たちの姿がはっきりと見えた。埠頭の地べたに座り込み，あるいはしゃがみ込んで飯を食っている。日本兵に見慣れていた台湾人からすると，装備は古く，疲弊もひどく，その風貌と体格は見るに耐えなかった。甲板上の台湾人たちも誰彼なく批判を口にし，失望と軽蔑を隠さなかった。
　このときずっと一人でおとなしく本を読んでいた岩里が突然話を割り，みなに向かって言った。
　「われわれの国家のために」とこの若者は言った。「国民党軍はあんなひどい装備で日本人に勝ったんだ。素晴らしいことだ。われわれは敬意を持って彼らを見るべきじゃないか？」
　岩里政男はその後，名前を中国名に戻した──李登輝である。

（『台湾海峡　一九四九』）

解説　1945年に中華民国の国民党軍が台湾を接収した。1949年には，国民党は共産党との内戦に敗れて台湾に逃れ，台北を臨時首都とした。1947年の二・二八事件（国民党支配下の台湾における，外省人と本省人との衝突によって生じた大規模な流血事件）以降，戦後大陸から来た外省人と以前から台湾に住んでいた本省人との対立は続き，台湾の独立運動の機運を生み出した。資料中の李登輝は，京都帝国大学在学中に学徒出陣により徴兵されたが前線に出ることはなく，日本で終戦を迎えた。1988年に蔣経国の死去を受けて副総統から昇格し，中華民国初の台湾出身の総統となった。

➡❸総統就任式に臨む李登輝（1990年）

朝日新聞社提供

(2) 冷戦と東アジア

? サブ・クエスチョン
冷戦は東アジアの国際関係にどのような影響を与えたのだろうか。

A トルーマン=ドクトリン(1947年)

アメリカの外交政策の主要目標の一つは，われわれと他の諸国民が圧政（あっせい）に脅（おびや）かされることなく生活を営むことのできる状況を創り出すことにある。……世界史の現時点において，ほとんど全ての国は二つの生活様式の中から一つを選ばなければならない。……

第一の生活様式は，多数者の意思に基づき，自由な諸制度，代議政体，自由な選挙，個人的自由の保障，言論と宗教の自由，そして政治的抑圧からの自由によって特徴づけられている。

第二の生活様式は，多数者を力で強制する少数者の意思に基づいている。それはテロと抑圧，統制された出版と放送，形ばかりの選挙，そして個人の自由を押さえつけることなどによって成り立っている。

私は，武装した少数者や外部からの圧力によって企（くわだ）てられた支配に抵抗している自由な諸国民を援助することこそ，アメリカ合衆国の政策でなければならないと信ずる。

? サブ・サブクエスチョン
トルーマンは二つの生活様式にそれぞれどのような国を想定しているのだろうか。

B アジアへの冷戦の影響

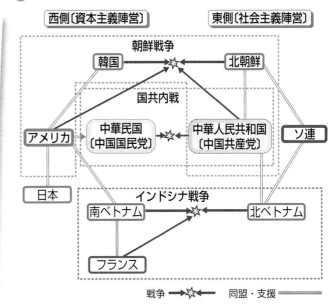

西側〔資本主義陣営〕 / 東側〔社会主義陣営〕

朝鮮戦争：韓国 ☆ 北朝鮮
国共内戦：中華民国〔中国国民党〕 ☆ 中華人民共和国〔中国共産党〕
アメリカ / ソ連
日本
インドシナ戦争：南ベトナム ☆ 北ベトナム
フランス

戦争 →☆← 　同盟・支援 ━━━

? サブ・サブクエスチョン
東アジアにおいて分断された国で，日本と友好関係にあったのはどこだろうか。それらの国には，どのような共通点があるのだろうか。

C 中国とソ連の結びつき

中ソ友好同盟相互援助条約(1950年2月14日)

第一条 両締約国は，日本の，あるいは侵略行為において直接間接，日本と結託（けったく）するその他のいかなる国家の新たな侵略と平和の破壊の防止を期（き）すため，共同で全力を挙げてすべての必要な措置をとることを保証する。一旦，締約国のいずれか一方が，日本あるいは日本と同盟する国から侵略をうけ，戦争状態に入った時には，締約国のもう一方の国は，直（ただ）ちに全力をあげて軍事的およびその他の援助を与える。……

第二条 両締約国は，お互いの同意を経て，第二次世界大戦期の他の同盟国とともに，できるだけ短い期間内に共同で対日平和条約を締結することを保証する。

? サブ・サブクエスチョン
条約内で「日本と同盟する国」として想定されているのは，どの国なのだろうか。

蒋介石（しょうかいせき）の双十節（そうじゅうせつ）演説(1950年10月10日)

われわれにとって台湾は共産主義に反対し，ロシアに抵抗するための実力であるのみならず，われわれが自力で再生するための基礎でもある。民主的かつ自由であり，民生が安定してこそ，台湾が自由中国の救国復興の基地となり，民主アジアにおける反侵略，反全体主義の前衛（ぜんきょう）となり，世界の反共闘争（とうそう）の序列において，その得るべき地位を得て，太平洋の安全保障について，世界平和とともに，その重大な貢献を有することになることを，われわれは深く信じている。

? サブ・サブクエスチョン
国共内戦に敗れた蒋介石は，台湾をアジアにおいてどのような存在と位置づけているのだろうか。

➡❻蒋介石
(1887～1975)

←❹中ソ友好同盟相互援助条約の締結のようす

←❺条約締結を記念して中国で発行された切手

③ "熱戦"のはじまり

D グローバル化と私たち

(2) 冷戦と世界経済

A 朝鮮戦争の勃発を報じる記事

（朝日新聞1950年6月26日）

←❼金日成（1912〜94）　日本の植民地時代，満洲で抗日パルチザン部隊を率いて転戦したとされる。1948年，朝鮮民主主義人民共和国の成立と同時に首相に就任した。

? サブ・クエスチョン
朝鮮戦争の背景にはどのような国際関係があるのだろうか。

B 朝鮮戦争の勃発についての関係国の声明

大韓民国
北傀軍全面攻撃に関する国防部政訓局長の談話

今25日早朝5時から8時の間，38度線全域にわたり，以北の傀儡集団は大挙して不法南侵した。

朝鮮民主主義人民共和国
朝鮮戦争の勃発に際する北朝鮮金日成首相の放送演説

6月25日，売国奴李承晩傀儡政府軍は，38度線全域にわたり，共和国北半分地域に対する全面的な侵攻を開始した。

? サブ・サブクエスチョン
南北両国のいう「傀儡」とは，それぞれどの国を意味しているのだろうか。

? サブ・サブクエスチョン
国連安保理は，国連にどのようなことを要求しただろうか。

米軍参戦決定に関するトルーマン大統領の声明

越境攻撃を阻止し，国内の安全を維持するために配備された韓国政府軍が，北朝鮮からの侵略攻撃を受けた。国連安全保障理事会は侵略軍に戦闘行為の即時中止と38度線への撤退を要求した。ところがかれらはそうしないで，逆に攻撃を強めた。安全保障理事会は，国連加盟国に対し，この決議を遂行するため，国連への全面的な支援を要求した。こうした状況のもとで，私は米国の空海軍に対して，大韓民国軍に防御と支援を与えるように命令した。

? サブ・サブクエスチョン
韓国政府はどのような意図で，このような切手を発行したのだろうか。

C 戦争の展開

1950年9月14日

- ― 北朝鮮軍の最前線
- ← 北朝鮮軍の進路

中華人民共和国　1949.10.1建国　白頭山

朝鮮民主主義人民共和国　1948.9.9建国

ピョンヤン

日本海　北緯38度線

黄海　ソウル

大韓民国　1948.8.15建国

釜山　対馬

0　100km

1950年11月26日

- ― 国連軍の最前線
- ← 国連軍の進路

1950.10.19中国義勇軍参戦

ピョンヤン

日本海　北緯38度線

黄海　仁川　ソウル

1950.9.15「国連軍」仁川上陸

釜山　対馬

0　100km

1951年7月27日

*韓国では東海と呼ぶ

中華人民共和国

朝鮮民主主義人民共和国

軍事境界線

ピョンヤン

開城　日本海　北緯38度線　*

黄海　板門店　ソウル

1951.7〜53.7休戦会談　1953.7.27休戦協定調印

大韓民国

光州　慶州

釜山　対馬

0　100km

↑❽国連軍に参加した国と韓国の国旗を並べた記念切手　国連軍には，アメリカをはじめとした計16か国が兵士を派遣し，5か国が医療スタッフを派遣した。連合国の占領下にあった日本は，国連軍への協力として海上保安庁が機雷掃海の特別部隊を派遣したほか，後方支援基地としての役割を担うことになった。

─解説─　1950年，突然，北朝鮮軍が38度線を越えて韓国のほとんどを占領し，釜山に迫る勢いとなった。

─解説─　米軍を主体とした「国連軍」の参戦で，北朝鮮軍は鴨緑江付近にまで一気に押し戻された。

─解説─　中国義勇軍の参戦で戦線は北緯38度線付近に戻され，米大統領トルーマンは一時原爆の使用も考えた。

? サブ・サブクエスチョン
朝鮮戦争で，戦局の転機になったのはどのようなことだろうか。

④ 日本の独立回復と冷戦構造の固定化

A 日本国内の朝鮮半島出身者

←⑨在日朝鮮統一民主戦線が作成したメーデーのポスター 細菌戦・日韓会談反対・朝鮮の即時停戦・外国軍隊の撤退と平和的統一・朝鮮人強制追放反対・日本の再軍備と徴兵反対が呼びかけられている。

? サブ・サブクエスチョン

ポスターではどんなことへの反対が訴えられているだろうか。

? サブ・サブクエスチョン

日本国内の朝鮮半島出身者は，朝鮮戦争をどのように受け止めたのだろうか。

←⑩韓国への在日義勇兵の受付 朝鮮半島が分断されてそれぞれ独立国家が生み出されたことは，日本国内にいた朝鮮半島出身者にも大きな影響を与えた。在日朝鮮統一民主戦線は北朝鮮政府を支援する組織(のちの朝鮮総連)である。一方で韓国側を支援する在日本大韓民国居留民団も義勇兵を募り，朝鮮半島へ送った。

D グローバル化と私たち

(2) 冷戦と世界経済

B 平和条約締結後の領土

凡例：
- サンフランシスコ平和条約による日本領・日本領界
- 同上により日本が放棄した地域

? サブ・クエスチョン

日本の講和条約締結とその後の東アジアでの冷戦構造はどのようなものだろうか。

日米安全保障条約

第一条　平和条約及びこの条約の効力発生と同時に，アメリカ合衆国の陸軍・空軍及び海軍を日本国内及びその附近に配備する権利を，日本国は許与し，アメリカ合衆国は，これを受諾する。この軍隊は，極東における国際の平和と安全の維持に寄与し，並びに，一又は二以上の外部の国による教唆又は干渉によって引き起された，日本国における大規模の内乱及び騒じょうを鎮圧するため，日本国政府の明示の要請に応じて与えられる援助を含めて，外部からの武力攻撃に対する日本国の安全に寄与するために使用することができる。

(『日本外交主要文書・年表』)

? サブ・サブクエスチョン

この条約で日本に置かれた米軍基地は，東アジアの国際関係と日本国内にどのような影響を与えたのだろうか。

解説 日米安全保障条約の締結により，日本は朝鮮・樺太・台湾・千島列島を返還し，沖縄と小笠原諸島はアメリカの施政権下に置かれた。また，アメリカ軍は引き続き日本に駐留し，日本は独立後の安全保障をアメリカに託すこととなった。

まとめ 敗戦後，日本は第一次世界大戦後に得た領土を放棄し，植民地だった朝鮮は独立した。しかし，アメリカとソ連を軸にした東西冷戦の構造はアジアにも大きな影響を与え，「熱戦」という実際の戦争を経て，中国と朝鮮半島には2つに分断された国家が生まれ，現在もなおそれは続いている。独立を回復した日本も，領土問題や米軍基地問題と，解決の困難な問題を抱えていくことになった。

冷戦下の世界で日本はどう動いたか

❓ メイン・クエスチョン

複雑化する世界の中で，日本は世界とどのように
関わったのだろうか。

🔑 キーワード

原水爆禁止運動，55年体制，
安保条約，沖縄返還

① ゴジラと原水爆禁止運動

❓ サブ・クエスチョン

核兵器に対して人類はどのようなおそれを抱いたのだ
ろうか。

➡❶❷1954年に公開された映画『ゴジラ』のポスター(左)と
1955年に開催された「原水爆禁止世界大会」のポスター(右)
『ゴジラ』は，水爆実験によって住みかを破壊された
「ゴジラ」が，東京に上陸して人々を襲う映画である。

② アジア=アフリカ（バンドン）会議

❓ サブ・クエスチョン

脱植民地化をなしとげた国は，どのような行動をおこしただろうか。

ケネディ大統領の演説

　今日，万一全面戦争が再び起こるとすれば——
どのようにして起きようとも——米ソ両国が主要
な攻撃目標となるに違いない。（中略）われわれが
これまでに築きあげてきたもの，われわれが努力
してきたものすべてが，最初の24時間に破壊さ
れてしまうのである。そして冷戦においてさえ
——それはじつに多くの諸国の重荷と危険をもた
らしており，わが国の最も親密な同盟国も例外で
はないが——米ソ両国が最も重い荷を背負ってい
るのである。というのは，米ソは，無知や貧困や
疾病と戦うために活用できるはずの巨額の資金
を，大量の軍備に消費しているからである。米ソ
はともに，一方の疑念が他方の疑念を生み，新兵
器がそれに対抗する兵器をつくりだすという危険
な悪循環にはまり込んでしまっている。
　要するに，アメリカおよびその同盟国と，ソ連
およびその同盟国は，公正かつ真の平和，軍拡競
争の中止に，ともに大きな利益を持っているので
ある。
（『世界史史料』）

「世界平和と協力の推進に関する宣言」(1955年)

1. 基本的人権および領土保全を尊重すること。
2. すべての諸国の主権および領土保全を尊重すること。
3. すべての人種の平等と大小を問わずすべての国家の平等の承認。
4. 他国の内政への介入，干渉をさしひかえること。
5. 国連憲章に合致する諸国家の個別的あるいは集団的自衛権を尊重すること。
6. (a)集団的防衛に関わる諸協定を，いかなる大国であってもその特定の利益に寄与するために適用することをさしひかえること。
(b)いかなる国も他国を圧迫することをさしひかえること。
7. いかなる国の領土保全，あるいは政治的独立に対しても，侵略の行為あるいは脅迫，あるいは武力の行使をさしひかえること。
8. あらゆる国際紛争は，国連憲章にしたがい，交渉，調停，仲裁あるいは裁定といった平和的方法，ならびに当事国の選ぶその他の平和的方法によって解決すること。
9. 相互利益と協力を促進すること。
10. 正義と国際的義務を尊重すること。
　アジア・アフリカ会議は，これらの原則に沿った友好的協力が，国際平和と安全の維持と促進に効果的に寄与するであろうこと，そして経済的，社会的，文化的分野における協力が，あらゆる人々に共通の繁栄と福祉をもたらすであろうとの確信をここに表明する。
（『世界史史料』）

❓ サブ・サブクエスチョン

ケネディは何を主張しているのだろうか。

❓ サブ・サブクエスチョン

この会議では，どのようなことが宣言されたのだろうか。また，どのような国が参加したのだろうか。

③ 55年体制の成立と安保条約

Ⓐ 55年体制

↑❸社会党統一大会後の万歳（1955年10月）

↑❹保守合同大演説会（1955年9月28日）

Ⓑ 安保条約

日米新安保条約

●日米相互協力及び安全保障条約（日米新安保条約）
（岸信介内閣）　（1960.1.19調印　60.6.23発効）
1．「日本の施政下にある領域」に限って日米の共同防衛の義務を規定。
2．「日本の安全」と「極東の平和と安全」のために米軍の駐留と基地（施設・区域）使用を認める。
3．事前協議制を設ける。
4．条約の有効期限は10年。以後一方の通告があれば1年後に廃棄する。
●日米地位協定　（1960.1.19調印　60.6.23発効）
1．日米行政協定の内容を継承する。

デモ、徹夜で国会を包む
一般市民参加、目立つ
三十三万を動員　国民会議の発表

←❺日米安全保障条約に対する抗議デモの報道（『朝日新聞』（1960.6.19)）

【解説】1960年に新たに日米安全保障条約が結ばれた。条約では、アメリカの日本防衛義務の明文化がされた。また日本施政下にある領域に限ってではあったが、日米の共同防衛義務が規定された。このことに対し、日本社会党など革新側は、アメリカの世界戦略に巻き込まれる危険性があるとの考えから反対運動を組織した。

❓ サブ・クエスチョン

独立後、日本にはどのような政治体制が生まれ、どのような安全保障政策がとられたのだろうか。

❓ サブ・サブクエスチョン

2つの政党は、どのような経緯を経て、再統一・合同を果たしたのだろうか。それぞれの政党が、統一・合同した背景には、どのような理由があったのだろうか。

【解説】独立後の冷戦下において、考え方の異なる二大政党が同じ年に誕生した。サンフランシスコ平和条約批准の是非で分裂していた日本社会党が統一した。一方、日本社会党の統一に対抗する強力な保守勢力を求める財界の強い要請の結果、自由民主党が結成された。

❓ サブ・サブクエスチョン

デモに参加した人々は、何に反対したのだろうか。

D グローバル化と私たち

(2) 冷戦と世界経済

④ 沖縄とベトナム戦争

↑❻沖縄2・4統一運動　嘉手納基地のゲートに集まった人々の頭上を、B52が飛んでいく。

↑❼枯葉剤の散布
アメリカ軍が撒いた枯葉剤は生態系を破壊し、その後遺症は今日にまでおよんでいる。

←❽米軍に連行される女性たち
米軍による家宅捜索の結果、解放戦線と関係があるとされ連行された。

❓ サブ・クエスチョン

ベトナム戦争と沖縄は、どのような関わりを持ったのだろうか。また、この戦争は、ベトナムの人々にどのような影響を及ぼしたのだろうか。

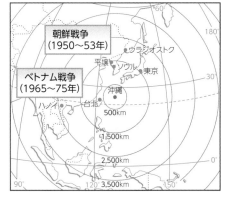

沖縄から周辺地域までの距離
朝鮮戦争（1950～53年）
ベトナム戦争（1965～75年）

「ベトナムに平和を！」そして「歴史の一瞬」への呼びかけ

言いたいことは，ただ１つです。──「ベトナムに平和を！」この声は私たちだけのものではなく，人類の声であり，それに「世界に，すみやかに，着実にひろがってゆく」と，私たちが書いてから１ヶ月……。いま，私たちは，同じ日，同じ時刻に４ヵ国合同デモに立ち上がる。アメリカ，イギリス，ガーナ，そして，私たち日本。とくに日本とアメリカは共通のスローガンをかかげ，共通の宣言のもと，東京とカリフォルニアで，それぞれ歩く。これは，両国のかかわり合いの歴史の上だけでなく，世界の歴史で初めてのことではないだろうか。この歴史の一瞬に参加しませんか。誰が。あなたが，このビラを手にするあなたが！私たちは普通の市民です。ベトナムの平和を願うすべての「ふつうの市民」が，国籍・民族・信条の別をこえて，このデモに参加できます。（以下略）

＊ふつうの市民＊──それは，会社員がいて，小学校の先生がいて，大工さんがいて，おかみさんがいて，花屋さんがいて，小説を書く男がいて，英語を勉強している少年がいて，つまり，このビラを読むあなたご自身がいて，言いたいことは，ただ一つ，「ベトナムに平和を！」 （「べ平連の呼びかけ」『日本史史料現代』）

↑⑨枯れ果てたマングローブ林
（南部のカマウ岬，1976年）

？サブ・サブクエスチョン

左の「呼びかけ」は，どのようなことを呼びかけているのだろうか。
また，「呼びかけ」は，その後，どのような動きをみせていったのだろうか。

⑤ 沖縄返還

？サブ・クエスチョン

沖縄が祖国復帰を悲願としたのはどのような理由からだったのだろうか。現在の沖縄を考察し，史料の内容は達成されたのだろうか。また政府が声明した「平和の島」は実現しているのだろうか。

➡⑩沖縄返還（日本経済新聞（1972年5月15日）） 1960年に沖縄県祖国復帰協議会が結成されるなど，沖縄の日本復帰への機運は高まった。69年の佐藤・ニクソン会談で沖縄の返還は合意を得（日米共同声明72年返還合意），1972年5月15日，ついに沖縄は日本復帰を果たした。

沖縄27年ぶり帰る

きょう東京・那覇で記念式典
「平和の島」を誓う
屋良知事談
政府声明
全面解決へ協力を
革新団体は抗議集会

←⑪那覇市内のようす
那覇市内の通りに，日本復帰を祝う横断幕が掲げられている。自動車が右側通行なのはアメリカの統治の影響で，1978年には左側通行となった。

←⑫沖縄県祖国復帰協議会の結成大会 1960年の結成大会のようす。以後，沖縄における日本復帰運動の中心的存在を担い，デモ行進や集会などで，復帰の機運を高めた。そして1972年，屋良朝苗が復帰後初代の沖縄県知事に就任した。

沖縄返還決定に関する琉球政府主席声明
（1969年）

一，1972年の復帰実現は百万県民の多年にわたる努力の成果であり民族的遺産として後世に語り伝えることが出来るのを誇りに思う。しかし祖国の民主平和憲法のもとへの即時無条件全面返還を要求しつづけた県民の立場に立って考えるとき，今回の日米共同声明の内容には満足しているものではない。

一，その第一は「核抜き，本土なみ，72年返還」で所期の目的が達成したというが核基地撤去，B52の扱い，その他事前協議の運用をめぐって憂慮される問題を残していることである。第二は沖縄の米軍基地を要した現在の日米安保条約を長期的に継続する方針がとられたことである。（中略）第三は沖縄の全地域にわたって配備された強大な米国の軍事基地は，施政権返還後もほとんど，そのまま維持されるようになるということである。（以下略）

一，長い間異民族支配に放置されてきたため，沖縄には政治，経済，社会，教育，文化などのあらゆる分野にわたって早急に抜本的に解決されなければならない重要な課題が山積している。（中略）私は，祖国復帰とは県民が日本国憲法の保障する諸権利を回復することだと考える。本土政府は，このさい，戦後二十余年間にわたる県民の犠牲にかんがみ，政治的にも道義的にも県民の福祉を確立する責任がある。従って，再び沖縄を不安の中に取り残すことなく，国の全責任において，沖縄の真の立て直しに誠意をつくして当たるよう強く訴える。

（『日本史史料現代』）

D グローバル化と私たち

↑⑬小型トレーラー落下事件
1965年6月読谷村親志で，パラシュートを付け降下訓練中の小型トレーラーが目標地点を外れ，児童(当時11歳)に直撃し，児童は死亡した。　沖縄県公文書館蔵

朝日新聞社提供

↑⑭1995年，米兵による少女暴行事件に抗議するための沖縄県民総決起大会
宜野湾市の海浜公園で開かれた大会は，主催者発表で8万5,000人が参加。米軍基地の縮小や日米地位協定の見直しを求める訴えとなった。

←⑮沖縄国際大学に墜落した米軍ヘリコプター(2004.8)
訓練中の在日米軍ヘリコプターが宜野湾市の沖縄国際大学に墜落し炎上。事故だけでなく，事故後の対応をめぐって在日米軍に対し批判が強まった。

(2) 冷戦と世界経済

⑥ 冷戦下の国際社会への復帰

Ⓐ 日ソ共同宣言と国際連合加盟

重光葵

↑⑯国連本部前に掲揚される日の丸を見る重光葵外相
国際的に孤立していた日本もついに国際社会に復帰した。

Ⓑ 日韓基本条約

↑⑰日韓会談に反対しソウル市内でデモ集会を行う学生

? サブ・クエスチョン

日本は，ソ連や韓国とどのように国交を正常化したのだろうか。また，そのことと国際連盟への加盟とにどのような関係があるのだろうか。

日ソ共同宣言

一，日本国とソヴィエト社会主義共和国連邦との間の戦争状態は，この宣言が効力を生ずる日に終了し，両国の間に平和及び友好善隣関係が回復される。

四，ソヴィエト社会主義共和国連邦は，国際連合への加入に関する日本国の申請を支持するものとする。

九，日本国及びソヴィエト社会主義共和国連邦は，両国間に正常な外交関係が回復された後，平和条約の締結に関する交渉を継続することに同意する。

　ソヴィエト社会主義共和国連邦は日本国の要望にこたえ，かつ日本国の利益を考慮して，歯舞諸島および色丹島を日本国に引き渡すことに同意する。ただし，これらの諸島は日本国とソヴィエト社会主義共和国連邦との間の平和条約が締結された後に，現実に引き渡される。　　　　　　　(『新編 史料日本史』)

? サブ・サブクエスチョン

日韓基本条約はどのような背景から締結されたのだろうか。また締結に対し，なぜ反対運動が起こったのだろうか。現在にもつながる問題とつなげて考えてみよう。

日韓基本条約

第一条　両締結国間に外交及び領事関係が開設される。

第二条　1910年8月22日以前に大日本帝国と大韓帝国との間で締結されたすべての条約及び協定は，もはや無効であることが確認される。

第三条　大韓民国政府は，国際連合総会決議第195号(Ⅲ)に明らかにされているとおりの朝鮮における唯一の合法的な政府であることが確認される。　　　(『新編 史料日本史』)

解説 日韓の外交交渉は，朝鮮戦争中の1951年から開始されたが，歴史認識や戦後賠償などで対立した。しかし，国交正常化による日本からの経済援助を期待したい韓国側と高度経済成長を背景にアジア市場への進出を果たしたい日本，そして日本の援助で韓国兵をベトナム戦争へ送り出したいアメリカの思惑が一致し条約が締結された。しかし，条約締結を急いだため，現代にもつながる戦後賠償や領土問題を先送りした。

まとめ
「核兵器」「安保条約」「沖縄」「朝鮮半島」などに，どのような課題が残されているのだろうか。また，現代を生きる私たちは，これらの「核兵器」「安保条約」「沖縄」「朝鮮半島」の諸課題に対して，どのような対応が必要だろうか。

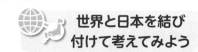
世界と日本を結び付けて考えてみよう

D グローバル化と私たち
(2) 冷戦と世界経済

植民地からの解放と呪縛

メイン・クエスチョン

なぜ，脱植民地化の動きは多くの課題を抱えることになったのだろうか。

キーワード

植民地，独立，脱植民地化，第三勢力，紛争，人種差別

① 独立に求めたもの

サブ・クエスチョン

植民地解放運動のリーダーたちは何をめざしたのだろうか。3つの独立演説に共通する言葉から考えてみよう。

ホー=チ=ミンの演説
（1945年ヴェトナム独立宣言）

（前略）1791年，フランス革命の人権と市民権の宣言もつぎのように述べている。

人は権利において生まれながらに自由，平等であり，かつつねに権利上の自由と平等を取得せねばならない。これは何人も否定できない真理である。しかるに80年以上にもわたり，フランス植民地主義者は，自由・平等・博愛の旗じるしを利用して，わが国土を略奪し，わが同胞を抑圧してきた。（中略）ヴェトナムは自由と独立を享受する権利がある。そして事実上すでに自由独立の国家となった。全ヴェトナム民族は，すべての精神と力，生命と財産をもって，その自由と独立の権利を守るべく決意している。
（『アジアのナショナリズム』）
➡❶ホー=チ=ミン
（1890～1969）

ネルーの演説
（1947年憲法制定会議）

その昔，私たちは運命との会合を約束した。いまや私たちはその約束を全面的というよりは実質的にはたすときがきた。世界が寝静まるとき，夜半の鐘が鳴ると同時に，インドは生命と自由に向かって目覚めるであろう。歴史上にめったにない瞬間がやってくる。そのとき，私たちは古きものより新しきものへと一歩を踏み出す。そのとき，一つの時代が終わり，長く抑圧されてきた一国民の魂が言葉をみつけるのだ。この厳かな瞬間に私たちがインドとその人民への奉仕，また，人類の一段と崇高な目的にいっさいをかたむける誓いを立てることは当をえたものである。（中略）私たちは今日不運な時代と別れを告げ，インドはふたたび自分の姿を発見する。
（『アジアのナショナリズム』）
➡❷ネルー
（1889～1964）

エンクルマ（ンクルマ）の演説
（1957年独立時の演説）

ついに戦いは終わった。こうしてガーナは，諸国の愛する国は，永久に自由になった。しかし，われわれは，アフリカの他の国々を解放する戦いにふたたび身を捧げる。われわれの独立は，それがアフリカ大陸の完全解放に結びつかないかぎり意味をなさないからだ。
（1960年全アフリカ人民会議での演説）
20世紀はアフリカの世紀であり，これからの10年はアフリカの独立の10年である。前進しよう。今すぐ独立へと。そして明日にはアフリカ合衆国へと。（『ンクルマ　アフリカ統一の夢』）

➡❸エンクルマ
（ンクルマ）
（1909～72）

サブ・サブクエスチョン

ベトナムを植民地支配していた国はどこだろう。その国はどのようにベトナムに接してきたのだろうか。

サブ・サブクエスチョン

ネルーは独立前の時代をどのように捉えているだろうか。

サブ・サブクエスチョン

エンクルマがめざしたことは何だろうか。

サブ・クエスチョン

独立を求める植民地と旧宗主国の間にはどのような考えの違いがあったのだろうか。

② 独立への弾圧

年代	戦争名	宗主国	独立国
1945～49	インドネシア独立戦争	オランダ	インドネシア
1946～54	第一次インドシナ戦争	フランス	ベトナム民主共和国
1954～62	アルジェリア戦争	フランス	アルジェリア
1961～74	アンゴラ独立戦争	ポルトガル	アンゴラ
1963～74	ギニアビサウ独立戦争	ポルトガル	ギニアビサウ
1964～74	モザンビーク独立戦争	ポルトガル	モザンビーク

サブ・サブクエスチョン

フランスは植民地に対してどのような立場をとっていたのだろうか。下の2つの文章から読み取ろう。
また，ホー=チ=ミンの演説と，フランスの植民地に対する意見を比べてどのような意識の違いがあるか考えてみよう。

フランスの差別意識（1947年のフランスの政治年報）

宗主国フランスは，征服を果たした広大な領土の主権者であり，全面的に主権を維持するべきである。植民地の『原住民』である黄色人種や黒人は，白人より劣った人種であり，われわれ白人のみが『原住民』を適切に統治できる。
（『フランス植民地主義の歴史』）

ルネ=プレヴァンの言葉

フランス植民地には，解放すべき民族も，廃止すべき人種差別もない。海外領土の住民が要求する独立とは，フランスの独立以外の何ものでもない。
➡❹ルネ=プレヴァン　ド=ゴールのもとで植民地担当を務めた。

③ 植民地の独立

❓ サブ・クエスチョン

第二次世界大戦後，植民地の独立はどのように果たされたのだろうか。

● 東西の対立と第二次世界大戦後の独立国

凡例：
- 戦前からの独立国
- 1945〜49年に独立した国
- 1950〜59年に独立した国
- 1960〜69年に独立した国
- 北大西洋条約機構（NATO）加盟国（1955年）
- ワルシャワ条約機構加盟国（1955年）

植民地と人民に独立を付与する宣言（1960年）

信託統治地域，非自治地域その他のまだ独立を達成していないすべての地域において，これらの地域人民が完全な独立と自由を享受できるようにするため，いかなる条件または留保もなしに，これらの地域人民の自由に表明する意思及び希望にしたがい，人種，信仰または皮膚の色による差別なく，すべての権力をこれらの人民に委譲する迅速な措置を講じなければならない。
（「国際連合広報センターホームページ」）

❓ サブ・サブクエスチョン

アジアやアフリカの国々の独立はいつごろ達成されたのだろうか。

❓ サブ・サブクエスチョン

植民地の独立について，宣言で重視されたことは何だろうか。

④ 第三勢力の結束

❓ サブ・クエスチョン

第三勢力が結束をめざした理由は何だろうか。当時の国際状況から考えよう。

❓ サブ・サブクエスチョン

第三勢力とよばれる国々に共通することは何だろうか。
③の地図とそれぞれの会議の参加国を照らし合わせてみよう。

❓ サブ・サブクエスチョン

平和五原則から非同盟諸国の基準まで共通して重視されていることは何だろうか。

↑❺周恩来とネルー

↑❻アジア=アフリカ会議

↑❼非同盟諸国首脳会議

平和五原則
①領土・主権の尊重
②相互不侵略
③内政不干渉
④平等互恵
⑤平和的共存

平和十原則	
①基本的人権の尊重	⑥大国主導による集団防衛協定の排除
②国家主権と領土保全の尊重	⑦武力侵略の否定
③人種・国家の平等	⑧国際紛争の平和的解決
④内政不干渉	⑨相互の利益・協力の促進
⑤国連憲章による個別・集団的自衛権の尊重	⑩正義と国際義務の尊重

非同盟諸国の基準（1961）
・平和共存と非同盟の原則に基づく自主的政策の追求
・民族解放運動の無条件支持
・いかなる集団的軍事ブロックにも不参加
・いかなる大国との双務的軍事条約も結ばない
・自国内に外国の軍事基地不許可

⑤ 冷戦の影響

D グローバル化と私たち

(2) 冷戦と世界経済

南ベトナム解放民族戦線の綱領（1960年）

　1954年7月のジュネーヴ会議においてフランス帝国主義はベトナムからの軍隊の撤退を誓わざるをえず、会議に参加した各国はみな、ベトナムの主権、独立、統一と領土保全を公認することをおごそかに宣言した。（中略）しかるに、以前はフランス植民地主義者を助けてわが同胞を虐殺したアメリカ帝国主義が、今度はわが国を長期に渡って分断し、姿を変えた植民地体制によってわが国の南部を奴隷化し、わが南部を東南アジア侵略の軍事基地にしようと企んだ（中略）南ベトナム解放民族戦線は、（中略）南ベトナムにおけるアメリカ帝国主義とアメリカの傀儡集団の統治を打倒し、南部の独立、民主、民生改善、平和、中立を実現して、祖国の平和統一をめざし闘争することを方針とする。
（『世界史史料11』）

？ サブ・クエスチョン

なぜ独立を果たしたベトナムで下の写真のような戦争に巻き込まれる人々が生まれてしまったのだろうか。

↑❽ベトナム戦争時の写真（1965年）
沢田教一が撮影し、ピュリッツァー賞を受賞した「安全への逃避」。

？ サブ・サブクエスチョン

上の文章では、どのような理由でベトナムの独立が脅かされているといっているのだろうか。

？ サブ・サブクエスチョン

フランスから独立するために闘ったインドシナ戦争の地図と、ベトナム戦争の地図を見比べて、変化しているところはどこだろうか。

A インドシナ戦争（1946〜54）

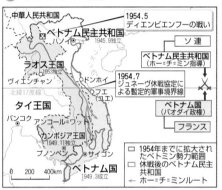

B ベトナム戦争（1965〜73）

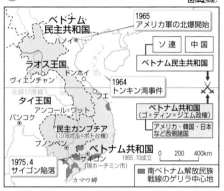

⑥ 植民地支配が残したもの

A 人種隔離政策（アパルトヘイト）

↑❾公共施設分離法（1953年）による区別

？ サブ・クエスチョン

宗主国による植民地支配は独立後の国々にどのような影響を与えたのだろうか。アフリカの事例から考えよう。

？ サブ・サブクエスチョン

左は南アフリカの公共トイレの写真である。使用者はどのように分けられているだろうか。

？ サブ・サブクエスチョン

南アフリカでは厳しい人種隔離政策が敷かれていた。これは少数の白人層が優遇されているものだった。なぜ、この制度が始まったのか、年表で確認してみよう。

● 南アフリカの歩み

1899	イギリスが**南アフリカ戦争（ブール戦争）**開始（〜1902）→ブール人（ボーア人）（アフリカーナー）の白人貧困層化
1910	イギリス帝国の自治領として**南アフリカ連邦**成立
1913	原住民土地法で黒人を13％のホームランドに隔離→以後、**アパルトヘイト（人種隔離）政策**が展開
1920年代	イギリス人がブール人を労働者として優先的に雇用
1949	結婚禁止法で白人と非白人の結婚を禁止（〜85）
1960	国連安保理が人種差別廃止要求決議
1961	南アフリカがイギリス連邦を脱退し**南アフリカ共和国**に
1976	ソウェト蜂起（学生らの1万人のデモに警察が無差別発砲）
1985	非常事態宣言発令と反政府運動の弾圧強化→国際社会の南アフリカに対する経済制裁強化
1988	国連総会で日本の対南ア貿易を非難する決議
1991	**デクラーク大統領がアパルトヘイト諸法の撤廃宣言**
1993	デクラーク大統領が核爆弾を廃棄したことを発表
1994	総選挙で初の黒人大統領マンデラが誕生

↑❿マンデラ
（1918〜2013）

マンデラ大統領就任演説

　傷をいやす時が来た。私たちの仲を裂いてきた深い溝に橋をかける時が来た。（中略）黒人も白人も、すべての南アフリカ人が、心に恐れを抱くことなく、人間としての尊厳を保つ権利が保障され、胸を張って歩くことができる社会を築くことを誓う。虹の国をつくろう。
（『朝日新聞』1994年5月11日）

？ サブ・サブクエスチョン

アパルトヘイト廃止後、就任したマンデラ大統領の演説で使われた「虹の国」とは、どのような国をめざす表現だといえるだろうか。

Ⓑ 紛争

● 20世紀初めごろのアフリカ分割

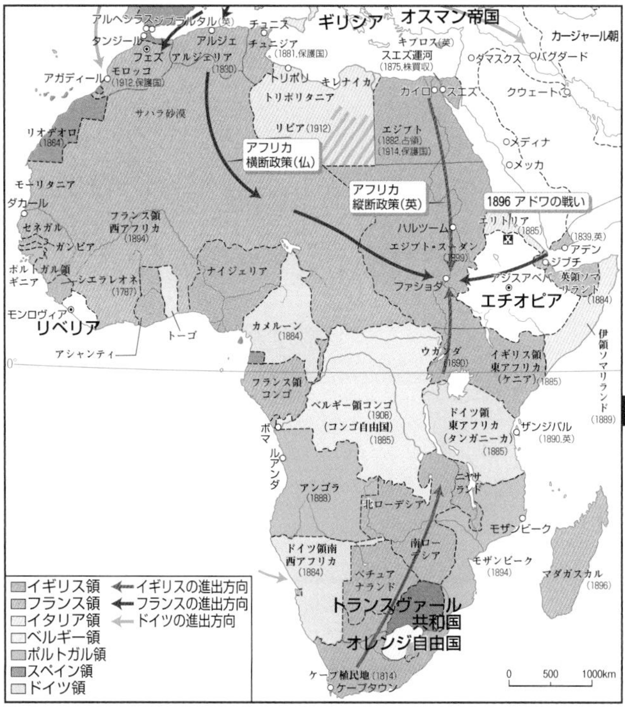

? サブ・サブクエスチョン

現在のアフリカの国々の領土と，植民地時代の支配地域はどのような関係があるだろうか。

● アフリカ諸国の独立

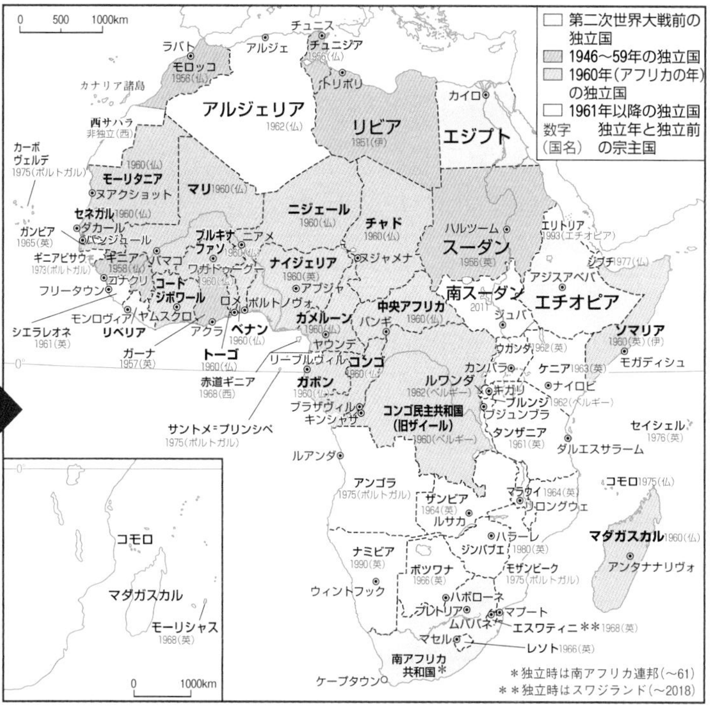

? サブ・サブクエスチョン

人為的な国境線と，民族対立を原因とする紛争の発生はどのように関係しているといえるだろうか。

● 世界のおもな民族紛争・地域紛争

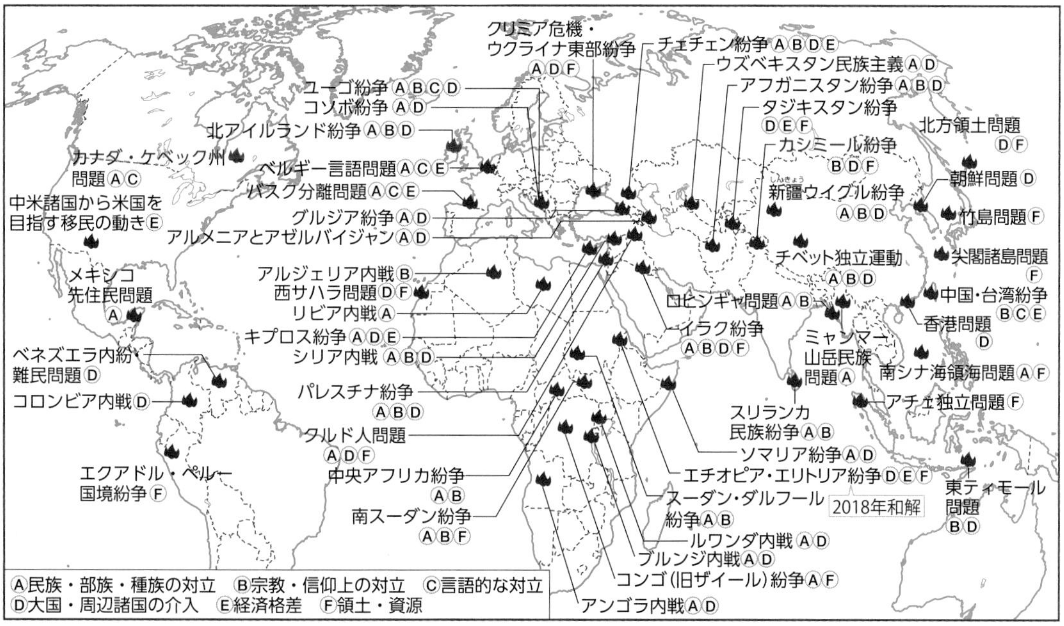

● アフリカのおもな紛争

紛争名
・南スーダン紛争
・ソマリア内戦
・ブルンジ内戦
・アンゴラ内戦
・コンゴ紛争
・ルワンダ内戦
・スーダン・ダルフール紛争

? サブ・サブクエスチョン

これらの紛争は何を原因として起こったのだろうか。

まとめ

第二次世界大戦後に植民地から独立した国々は当時の国際状況や植民地支配の影響から多くの課題を抱えている。アジア，アフリカの地域から特定の地域を調べてみよう。その際，過去の植民地支配がどのように関係しているか注目してみよう。

世界経済の拡大と経済成長下の日本の社会

成長を追い求めた結果

メイン・クエスチョン

地域統合や日本の経済成長は，世界や人々にどのような影響を与えたのだろうか。

キーワード

地域統合，開発独裁，高度成長，公害，財政破綻

① 東西冷戦と世界経済

A 冷戦の展開とヨーロッパ，アジアへの影響

サブ・クエスチョン

ヨーロッパや東南アジアで地域統合が進んだのはなぜだろうか。

年代	資本主義陣営	社会主義陣営	アジア	地域統合の動き
1945			インドネシア独立	
1946	「鉄のカーテン」演説		インドシナ戦争(～54)	
1947	トルーマン=ドクトリン	コミンフォルム結成 (各国共産党の情報交換機関)		
	マーシャル=プラン	ソ連，ポーランド，ハンガリーなど東ヨーロッパ諸国はマーシャル=プランを拒否		
1948	通貨改革 (ドイツの米英仏領地域限定で改革を実施) ベルリン封鎖(～49)		大韓民国，朝鮮民主主義人民共和国成立	
1949	北大西洋条約機構(NATO) (西側陣営の軍事同盟) ドイツ連邦共和国(西ドイツ)成立	経済相互援助会議(コメコン) (ソ連と東ヨーロッパ諸国の経済協力機構) ドイツ民主共和国(東ドイツ)成立	中華人民共和国成立	
1950	西ドイツ再軍備問題が浮上		朝鮮戦争(～53)	
1952				ヨーロッパ石炭鉄鋼共同体(ECSC)設立
1954			東南アジア条約機構(SEATO) (米英仏などと東南アジア諸国が締結した反共軍事条約)	
1955	西ドイツ，NATOに加盟	ワルシャワ条約機構 (東側陣営の軍事同盟)	アジア=アフリカ会議(平和十原則提唱)	
1958				ヨーロッパ経済共同体(EEC)設立 ヨーロッパ原子力共同体(EURATOM)設立
1961		ベルリンの壁が建設		
1962	キューバ危機			
1965			ベトナム戦争(～73)	
1967				東南アジア諸国連合(ASEAN)設立

解説 ヨーロッパの復興を援助するマーシャル=プランは，ソ連が「欧州諸国の主権を侵害するものである」として不参加を表明すると，ポーランド，チェコ，ハンガリー，ルーマニアなど参加意思のあった国も結局不参加となり，東ヨーロッパ諸国は１国も参加しない結果となった。この計画をめぐる東西の分裂は経済的にも決定的となった。

サブ・サブクエスチョン

ヨーロッパ石炭鉄鋼共同体(ECSC)や東南アジア諸国連合(ASEAN)が設立された背景にはどのような国際関係があったのだろうか。

B 地域統合の効果

ヨーロッパ石炭鉄鋼共同体(ECSC)条約　前文

　古来の敵対に代えるに，諸国の本質的利害関係の融合をもってし，経済共同体(economic community)の設立により，多年血なまぐさい対立により離間していた諸国民の間に，一層広く，一層深い共同体の最初の礎石を据え，かつ将来の共通の運命を方向づけることのできる制度の基礎を築くことを決意し，ECSCを創設することを決定する。

サブ・サブクエスチョン

ECSC条約により，どのような効果がもたらされたのだろうか。また，ヨーロッパの統合はどのように展開したのだろうか。

C 鉄道輸送コストの変化

(トン当たりコスト，ドル)

		1953年1月1日	1957年5月1日
コークス	ドイツ(ゲルゼンキルヒェン)→フランス(オメクール)	6.57	4.78
コークス	ドイツ(ゲルゼンキルヒェン)→ルクセンブルク(エッシュ)	7.31	5.90
石炭	ザール(レーデン・グルーベ)→南ドイツ(レーゲンスブルク)	9.10	6.68
鉄鉱石	フランス(サンシー)→ベルギー(ウーグレ・マリエ)	2.43	1.81
鋼材	ドイツ(オーバーハウゼン)→フランス(パリ)	13.38	11.02

(*Europe's Coal and Steel Community, An Experiment in Economic Union* を参考に作成)

解説 1950年代の初めに，フランス，西ドイツ，イタリア，ベルギー，オランダ，ルクセンブルクの６か国によりECSCが設立された。ヨーロッパは，政治的には平和の確立と経済的には超国家的単一大市場を形成することで経済発展を実現していくスタートをきった。具体的には，石炭・鉄鋼(軍需産業)をフランスと西ドイツ共通のものにし，両国間の平和を確保する。また，欧州経済の発展の為に国境障壁をとり払い，石炭と鉄鋼の大市場をつくり，大市場の利益を各国が享受できるようにされた。

Ⓓ 東南アジアの地域統合

東南アジア諸国連合(ASEAN)宣言　1967.8.8

議長団 インドネシア政務・外務大臣，マレーシア副首相，フィリピン外務長官，シンガポール外務大臣，タイ外務大臣

　東南アジア諸国の間には相互利益と共通の問題があることを理解し，既存の地域的連帯と協力の絆をさらに強化する必要性を確信した。(中略)東南アジアの地域協力を進める共通の行動のために確固たる基盤を確立し，地域の平和，進歩，繁栄に貢献することを求める。(中略)東南アジア諸国は，この地域の経済的・社会的安定を強化し，平和的で進歩的な国家の発展を確保するための責任を共有しており，国民の理想と願いに沿って国家のアイデンティティーを維持する，あらゆる形態や表現による外部からの干渉から安定と安全を確保することを決意する(中略)すべての外国基地は一時的なものであり，関係国の明らかな同意がある場合にのみ駐留するものであり(中略)国家の独立と自由を破壊したり，国家発展の秩序ある過程を害するために使用されることを意図していないことを確認する。　(政策研究大学院大学，東京大学東洋文化研究所データベース「世界と日本」)

ASEAN の設立経緯

(1) ASEAN成立以前の東南アジアには，1961 年に当時のラーマン・マラヤ連邦首相の提唱でタイ，フィリピン，マラヤ連邦の3か国により結成された「東南アジア連合(ASA)」機構が存在していた。

(2) 1966年の第1回南東アジア開発閣僚会議，アジア太平洋協議会等を通じて地域協力の動きが活発化した。こうした流れの中で，加盟国間の政治的問題等により機能が停止していた ASA に更にインドネシア，シンガポールを加えた新たな機構設立の気運が高まった。

(3) 1967 年8月5日，インドネシア，マレーシア，フィリピン，シンガポール，タイの5か国外相がバンコクに参集，8月8日にASEAN 設立を宣言する「バンコク宣言」が採択され，ASEAN が発足した。これに伴い ASA は発展的に解消した。

(外務省ホームページ)

Ⓔ ASEAN加盟国

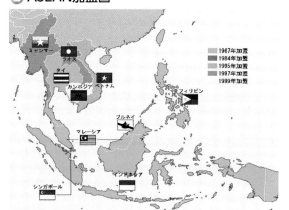

凡例:
- 1967年加盟
- 1984年加盟
- 1995年加盟
- 1997年加盟
- 1999年加盟

◆解説　原加盟国ではないミャンマー，ラオス，ベトナム，カンボジアは，当時共産主義国家だった。

❓サブ・サブクエスチョン

ECSCとASEANを比較し，類似点と相違点を指摘しよう。また，Ⓐのサブ・サブクエスチョンの成果も踏まえた場合，相違点が存在する理由は何だろうか。

② もう一つの経済体制とアジアの経済成長

❓サブ・クエスチョン

ソヴィエト連邦を中心とする社会主義国における経済政策の特徴は何だろうか。
なぜ，その経済政策は韓国をはじめとしてアジアの国々の開発モデルとして受け入れられたのだろうか。

Ⓐ 社会主義経済

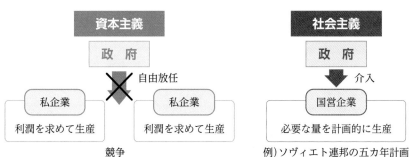

◆解説
社会主義のもとでは，国家がすべての資本を公有する。政府がそれを管理し，計画的に生産することで，労働者の労働も計画的におこなわれ，得られた富は平等に分配される。次のような利点と欠点がある。
●利点
・計画経済であり需要と供給のバランスがとれる。
・富は平等に分配されるため貧富の差はない。
●欠点
・平等に配給されるので，労働意欲が低下し経済が停滞する。
・計画が非常に難しいので，物不足が起こりインフレが起きやすい。
・共産党独裁のため非民主的で政治腐敗しやすい。

B アジア諸国の経済政策　〜韓国を事例に〜

当時の新聞記事

「来月の選挙に韓国民が秘密投票を許されているものの，すべての選挙期間が国民に公開批判を許さず，指導的な野党候補を投獄した人々の手ににぎられているのでは，『自由』な選挙とは言えない」

(1963.9.8　ニューヨークタイムズ)

「政府は，厳格な選挙法の違反事件にたいする告訴を，選挙がすむまで延期したために，当地では政敵にたいしてどれほど厳しい手をうつかが推測されている。目立った野党指導者は，すでにほとんどが告訴されている。大衆運動にたいする厳しい規制措置，戸別訪問の選挙運動，選挙運動費，ポスターはりなどによって，従来の選挙戦にみられたような摩擦はなくなった」

(1963.10.15　ニューヨークタイムズ)

? サブ・サブクエスチョン

1960〜70年代に韓国経済を発展に導いた主体は何だろうか。

朴正煕大統領の経済政策

その他の経済部署を統括指導することのできる強力な権限を付与することによって，総合的な経済計画の樹立とその一元的な推進を図っている。　(大韓民国政府『行政白書』1962年版)

可能な限り民間人の自由と創意を尊重する自由企業の原理を土台にしながら，基幹部門に対しては政府が直接介入するか，あるいは間接的に誘導政策を取り入れること。

(朴正煕大統領秘書室(1975)『韓国経済の昨日と今日』)

←**❸**「漢江(ハンガン)の奇跡」の象徴63ビル

解説 朴大統領在任中の高度経済成長は，「漢江の奇跡」と呼ばれ，韓国は世界最貧国の層から脱したといわれる。

? サブ・サブクエスチョン

1960〜70年代の韓国では，どのような経済政策が採られたのだろうか。また，他のアジアの国々と比べて，その成果はどのような特徴をもつだろうか。

? サブ・サブクエスチョン

朴正煕(パク=チョンヒ)政権は，対立する政治勢力にどのように対峙したのだろうか。

解説 朴正煕(パク=チョンヒ)は，1961年の軍事クーデタにより政権を奪取した。クーデタ時に公表された「革命公約」では，反共産主義を掲げるとともに国家が権威主義のもとで開発に向かい市場を補完する経済政策に力を入れることを宣言した。軍事クーデタにより発足した政権のもとで，国民の直接投票で選出される大統領が強い行政権限を有する大統領制となり，朴正煕が当選を果たした。

←**❶**金大中(キム=デジュン)

1973年8月，韓国の民主活動家および政治家で，のちに大統領となる金大中が，韓国中央情報部(KCIA)により東京都内のホテルから拉致され，5日後にソウル市内の自宅前で発見された。写真は解放され，報道陣の質問に答えながら，涙を流す金大中。

朝日新聞社提供

大韓民国切手

貯蓄

国民貯蓄で産業建設

↑**❷**1969年発行の切手

? サブ・サブクエスチョン

韓国ではどのように資金が集められ，何を整備したのだろうか。

C 韓国のGDPの推移

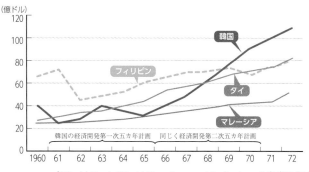

(億ドル)

韓国

フィリピン

タイ

マレーシア

韓国の経済開発第一次五カ年計画　同じく経済開発第二次五カ年計画

(World Bank.World Development Indicators を参考に作成)

③ 日本の高度成長の光と影

A 日本の高度成長

←**❹**東海道新幹線と名神高速道路

解説 1950年代後半から日本は平均(1956〜73)の経済成長率が9.1%という高度成長の時代に突入した。産業の中心は重化学工業やサービス業へと転換し，人々の所得も年々増え続け，国民の生活意識やライフスタイルは様変わりしていった。

? サブ・クエスチョン

日本が経済成長を成功させた要因はなんだろうか。また，経済成長は人々に何をもたらしたのだろうか。

経済成長の要因分析

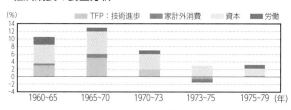

(%)

■TFP：技術進歩　■家計外消費　■資本　■労働

1960〜65　1965〜70　1970〜73　1973〜75　1975〜79 (年)

(『日本経済史』を参考に作成)

B 日本の産業別GDPシェアの推移

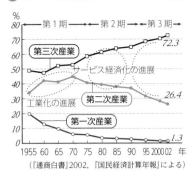

第一期 → 第二期 → 第三期 →

- 第三次産業 ……… 72.3
- サービス経済化の進展
- 工業化の進展　第二次産業 ……… 26.4
- 第一次産業 ……… 1.3

1955 60 65 70 75 80 85 90 95 2000 02 年

(『通商白書』2002,『国民経済計算年報』による)

C エネルギー供給構造の推移

石油　天然ガス

1950 (昭25)	石炭・亜炭 58.4%	7.1	11.5	水力 23.0	
70 (昭45)	19.9%	71.9	その他1.1 / 1.2		
90 (平2)	16.8%	56.0	原子力0.3 / 5.6 / その他2.7 / 10.7	9.6	
2004 (平16)	21.8%	46.3	4.2 / 2.7 / 3.6 / 14.7	10.9	

(『日本国勢図会』より作成)

解説　日本の高度経済成長期には石油の安定安値が続いており，日本にとっては，有利な状況であった。終身型雇用のもと，給与の上昇は物価の上昇を常に上回り，国民の消費行動も大きく変化した。

？ サブ・サブクエスチョン

高度経済成長の要因は何だろうか。また，どのようなことが変化したのだろうか。

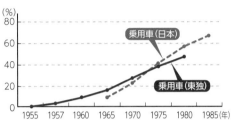

↑❺トラバント　鉄のカーテン撤去20周年行事で，ハンガリーとオーストリアの国境を越える旧東ドイツの国民車トラバントの車列。トラバントは1958年から1991年まで大規模なモデルチェンジがないまま生産され，20年前も長い車列ができた。

D 国民生活の変化

| 1950年代 | 1960年代 (高度成長期) | 平成 (新・三種の神器) |
| 白黒テレビ / 洗濯機 / 冷蔵庫 | カラーテレビ 「3C」 / クーラー / カー(自家用車) | デジカメ / 薄型テレビ / DVDレコーダー |

？ サブ・サブクエスチョン

人々の購買意欲を支えたものはなにか。耐久消費財の普及により人々の生活はどのように変わったのだろうか。

E 高度経済成長の影響

？ サブ・サブクエスチョン

高度経済成長は人々にどのような影響をもたらしたのだろうか。

日本と東ドイツの自家用自動車の普及率

乗用車(日本)

乗用車(東独)

1955 1957 1960 1965 1970 1975 1980 1985(年)

(内閣府消費動向調査,『物語 東ドイツの歴史　分断国家の挑戦と挫折』を参考に作成)

解説　東ドイツの1960年代の計画経済は比較的うまく進み，労働者の賃金上昇率も高く，耐久消費財の購入意欲も高かった。車種は限られており生産台数も需要にまったく追いついておらず，人々は予約して5～10年間，納入をひたすら待つという状態であった。需要が高いため価格も高騰した。日本では，多くの車種が数年でモデルチェンジされ，広告などにより購買意欲を刺激した。

？ サブ・サブクエスチョン

日本と東ドイツでは自家用自動車の普及でどのような違いがあったのだろうか。

←❼チッソとの直接交渉で「金より体を」とつめ寄る水俣病患者

朝日新聞社提供

解説　1950～60年代，熊本県水俣市を中心に大きな被害を出した水俣病が，公式確認されたのは1956年のこと。しかし，チッソが水銀を使う製造設備の運転を中止し，政府が公害病と認めたのは，それから12年後のことだった。2009年，水俣病救済特別措置法が成立したが，その傷あとは癒えてはいない。

↑❻水俣病の症状で曲がった指先

朝日新聞社／時事通信フォト

←❽Oh！モーレツ

解説　1969年，丸善石油のCM「モーレツ」のフレーズは流行語となり，高度経済成長を支えたサラリーマンを称して「モーレツ社員」といった言葉を生み出した。この時期には，森永製菓のCM「大きいことはいいことだ」のように高度経済成長期の世相を映すCMが人々の目に留まった。1970年には，高度経済成長のひずみを踏まえた「モーレツからビューティフルへ」というCMが富士ゼロックスから放映された。

町の財政破綻

(夕張市の財政破綻の)要因の1は，「炭鉱閉山後の社会基盤整備」について，本市はかつて石炭産業を基幹産業として発展し，昭和35年には人口11万6千人を有する「炭都夕張」として最盛期を迎えていた。しかしながら，相次ぐ炭鉱災害及びエネルギー変革により，24の大手炭鉱が次から次へと閉山し，平成17年度国勢調査の結果では，人口は1万3千人と約9分の1まで激減し，全国都市中人口激減率は第1位。……閉山跡処理対策に費やした費用は昭和54年度以降16年間で584億円，平成17年度人口1人当たりに換算すると，公債費は類似団体の約3倍の17万6千円となる。　(夕張商工会議所ホームページより)

人口一人当たりの年間労働時間

(単位　時間)

	1870年	1913年	1950年	1973年	1990年
オーストラリア	1048	1043	778	738	764
ドイツ	1172	1205	974	811	726
イギリス	1251	1143	871	753	766
アメリカ	1084	1036	756	704	771
日本	1598	1290	925	988	987

(『経済統計で見る世界経済2000年史』)

まとめ

日本も参加するTPPは，域内における関税や非関税障壁をなくして自由貿易を強化するものである。TPPの交渉時には，国内で賛成・反対をめぐる議論がさかんになされた。第二次世界大戦後の自由貿易体制の展開や世界の経済の歴史を学ぶことは自分たちにどのような意味があるのだろうか。

「成長神話」の起源

D グローバル化と私たち

(2) 冷戦と世界経済

メイン・クエスチョン

成長と開発の物語は，日本に何をもたらしたのだろうか。

キーワード

開発主義，高度成長，55年体制，安保，沖縄，エネルギー，消費，教育，公害，対抗文化

① 開発主義と東アジア

サブ・クエスチョン

日本の経済成長政策は，どのように計画され，どのような国際環境に支えられていたのだろうか。

A 日本の高度成長への離陸

サブ・サブクエスチョン

日本の高度成長期の目標とは何だろうか。政府はどのような経済をめざし，世界の「平和的競存」とはどのような状況をさすのだろうか。

もはや「戦後」ではない。我々はいまや異なった事態に当面しようとしている。回復を通じての成長は終わった。今後の成長は近代化によって支えられる。そして近代化の進歩も速やかにしてかつ安定的な経済の成長によって初めて可能となるのである。新しきものの摂取は常に抵抗を伴う。経済社会の遅れた部面は，一時的には近代化によってかえってその矛盾が激成されるごとくに感ずるかもしれない。しかし長期的には中小企業，労働，農業などの各部面が抱く諸矛盾は経済の発展によってのみ吸収される。近代化が国民経済の進むべき唯一の方向とするならば，その遂行に伴う負担は国民相互にその力に応じて分け合わねばならない。（中略）世界の二つの体制の間の対立も，原子兵器の競争から平和的競存に移った。平和的競存とは，経済成長率の闘いであり，生産性向上のせり合いである。

（経済企画庁『年次経済報告』1956年）

実質GDP（国内総生産）成長率の推移

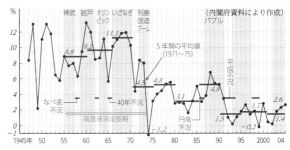

解説 高度経済成長期のはじまりに，日本の経済政策を立案する経済企画庁がまとめた文章。それまで経済学者でも使っていなかった「経済成長」という用語が，1950年代半ばに政治用語として登場し，以後広く一般に広がる。「近代化」にともなう「負担」とは何をさすのかにも注目したい。

B 高度成長をもたらす国際環境

サブ・サブクエスチョン

冷戦体制とともに形成された西側の国際経済体制はどのようなものだったのだろうか。

ブレトン＝ウッズ国際経済体制

国際通貨基金（IMF）	・アメリカ＝ドルを基軸通貨とする固定為替相場制（金ドル本位制）を採用して国際貿易を発展させ，為替の安定を図る・貿易赤字国に対して融資をおこなう
関税及び貿易に関する一般協定（GATT）	・自由貿易の拡大を目的として，関税の撤廃と削減，非関税障壁の撤廃をめざす→ 1995年に世界貿易機関（WTO）に発展した

↑❶トルーマン大統領と開発支援 1949年の演説で「低開発国」への支援の必要を説いた。東西両陣営とも，後発国を陣営にとどめるため支援をおこない，アジア各国でキャッチアップ型工業の発展，衛生状態の改善などが見られたが，開発独裁，人口増加による経済発展の制約なども見られた。

解説 国際的な開発主義と日本も無縁ではなかった。アメリカの指導下，技術革新と設備投資が進められた。1960年代にはオリンピックや万国博覧会といったイベントもあり，「奇跡」的な経済成長を遂げ，国民生活は一新する。一方で，年表には，「公害」や「減反」といった言葉も見える。

日本の高度成長期と国際環境の変化

吉田②～⑤	1951	サンフランシスコ講和会議＊鉱工業生産，戦前水準に	特需景気	復興期
	1952	IMF（国際通貨基金）・IBRD（世界銀行）に加盟		
	1954	MSA協定調印	53	
鳩山	1955	GATT（関税及び貿易に関する一般協定）に正式加盟	55	
	1956	＊経済白書「もはや戦後ではない」と発表	57	神武
岸	1958	日銀，戦後初の公定歩合引き下げ。1万円札発行	58	
	1959	最低賃金法公布。国民年金法公布		岩戸景気
	1960	貿易為替自由化大綱決定（岸内閣）。国民所得倍増		
池田	（昭35）	計画・高度経済成長政策発表（池田内閣）	61	高度経済成長期
	1961	農業基本法公布。最初の農業白書発表		
	1962	新産業都市建設促進法公布	62	
	1963	GATT11条国（国際収支などを理由とした輸入制		オリンピック
	（昭38）	限を禁止）へ移行		
	1964	IMF8条国（貿易支払や資本移動に対する制限を		
	（昭39）	禁止）へ移行。OECD（経済協力開発機構）に加盟。東海道新幹線開業，オリンピック東京大会開催		
佐藤	1965	名神高速道路開通	64 66	
	1966	戦後初の赤字国債発行		いざなぎ景気
	1967	公害対策基本法公布　＊ベトナム特需（～70前半）		
	1968	＊GNP，資本主義諸国でアメリカに次ぎ第2位		
	1969	東名高速道路全線開通		
	1970	新日本製鉄が発足。減反政策始まる	70	
	1971	環境庁発足。ニクソン大統領，ドルと金の交換停	71	
	（昭46）	止発表（ドル＝ショック）。スミソニアン合意で1ドル＝308円の固定レート制		
田中	1973	円，変動相場制に移行。第4次中東戦争勃発，第	73	
	（昭48）	1次石油危機＊翌年戦後初のマイナス成長となる		

国際環境は，保護政策により貿易の自由化と為替の安定を目指すものから，1960年代に開放経済体制へ大きく変化した。これに合わせて日本の経済政策も，国際競争力を高めるものに変化する。

② 成長政治の駆動

？サブ・クエスチョン

経済成長をめざす政治は，どのように展開したのだろうか。経済成長は全国で等しく実現したのだろうか。

A 55年体制と冷戦構造

？サブ・サブクエスチョン

「55年体制」とは何だろうか。その意見対立と国際環境を調べよう。経済成長に対する考え方は，自民党と社会党で異なるものだったのだろうか。

↑②左右社会党統一 (1955.10.13)

↑③保守合同・自由民主党発足 (1955.9.28)

われわれは国民経済全体の成長率（国民総生産の成長率）としては，昭和36年度までの最初の5ヶ年間は年平均8.4%，次の10年間（昭和45年度まで）は年平均10%を計画目標とする。現在の驚くべき科学技術の進歩を生産体のうちに大規模に取り入れ，従来の低い生産性にあえいでいる農業や中小企業もお互いの協力を土台としてこの生産体系に編入し，一方では私企業のムダな競争や巨大資本の反公共的独占を抑制しつつ，われわれはこの目標を実現する。

(日本社会党『第13回定期大会決定集』1957年)

▶**解説** 「55年体制」で自由民主党と日本社会党の与野党の勢力は一定比率を維持する。保守と革新，改憲と護憲と，対立する両党だが，経済成長をめぐっては違っていた。

C 国民所得倍増計画と成長政治

？サブ・サブクエスチョン

国民所得倍増政策は何をめざしていたのだろうか。高度成長期の地域開発は，あなたのくらす地域にどのような変化を与えているか調べてみよう。

国民所得倍増計画 (1960年)

第2章　計画の課題
1．計画の主要目的
この計画目的は，国民生活水準の向上と完全雇用の達成である。そのために，経済の安定的成長の極大化が図られなければならない。
2．計画の目標
国民経済の規模を今後およそ10年間に実質価値で倍増することを計画の目標とする。　(経済審議会『国民所得倍増計画案』)

新全国総合開発計画 (1969年)

□日本列島の中心地帯
□工業地域
□食料生産地域
□レクリエーション地域
□大陸棚開発地域
　（海底資源を開発する地域）

(経済企画庁資料による)

▶**解説** 実質国民総生産を10年以内に2倍にすることを目標とする計画。実際にはそれ以上の成長率となった。輸出増進により国民生産を増やし，道路など社会資本の拡充や社会福祉の向上をめざすというもの。生産性と結びついた教育・人材開発，地域間格差への着目もあった。

▶**解説** 「後進地域の開発促進」の方針から全国総合開発計画が立てられ太平洋ベルトの開発がおこなわれた。その後も新全総，日本列島改造計画と引き継がれたが，中央と地方の格差や利益誘導の問題が指摘され続ける。

B 安保闘争

？サブ・サブクエスチョン

60年安保はなぜおこったのか調べてみよう。その後，政府はなぜ経済政策に力を入れたのか証言から読み取ろう。

←④安保改定阻止を求め，国会を取り囲む全学連やデモ隊約2万人 (1960.6.18)

1960年の岸信介内閣による新安保条約締結に国民的な反対運動がおこった。このような「政治の季節」の後，政府の経済政策を立案していた下村治が，国民所得倍増計画を立案する意図を語っている。なお，下村治のように，当時の経済官僚には，戦前の統制経済の体験者が多かった。

安保騒動をあんなに激しいものにしたエネルギーというか，火ダネを供給しているのは国民の欲求不満だったと思うんです。その欲求不満を吸収することが高度成長の中で必ず急速に実現できるに違いない。そうすれば安保騒動の火ダネはなくなってしまう。あるいは推進するエネルギーはなくなってしまう。政治的にも社会的にも安定した状態が急速につくられていくに違いないという予想と展望をもっていました。　(『高度成長期への証言』1999年)

D 沖縄への基地集中

？サブ・サブクエスチョン

1950年代と60年代で沖縄の基地にどのような変化があるだろうか。

沖縄の基地の変化　▨＝基地

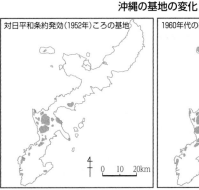

対日平和条約発効(1952年)ころの基地 ／ 1960年代の基地

▶**解説** サンフランシスコ講和条約による「独立」後，日本国内では砂川事件など米軍基地をめぐる闘争が激化した。

➡⑤英訳版「人間の住んでいる島」
阿波根昌鴻は，米軍の強制土地収用に対し，伊江島で抵抗運動をおこなった。その記録を写真集として出版，アメリカでも翻訳された。その活動はのちの沖縄全島での島ぐるみ闘争の契機ともなった。

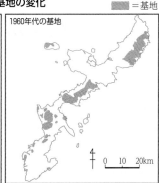

THE ISLAND WHERE PEOPLE LIVE
A photo documentary of the troubled land of Iejima, Okinawa Islands.　Ahagon Shōkō

Translated by C. Harold Rickard

❸「豊かさ」の先の成長

D グローバル化と私たち

(2) 冷戦と世界経済

❓サブ・クエスチョン

経済成長は、国民生活をどのように変えたのか資料から考えよう。ここから発展させて、私たちの生活の中に根付いている高度成長期以降の社会のしくみを探してみよう。

Ⓐ 高度成長と社会の未来

❓サブ・サブクエスチョン

戦後日本の万国博覧会にはどのようなものがあるのだろう。開発と成長という視点で万博を見ると、何を読み取れるだろうか。

朝日新聞社提供

朝日新聞社提供

❓サブ・サブクエスチョン

産業構造やエネルギー利用に関して、どのような変化がおこったのだろうか。

日本の産業別GDPシェアの推移

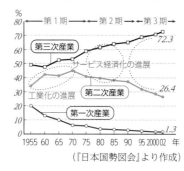

（『日本国勢図会』より作成）

エネルギー供給構造の推移

	石炭・亜炭	石油	天然ガス	水力	
1950（昭25）	石炭・亜炭 58.4%	7.1	11.5	水力 23.0	
70（昭45）	19.9%	71.9			その他1.1 / 1.2
90（平2）	16.8%	56.0	10.7	9.6	原子力0.3 / 5.6 / その他2.7
2004（平16）	21.8%	46.3	14.7	10.9	4.2 / 3.6 / 2.7

（『通商白書』『国民経済計算年報』より作成）

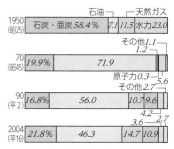

←❻❼大阪万博の会場のようす　左の写真中、赤い円盤型の建物（日立館）では模擬飛行が体験できた。七重の塔（古河パビリオン）は音の実験劇場で、緑色の建物（みどり館）では映画が上映された。右の写真はオランダ館である。

←❽高速増殖炉もんじゅ　1970年に福井県での設置が決まり、95年に発電を開始したが、事故を重ね、廃止が決まった。

Ⓑ 消費革命

❓サブ・サブクエスチョン

消費と地価に関して、どのような変化がおこったのだろうか。

三種の神器
- ❾電気洗濯機
- ❿白黒テレビ
- ⓫電気冷蔵庫

新三種の神器（3C）
- ⓬Car（自動車）
- ⓭Color TV（カラーテレビ）
- ⓮Cooler（クーラー）

↓⓯朝日新聞が組んだ特集「くたばれGNP」（1970年6月7日）「豊かさ」の表現として使われるGNPの上昇の陰でおこっている現実を伝えた。

解説 家電ブーム　1955年以降「三種の神器」とよばれた電気洗濯機、白黒テレビ、電気冷蔵庫が飛ぶように売れ、消費革命がはじまった。一方で大量生産・大量消費にともない、環境問題なども発生した。1960年代後半からはカー（自動車）、カラーテレビ、クーラーの「新三種の神器」が普及。頭文字をとって3Cともよばれた。

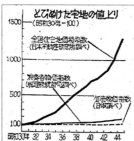

とびぬけた宅地の値上り（昭和30年=100）

解説 耐久消費財に象徴される消費革命が、国民の所得向上に支えられて持続した。企業はCMを通じて新たな商品を売り込んだ。人々は、消費を美徳ととらえるようになる。マイホームも庶民のあこがれとなった。

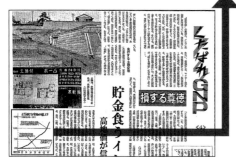

Ⓒ 教育と移動

❓サブ・サブクエスチョン

学歴と就職に関して、どのような変化がおこったのだろうか。

学校の「出口」の変遷

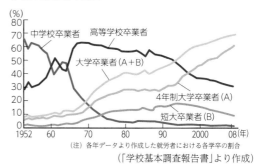

（注）各年データより作成した就労者における各学卒の割合

（「学校基本調査報告書」より作成）

解説 高度成長期には、学歴による社会移動が大規模に生じた。そのようすは「大衆教育社会」ともよばれる。

←⓰就職戦線（朝日新聞1966年6月1日）　学歴の高度化や大学の大衆化は、就職状況にも影響を与えた。

解説 産業構造の変化に合わせて人々は農村より都市へと移動した。その移動を生み出したのが学校教育である。50年代は「金の卵」とよばれた中卒者が多かったが、60年代後半以降ベビーブーム世代の進学に合わせ高卒者が急増していった。

④ 本当の「豊かさ」を求めて

Ⓐ 公害と環境汚染

❓ サブ・クエスチョン

1968年前後に世界と連動しながらおこった対抗文化は，どのように経済成長を中心とした文化を問い直し，現在の社会運動につながるか説明してみよう。

❓ サブ・サブクエスチョン

公害対策基本法が制定され「公害国会」が開かれるのは1967～70年。それまで公害はなかったのだろうか。下のパネルを見て考えてみよう。

➡❶1960年ごろの日本の公害
「四大公害病」以外の場所にも公害の記載がある。どのような公害があるのだろうか。このパネルを制作した公害資料館ネットワークのホームページも見てみよう。

5 4 3 2 1（件）
● 大気汚染
騒音・振動
地盤沈下
水質汚染

（『公害資料館ネットワーク共通パネル』）

❓ サブ・サブクエスチョン

石牟礼道子とレイチェル＝カーソンという2人の女性は，日本とアメリカで，どのような環境汚染の実態を訴えたのか，調べてみよう。

　死民とは生きていようと死んでいようと，わが愛怨のまわりにたちあらわれる水俣病結縁のものたちである。ゆえにこのものたちとのえにしは，一蓮托生にして絶ちがたい。（中略）「一生かかっても，二生かかっても，この病は病み切れんばい」わたくしの口を借りてその者たちは呟く。そのような者たちの影絵の墜ちてくるところにかがまり座っていて，わたくしの生きている世界は極限的にせまい。

（石牟礼道子『わが死民』）

解説　石牟礼道子は水俣病受難者を「市民」でなく「死民」と表現した。破壊されたかつての村の姿を想起し「もうひとつのこの世」の実現を訴えた。カーソンも詩的な表現で，効率化や生産性増大をめざす化学利用のあり方を問うた。

　春がきたが，沈黙の春だった。いつもだったら，コマツグミ，ネコマネドリ，ハト，カケス，ミソサザイの鳴き声で春の夜は明ける。そのほかいろんな鳥の鳴き声がひびきわたる。だが，いまはもの音一つしない。（レイチェル＝カーソン『沈黙の春』）

Ⓑ カウンターカルチャー（対抗文化）

❓ サブ・サブクエスチョン

1970年前後に高まる対抗文化にはどのようなものがあるのだろうか。また，どのような文化のスタイルを読み取ることができるだろうか。対抗文化とともに登場する社会運動は，現在どのように広がっているのだろうか。

←❶学生運動から有機農業へ転じた藤本敏夫と妻の歌手・加藤登紀子（朝日新聞社提供）

➡❷女性運動であるウーマン・リブをけん引した田中美津

←❶寺山修司の天井桟敷の公演ポスター（横尾忠則）　1960年代から世界的に若者たちがロックやファッション，政治的主張といった，新たな文化や行動様式をもち込んだ。

朝日新聞社提供

STOP THE KILLING! STOP THE VIETNAM WAR!

←❷ベ平連の『ワシントンポスト』意見広告

解説　対抗文化とつながりをもちながら，それまでの社会を問い直すさまざまな社会運動が立ち上がった。たとえば，反戦，ウーマン・リブ，セクシャル・マイノリティ，障がい者などの領域での運動である。

まとめ
成長と開発は，戦後日本人の多くが渇望するものだった。しかし，それは政治的に生み出された物語でもあった。冷戦体制の中で，西側陣営の開発主義政策の恩恵が，対米貿易黒字，安価な石油輸入，戦後補償の事実上の免除，東南アジアへの経済進出など，多方面にわたっていた。国内的には，55年体制の下，保守革新ともに経済成長政策の優位性を競い合ったが，「護送船団方式」とよばれる政府による保護的な経済政策が持続した。そのような政治が主導する成長と開発の物語だが，多くの人々は生活を安定させるものとして，効率と消費をより良いものとして受け入れていった。ただ，その物語から排除される地域や人々がいたことも忘れてはいけない。そして，1970年前後に，世界的な動向に影響を受けながら，日本でも成長と開発の物語に疑問をもち，社会に問題を提起し，新たな生活実践を切り開こうとする人々も現れた。21世紀となった現在，日本では，高度成長はおこっていない。少子高齢化をはじめとして，社会が縮小し，さまざまな格差も目立つようになってきた。それでも，成長と開発の物語は唱えられている。私たちはどのような社会をめざしていけばよいのだろうか。

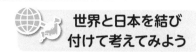
国家という枠組みは時代遅れ？

メイン・クエスチョン

第二次世界大戦後，ヨーロッパと東南アジアの地域連携はなぜ進展していったのだろうか。

キーワード

資源の共同管理，自由な市場，反共主義，開発独裁

① ヨーロッパ統合のはじまりと進展

Ⓐ ヨーロッパ統合構想の先駆け

『パン・ヨーロッパ』(1923年)

　政治的概念としてのヨーロッパは，アイスランドを取り入れた大陸ヨーロッパの総括的な民主主義国家を包含する。……私はこの政治的概念としてのヨーロッパを，その地理的なものと区別するために，パン・ヨーロッパと名づける。……パン・ヨーロッパは，[*1]26の比較的大なる国家と[*2]5の小領域より成る。

[*1]ドイツ，フランス，イタリア，ポーランド，スペイン，ルーマニア，チェコスロヴァキア，ユーゴスラヴィア，ハンガリー，ベルギー，オランダ，オーストリア，ポルトガル，スウェーデン，ギリシア，ブルガリア，スイス，フィンランド，デンマーク，ノルウェー，リトアニア，ラトビア，エストニア，アルバニア，ルクセンブルク，アイスランド　[*2]ダンチヒ，モナコ，サンマリノ，リヒテンシュタイン，アンドラ　　　　　　　　　　　(『クーデンホーフ・カレルギー全集1』)

↑❶若き日のカレルギー

サブ・クエスチョン

ヨーロッパ統合構想の出発点はどのようなものだったろうか。その後ヨーロッパ統合はどの分野で具体的にはじまり，どのように進展していっただろうか。

解説　クーデンホフ=カレルギー(1894～1972)はパン・ヨーロッパ運動の創始者で，1923年『パン・ヨーロッパ』を著してヨーロッパ連邦の結成を提唱した。

● パン・ヨーロッパと世界の地図

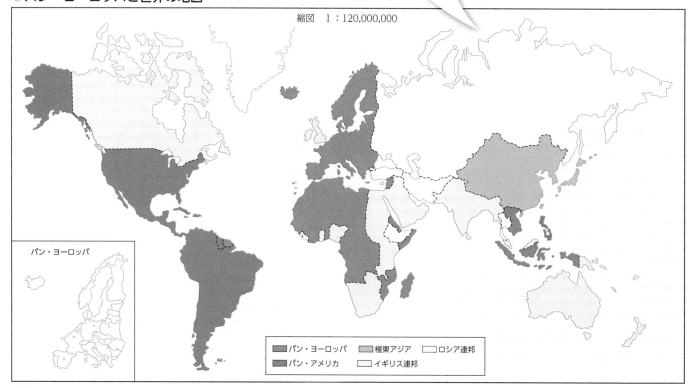

縮図　1：120,000,000

パン・ヨーロッパ

| ■ パン・ヨーロッパ | ■ 極東アジア | □ ロシア連邦 |
| ■ パン・アメリカ | □ イギリス連邦 | |

サブ・サブクエスチョン

カレルギーが提唱した「パン・ヨーロッパ」に含まれていないヨーロッパの国はどこだろうか。含まれない理由も考えてみよう。

B ヨーロッパ石炭鉄鋼共同体(ECSC)

シューマン=プラン(1950年5月9日)

ヨーロッパ諸国が一つになるためには，ドイツとフランスの積年の敵対関係が一掃されることが必要です。(中略)

フランス政府は独仏の石炭および鉄鋼の全生産物を共通の高等機関のもとで，ヨーロッパのその他の国々が参加する開放的組織に配することを提案いたします。石炭・鉄鋼生産の共同化は，経済発展の共通基盤を早急に確立し，ヨーロッパ連邦の第一歩を記すでしょう。そしてそれは長きにわたって武器製造という定めを負わされ，常にその犠牲を重ねてきたこれらの地域の運命を変えることになるのです。

(『世界史史料11』)

C アルザスの変遷

870年	メルセン条約	東フランク王国領 (神聖ローマ帝国)
1648年	ウェストファリア条約	フランス領
1871年	プロイセン=フランス戦争後	ドイツ領
1919年	第一次世界大戦後のヴェルサイユ条約	フランス領
1940年	第二次世界大戦中(～44)	ドイツ占領
1945年	第二次世界大戦後	フランス領

? サブ・サブクエスチョン

ヨーロッパ統合はなぜ石炭と鉄鋼の共同化という形ではじまったのだろうか。

D アルザス・ロレーヌ地方の地図

▶解説 約1450km²のこの地方は，両国の軍事的境界として重要なだけでなく，鉄鉱，石炭などの地下資源の豊富さにおいてヨーロッパ有数の地帯であった。

↑❸シューマン(フランス外相)とアデナウアー(西ドイツ首相)

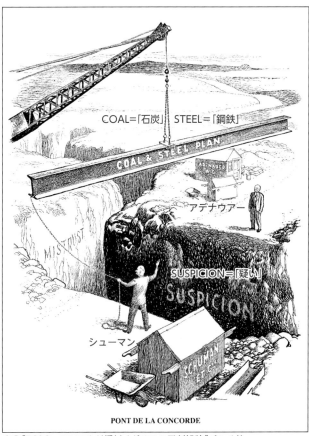

COAL=「石炭」 STEEL=「鋼鉄」

SUSPICION=「疑い」

PONT DE LA CONCORDE

↑❷「ECSC－コンコルド橋」(イギリスの風刺雑誌『パンチ』)
コンコルド橋とは，パリにある橋の名前である。

? サブ・サブクエスチョン

❷で描かれた，二人の間にある溝は何を表しているだろう。また溝の間に架けられようとしている橋は何を表しているだろうか。
C D も参考に考察してみよう。

E ヨーロッパ経済共同体（EEC）

欧州経済共同体（ヨーロッパ経済共同体）設立条約（1957年）

第2条　共同体の使命は，共同市場の設置および加盟国各国の経済政策の漸進的接近により，共同体全体における経済活動の調和的発展と，持続的で均衡ある発展，安定の強化，生活水準の一層の向上，加盟国間のより緊密な関係を促進することにある。

第3条　前条項の目標のために，共同体は，本条約が規定する条件およびその進度に従い，以下の活動を行う。

　a　加盟国間の商品の輸出入に関する関税及び数量制限，ならびにこれらと同等の効力を有する他のすべての措置の撤廃。

　b　第三国に対する共通関税および共通通商政策の策定。

　c　加盟国間での人，サーヴィス，資本の自由移動に対する障害の除去。

　d　農業分野における共通政策の創設。

　e　運輸分野における共通政策の創設。

　f　共同市場における競争のゆがみのない体制の確立。

　（以下略）　　　　　　　　　　　『世界史史料11』

？ サブ・サブクエスチョン

ヨーロッパ経済共同体（EEC）は何をめざしたのだろうか。

G ヨーロッパ連合（EU）の拡大

- ■ 1993・95年加盟国（15か国）
- ■ 2004年加盟国（10か国）
- □ 2007年加盟国（2か国）
- □ 2013年加盟国（1か国）
- ▨ 2020年離脱国（1か国）

0　500　1000km

1.クロアティア　2.ボスニア＝ヘルツェゴヴィナ　3.セルビア　4.モンテネグロ　5.アルバニア　6.北マケドニア

解説 1992年，マーストリヒト条約により，それまでの経済協力を基盤に，外交や安全保障も含めた政治同盟としてのEUを創設することが決まった。

F ヨーロッパ統合の拡大

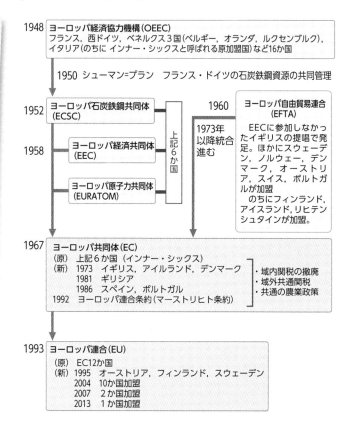

1948　ヨーロッパ経済協力機構（OEEC）
フランス，西ドイツ，ベネルクス3国（ベルギー，オランダ，ルクセンブルク），イタリア（のちに インナー・シックスと呼ばれる原加盟国）など16か国

1950 シューマン＝プラン　フランス・ドイツの石炭鉄鋼資源の共同管理

1952　ヨーロッパ石炭鉄鋼共同体（ECSC）

1958　ヨーロッパ経済共同体（EEC）

　　　ヨーロッパ原子力共同体（EURATOM）

上記6か国

1960　ヨーロッパ自由貿易連合（EFTA）
EECに参加しなかったイギリスの提唱で発足。ほかにスウェーデン，ノルウェー，デンマーク，オーストリア，スイス，ポルトガルが加盟。
　のちにフィンランド，アイスランド，リヒテンシュタインが加盟。

1973年以降統合進む

1967　ヨーロッパ共同体（EC）
（原）上記6か国（インナー・シックス）
（新）1973　イギリス，アイルランド，デンマーク
　　　1981　ギリシア
　　　1986　スペイン，ポルトガル
　　　1992　ヨーロッパ連合条約（マーストリヒト条約）
・域内関税の撤廃
・域外共通関税
・共通の農業政策

1993　ヨーロッパ連合（EU）
（原）EC12か国
（新）1995　オーストリア，フィンランド，スウェーデン
　　　2004　10か国加盟
　　　2007　2か国加盟
　　　2013　1か国加盟

解説 1967年，EEC，ECSC，EURATOMが統合する形でヨーロッパ共同体（EC）が発足した。ECには1973年以降6か国が加盟し，ヨーロッパ共同市場は拡大，米ソにも対抗しうる経済規模を獲得した。

↑❹単一通貨ユーロ

2002年1月1日，EU加盟の12か国（イギリス・デンマーク・スウェーデンは未参加）の間で単一通貨ユーロの流通が始まり，「経済の一体化」を目指す動きは一つの節目を迎えた。

？ サブ・サブクエスチョン

ヨーロッパ統合はどのような政治的・経済的背景で拡大していっただろうか。

② 東南アジアの地域連携のはじまりと進展

Ⓐ 東南アジア諸国連合（ASEAN）結成へ

? サブ・クエスチョン

東南アジアの地域連携はどのような形ではじまり，どのように進展していっただろうか。

D グローバル化と私たち

戦後の東南アジアの年表

1945	スカルノがインドネシア独立宣言，オランダに対する独立戦争を開始（～49）
1946	フィリピンがアメリカから独立 インドシナ戦争が始まる（～54）
1948	ビルマがイギリスから独立
1949	スカルノの指導でインドネシアが独立達成
1951	米比相互防衛条約締結
1953	ラオス，カンボジアがフランスから完全独立
1954	インドシナ戦争のジュネーヴ休戦協定締結 東南アジア条約機構（SEATO）が結成される
1955	アジア＝アフリカ（AA）会議がバンドンで開催
1957	マラヤ連邦が英連邦内で独立する
1962	ビルマでネ＝ウィンの軍事クーデタがおこり，社会主義路線が取られる
1963	マラヤ連邦がシンガポール，北ボルネオを加えてマレーシアを成立させる
1965	ベトナム戦争が始まる（～73） シンガポールがマレーシアから分離独立 インドネシアで九・三〇事件がおこる
1967	インドネシアでスカルノが退陣しスハルト登場 東南アジア諸国連合（ASEAN）が結成される
1976	ベトナム社会主義共和国が成立
1984	ブルネイがイギリスから独立
1986	フィリピン革命でマルコスが亡命し，アキノ大統領が就任
1989	ビルマがミャンマーと改称
1997	タイからアジア通貨危機が始まり，インドネシアのスハルト政権が倒壊する
2002	東ティモールがインドネシアから独立

? サブ・サブクエスチョン

ASEANはどのような性質の組織として結成されただろうか。
当時の東南アジアの国際情勢から考えてみよう。

インドネシア九・三〇事件〜ウントゥン中佐の声明文〜

　1965年9月30日木曜日，首都ジャカルタの陸軍内部で，国軍の他の部隊からの支援を得た軍事行動が決行された。スカルノ大統領親衛隊であるチャクラビラワ大隊の司令官ウントゥン中佐に率いられた「九月三〇日運動」は，将軍評議会と称する会を構成する将軍たちに対抗するものである。……将軍評議会は，CIAの資金供与を得た政権転覆活動であり，最近とくに今年8月第一週にスカルノ大統領が深刻な病気になって以来，きわめて活発になった。……「九・三〇日運動」司令官であるウントゥン中佐から得た声明によると，この運動は陸軍内の行動であり，陸軍の名を汚し，かつインドネシア共和国とスカルノ大統領に対して邪悪な計画を企図している将軍評議会に向けられたものである。　　　（『世界史史料11』）

←❺ウントゥン中佐
九・三〇事件は，インドネシア陸軍における共産党勢力（左派）が起こしたクーデタ未遂事件である。後に大統領となるスハルト少将（右派）によって反乱は鎮圧され，反乱のリーダーだったウントゥン中佐は逮捕・処刑された。この事件を機に，インドネシア共産党の弾圧が進んだ。

↑❻逮捕され拘置所に送られるインドネシア共産党関係者

(2) 冷戦と世界経済

? サブ・サブクエスチョン

インドネシアの九・三〇事件は，ASEAN結成とどのような関わりがあるだろうか。

Ⓑ ASEANの経済発展

ASEAN 原加盟国と日米中の名目 GDP の変化

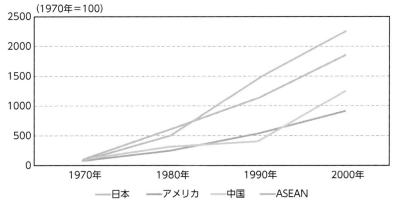

（1970年＝100）

—— 日本　—— アメリカ　—— 中国　—— ASEAN

（『世界国勢図会2011/12』を参考に作成）

タイのサリット首相による『国家経済開発計画』序文（1961年）

　国の最も重要な問題は経済である。なぜならそれは国家と国民の生活に関係するものだからである。……タイ国で何度も行われてきたクーデタは，経済を理由に挙げ，その度に新たな任務を負ってきた政府も，経済は最も重要であると述べてきた。この革命（サリットのクーデタ）の任務の最大の目的は，経済開発にある。　　（『世界史史料11』）

? サブ・サブクエスチョン

ASEAN原加盟国の経済政策はGDPの変化にどのような影響を与えただろうか。

まとめ　米ソ冷戦下において成立したヨーロッパと東南アジアの地域連携について，背景となった国際情勢や当初の目的に着目して概観する。現在のヨーロッパ連合（EU）や拡大したASEANと比較する視点で考察してみよう。また，ヨーロッパと東南アジアの地域連携にどのような共通点や相違点が見いだせるか考えてみよう。

市場経済の変容と課題

3分間ではたどれない，貿易の深～い話

？ メイン・クエスチョン

市場経済のグローバル化は，世界と日本にどのような影響を与えたのだろうか。

？ キーワード

戦後の輸出入，貿易摩擦，日本車対米輸出，日本製品破壊

1 日本の貿易の変遷

A 戦前・戦後の輸出入品目の比較

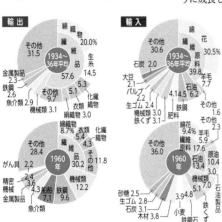

？ サブ・クエスチョン

戦後の日本の輸出入品目には，どのような特徴があるのだろうか。また，日本の経済はどのように成長していったのだろうか。

▶解説 左の6つの円グラフは，戦前から戦後にかけての日本の輸出入品目を比較したものである。高度経済成長期に当たる1960年を，産業構造の転換期とし，データを示している。

？ サブ・サブクエスチョン

1960年以降，飛躍的に伸びた輸出・輸入の品目は何だろうか。また，戦前と2019年を比較して，大きく後退した輸出・輸入の品目は何だろうか。

コラム 日本企業のグローバル化

● 世界で愛されるカップヌードル

←❶酸味と激辛が特徴のトムヤムクン味

？ 考えてみよう

それぞれどこの国で販売されているのだろうか。国名を地図から選ぼう。また，この企業の特徴は何だろうか。

↑❷麺をすすらなくてもよいように長さは日本で販売されているものより短い

←❸香辛料のマサラを基本にしたカレー味

▶解説 1971年に日本で発売されたカップ麺は世界中に広まった。あさま山荘事件では非常食としての価値が認められた。海外では100カ国で販売され，中国，インドネシア，ベトナム，アメリカ，韓国などの消費量が多い。

↑❹「カップヌードル」の発音から「合味道」と表される

B 戦後の名目GDP（国内総生産）などの推移

？ サブ・サブクエスチョン

日本の経済成長率は，1974年・2009年にマイナス成長となっている。その背景には何があったのだろうか。

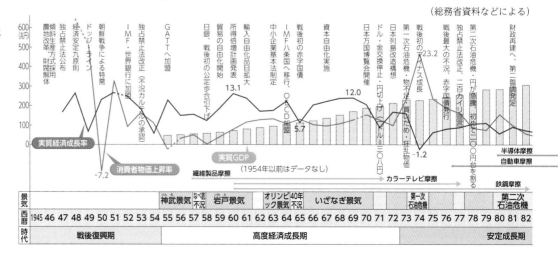

（総務省資料などによる）

② 貿易摩擦

対米貿易に占める自動車輸出

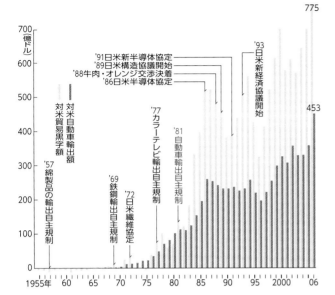

'91日米新半導体協定
'89日米構造協議開始
'88牛肉・オレンジ交渉決着
'86日米半導体協定
'93日米新経済協議開始

対米自動車輸出額
対米貿易黒字額

'77カラーテレビ輸出自主規制
'81自動車輸出自主規制

'57綿製品の輸出自主規制
'69鉄鋼輸出自主規制
'72日米繊維協定

775
453

解説 貿易相手国として，アメリカの存在は大きい。日米間の貿易収支は，1980年代半ば以降，アメリカの経済事情から日本の黒字が年々拡大した。85年以降のプラザ合意以降は円高ドル安となり，見かけ上は貿易収支黒字となった。

↑❺輸出に向け船積みされるトヨタ車（1976年）

↑❻トヨタがアメリカに建設した工場（1980年代）

❓ サブ・クエスチョン

日本の自動車は外国でどのように評価されたのだろうか。

アメリカ人の国産車と日本車に対するイメージ比較
（日本車を使用している人）

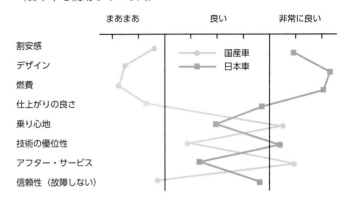

割安感
デザイン
燃費
仕上がりの良さ
乗り心地
技術の優位性
アフター・サービス
信頼性（故障しない）

まあまあ　　良い　　非常に良い

国産車
日本車

（「日本自動車産業史」）

❓ サブ・サブクエスチョン

左のグラフを見ると，対米貿易に占める自動車輸出が伸びていく過程で自動車輸出規制やその他の品目の規制もかけられていることがわかる。それでも輸出が伸びているのはなぜだろうか。右のグラフを参照し，アメリカの人々が日本車についてどのようなイメージを持っていたのか考えながら，説明してみよう。

©AP/WWP

←❼日本車の破壊行為（1981年）

解説 アメリカとは，繊維製品，鉄鋼，半導体などの品目で何度も貿易摩擦がおこった。

❓ サブ・サブクエスチョン

右上のイメージ比較の結果とは矛盾するような，日本車の破壊行為は，なぜおこったのだろうか。また，破壊行為は，アメリカのどのような人々が主体になったのだろうか。

D グローバル化と私たち

(3) 世界秩序の変容と日本

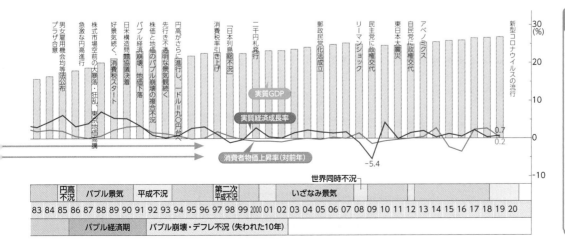

男女雇用機会均等法公布
プラザ合意
急激な円高進行
株式市場空前の大暴落・狂乱
好景気続く
日米構造問題協議決着
バブル経済崩壊，地価下落
株価と地価のバブル崩壊の複合不況
先行きの不透明な景気観続く
円高がさらに進行し，1ドル＝九〇円突破
「日本列島総不況」
消費税率引き上げ
二千円札発行
郵政民営化法成立
リーマンショック
民主党に政権交代
東日本大震災
自民党に政権交代
アベノミクス
新型コロナウイルスの流行

実質GDP
実質経済成長率

消費者物価上昇率（対前年）

世界同時不況

30 (%)
20
10
0.7
0.2
0
−5.4
−10

	円高不況	バブル景気	平成不況		第二次平成不況		いざなみ景気											
83	84	85	86	87	88	89	90	91	92	93	94	95	96	97	98	99	2000	01 02 03 04 05 06 07 08 09 10 11 12 13 14 15 16 17 18 19 20
		バブル経済期		バブル崩壊・デフレ不況（失われた10年）														

まとめ 世界経済のグローバル化を読み解くときに日本の動向は大きな存在である。特に，対米・対中国との貿易が世界全体の経済にも影響を与えている。また，世界経済の変化や石油に代表される原料等の生産・輸出に日本経済は左右されてきた。そして，日米の貿易摩擦は今後も続く課題である。特定の国のみならず，各国相互の経済のグローバル化と経済の安定を達成するにはどうしたらよいのか，歴史的事実を追いながら今後も考えてみよう。

市場経済の変容と課題

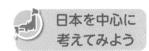
日本を中心に
考えてみよう

石油危機から見た日本の経済と社会の回復力

❓ メイン・クエスチョン

二度の石油危機は日本にどのような影響を与え，また日本は
どのように その"ショック"を乗り越えていったのだろうか。

🔑 キーワード

石油危機，中東戦争，大量消費社会，エネルギー
政策，石油備蓄，省エネ型社会，減量経営

D グローバル化と私たち

(3) 世界秩序の変容と日本

① 石油危機が日本に与えた"ショック"

Ⓐ 1960年代～1970年代末

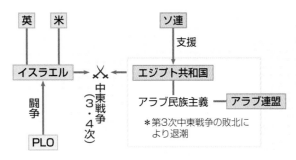

解説 1973年10月の第4次中東戦争の開始にともない，アラブ石油
輸出国機構（OAPEC）は，石油戦略としてイスラエルおよびその友好国
への石油輸出制限と原油価格の引き上げを実施した。

❓ サブ・サブクエスチョン

Ⓐの図から，日本の外交的立場を考えてみよう。その際，日本
とアラブ連盟との関係に注目しよう。

❓ サブ・クエスチョン

第1次石油危機が，日本の経済や社会に与えた影響を考えてみよう。

Ⓑ 石油危機による原油価格の高騰

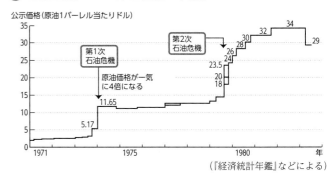

公示価格（原油1バーレル当たりドル）

（『経済統計年鑑』などによる）

解説 第4次中東戦争やイラン革命に伴い，原油の輸出や産出が制限
され，その価格は急騰した。

❓ サブ・サブクエスチョン

原油価格の高騰は，日本の経済や社会にどのような影響を与えるこ
とになったのだろうか。

Ⓒ 消費者物価上昇率の推移

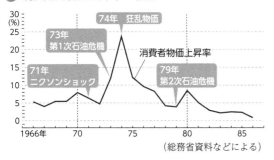

（総務省資料などによる）

Ⓔ 主要国の経済諸指標（1961～70年平均増大）

区　　　分	実質経済成長率	鉱工業生産	設備投資	労働生産性	輸　出	輸　入
日　　　本	11.1	14.1	15.2	11.1	17.1	15.9
アメリカ	4.1	4.5	3.9	3.1	7.7	10.2
イギリス	2.8	2.8	4.7*	3.2*	6.7	5.7
旧西ドイツ	4.8	5.8	5.7*	6.0*	11.0*	10.8*
フランス	5.8	6.0	9.1*	6.4*	10.1	11.7
イタリア	5.6	7.1	5.2*	6.4*	13.8	12.6
カ ナ ダ	5.2	6.4*	5.4※	4.3*	11.1	9.6

〈注〉 ＊は1961～69年平均，※は1961～68年平均。単位は％。

Ⓓ 通関実績・実質経済成長率推移

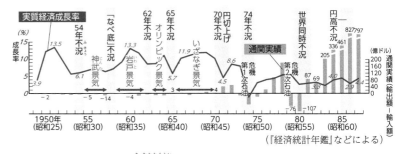

（『経済統計年鑑』などによる）

解説 1972年，田中角栄内閣が新幹線や高速道路網の整備を推進する「日本
列島改造論」を掲げたことからおこった地価の暴騰に加え，第4次中東戦争を
原因とする原油価格の急騰によって，激しいインフレーションが発生した。

❓ サブ・サブクエスチョン

2つのグラフから読み取ることのできる情報をまとめてみよう。
特に第4次中東戦争の発生と関連付けて説明してみよう。

（林直道『現代の日本経済』青木書店）

解説 高度経済成長の特徴は，膨大な民間設備投資にあった。企業は積極的に設備
投資をおこなったが，これに加えて石油の安定安値が続いていたことも高度経済成長
の要因の一つであった。

② トイレットペーパーがない？

↑❶スーパーに押しかける人々　物価の急激な上昇に加え，企業による買い占めや売り惜しみが，国民の不安をますます高めることとなり，スーパーマーケットからトイレットペーパーや洗剤，砂糖などの生活必需品を消費者が買いあさるというパニック状態を招いた。

読売新聞社提供

❓サブ・クエスチョン

テレビの普及などマスメディアの発達は，大衆の消費行動に対して，どのような影響を与えるようになっただろうか。

品不足ではない
鎮静策に増産を指示　通産省

❓サブ・サブクエスチョン

なぜ，人々はこのときトイレットペーパーを買いあさったのだろうか。

➡❷買いだめ問題を報じる新聞（『朝日新聞』1973年11月3日）

買いだめで？ペーパーパニック

「お一人様一品限り」とはり紙が出たスーパーの売り場＝東京・北区で

❓サブ・クエスチョン

1973年の第1次石油危機時，最も普及していた耐久消費財は何だろうか。

Ⓐ 耐久消費財普及率（一般世帯）

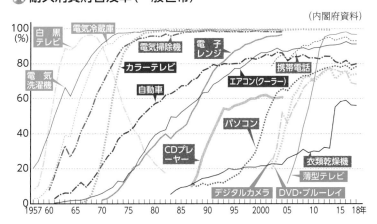

（内閣府資料）

白黒テレビ／電気冷蔵庫／電気掃除機／電子レンジ／カラーテレビ／携帯電話／電気洗濯機／自動車／エアコン（クーラー）／パソコン／CDプレーヤー／衣類乾燥機／薄型テレビ／デジタルカメラ／DVD・ブルーレイ

1957 60　65　70　75　80　85　90　95　2000　05　10　15　18年

解説　高度経済成長期に大量生産，大量販売体制が確立したことにより，耐久消費財が急速に普及していった。同時に，多くの品ぞろえと安さを売りにしたダイエーなど，スーパーマーケットの成長も見られ，それにより大衆消費社会が形成された。

Ⓑ 家電ブーム

カラーテレビ・ステレオ

毎日新聞社提供

↑❸秋葉原の電気街で売り出されるカラーテレビ（1966年）

解説　1955年以降「三種の神器」とよばれた電気洗濯機，白黒テレビ，電気冷蔵庫が飛ぶように売れ，消費革命がはじまった。1960年代後半からはカー（自動車），カラーテレビ，クーラーの「新三種の神器」が普及。頭文字をとって3Cともよばれた。

Ⓒ 政府開発援助（ODA）額の推移

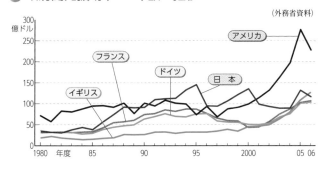

（外務省資料）

億ドル

アメリカ／フランス／ドイツ／日本／イギリス

1980　年度　85　90　95　2000　05 06

解説　日本のODAは1970年代後半から80年代にかけての計画的拡充期に拡大し，89年にはついに支出純額でアメリカを抜き一時，最大の援助供与国となった。

❓サブ・サブクエスチョン

高度経済成長，2度の石油危機を経験し，世界の中で日本が果たす役割はどのように変化しただろうか。

③ 石油危機を乗り越えて──安定成長の時代へ

左端縦書き：D グローバル化と私たち　(3) 世界秩序の変容と日本

A エネルギー政策の転換
日本の発電量と構成比率の推移

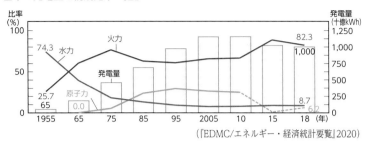

（『EDMC/エネルギー・経済統計要覧』2020）

❓ サブ・クエスチョン

石油危機を経験した日本経済は，どのように変化していっただろうか。また，その変化は現在どのようにつながっているのだろうか。

↓❹福井国家石油備蓄基地

❓ サブ・サブクエスチョン

上のグラフから読み取れることを，できる限りあげてみよう。特に，石油危機をきっかけにどのような変化が見られるだろうか。

❓ サブ・サブクエスチョン

右の写真にあるものは何だろうか。タンクに貯蔵されているものは何だろうか。また，なぜこれほど大規模かつ大量に貯蔵しているのだろうか。

日本の国家備蓄石油の蔵置場所（原油）

国家備蓄原油は，10か所の国家石油備蓄基地に蔵置するほか，借り上げた民間石油タンク（製油所等）にも蔵置。

（資源エネルギー庁ホームページによる）

解説 日本の石油備蓄制度は，国が直接保有する「国家備蓄」，民間企業が石油備蓄法に基づき保有する「民間備蓄」，アラブ首長国連邦とサウジアラビアとの共同事業である「産油国共同備蓄」によって構成される。

	備蓄量（2021年3月末）
国家備蓄	149日分
民間備蓄	88日分
産油国共同備蓄	7日分

B 民間備蓄と国家備蓄の推移

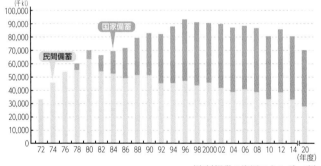

（資料提供：資源エネルギー庁）

C エネルギー供給量と原単位の推移

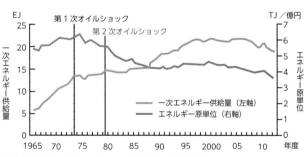

（資料）IEAデータベースより，日本総合研究所作成
（注）EJは10^{18}Jのこと，TJは10^{12}Jのこと
（日本総合研究所HP）

❓ サブ・サブクエスチョン

Bのグラフを見て，石油危機との関係からどのようなことがわかるだろうか。

❓ サブ・サブクエスチョン

Cのグラフを見て，どのようなことがわかるだろうか。石油危機と関連付けて考えてみよう。

・一次エネルギーとは，天然資源から獲得されるエネルギーのこと。具体的には，石炭，石油，天然ガス，原子力，太陽エネルギー，水力，風力，潮力，地熱などがある。一次エネルギー供給量とは，一次エネルギーとして供給されるエネルギー量のこと。経済活動を含め，国民生活にどれくらいの一次エネルギーが供給されたのかを表す。
・エネルギー原単位とは，ある生産物を製造するのに必要とするエネルギーのこと。経済活動において，どれだけ効率よくエネルギーが使用されたのかを測るための指標。

Ⓓ 海外からみた日本

　　日本はGNPの点では世界一ではないし，現在，政治の面でも文化の面でも，世界の指導的立場に立つ国とはなりえてはいないことは確かだが，しかしながら，日本の成功をいろいろな分野において子細に観察してみると，この国はその少ない資源にもかかわらず，世界のどの国よりも脱工業化社会の直面する基本的問題の多くを，最も巧みに処理してきたという確信をもつにいたった。私が日本に対して世界一という言葉を使うのは，実にこの意味においてなのである。（中略）まず私が思い立ったことは，勤勉，忍耐力，克己心，他を思いやる心といった日本人の美徳と考えられる特質を検討してみることだった。しかしながら，日本人の組織，財界，官僚制などへのかかわり方を調べれば調べるほど，日本人の成功はそのような伝統的国民性，昔ながらの美徳によるものではなく，むしろ，日本独特の組織力，政策，計画によって意図的にもたらされたものであると信じざるをえなくなった。

（『ジャパンアズナンバーワン　アメリカへの教訓』）

↑❺『ジャパンアズナンバーワン アメリカへの教訓』　1979年にアメリカの社会学者エズラ=ヴォーゲルが刊行。戦後日本の高度経済成長の要因を分析し，日本でもベストセラーとなった。

Ⓓ グローバル化と私たち

Ⓔ 重厚長大型産業から軽薄短小型産業への転換

	重厚長大型産業	軽薄短小型産業
時期 （年代）	高度経済成長の時代 （1955年～1973年）	安定成長期の時代 （1974年以降）
原油の供給	安価な原油の安定的供給	原油価格の高騰
経営方針 生活スタイル	大量生産体制，経済活動最優先，大量消費社会の形成	省エネ型社会の到来（企業活動，省エネ製品，省エネのライフスタイル）
主力産業	鉄鋼・造船・自動車・電気機械・化学など重化学工業	省エネ型の自動車・電気機械，半導体・IC・コンピューターなどハイテク産業
成長の形態	民間設備投資の重視 「投資が投資を呼ぶ」	輸出主導型経済 貿易黒字の拡大
労働・雇用	労働者不足，賃金の上昇	減量経営 （人員削減，パート増加）

? サブ・サブクエスチョン

左の表を参考に，次の点について考えてみよう。
①省エネ型社会について，企業活動，省エネ製品，ライフスタイルの点から，具体的に考えてみよう。
②自動車・ICを中心に貿易黒字が大幅に拡大したことによって，諸外国とどのような問題が生じただろうか。下の資料を参考に考えてみよう。
③企業による減量経営が日本の雇用形態に与えた影響について，下のグラフ「非正規雇用者の推移」を参考に考えてみよう。

(3)世界秩序の変容と日本

日米貿易摩擦のあゆみ

年	摩擦製品・対米交渉等
1957	対米繊維製品
69	対米鉄鋼
77	対米カラーテレビ
81～94	対米自動車
88	米，包括通商法（スーパー301条）制定
89～90	日米構造協議
91	牛肉・オレンジ輸入自由化
93～96	日米包括経済協議
95	日米自動車交渉
96	日米半導体交渉

輸出自主規制
繊維製品摩擦（50年代～1971）
鉄鋼摩擦（60～80年代）
カラーテレビ摩擦（60～70年代）
自動車摩擦（70年代～）
半導体摩擦（80年代～）
経済構造の変革要求（90年代～）

解説　是正に向けての大きな流れを追ってみると①1980年代半ばまで日本の対米輸出自主規制による対応（繊維・カラーテレビ・自動車1981～94年），②日本市場開放要求・半製品輸入割当数値目標化（自動車・オレンジ・牛肉・コメ・半導体は外国製半導体の輸入を日本のシェア20％と改定），③1980年代終わりから経済構造そのものの変革要求（1989～90年日米構造協議，1993～96年日米包括経済協議）である。

非正規雇用者数の推移

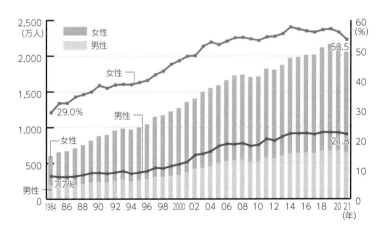

（「労働力調査特別調査」，「労働力調査詳細集計」により作成）

まとめ　石油危機を契機に日本の経済・社会はどのように変化していったのだろうか。「高度経済成長が終わった」という負の側面だけではなく，石油危機という"ショック"を乗り越え，安定成長を続けていった日本の経済と社会の持つ回復力という観点からも，石油危機の歴史的意義を考えてみよう。

市場経済の変容と課題

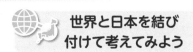
世界と日本を結び
付けて考えてみよう

グローバル化とIT化は人々を幸せにするのか？

Ｄグローバル化と私たち

（3）世界秩序の変容と日本

メイン・クエスチョン

経済の自由化と、情報通信技術によるグローバル化・IT化が、世界にもたらした功罪は何だろうか。

キーワード

市場開放，自由貿易協定，情報技術，南北問題

① 中国の経済的変容

Ａ 中国の改革開放政策

サブ・クエスチョン

中国はどのように経済を発展させたのだろうか。また課題は何だろうか。

サブ・サブクエスチョン

中国が掲げた社会主義市場経済の特徴は何だろうか。

中華人民共和国憲法（1982年制定　1988年・1993年・1999年・2004年一部改正）

〔前文〕
……中国の諸民族人民は，引き続き中国共産党の指導のもと，……人民民主主義独裁を堅持し，社会主義の道を堅持し，改革・開放を堅持し，社会主義の諸制度を絶えず改善しながら，社会主義的市場経済を発展させ，社会主義的民主主義を発展させて，社会主義的法秩序を健全にし，……わが国を富強にして，民主的で文明的な社会主義国家に築き上げるであろう。

第6条
　中華人民共和国の社会主義的経済システムの基礎は，生産手段の社会主義的公有制，すなわち全人民所有制および勤労大衆の集団所有制である。……

第11条
①法律が定める範囲内の個人経済，私営経済などの非公有制経済は，社会主義的市場経済の重要な構成部分である。
②国は個人経済，私営経済などの非公有制経済の合法的権利および利益を保護する。国は非公有制経済の発展を奨励，支持およびリードし，非公有制経済に対して法にもとづいて監督と管理を実行する。

（『新解説世界憲法集第4版』）

Ｂ 中国の就業構造

年	国有企業等		農村就業者（農家，郷鎮企業等）
1980年 総就業者数 4億2,361万人	国有企業等 24.7%		農村就業者（農家，郷鎮企業等） 75.2
1990年 6億4,749万人	21.5	4.6 0.1	73.7
2000年 7億2,085万人	13.3	16.0 1.9 0.9	67.9
2010年 7億6,105万人	9.3 5.0	28.8 2.4 外資系企業	54.4
2015年 7億7,451万人	8.6 国内法人 10.7 3.6	非法人企業等 29.2	47.8

〈注〉「国内法人」…日本の株式会社に該当する企業等。
（『中国年鑑』2019などによる）

Ｃ 中国の都市部と農村部の所得比較と経済成長率

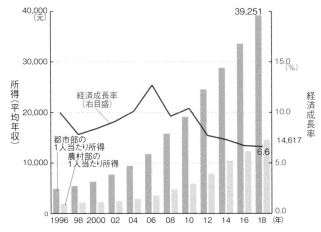

経済成長率（右目盛）

所得（平均年収）

都市部の1人当たり所得
農村部の1人当たり所得

経済成長率

39,251
14,617
6.6

1996　98　2000　02　04　06　08　10　12　14　16　18（年）

（『中国統計年鑑』2019などによる）

サブ・サブクエスチョン

中国の経済政策の変化がもたらした光と影は何だろうか。中国の就業構造の変化と都市部と農村部の1人当たりの所得の比較から考察してみよう。

←①中国最大の経済特区・深圳の中心部
1978年からはじめられた改革・開放政策の一環として設けられた。

←②都市の大気汚染（上海）　急速な工業化はその一方でさまざまな弊害をもたらしている。都市部の大気汚染はその一例に過ぎず，拡大し続ける都市と農村の経済格差はもはや放置できない国内問題となっている。

② 国境を越えた経済連携の動き

A 世界貿易の地域間相互関係

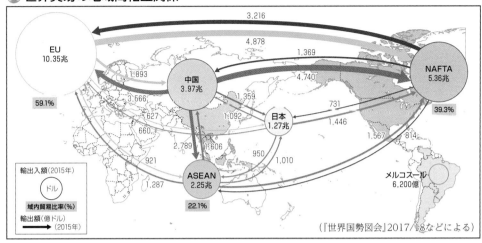

- EU 10.35兆 59.1%
- 中国 3.97兆
- NAFTA 5.36兆 39.3%
- 日本 1.27兆
- ASEAN 2.25兆 22.1%
- メルコスール 6,200億

3,216
4,878
1,369
1,893
4,740
3,666
1,359
731
627
1,092
1,446
660
1,567
814
2,789 1,606
950
1,010
921
1,287

輸出入額(2015年)
ドル
域内貿易比率(%)
輸出額(億ドル)
→(2015年)

(『世界国勢図会』2017/18などによる)

サブ・クエスチョン

国境を越えた経済連携は，世界にどのような影響を与えているのだろうか。

サブ・サブクエスチョン

地域統合は世界貿易にどのような影響を与えているのだろうか。

B APEC経済首脳の共通の決意の宣言（ボゴール宣言　1994年）

4. 21世紀を控え，APECは，平等なパートナーシップ，責任の共有，相互の尊敬，共通の関心及び共通の利益に基づき，以下の点につきAPECが主導していくことを目的として，アジア太平洋地域における経済協力を強化する必要がある。
   開放的な多角的貿易体制の強化。
   アジア太平洋における貿易及び投資の自由化の促進。
   アジア太平洋における開発協力の強化。

5. 我々の市場推進型の経済成長の基盤は，開放的な多角的貿易体制にあり，……我々は，世界貿易機構（WTO）の成功裡（り）の発足を呼びかける。すべてのAPEC経済によるWTOへの全面的かつ積極的な参加及び支持は，我々が多角的貿易体制の強化に向けて主導していく能力に係わる鍵である。……

6. アジア太平洋において貿易及び投資を拡大するとの我々の目的に関し，我々は，アジア太平洋における自由で開かれた貿易及び投資という長期的な目標を採択することに意見の一致を見た。……実施の速度については，APEC経済間の経済発展段階の違いを考慮に入れ，先進工業経済は遅くとも2010年までに，また，開発途上経済は遅くとも2020年までに自由で開かれた貿易及び投資という目標を達成する。……我々は，世界的な自由貿易を追求することから逸脱するような内向きの貿易ブロックの創設に対する強い反対を強調したい。

(外務省ホームページによる)

サブ・サブクエスチョン

APECがめざしている貿易体制はどのようなものだろうか。

（3）世界秩序の変容と日本

サブ・サブクエスチョン

1970・1990・2000年頃の人々の移動には、それぞれどのような特徴があるだろうか。

C 人口の国際移動の変遷

1970年頃

1990年頃

2000年頃

↑❸ドイツで働くトルコの労働者

1998年サッカーW杯
優勝時の「多民族」チーム
ジダン（アルジェリア系）

↑❹フランスのサッカー代表チーム

↑❺サウジアラビアで働く出稼ぎ労働者

③ 情報通信技術の発展

？ サブ・クエスチョン

情報技術の発展は経済とどのような関連があるのだろうか。

A インターネットの普及

解説 インターネットは1990年代後半から急速に普及した。先進国では普及率が高いが，発展途上国との格差はまだ大きい。
（ITU資料による）

？ サブ・サブクエスチョン

インターネットの普及率が50%以上の地域は，世界全体に対してどの程度を占めるのだろうか。

B 国民総所得とインターネット普及率

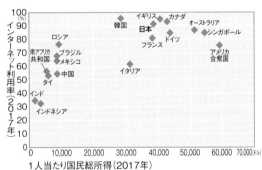

（世界銀行，ITU資料による）

解説 情報通信技術の発展にともなって生じる情報格差であるデジタルデバイトの拡大が深刻な問題となっている。

C 国境を越えた企業活動

世界時価総額ランキング（2022年）

順位	企 業 名	時価総額(億ドル)	国名
1	アップル	28,281.9	アメリカ
2	マイクロソフト	23,584.4	アメリカ
3	サウジアラムコ	18,868.9	サウジアラビア
4	アルファベット（グーグル）	18,214.5	アメリカ
5	アマゾン	16,352.9	アメリカ

（STARTUP DB）

？ サブ・サブクエスチョン

世界時価総額ランキングの上位はどのような業種の企業だろうか。

D 世界の飢餓状況

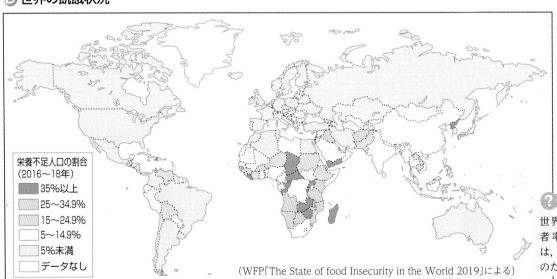

栄養不足人口の割合（2016〜18年）
- 35%以上
- 25〜34.9%
- 15〜24.9%
- 5〜14.9%
- 5%未満
- データなし

（WFP「The State of food Insecurity in the World 2019」による）

？ サブ・サブクエスチョン

世界のインターネット利用者率と世界の飢餓状況には，どのような関連があるのだろうか。

④ 地球環境問題とグローバルな取り組み

Ⓐ 深刻化する環境問題

? サブ・クエスチョン
地球環境問題の解決のために，欠かせないことは何だろうか。

? サブ・サブクエスチョン
環境問題を生み出している原因は何だろうか。

↑❻温暖化（アメリカ）

↑❼酸性雨（イギリス）

↑❽塩害（エジプト）

↑❾砂漠化（スーダン）

? サブ・サブクエスチョン
温室効果ガス削減をめぐって，先進国と途上国で意見が対立しがちとなるが，それはなぜだろうか。また京都議定書とパリ協定では対象国にどのような違いがあるのだろうか。

Ⓑ 二酸化炭素排出量

おもな国の1人当たりのCO_2排出量（2017年）

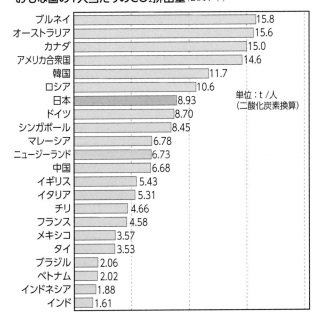

国	t／人
ブルネイ	15.8
オーストラリア	15.6
カナダ	15.0
アメリカ合衆国	14.6
韓国	11.7
ロシア	10.6
日本	8.93
ドイツ	8.70
シンガポール	8.45
マレーシア	6.78
ニュージーランド	6.73
中国	6.68
イギリス	5.43
イタリア	5.31
チリ	4.66
フランス	4.58
メキシコ	3.57
タイ	3.53
ブラジル	2.06
ベトナム	2.02
インドネシア	1.88
インド	1.61

単位：t／人（二酸化炭素換算）

世界のCO_2排出量割合（2017年）

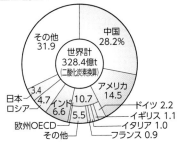

世界計 328.4億t（二酸化炭素換算）

中国 28.2％
その他 31.9
アメリカ 14.5
インド 6.6
欧州OECD 5.5
ロシア 4.7
日本 3.4
ドイツ 2.2
イギリス 1.1
イタリア 1.0
フランス 0.9
その他 10.7

（『EDMC／エネルギー・経済統計要覧』2020）

Ⓒ 京都議定書（2005年発効）とパリ協定（2016年発効）

京都議定書における温室効果ガス国別増減率　1990年→（2008～2012年）

10％増	アイスランド
8％増	オーストラリア
1％増	ノルウェー
0	ニュージーランド，ロシア，ウクライナ
5％減	クロアティア
6％減	カナダ，ハンガリー，日本，ポーランド
7％減	アメリカ
8％減	EU各国，ブルガリア，チェコ，エストニア，ラトヴィア，リヒテンシュタイン，リトアニア，モナコ，ルーマニア，スロヴァキア，スロベニア，スイス

パリ協定におけるおもな国の2025年／2030年に向けた削減目標

EU	・2030年までに，1990年比で，温室効果ガス排出量を域内で少なくとも40％削減
アメリカ合衆国	・2025年までに，2005年比で，温室効果ガス排出量を26～28％削減（28％削減へ最大限努力）
日本	・2030年までに，2013年比で，温室効果ガス排出量を26％削減
中国	・2030年までのなるべく早くに排出を減少に転じさせる ・国内総生産（GDP）当たり二酸化炭素排出量を2005年比で60～65％削減
ブラジル	・2025年に，温室効果ガス排出量を2005年比で37％削減，示唆的な目標として，2030年に2005年比で43％削減
インド	・2030年までに，2005年比で，GDP当たりの排出量を33～35％削減

まとめ 経済の自由化と情報通信技術の発展が世界にもたらした影響について，考察する。経済のグローバル化やIT化の進展によって恩恵を受けた人々がいる一方，負の側面があることに着目してみよう。またグローバル化の進展が地球環境問題とどのように関係しているか，考えてみよう。

冷戦終結後の国際政治の変容と課題

パラダイムシフトは突然に

❓ メイン・クエスチョン

人々は冷戦終結後の世界に何を期待したのだろうか。

🔑 キーワード

新冷戦，ベルリンの壁，民主化，テロとの戦い

❶ 冷戦の終結

❓ サブ・クエスチョン

冷戦終結に向けて米ソはどのように歩み寄ったのだろうか。また，冷戦の終結は世界にどのような影響を与えたのだろうか。

❓ サブ・サブクエスチョン

ソ連によるアフガニスタン侵攻は，世界にどのような影響を与えたのだろうか。

Ⓐ 新冷戦の展開

↑❶ソ連軍のアフガニスタン侵攻 1979年，ソ連は隣接するアフガニスタンのイスラーム化を防ぎ，親ソ政権樹立のため，軍事介入を行った。戦況は長期化，泥沼化した。写真はソ連軍によって破壊されたカーブルの町。

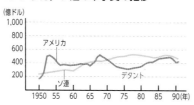

読売新聞社提供　朝日新聞社提供

アメリカ，ソ連の軍事費の推移

（億ドル）
1,000
800
600　アメリカ
400
200　ソ連　　デタント
0
1950 55 60 65 70 75 80 85 90（年）

←❷❸1980年4月，モスクワ五輪参加を訴える柔道の山下選手（左）とレスリングの高田選手（右） ソ連のアフガニスタンへの軍事侵攻に抗議し，米国がモスクワオリンピックへのボイコットを西側諸国に呼びかけた。日本政府もそれに追随，日本オリンピック委員会は五輪不参加を決めた。次のロサンゼルスオリンピックには東側諸国が不参加となった。

【解説】 1980年に就任したレーガン大統領は，「強いアメリカ」の復活を掲げ，対ソ強硬路線をとり，軍事費を増大させた。SDI（戦略防衛構想）では，宇宙にまで軍備を配置することが計画された。日米関係も新しい段階を迎え，1983年には，日本の中曽根首相が訪米し，「日本列島不沈空母化」構想を提起し，アメリカの対ソ戦略構想に日本を組み込む方針を明確にした。また，予算編成における防衛費の突出を認めた。

Ⓑ 歩み寄る米ソ

ソ連書記長　米大統領
ゴルバチョフ　レーガン

↑❹中距離核戦力（INF）全廃条約の調印
1985年から米ソ間で包括的軍縮交渉がはじまり，その成果の一つが1987年に調印された中距離核戦力（INF）全廃条約であった。核軍縮史上初めて，保有する核兵器を廃棄することを定めた画期的なものだった。

❓ サブ・サブクエスチョン

米ソによる中距離核戦力全廃条約の調印はどのような意味があったのだろうか。
米ソの歩み寄りに当時の人々はどのようなことを期待したのだろうか。

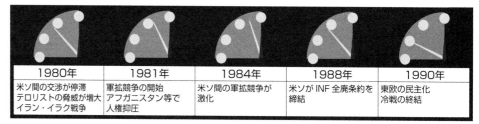

1980年	1981年	1984年	1988年	1990年
米ソ間の交渉が停滞 テロリストの脅威が増す イラン・イラク戦争	軍拡競争の開始 アフガニスタン等で人権抑圧	米ソ間の軍拡競争が激化	米ソがINF全廃条約を締結	東欧の民主化 冷戦の終結

↑❺世界終末時計 米国の化学雑誌である『原子力科学者会報』の表紙絵として使われている時計。11時45分からの15分間のみ示される時計である。戦争や外交関係の緊張，近年では地球環境問題等も含められて終末までの残り時分が決められる。2021年の残り時分は100秒であった。

Ⓒ 冷戦の終結

ゴルバチョフ書記長の演説

　これらすべてが社会生活の多くの領域の発展に否定的影響をおよぼした。（中略）過去3回の五カ年計画で，国民所得の伸びは2倍以上減少した。（中略）製品の大部分の質は現代の要求を満たしておらず，生産におけるアンバランスも先鋭化している。

　われわれがペレストロイカをどのように考えているか，もう一度いう必要があるだろう。ペレストロイカは，停滞のプロセスを断固として克服し，ブレーキのメカニズムを打破し，ソビエトの社会，経済加速化の確実で有効なメカニズムを創設することである。

（『ゴルバチョフ演説集』読売新聞社）

冷戦の終結への道程

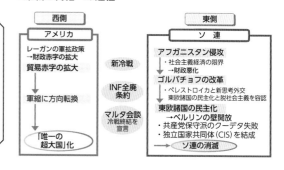

西側		東側
アメリカ		**ソ連**
レーガンの軍拡政策 →財政赤字の拡大 貿易赤字の拡大	新冷戦	**アフガニスタン侵攻** ・社会主義経済の限界 →財政悪化
↓	INF全廃条約	**ゴルバチョフの改革** ・ペレストロイカと新思考外交 東欧諸国の民主化と脱社会主義を容認
軍縮に方向転換	マルタ会談 冷戦終結を宣言	**東欧諸国の民主化** →ベルリンの壁開放 ・共産党保守派のクーデタ失敗 ・独立国家共同体（CIS）を結成
「唯一の超大国」化		**ソ連の消滅**

❓ サブ・サブクエスチョン

冷戦終結の背景は何だろうか。米ソの国内ではどのようなことがおこっていたのだろうか。

米大統領
ブッシュ(父)
ゴルバチョフ
AFP＝時事

❓ サブ・サブクエスチョン

冷戦終結は世界にどのような影響を与えたのだろうか。
新たな国際情勢に日本はどのように対応しようとしたのだろうか。

←**❻マルタ会談** 東欧の民主化が進行する中で1989年12月，米ソ首脳は地中海のマルタ島で会談した。記者会見で，ゴルバチョフは「世界は冷戦という一つの時代を離れ，新たな時代に入る」，ブッシュ(父)は「われわれは永続的な平和と持続的な協力を実現できる」とそれぞれ発表した。会談は東欧革命の渦中に開かれ，すでに11月には冷戦の象徴，ベルリンの壁は崩壊していた。ヤルタ会談以後の冷戦体制を終わらせたことで「ヤルタからマルタへ」とよばれた。

当時の外交状況

近年米ソ間では，軍備管理・軍縮，地域紛争，人権，二国間関係及び全地球的問題といった広範囲な分野にわたって対話が定着し，それが拡大してきた。特に89年12月にマルタで開催された米ソ首脳会談は，東西関係の進展にとり大きな意味を持つ会談であった。

経済の分野におけるわが国の責任と役割は極めて大きい。東欧諸国や中米諸国の経済再建のために，わが国の参加が不可欠と国際的に認識される時代である。経済上の困難がソ連や東欧の変化や超大国の軍縮を促し，また東欧やソ連に対する経済協力が国際政治の大きな課題となってきたことにも示されるように，経済の問題が国際政治に与える影響はこれからますます大きくなっていくと考えられる。

そして，わが国の経済面での存在感が大きくなればなるほど，世界各地の平和と安定を確保するための国際的な努力に対して，憲法の範囲内で，人的な面での協力を含めて積極的な貢献を行っていくことが，ますます必要となっていくことは疑いをいれない。

（「外務省　外交青書　わが外交の近況　1990年版(第34号)」）

世界のグローバリゼーション指数の変遷

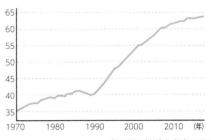

（KOFの統計を参考に作成）

解説 KOF(スイス経済研究所)が公表しているグローバリゼーション指数である。ここでのグローバリゼーション指数とは，政治，経済，社会の3分野で，グローバリゼーションに向けた制度などの整備状況を調査し，進展度合いを数値化した平均値である。100に近いほどグローバリゼーションが進んでいることを示す。

② 民主化の進展

Ⓐ 東欧革命の展開

ビロード革命

ルーマニア革命
AFP＝時事

AFP＝時事

❓ サブ・クエスチョン

東欧の民主化が進展した背景は何だろうか。また，他地域の民主化と比較して成功したのはなぜだろうか。

←**❼❽ビロード革命(左)とルーマニア革命(右)(1989年)**
ソ連のゴルバチョフは，共産主義社会の共同利益のために一国の主権が制限されるというこれまでの方針を撤回し，東欧諸国の改革に対する内政干渉を否定した。このことで，東欧の民主化は急速に進んだ。チェコ＝スロヴァキアでは，平和的に民主化が成し遂げられたことから，柔らかいビロード(織物の一種)に例えられ，ビロード革命と名付けられた。ルーマニアでは，独裁政権と民主化を求める民衆が激しく衝突する事態となった。

❓ サブ・サブクエスチョン

東西ドイツ統一に際してソ連はどのように対処したのだろうか。

ブランデンブルク門
←ベルリンの壁→
西ベルリン側
AFP＝時事

↑**❾ベルリンの壁崩壊** 1989年11月9日，28年もの間，東西ベルリンを隔てていた壁が開放され，何千人ものベルリン市民がブランデンブルク門に押しかけた。この日を境に戦後の国際政治を規定していた東西対立が終わり，世界史は新たな局面を迎えることになった。

コール西ドイツ首相会談

私は，今日ゴルバチョフ大統領の同意を得て，喜んで次のことを確認できる。

一，ドイツ統一は西ドイツ，東ドイツ，ベルリンを含む。

二，統一が完了したら，戦勝四大国の権利と責任は完全に消滅する。こうして統一ドイツは統一時には制限を受けない完全主権を獲得する。

四，統一ドイツはソ連との間に，東ドイツからソ連駐留軍は3～4年で撤退するという二国間条約を締結する。

D グローバル化と私たち （3）世界秩序の変容と日本

B アラブの春
「アラブの春」と中東・北アフリカ地域（2012年5月）

（外務省ホームページ）

？ サブ・サブクエスチョン

「アラブの春」といわれる民主化運動が急速に広まったのはなぜだろうか。

？ サブ・サブクエスチョン

東欧革命と比較して「アラブの春」により民主化が徹底しなかったのはなぜだろうか。

解説 2011年，北アフリカのチュニジアで発生した反政府デモに端を発し，中東・北アフリカ諸国に拡大した「アラブの春」は，長期独裁政権が続いていたチュニジアやエジプトでは大統領が退陣，リビアでは反体制派との武力衝突を経た政権交代がおこなわれるなど，かつてない大規模な政治変動となった。それまで極めて限定的にしか政治参加できなかった一般の民衆が変革の原動力となった点がこの政治変動の大きな特色で，経済的格差や独裁政権による統制，政治参加の制限等に対する民衆の不満の高まりがその背景にあり，参加した民衆はツイッターやフェイスブックなどのSNSによって連帯と情報共有を図っており，かつてないスピードで国境を越えて民主化運動が拡大した。

C 自由と権利の指数

	政治的自由指数 40点満点	市民的権利指数 60点満点	一人当たりGDP（米ドル）	政府の有効性指数	ジェンダー間の不平等指数
日本（参考）	40	56	5,048,690	1.59	0.656
チェコ	36	55	241,455	0.89	0.711
スロバキア	37	53	104,088	0.67	0.712
ポーランド	34	48	594,180	0.60	0.713
ハンガリー	26	43	154,562	0.50	0.688
ルーマニア	35	48	247,214	−0.28	0.700
ブルガリア	33	45	68,561	0.34	0.746

	政治的自由指数 40点満点	市民的権利指数 60点満点	一人当たりGDP（米ドル）	政府の有効性指数	ジェンダー間の不平等指数
チュニジア	32	39	39,553	−0.10	0.649
モロッコ	13	24	113,548	−0.12	0.612
リビア	1	8	21,797	−1.92	データなし
エジプト	6	12	361,847	−0.42	0.639
シリア	−3	4	20,379	−1.71	0.568
ヨルダン	11	23	43,481	0.10	0.638
イエメン	1	10	20,104	−2.28	0.492

政府の有効性指数：政策を効果的に策定し実施する政府の能力 最大値2.5
ジェンダー間の不平等指数：経済，教育，健康，政治分野の総合スコア 最大値1.00

政治的自由と市民的権利の指数はFreedom House 2019年データより。一人当たりのGDPはIMF調査 2019年データより。政府の有効性指数は，World Bank 2019年データより。男女格差（ジェンダーギャップ）指数は世界経済フォーラム（WEF）調べ 2021年版より。

③ 地域統合の進展

？ サブ・クエスチョン

ヨーロッパや東南アジアの統合はどのように展開したのだろうか。その成果と課題は何だろうか。

A ヨーロッパの統合
EUの現状（2021年現在）

凡例：
□ 1993・95年加盟国（15か国）
□ 2004年加盟国（10か国）
□ 2007年加盟国（2か国）
□ 2013年加盟国（1か国）
▨ 2020年離脱国（1か国）
0 500 1000km

1.クロアティア 2.ボスニア＝ヘルツェゴヴィナ 3.セルビア 4.モンテネグロ 5.アルバニア 6.北マケドニア

EUの経済力 ＊イギリスを含む。（『世界国勢図会』2019/20などによる）

	人口（億人）（2019年）	国民総所得（億ドル）（2018年）
EU15か国＊	4.1	171,733
EU28か国	5.1	187,876
アメリカ	3.3	208,373
日本	1.3	51,554

？ サブ・サブクエスチョン

EUが拡大したことによりどのような課題が生まれたのだろうか。

↓⑩欧州をめざす移民の列（トルコ）（AFP＝時事）

↓⑪移民受け入れ反対のデモ（ドイツ）（AFP＝時事）

？ サブ・サブクエスチョン

EUに新たに加盟していった国はどのような過去をたどった国なのだろうか。

B ASEANの拡大

24 July 2016, Vientiane, Laos

←⑫拡大したASEAN（2016年）
新たに，ブルネイ，カンボジア，ラオス，ミャンマーが順次加盟した。（AFP＝時事）

ASEANと主要国のGDP
（IMFの統計などを参考に作成）

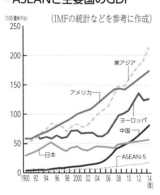

（東アジア，アメリカ，ヨーロッパ，中国，日本，ASEAN-5）

？ サブ・サブクエスチョン

拡大したASEANの成果と課題は何なのだろうか。

ASEAN各国のGNI
（ASEANの統計などを参考に作成）

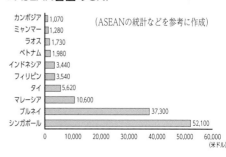

国	GNI（米ドル）
カンボジア	1,070
ミャンマー	1,280
ラオス	1,730
ベトナム	1,980
インドネシア	3,440
フィリピン	3,540
タイ	5,620
マレーシア	10,600
ブルネイ	37,300
シンガポール	52,100

④ 相次ぐ地域紛争への対応

? **サブ・クエスチョン**

相次ぐ地域紛争の拡大は社会にどのような影響を与えているのだろうか。

A 相次ぐ地域紛争

ユーゴスラヴィア問題

旧ユーゴスラヴィア連邦共和国内の民族対立と宗教対立や経済格差など。

↑⑬廃墟と化したサライェヴォ・オリンピックのメイン会場　周辺は墓地となった。

湾岸戦争

イラン・イラク戦争で多額の負債を抱えたイラクは，1990年，油田獲得のためクウェートに侵攻した（クウェート侵攻）。アメリカを中心とした多国籍軍によってイラクは敗北した。

↑⑯多国籍軍によるバクダード空襲

チェチェン紛争

コーカサス地方のチェチェン人がロシアからの独立を求める。

? **サブ・サブクエスチョン**

対立が起こる原因は何だろうか。冷戦終結後に地域紛争が多く発生しているのはなぜだろうか。

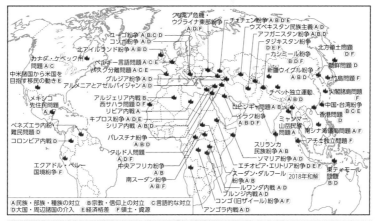

A 民族・部族・種族の対立　B 宗教・信仰上の対立　C 言語的な対立
D 大国・周辺諸国の介入　E 経済格差　F 領土・資源

イラク戦争

2003年，イラクが大量破壊兵器を保有しているとしてアメリカがイギリスとともにイラクに侵攻し，フセイン政権を打倒した。クルド人とイラク人，イスラム教のシーア派とスンニ派の間で内戦が発生し，イスラーム国(ISIL)の台頭を招いた。

パレスチナ問題

ユダヤ人の国家イスラエル建国以降，イスラエル人とパレスチナ人の間で対立が続いている。この紛争を解決するためにさまざまな試みがおこなわれたが解決していない。

←⑰イスラエルがヨルダン川西岸に建設中の分離壁　イスラエルはこの地域を50年以上占領し続けている。

アメリカのアフガニスタン攻撃

同時多発テロの容疑者がアフガニスタンのターリバーン政権にかくまわれているとしてアメリカ，NATO軍が攻撃，新政権が発足したが，混乱が続いている。

↑⑭同時多発テロ(2001.9.11)　AFP＝時事

↑⑮ターリバーンへの爆撃を眺めるアフガニスタン北部同盟の兵士

B 紛争解決に向けた取り組み

医師・中村哲の活動

「アフガン問題とは，政治や軍事問題でなく，パンと水の問題である」。国土の8割以上を占める農村地帯で，自給自足の村々が確実に消えてゆく。村に住めなくなった人々が職を求めて大都市にあふれ，さらにパキスタンに難民化する。せめて手の届く範囲くらいは力を尽くして周りを明るくすることは出来ます。今年の大きな出来事は，予定14kmの用水路のうち，9km地点までを仕上げ，5月までに600haの灌漑を達成したことでした。地元民，現地職員，日本からの有志が一体となり，文字どおり泥まみれ，汗まみれで行われ，目前で砂漠化した田畑がよみがえってゆくのは，誰にとっても大きな喜びでした。一草一木もなかった所に，生命が躍動する。帰ってきた難民たちの家々が水路沿いに建ち並び，子供たちや家畜が仲良く水浴びをし，主婦が洗濯をします。「ぼんやり眺めればただの荒野，涙をもって眺めれば流民の群，気力をもって見れば竹槍(田中正造)」ではありませんが，人災によって砂漠化した荒野の緑化を実現することによって日本の良心の気力を示し，事実を世に訴え続けたいと思っています。　(『ペシャワール会報　NO.76』)

? **サブ・サブクエスチョン**

日本はどのような国際協力をおこなってきたのだろうか。あなたは，日本の国際協力の課題をどのように考えるだろうか。

朝日新聞社提供

↑⑱交通整理を行う日本の自衛隊　1992年，日本はPKO協力法を成立させ，これにもとづく国際平和協力業務として国連カンボジア暫定機構(UNTAC)に，停戦監視要員，自衛隊施設部隊を派遣した。

日本のPKO活動

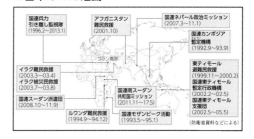

国連兵力引き離し監視隊 (1996.2～2013.1)	アフガニスタン難民支援 (2001.10)
	国連ネパール政治ミッション (2007.3～11.1)
イラク難民救援 (2003.3～03.4) イラク被災民救援 (2003.7～03.8)	国連カンボジア暫定機構 (1992.9～93.9)
国連スーダン派遣団 (2008.10～11.9)	東ティモール避難民救援 (1999.11～2000.2) 国連東ティモール暫定行政機構 (2002.2～02.5) 国連東ティモール支援団 (2002.5～05.5)
ルワンダ難民救援 (1994.9～94.12)	国連南スーダン共和国ミッション (2011.11～17.5)
	国連モザンビーク活動 (1993.5～95.1)

(防衛省資料などによる)

まとめ

冷戦終結後，グローバル化が急速に進むとともに多様化も顕在化するようになった。相次ぐ紛争，経済格差，環境問題など多くの課題に直面している。あなたは，冷戦後の歴史の中で今日的な課題につながる事件としてもっとも決定的な事件をあげるとすれば，何に注目するだろうか。その理由は何だろうか。

冷戦終結後の国際政治の変容と課題

日本を中心に
考えてみよう

「冷戦終結」宣言の影響はマルタ島から極東へ

D グローバル化と私たち

（3）世界秩序の変容と日本

メイン・クエスチョン

冷戦終結後，東アジアの国々はどのように変容し，冷戦に代わりどのような対立が生じたのだろうか。

キーワード

北方政策，民主化，自由貿易協定，領土問題，日韓関係，日中関係

① 冷戦終結と東アジア

サブ・クエスチョン

冷戦終結は東アジアの国際関係にどのような影響を与えたのだろうか。

サブ・サブクエスチョン

東アジアの冷戦構造の特徴は何だろうか。ヨーロッパの冷戦構造と比較して，どのような相違点があるだろうか。

Ⓐ 冷戦下の東アジア

東アジアの冷戦構造

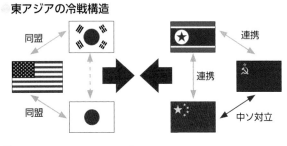

←❶ダマンスキー島で口論する中ソの警備兵（1969年）　ソ連によるスターリン批判やアメリカとの平和共存路線の主張は，同じ社会主義国である中国の非難を招き，その対立はダマンスキー島（珍宝島）での大規模な軍事衝突にまで発展した。

Ⓑ 冷戦終結後の東アジア

年代	日本	朝鮮半島（黄色は北朝鮮）	中国（青字は台湾）
1987			民主化運動に理解を示した胡耀邦書記辞任
1988		盧泰愚が大統領に就任 ソウルオリンピック	李登輝が中華民国総統就任
1989	マルタ会談 「冷戦終結」宣言		
	昭和の終焉，平成の時代に		胡耀邦の死去，「民主愛国運動」が高揚 ゴルバチョフが訪中し，中ソ関係が正常化 第2次天安門事件，江沢民が党総書記に就任
1990		盧泰愚大統領訪日 ソ連との国交正常化	
1991		南北朝鮮が国連に同時加盟 南北朝鮮不可侵合意	
1992	PKO協力法→自衛隊をカンボジアに派遣	中国との国交正常化	
1993	非自民連立政権樹立 細川首相，韓国に過去の植民地支配について謝罪	金泳三が大統領に就任	江沢民が国家主席に就任 三峡ダム（世界最大の水力発電ダム）着工（2009年完成）
1994		(朝)金日成死去，正日体制へ	
1995	阪神・淡路大震災 地下鉄サリン事件		
1998		金大中が大統領就任 対北朝鮮包容（太陽）政策	イギリスから香港が返還される。一国二制度となる。
1999			ポルトガルからマカオが返還される。 G20に発足時から加盟
2000		初の南北首脳会談 「南北共同宣言」 金大中ノーベル平和賞受賞	陳水扁が中華民国総統に就任（国民党が野党に）
2001	テロ対策特別措置法成立		
2002	サッカーW杯日韓共同開催 初の日朝首脳会談　　→日朝平壌宣言	サッカーW杯日韓共同開催	
2003	六カ国協議	盧武鉉が大統領就任 六カ国協議（日韓朝中米ロ）	四川大地震 北京オリンピック開催
2004		日韓首脳会談　　核実験強行 中国が最大の貿易相手国となる	
2005	「竹島の日」条例制定（島根県）→竹島問題の摩擦激化		
2006			
2008		李明博が大統領就任	
2009	民主党政権発足		
2010	尖閣諸島で中国漁船衝突事件		GDPで日本を抜く，世界第2位の経済大国へ
2011	東日本大震災 東京電力福島第一原発事故	(朝)金正日死去，金正恩体制へ	
2012	自民党政権復活	大統領が竹島に上陸	日本の尖閣諸島国有化に伴い日中関係悪化
2013		朴槿恵が大統領就任	習近平が国家主席に就任
2014	集団的自衛権行使容認		
2015		中韓FTA発効	
2016		開城工業団地を閉鎖	蔡英文が総統に就任（国民党が野党に）
2017		文在寅が大統領就任	
2018	TPP11協定発効	平昌オリンピック	

サブ・サブクエスチョン

冷戦終結後，東アジアではどのようなことがおこっているだろうか。日本・朝鮮半島・中国のそれぞれについて挙げてみよう。

Ｃ 冷戦終結後の東アジア国際関係

韓国の外交
　盧泰愚（ノ テウ）大統領の「北方外交」の下で社会主義諸国との交流拡大，国交樹立の進展が目覚ましい。ソ連との間では，89年12月，実質的な領事関係の設置に合意し，90年3月，金泳三（キム ヨンサム）民主自由党最高委員一行がソ連を訪問した際には，ソ連側と近い将来の国交正常化に原則合意した模様である。さらに，6月，サン・フランシスコで，盧泰愚大統領とゴルバチョフ大統領との首脳会談が実現した。東欧圏では，89年2月にハンガリーと国交を結んだのを始め，その後ポーランド，ユーゴースラヴィア，チェッコ・スロヴァキア，ブルガリア，ルーマニアと，また，90年3月には初めてアジアの社会主義国であるモンゴルとも国交を樹立した。
（『外交青書』1990年）

? サブ・サブクエスチョン
冷戦終結後の韓国はどのような外交を進めたのだろうか。その効果はどのようなものだっただろうか。

東ヨーロッパ諸国と韓国との貿易現況

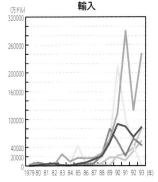
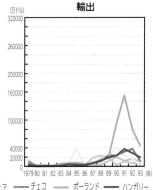

? サブ・サブクエスチョン
韓国とソ連，中国との国交樹立は，東アジアにどのような影響を与えただろうか。Ａの図も参考にして考えてみよう。

↑❷韓国とソ連が国交樹立（1990年6月，サンフランシスコ）　盧泰愚大統領とゴルバチョフ大統領が締結した「韓ソ関係の一般原則に関する宣言」により，韓国とソ連の関係は敵対から協力へと移行した。

❸中韓両国が国交樹立に関する共同声明に署名（1992年9月，北京）　同年中に盧泰愚大統領が初めて中国を訪問，中国の江沢民総書記と会談をおこなった。

? サブ・サブクエスチョン
北方政策＊がもたらしたもう一つの影響は何だろうか。
＊社会主義国との関係改善を図る外交政策。

1990年代初めの北朝鮮と周辺国との関係

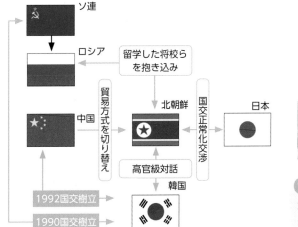

←❹韓国・北朝鮮，国連に同時加盟（1991年9月）　ドイツ統一後，最後に残された分断国家であった両国が同時に国連加盟を果たした。同年12月の南北首相会談では，将来の統一をめざし，平和共存の道を歩むことが確認された。

←❺初の南北首脳会談をおこなう金大中と金正日（2000年6月，ピョンヤン）　北との対話路線である「太陽政策」を掲げる金大中は，韓国の首脳として初めて分断後のピョンヤンを訪れた。同年10月，金大中はノーベル平和賞を受賞。しかし，北朝鮮の核開発問題等により融和は長く続かなかった。

←❻北朝鮮による弾道ミサイル発射実験（1998年8月）

? サブ・サブクエスチョン
韓国との平和共存が確認されたにもかかわらず，なぜ北朝鮮は核，ミサイル開発に突き進んだのだろうか。

韓国の北方政策
　……北方政策は実行過程で均衡調整と価値感覚を喪失して，伝統的友邦を疎外させ，投資に相応する利益を得ることができなかったという点で，国民の支持をとりつけることができなかった時もあった。韓国が大騒ぎして北方外交を過大視したことが，日米との対韓通商摩擦を深化させたひとつの原因になった点や，台湾に事前通告も無く韓中修交を敢行した際，大使館さえ明け渡すよう要求したことは，均衡と調整を軽視したひとつのいい例であった。
（『新東亜』1993年2月号）

② 抑圧された民主化

↑❼第2次天安門事件　戒厳令下の北京で，軍の戦車隊の前に一人の青年がたちはだかって抗議した。　（AP／アフロ）

天安門事件直後の日本を取りまく情勢

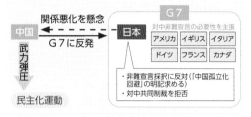

？サブ・サブクエスチョン

天安門事件に際して，日本はどのような対応をしたのだろうか。

？サブ・クエスチョン

中国では，民主化の動きはどのように展開したのだろうか。日本は，これにどのように対応したのだろうか。

？サブ・サブクエスチョン

1989年に中国で起こった民主化運動はどのような結果となり，世界はどのように反応したのだろうか。

解説　1989年6月4日，自由と民主化を求めて天安門広場に集まった学生・市民に人民解放軍が発砲し，多数の犠牲者が出た。軍が戦車を出動させて市民を制圧する模様が外国メディアによって世界に報道され大きな衝撃を与えた。当時の中国共産党は事件そのものを否定している。

？サブ・サブクエスチョン

現在の中国で，自由や民主化を求める運動は国家からどのような扱いを受けているだろうか。

解説　天安門事件で中国当局は民主化運動を武力弾圧し，国際社会に衝撃を与えた。日本は事件を容認できないとしながらも，日中関係悪化を避けようと対中配慮に動いた。背景には対中批判を強める他のG7各国に対して，改革・開放政策を続ける中国を孤立させるべきではない立場があった。近年，極秘指定を解除され公開された外交文書から，当時の日本の立場が明らかとなった。

AFP＝時事

↑❽劉暁波　言論による民主化運動に取り組んだ詩人・作家。政府による度重なる投獄のなか，2010年のノーベル平和賞受賞の際は，服役中で授賞式を欠席。壇上には，座る人のいない椅子が象徴的に置かれた。2017年，獄中から解放されないまま，病により61歳で死去。

←❾香港民主化デモ（2019〜20）逃亡犯条例改正案の撤回や普通選挙の実現など「五大要求」の達成を目的としたデモ。

ロイター／アフロ

解説　返還後50年は「一国二制度」が約束されていた香港だが，市民が民主的な選挙を求めていることが示しているように，国家や共産党による締めつけが強まっている。

③ 「冷戦終結」後の東アジア経済

？サブ・クエスチョン

冷戦終結後の日本と中国の経済はどのように展開したのだろうか。また，各国の経済状況はどのような特徴があるだろうか。

Ⓐ 各国経済の推移と状況

日本の貿易相手国（2009年）

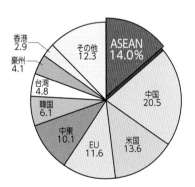

- その他 12.3
- ASEAN 14.0%
- 中国 20.5
- 米国 13.6
- EU 11.6
- 中東 10.1
- 韓国 6.1
- 台湾 4.8
- 豪州 4.1
- 香港 2.9

（外務省資料）

解説　1985（昭和60）年のプラザ合意や2年後のルーヴル合意で「ドル安・円高」へ導かれ，低金利政策で日本経済のバブル現象が始まった。土地や株などへの投資が盛んになる資産インフレを引きおこしたが，1990年後半に株価が暴落。バブルがはじけ，平成不況となった。金融機関は不良債権を抱え，貸し渋りからデフレスパイラルへ陥った。

地価と株価にみるバブル経済

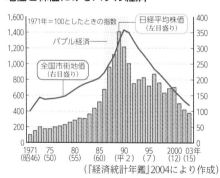

1971年＝100としたときの指数
- 日経平均株価（左目盛り）
- バブル経済
- 全国市街地価（右目盛り）

1971（昭46）75（50）80（55）85（60）90（平2）95（7）2000（12）03年（15）

（『経済統計年鑑』2004により作成）

完全失業者数と完全失業率

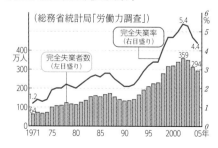

（総務省統計局「労働力調査」）
- 完全失業率（右目盛り）
- 完全失業者数（左目盛り）

1971 75 80 85 90 95 2000 05年

↑❿最大の経済特区・深圳の中心部　1978年から始められた改革・開放政策の一環として設けられたのが経済特区であり，輸出入関税を免除するなど外国企業の進出を促進し，企業の経営自主権を保障するなど経済体制の改革が実施されてきた。

④ 広がる自由貿易協定と影響

A 韓国とFTA*

1. **アジア・オセアニア地域**（数字は発効年）
   - シンガポールFTA：2006
   - ASEAN FTA：2007以降
   - インド CEPA：2010
   - オーストラリアFTA：2014
   - 中国FTA：2015
   - ニュージーランドFTA：2015
   - ベトナムFTA：2015

2. **北米・中南米地域**
   - チリFTA：2004
   - ペルーFTA：2011
   - 米国FTA：2012
   - カナダFTA：2015
   - コロンビアFTA：2016
   - 中米5カ国FTA：2019

3. **欧州地域**
   - EFTA（スイス, ノルウェー, アイスランド, リヒテンシュタイン）FTA：2006
   - EU FTA：2011

4. **中東・アフリカ地域**
   - トルコFTA：2013, 2018

*FTA：自由貿易協定（特定の国・地域間における物品の関税・サービス貿易の障壁等の削減や撤廃が目的）, EPA：経済連携協定（貿易の自由化に加えて投資・人の移動等, FTAよりも幅広い分野の協力を含む経済関係強化が目的）

解説 韓国はWTO（世界貿易機関）の設立時から加盟している。左記の諸国・諸地域とFTA（自由貿易協定）の交渉・締結を進めてきた。加えて, イギリスとのFTAに正式に署名, イスラエルやインドネシアとの交渉は妥結している。日中韓やロシア, MERCOSUR（南米南部共同市場）とのFTAや, RCEP（地域的な包括的経済連携協定）は交渉中である。

? サブ・サブクエスチョン
韓国は, どのような国々と自由貿易を進めているだろうか。

? サブ・クエスチョン
近年の自由貿易協定にはどのようなものがあるのだろうか。自由貿易協定をめぐり韓国, 日本, 中国はそれぞれ, どのような国や地域とパートナーシップを結ぼうとしているのだろうか。

B TPP構想

AFP＝時事
↑⑪TPP首脳会合に参加した12カ国の首脳（2015.11.18）

日本のEPA*・FTA等の現状
（2021年1月現在, 外務省発表）
発効済・署名済▶21
シンガポール, メキシコ, マレーシア, チリ, タイ, インドネシア, ブルネイ, ASEAN全体, フィリピン, スイス, ベトナム, インド, ペルー, オーストラリア, モンゴル, TPP12（署名済）, TPP11, 日EU・EPA, 米国, 英国, RCEP（東アジア地域包括的経済連携）（署名済）

? サブ・サブクエスチョン
日本は, どのような国々と自由貿易を進めているだろうか。

C 中国の一帯一路構想

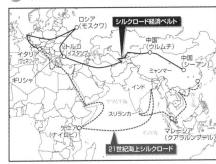

解説 中国が提唱する一帯一路構想は, 2013年に習近平国家主席が提唱したものである。この構想が打ち出された背景には, ①TPPへの対抗, ②海外需要の掘り起こし, ③中国の内陸地域振興, の3点が挙げられる。2017年, アメリカのトランプ政権による対中政策の強硬化と自国第一主義への傾倒により, 政治的に親中国を増やす必要性は高まっている。

? サブ・クエスチョン
現在の東アジアにはどのような緊張関係があるのだろうか。それは各国の人々の考え方にどのような影響を与えているだろうか。

⑤ 現在の東アジア国際関係

解説 竹島, 尖閣諸島は日本固有の領土であるが, 韓国, 中国は領有権を主張し, 韓国は竹島を不法占拠, 中国は船舶を派遣して揺さぶりをかけている。

↑⑫慰安婦訴訟第1回口頭弁論で入廷する原告団（1992.6）

解説 慰安婦への個人補償が問題となっており, 韓国内での裁判で日本企業に損害賠償を命ずる判決が示されたことがある。最近では, いわゆる徴用工の補償も問題となっている。

←⑭六カ国協議のエネルギー部会（2007.10） 北朝鮮の核開発に対する対応を中心に2003～2007年に開催された。

←⑬帰国した拉致被害者 朝鮮民主主義人民共和国（北朝鮮）との間には, 戦前の日本の植民地支配に対する賠償, 北朝鮮による日本人拉致問題や核開発などがあり, 国交正常化の見通しが立っていない。

相手国に対する印象（中国・日本）

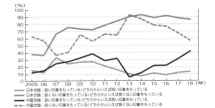

解説 中国, 日本の相手国に対する印象は, 小泉首相の靖国神社参拝, 尖閣国有化の際悪化したが, 回復しつつある。韓国とは, 徴用工問題などもあり, 近年悪化している。

まとめ 第二次世界大戦後, 日本と韓国はともに冷戦の西側諸国の一員として歩みはじめた。両国の発展の背景には, 外交面でも経済面でもアメリカの影響が大きい。これに加えて, 中華人民共和国や朝鮮民主主義人民共和国, その他のアジア諸国との関係をどう築いていったかに差異を読み取ることができる。

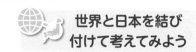
世界と日本を結び
付けて考えてみよう

冷戦の終わりは平和のはじまり？

？ メイン・クエスチョン

紛争を解決し，平和な社会をつくりだすために，世界ではどのような取り組みがおこなわれているだろうか。

キーワード

冷戦，紛争，国連PKO，
国際条約，国際NGO

① 冷戦後のおもな紛争

？ サブ・クエスチョン

冷戦後に発生している紛争の背景や原因は何なのだろうか。

A ユーゴスラビア内戦

凡例：
- □ アルバニア人(イスラームなど)
- □ クロアティア人(カトリック)
- ■ マケドニア人(マケドニア正教)
- ■ モスレム人(イスラーム)
- ■ セルビア人(セルビア正教)
- ■ モンテネグロ人(セルビア正教)
- ■ スロヴェニア人(カトリック)
- □ 混在地
- ■ その他の民族

B 湾岸戦争

←❶湾岸戦争(1991年)　豊富な石油資源を目的に，イラクがクウェートへ侵攻したこと(クウェート侵攻)をきっかけに勃発した，アメリカをはじめとする多国籍軍とイラクによる戦争。写真は，空襲するアメリカ軍機に対するイラク側の対空砲火のようす。

C ルワンダ内戦

↑❷フツ族によるツチ族の大量虐殺の犠牲者の遺骨

ルワンダでは，旧宗主国ベルギーに優遇されていた少数部族ツチ族と多数部族フツ族とが対立した。1990年に内戦が勃発し，94年４月，フツ族大統領暗殺事件を機に内戦は激化した。その後，フツ族による大量虐殺が発生し，死者50〜80万人，難民200万人が発生した。現在は，ツチ族主導体制のもと，フツ族の閣僚任命や女性の地位向上などの国民融和・和解の努力が進んでいる。

？ サブ・サブクエスチョン

これらの対立の背景には，どのような物事の「違い」があると考えられるだろうか。

D パレスチナ問題

EPA=時事

↑❸イスラエルがヨルダン川西岸に建設している分離壁　1993年にパレスチナ暫定自治協定が発効したイスラエル占領区は，和平反対派のユダヤ人青年によるラビン首相暗殺などもおこり，イスラエル軍撤退がなかなか進んでいない。この壁はイスラエルが建設しているもので，イスラエル領土外の入植地も囲い込むなどして問題となっている。国際司法裁判所は壁の建設が国際法違反であると勧告したが(2004年)，イスラエルは建設を強行している。

E 同時多発テロ事件

↑❹同時多発テロ事件(2001年)　2001年９月11日，ニューヨークの世界貿易センターの２つのビルにテロリストに乗っ取られた旅客機があいついで衝突し，ビルは倒壊した。同じ時刻に別の旅客機が国防総省(ペンタゴン)に突入し，もう１機はピッツバーグ近郊に墜落した。計2,973名(日本人24名)が犠牲となる史上最悪のテロにより，21世紀は幕を開けた。テロの首謀者とされる国際テロ組織アル=カーイダの指導者オサマ=ビン=ラーディンは長らく消息不明だったが，2011年５月，パキスタン国内において米軍の攻撃を受け死亡した。

② 紛争の解決

❓ サブ・クエスチョン
紛争を解決するために，どのような取り組みがおこなわれているのだろうか。

Ⓐ 国連PKO（2020年5月末現在）

名称（ ● …日本が協力中）	派遣場所	設置時期
❶ 国連休戦監視機構	エジプト，イスラエル等	1948.6
❷ 国連インド・パキスタン軍事監視団	インド・パキスタン国境	1949.1
❸ 国連キプロス平和維持隊	キプロス	1964.3
❹ 国連兵力引き離し監視隊	シリアのゴラン高原	1974.5
❺ 国連レバノン暫定隊	南部レバノン	1978.3
❻ 国連西サハラ住民投票監視団	西サハラ	1991.4
❼ 国連コソボ暫定行政ミッション	コソボ	1999.6
❽ ダルフール国連・AU合同ミッション	スーダン西部ダルフール地域	2007.7
❾ 国連コンゴ民主共和国安定化ミッション	コンゴ民主共和国	2010.7
❿ 国連アビエ暫定治安部隊	スーダン・南スーダン	2011.6
⓫ ● 国連南スーダン共和国ミッション	南スーダン	2011.7
⓬ 国連マリ多面的統合安定化ミッション	マリ	2013.4
⓭ 国連中央アフリカ多面的統合安定化ミッション	中央アフリカ共和国	2014.4

❓ サブ・サブクエスチョン
国連平和維持活動(PKO)は，具体的にどのような活動をしているのだろうか。

Ⓑ 国連PKOの活動地点（❶の数字はⒶのPKO）

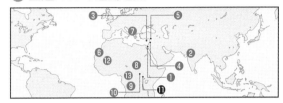

◀解説 冷戦構造や加盟国間の価値観の相違から，当初国連の想定していた集団安全保障体制はほとんど機能しなかった。また，地域紛争において，明らかな侵略と判断される行為はさほどない。こうした中で注目されてきたのがPKOである。冷戦終結後の1990年代に入って民族紛争が相次ぎ，平和維持や停戦監視などの役割を果たしている。

Ⓒ 国際裁判所

裁判所の名称	常設仲裁裁判所（PCA）	国際司法裁判所（ICJ）	国際刑事裁判所（ICC）
設立年	1901年	1945年	2003年
裁判官	裁判官名簿の中から，紛争の当事者が仲裁に当たる裁判官を選出する。	15か国計15名の裁判官からなる。任期は9年で，3年ごとに5人改選される。	18か国計18人の裁判官からなる。任期は9年。
訴訟開始の要件	一方的に提訴が可能（当事国の合意は不要）。	当事国間の合意に基づき開始。	ICC検事局が起訴もしくは加盟国か安保理の要請により開始。
裁判の対象	国家間紛争	国家間紛争	国際社会全体の関心事となる「ジェノサイド罪」「人道に関する罪」「戦争犯罪」など，個人による重大犯罪

❓ サブ・サブクエスチョン
国際裁判所では，どのような事案を解決しているのだろうか。

Ⓓ 核兵器禁止条約

この条約の締約国は，国際連合憲章の目的及び原則の実現に貢献することを決意し，あらゆる核兵器の使用から生ずる壊滅的で非人道的な結末を深く憂慮し，したがって，いかなる場合にも核兵器が再び使用されないことを保証する唯一の方法として，核兵器を完全に廃絶することが必要であることを認識し，事故，誤算又は設計による核兵器の爆発から生じるものを含め，核兵器が継続して存在することがもたらす危険に留意し，また，これらの危険が全ての人類の安全に関わること及び全ての国があらゆる核兵器の使用を防止するための責任を共有することを強調し，核兵器の壊滅的な結末は，十分に対応することができず，国境を越え，人類の生存，環境，社会経済開発，世界経済，食糧安全保障並びに現在及び将来の世代の健康に重大な影響を及ぼし，及び電離放射線の結果によるものを含め女子に対し均衡を失した影響を与えることを認識し，核軍備の縮小が倫理上必要不可欠であること並びに国家安全保障上及び集団安全保障上の利益の双方に資する最上位の国際的な公益である核兵器のない世界を達成し及び維持することの緊急性を認め，核兵器の使用の被害者(被爆者)が受けた又はこれらの者に対してもたらされた容認し難い苦しみ及び害並びに核兵器の実験により影響を受けた者の容認し難い苦しみに留意し，……

（外務省ホームページ）

◀解説 核兵器禁止条約の国連での採択にあたっては，核兵器廃絶国際キャンペーン(ICAN)が大きく貢献した。ICANは，核兵器の非合法化・廃絶に取り組んでいる非政府組織(NGO)の連合体で，2017年にノーベル平和賞を受賞した。また，他にも軍縮に関する条約には，部分的核実験禁止条約(1963年発効)，核拡散防止条約(1970年発効)，包括的核実験禁止条約(1996年採択)，対人地雷全面禁止条約(1999年発効)，クラスター爆弾禁止条約(2010年発効)などがある。

まとめ
冷戦が終わった後も，国際社会では紛争が絶えない。冷戦終結前から見られた紛争もあれば，冷戦後，新たに発生した紛争・対立もある。その背景や原因を探り，国際社会がどのように対応しているのか知ることで，今後の平和な社会を築く道筋を見出していこう。

やってみよう──探究──

❓ メイン・クエスチョン

あなたにとって歴史を学ぶことはどのような意味があるのだろうか。

探究する活動の進め方

① ② 主題(テーマ)の設定／課題(問い)の表現

③ 見通しを立てる

④ 課題(問い)を解決するための資料を集め,分析する

⑤ 資料や学習した成果をもとに課題(問い)について考察し,解決策を構想する

⑥ 考察・構想したことをまとめ,発表する

⑦ 1年間の「歴史総合」の学習を振り返る

① 主題(テーマ)の設定

❓ サブ・クエスチョン

あなたはこれまで歴史総合の授業でどのような問いを表現してきたのだろうか。各単元での学習をもとに,振り返ってみよう。

「近代化への問い」
✎ _____

「国際秩序の変化や大衆化への問い」
✎ _____

「グローバル化への問い」
✎ _____

学習の途中で新たに考えた「問い」
✎ _____

❓ サブ・クエスチョン

現代的な諸課題の形成に関わる歴史について,どのような主題(テーマ)を学び,そこからどのようなことが分かっただろうか。
各単元での学習をもとに振り返ってみよう。

「近代化と現代的な諸課題」
視点:✎ _____
主題(テーマ):✎ _____
わかったこと:✎ _____

「国際秩序の変化や大衆化と現代的な諸課題」
視点:✎ _____
主題(テーマ):✎ _____
わかったこと:✎ _____

❓ サブ・クエスチョン

自分で主題(テーマ)を設定しよう。

探究する主題(テーマ) ✎ _____

❓ サブ・サブクエスチョン

主題(テーマ)とあなたの関係性について,さまざまな視点から考えてみよう。

❓ サブ・サブクエスチョン

主題(テーマ)が決まらないときは,SDGsが掲げる目標を参考に考えてみよう。

➡ ❶ SDGsが掲げる17の目標

SUSTAINABLE DEVELOPMENT G⚪ALS

↓ ❷ 外務省によるSDGsの紹介(Webページ)

② 主題(テーマ)についての問いを表現する

？ サブ・クエスチョン

①で設定した主題(テーマ)について，これまでやってきたように「開いた問い」で表現しよう。

開いた問い：✎＿＿＿＿＿＿＿＿＿＿＿＿＿＿＿＿＿＿＿＿＿＿＿＿＿＿＿＿

③ 見通しを立てる

？ サブ・クエスチョン

②で表現した「問い」に対する答えを予測しよう。思いつきの答えではなく，仮説となるように表現しよう。

開いた問い への仮説：✎＿＿＿＿＿＿＿＿＿＿＿＿＿＿＿＿＿＿＿＿＿＿＿＿＿

④ 課題(問い)を解決するための資料を集め，分析する

？ サブ・クエスチョン

③で立てた仮説を考えるために必要な資料を集めよう。

？ サブ・サブクエスチョン

この資料集から，②で表現した「開いた問い」を考えるために必要な資料を探そう。資料集以外(教科書や書籍，インターネットや図書館)などからも資料を集めてみよう。

？ サブ・サブクエスチョン

資料が作成された背景や意図に留意して，資料を分析しよう。③で立てた仮説に関連する資料を参照し，資料に対する問い(いつ，だれが，どのような目的で，どのような内容で)を使い分析しよう。

仮説に関連する資料：✎＿＿＿＿＿＿＿＿＿＿＿＿＿＿＿＿＿＿＿，✎＿＿＿＿＿＿＿＿
＿＿＿＿＿＿＿＿＿＿＿＿＿＿＿＿＿＿＿＿＿＿＿＿＿＿＿＿＿＿＿

⑤ 資料や学習した成果をもとに課題(問い)について考察し，解決策を構想する

？ サブ・クエスチョン

②で表現した「開いた問い」について，資料をもとに考えていこう。

？ サブ・サブクエスチョン

答えのある問いを多く立てて，さまざまな視点から考えてみよう。

考察に使う資料：✎＿＿＿＿＿＿＿＿＿＿＿＿＿＿＿＿＿＿＿＿＿＿＿＿＿＿＿

⑥ 考察・構想したことをまとめ，発表する

？ サブ・クエスチョン

⑤までで自分が導き出した解決策について，クラスで発表しよう。(例：レポートにまとめる，ポスターにまとめる，スライドを作成する)
また，主題(テーマ)を設定した理由や考察した結果，問題の解決に向けて自分が行動できることなども含めて発表しよう。
最後に，お互いの発表に対する意見を交換し，考察を深めよう。

問題解決のために自分ができること：✎＿＿＿＿＿＿＿＿＿＿＿＿＿＿＿＿＿＿＿＿
他の発表に対する意見・考察：✎＿＿＿＿＿＿＿＿＿＿＿＿＿＿＿＿＿＿＿＿＿＿

⑦ 1年間の「歴史総合」の学習を振り返る

？ サブ・クエスチョン

「歴史総合」での学びをふまえて，歴史を学ぶ意味について，あなたなりに考え，答えを出してみよう。

赤字：重要事項
■：戦争・戦乱・軍事

	アメリカ	西ヨーロッパ		南欧	中央ヨーロッパ	
	アメリカ	イギリス（ステュアート朝）	フランス王国（ブルボン朝）	スペイン・イタリア諸邦	オーストリア（ハプスブルク朝）	プロイセン・ドイツ諸邦

1700

- 1701 スペイン継承戦争（フランス・スペインvsイギリス・オランダ・オーストリア・プロイセン）
- 1702〜13 アン女王戦争
- アン（位1702〜14）
- ルイ14世
- 1707 大ブリテン王国成立（スコットランドと合併）
- プロイセン王国（1701〜1918、ホーエンツォレルン家）
- カール6世（位1711〜40）
- フリードリヒ1世（位1688〜1713）
- 1713 ユトレヒト条約（フランス・スペインとイギリス・オランダ・プロイセンの間で締結される。イギリスはフランスよりハドソン湾地方、ニューファンドランド、アカディアを、スペインよりジブラルタル、ミノルカ島を獲得する）
- 1713 プラグマーティッシェ＝ザンクティオン制定（女子相続権を規定（'24））
- ハノーヴァー朝（1714〜1901）
- ジョージ1世（位1714〜27）
- 1714 ラシュタット条約
- 1720 サルデーニャ王国の成立
- フリードリヒ＝ヴィルヘルム1世（位1713〜40）
- ルイ15世（位1715〜74）
- 1719 デフォー『ロビンソン＝クルーソー』
- *ワトー「シテール島の巡礼」
- *バロック音楽 バッハ・ヘンデル
- 1721 ウォルポール内閣成立
- 1726 スウィフト『ガリヴァー旅行記』
- *ロココ様式の流行
- *フランス啓蒙思想
- 1728 デンマーク人ベーリング、ベーリング海峡を発見

1730

- 1733 ジョージア植民地が建設され、13植民地が成立
- 1733 ジョン＝ケイ、飛び杼を発明
- 1734 ヴォルテール『哲学書簡』
- 1737 メディチ家断絶
- フランツ1世（位1745〜65）
- マリア＝テレジア
- フリードリヒ2世（位1740〜86）（啓蒙絶対君主）
- 1740〜48 オーストリア継承戦争（フランス・スペイン・プロイセン・バイエルン・ザクセンvsオーストリア・イギリス）、マリア＝テレジアの即位が契機
- 1744〜48 ジョージ王戦争
- 1742 ウォルポール内閣辞職（責任内閣制の始まり）
- 1747 サン＝スーシ宮殿完成
- 1748 アーヘンの和約（フランス・スペイン・プロイセンとオーストリア・イギリス間で講和成立。墺はプロイセンにシュレジエン地方を割譲）
- 1750 フランクリン、避雷針を発明
- 1748 モンテスキュー『法の精神』（三権分立）
- 1748 ポンペイの発掘開始
- 1750〜53 ヴォルテール、滞在
- 1753 大英博物館設立
- 1751〜72 『百科全書』編集（ディドロ、ダランベールら）
- 1755〜63 フレンチ＝インディアン戦争
- 1756〜63 七年戦争（オーストリア・フランス・スペイン・ロシア・ザクセンvsプロイセン・イギリス、フランスとオーストリアは戦争に先立って、同盟を結び、200年来の敵対関係に終止符＝外交革命）
- 1759 英軍、ケベックを占領
- 1760 英軍、モントリオールを占領

1760

- ジョージ3世（位1760〜1820）
- 1758 ケネー『経済表』
- *イギリス産業革命が始まる（木綿工業で技術革新が進む）
- *重農主義、自由放任主義の思想を説く
- 1762 ルソー『社会契約論』
- 1763 フベルトゥスブルク条約（七年戦争の講和条約。プロイセンはシュレジエンを確保する）
- 1763 パリ条約（フレンチ＝インディアン戦争の講和条約。イギリスとフランス・スペイン間で締結。イギリスはフランスよりカナダ、ミシシッピ川以東のルイジアナなどを、スペインよりフロリダを獲得する）
- 1764 砂糖法
- 1765 印紙法（植民地人は反対「代表なくして課税なし」翌年撤回）
- 1764 ハーグリーヴズ、ジェニー紡績機を発明
- 1773 ローマ教皇、イエズス会に解散を命じる
- ヨーゼフ2世（位1765〜90）
- 工業の育成 東部への植民 法典の編纂
- 1767 タウンゼント諸法
- 1769 アークライト、水力紡績機を発明
- 1773 茶法
- 1773 ボストン茶会事件
- 1769 ワット、蒸気機関の実用化
- 1770 東インド会社解散
- 1772 オーストリア・プロイセン・ロシアによる第1回ポーランド分割
- 1774 第1回大陸会議
- ルイ16世（位1774〜92）
- 1774 ゲーテ『若きウェルテルの悩み』
- 1775 レキシントンの戦い（アメリカ独立革命）
- 1774〜76 財務総監テュルゴーの改革
- 第2回大陸会議でワシントン、総司令官に就任
- 1776 アダム＝スミス『諸国民の富』
- *自由主義貴族ラ＝ファイエット、アメリカ独立革命に参加
- 1776 トマス＝ペイン『コモン＝センス』
- 1777〜81 財務総監にネッケル
- 1776.7.4 アメリカ独立宣言
- 1779 クロンプトン、ミュール紡績機を発明
- 1778 アメリカの独立を支持、対英開戦
- 1781 カント『純粋理性批判』
- 1777 サラトガの戦い
- 1780 武装中立同盟結成（ロシアが提唱、プロイセン、スウェーデン、デンマーク、ポルトガルなどが参加。イギリスの海上封鎖に対抗）

1780

- 1781 ヨークタウンの戦い（イギリス軍降伏）
- 1783 カロンヌ、財務総監に就任（〜87）
- *古典派音楽 モーツァルト
- 1781 ヨーゼフ2世、農奴制廃止
- 1783 パリ条約（イギリス、アメリカの独立を承認）
- 1787 憲法制定会議、合衆国憲法制定
- 1783 ヴェルサイユ条約（イギリス、フランスに西インド諸島の一部、スペインにフロリダを割譲）
- 1789 連邦政府発足
- 1783〜1801 小ピット内閣
- 1785 カートライト、力織機を発明
- 初代大統領ワシントン（任1789〜97）
- 1786 英仏通商条約締結
- 1788 オーストラリアを植民地化
- 1788 ネッケル、財務総監に再任
- 1789.5 三部会招集
- .6 国民議会開催 球戯場の誓い
- .7 バスティーユ牢獄襲撃（フランス革命勃発）
- .8 封建的特権の廃止宣言
- .8.26 人権宣言
- .10 ヴェルサイユ行進（王家をパリへ連行）

1790

- 1791.4 ミラボー急死
- .6 ヴァレンヌ逃亡事件
- 1791.8 オーストリア・プロイセン両君主によるピルニッツ宣言
- .9 1791年憲法制定
- .10 立法議会（〜92.9）
- 1792.4 ジロンド派内閣オーストリアに宣戦、革命戦争開始。.8 8月10日事件 .9 王政廃止
- 1792.4 フランスに宣戦
- .9 ヴァルミーの戦い（プロイセン・オーストリア連合軍敗退）
- 第一共和政（1792〜1804）
- 1793 ホイットニー、綿繰り機を発明
- 1792.9 国民公会（〜95）
- 1793 プロイセン・
- 1793 対フランス中立宣言
- 1793.1 ルイ16世処刑 .7 恐怖政治の開始
- 1793 第1回対仏大同盟（〜97、英首相小ピット提唱）
- 1796 ジェンナー、種痘法
- .7 封建的貢租の無償廃止 .8 1793年憲法制定
- *第2次囲い込み運動盛ん
- .8 メートル法採用 .10 革命暦採用
- 1795 オーストリア・プロイセン
- 1798 マルサス『人口論』
- 1794.7 テルミドール9日のクーデタ（ロベスピエール処刑）
- 1795.8 1795年憲法制定 .10 総裁政府
- 1796 バブーフの陰謀失敗 1796〜97 ナポレオンのイタリア遠征
- 1797 カンポ＝フォルミオの和約（墺屈服、第1回対仏大同盟崩壊）
- 1798 アイルランド反乱
- 1798〜99 ナポレオンのエジプト遠征、ロゼッタ＝ストーンの発見
- 1799 ヴォルタ（伊）、乾電池を発明
- 1799 第2回対仏大同盟（〜1802）
- 1799.11 ブリュメール18日のクーデタ
- .12 統領政府の成立（ナポレオン第一統領）

緑字：重要治政者に関する事項　　青字：文化に関する事項
⬭：条約・会議・会談　⬭：国際的に関連する事項　*：その頃

1700〜1800

北ヨーロッパ	東ヨーロッパ	西アジア	南アジア	東南アジア	中国	日本	
北欧諸国	ロシア帝国(ロマノフ朝)	オスマン帝国 ペルシア	ムガル帝国	東南アジア諸国	清	江戸	
	ピョートル1世 1703 ペテルブルク建設				康熙帝 *典礼問題がおこる 1706 典礼否認派の宣教師の布教活動禁止 1713 盛世滋生人丁への人頭税免除 18世紀初め 地丁銀制しだいに全土に普及 1716 『康熙字典』成る 1719 ブーヴェ・レジス『皇輿全覧図』 1720 広州に公行成立	1702 赤穂事件	**1700**
1709 ポルタヴァの戦い		*チューリップ時代 (西欧文物の導入が盛んとなる)	1708 マラーター同盟結成			1715 長崎貿易を制限	
1721 ニスタット条約(北方戦争終結)	1712 モスクワからペテルブルクに遷都		1710〜16 シク教徒の反乱 *ムガル帝国の動揺			1716 徳川吉宗の享保の改革始まる(〜45)	
	1721 戦勝記念祭で「ロシア帝国」の成立が宣言される	1718 パッサロヴィッツ条約			雍正帝[世宗](位1722〜35) 1724 キリスト教布教禁止 1726 『古今図書集成』 1727 キャフタ条約 1729 軍機処の設置		
1727 キャフタ条約(ロシア・清間で締結,モンゴル・シベリアの国境を定める)							
	1728 ベーリング海峡発見						
(スウェーデン) 1737 リンネ『自然分類』刊	1741 ベーリング,アラスカに到達	1736 サファヴィー朝滅亡(1501〜) (アラビア半島) 1744頃 ワッハーブ王国[第1次サウード朝]の成立 (アフガニスタン) 1747 ドゥッラーニー朝成立	1737 マラーター同盟,デリー攻略 1742 デュプレクス,ポンディシェリ総督に就任 1744〜63 カーナティック戦争 プラッシーの戦い(1757) (英勢力は仏勢力をインドより駆逐し,覇権を確立)	(ビルマ) 1752 タウングー朝滅亡 1752 コンバウン[アラウンパヤー]朝成立(〜1885)	乾隆帝[高宗](位1735〜95) *チベットを藩部として支配 *曹雪芹『紅楼夢』 1757 外国貿易を広州一港に限定 1758 ジュンガル部を滅ぼす 1759 回部を平定し,ジュンガルとともに新疆と命名,藩部として統治		**1730**
1756 スウェーデン・ポーランド・ロシアが対プロイセンの立場で七年戦争に参戦							**1760**
	ピョートル3世(位1761〜62) 1762 プロイセンと単独講和 エカチェリーナ2世 (位1762〜96) 1767 訓令の布告 1773〜75 プガチョフの乱 1774 キュチュク=カイナルジ条約		1765 英東インド会社,ベンガル・ビハール・オリッサの徴税権を獲得 1767〜69 第1次マイソール戦争	(タイ) 1767 アユタヤ朝,コンバウン朝に滅ぼされる (ベトナム) 1771〜1802 西山の乱 1775 フランス人宣教師ピニョー,コーチシナに来る	*考証学 戴震	1767〜86 田沼時代 1772 田沼意次,老中となる 1774 杉田玄白ら『解体新書』	
1780 アメリカ独立戦争に際し武装中立同盟を結成 1783 クリム=ハン国併合			1775〜82 第1次マラーター戦争(英,デカン高原のマラーター同盟を破る) 1780〜84 第2次マイソール戦争	(タイ) 1782 ラタナコーシン朝[チャクリ朝,バンコク朝]成立 (マレー半島) 1786 イギリス,ペナン島を獲得 (ベトナム) 1789 黎朝,西山朝によって滅ぼされる	1782 『四庫全書』成る	1787 松平定信,老中になる 1787〜93 寛政の改革	**1780**
1791 大黒屋光太夫に会う ロシアの第2回ポーランド分割 1794 コシューシコの抵抗 ・ロシア第3回ポーランド分割		(イラン) 1796 カージャール朝成立(〜1925) 1798 ナポレオン,エジプト占領(〜1801)	1790〜92 第3次マイソール戦争 1793 イギリス,ベンガルにザミンダーリー制を導入 1796 イギリス,オランダより,スリランカを奪う 1799 第4次マイソール戦争	1795 イギリス東インド会社,マラッカを占領 1799 オランダ東インド会社解散	1793 イギリス使節マカートニー,北京に至る(通商要求は許可されず) 仁宗[嘉慶帝](位1796〜1820) 1796 アヘンの輸入禁止 1796〜1804 白蓮教徒の乱	1790 寛政異学の禁 1792 ロシア使節ラクスマン,根室に来航,通商を要求 1798 近藤重蔵,エトロフ探検	**1790**

赤字：重要事項
▓：戦争・戦乱・軍事

	アメリカ	西ヨーロッパ		南ヨーロッパ	中央ヨーロッパ	
	アメリカ合衆国 ラテンアメリカ諸国	イギリス （ハノーヴァー朝）	フランス（オルレアン朝）	イタリア諸邦 スペイン	オーストリア （ハプスブルク家）	プロイセン・ドイツ諸邦 （ホーエンツォレルン朝）
1800	1800 ワシントン，首都になる	1801 大ブリテン＝アイルランド連合王国の成立	1800 フランス銀行設立　1800 ナポレオンの第2次イタリア遠征 1801 宗教協約［コンコルダート］ 1802 ナポレオン，終身統領となる	1800 西，ルイジアナを仏に返還	1804 シラー『ヴィルヘルム＝テル』 オーストリア帝国（1804～67）	
	ジェファソン（任1801～09） 1803 仏（ナポレオン）からミシシッピ以西ルイジアナを買収（ハイチ） 1804 トゥサン＝ルーヴェルチュール指導の独立闘争ののち，初の黒人共和国として独立（ブラジル） 1807 ポルトガル王室，ブラジルに亡命 1807 フルトン，蒸気船を発明 1808 奴隷貿易の廃止	1802 アミアンの和約（英仏和解，第2回対仏大同盟崩壊） 1804 ナポレオン法典　ナポレオン，皇帝となる 1804～06 第2次小ピット内閣 ＊古典派経済学　リカード ＊功利主義　ベンサム 1805 第3回対仏大同盟 1805 トラファルガーの海戦（英提督ネルソン戦死） 1807 奴隷貿易の廃止	ジョージ3世 第一帝政（1804～14） ナポレオン1世（位1804～14） 1806 大陸封鎖令（ベルリン勅令）	1805 アウステルリッツの戦い［三帝会戦］ 1806 ライン同盟成立，神聖ローマ帝国（962～）滅 1806 イエナ・アウエルシュタットの戦い	1807 ティルジット条約（プロイセン降伏・領土半減，ワルシャワ大公国成立） 1807 ヘーゲル『精神現象学』	1807 シュタイン，ハルデンベルクの改革（～22） 1807 フィヒテ「ドイツ国民に告ぐ」
1810	マディソン（任1809～17） 1811 ベネズエラ独立 パラグアイ独立 1812～14 アメリカ＝イギリス戦争 1816 アルゼンチン独立	1811 ラダイト運動 1813 第4回対仏大同盟 1813 東インド会社，対インド貿易独占権廃止 1814 スティーブンソン，蒸気機関車を発明	1812 ナポレオン，ロシア遠征（大失敗に終わる） 1814.3 連合軍，パリ入城 1814.5 ナポレオン，エルバ島に配流 ブルボン朝（1814～30） ルイ18世（位1814～24）	1808～14 スペイン反乱（半島戦争） ＊スペイン，反仏ゲリラ運動盛ん 1813 ライプツィヒの戦い（諸国民戦争）		1810 ベルリン大学創立 1813 ライン同盟解体
	モンロー（任1817～25） 1818 チリ独立 1819 スペインよりフロリダ買収 1819 大コロンビア共和国独立（シモン＝ボリバル主導） 1819 サヴァンナ号，米英間大西洋初航海	1814.9～1815.6 ウィーン会議（フランス革命・ナポレオン戦争後のヨーロッパの国際秩序を構築，ウィーン体制の成立） 1814 ケープ植民地・スリランカ・マルタ島領有 1815.6 ワーテルローの戦い 1815 穀物法制定	1814 オランダ立憲王国の成立 1815.3～.6 ナポレオンの百日天下 .10 ナポレオン，セントヘレナ島に配流 1818 アーヘン列国会議（フランス，四国同盟に参加し，五国同盟に）	1815 神聖同盟成立	1815 ドイツ連邦の成立 1815 ブルシェンシャフト結成 1815 四国同盟の成立（英・墺・普・露参加） 1817 ブルシェンシャフト，ヴァルトブルクで宗教改革300周年式典 1819 カールスバートの決議	
1820	1820 ミズーリ協定 1821 メキシコ・ペルー独立 1822 ブラジル帝国成立 1823 モンロー教書（宣言） 1823 中央アメリカ連邦成立 1825 ボリビア独立 1828 ウルグアイ独立	1822～27 カニング外交 1824 バイロン，ギリシア独立戦争に参加し，戦病死 1825 ストックトン～ダーリントン間に鉄道開通 1828 審査法廃止 1829 カトリック教徒解放法 1830 リヴァプール～マンチェスター間に営業鉄道開通	1822 シャンポリオン，神聖文字の解読成功 シャルル10世（位1824～30） 1829 ポリニャック内閣 1830 アルジェリア出兵 1830 七月革命（ブルボン朝崩壊）	1820～23 スペイン立憲革命 1820 ナポリでカルボナリの革命 1821 ピエモンテでカルボナリの革命 1821 ギリシア独立戦争開始（～29）	メッテルニヒ，宰相兼外相となる	1828 プロイセン関税同盟の発展
1830	ジャクソン（任1829～37） 1830 ベネズエラ・エクアドル，大コロンビア共和国から分離独立 ＊ジャクソニアン＝デモクラシー 1830 インディアン強制移住法 1837 モース，有線電信機を発明 1844 モース，電信機実用化 1845 テキサス併合 1846 オレゴン併合	1832 第1回選挙法改正 1833 工場法制定 ヴィクトリア女王（位1837～1901） 1837 人民憲章起草 1837 チャーティスト運動（～50年代） 1839 反穀物法同盟結成	オルレアン朝（1830～48）〔七月王政〕 ルイ＝フィリップ（位1830～48） 1830 ベルギー王国独立 ＊フランス産業革命の進展 ＊大ブルジョワジーの支配，極端な制限選挙	1831 中部イタリアでカルボナリの革命 1831 マッツィーニ，青年イタリア結成	1830 ドイツ騒乱 1831 ゲーテ『ファウスト』完成	1834 ドイツ関税同盟結成
		1840 ロンドン会議（ロンドン四国条約，英・露・普・墺がオスマン帝国を支援。エジプト太守ムハンマド＝アリー，エジプト統治の世襲権を与えられる。）				1841 リスト『国民経済学大系』
	1845～49 アイルランド大飢饉（ジャガイモ飢饉） 1846～48 アメリカ＝メキシコ戦争 1848 アメリカがメキシコよりカリフォルニアなどを獲得 1848 カリフォルニアで金鉱発見 1849 カリフォルニアでゴールドラッシュ始まる	1845～49 アイルランド大飢饉（ジャガイモ飢饉） 1846 穀物法廃止 1848 チャーティスト運動の高揚 1849 航海法廃止	1840～48 ギゾー内閣 ＊選挙法改正運動 1848 二月革命 第二共和政（1848～52） 1848.12 ルイ＝ナポレオン大統領選挙で当選（任1848～52） 1851 ルイ＝ナポレオンのクーデタ	1849 青年イタリア（マッツィーニ），ローマ共和国樹立 1849 サルデーニャ王ヴィットーリオ＝エマヌエーレ2世即位	1848 三月革命［ウィーン暴動］〔メッテルニヒ亡命〕 1848 ハンガリー民族運動ベーメン民族運動 1848～49 フランクフルト国民議会	1848 マルクス・エンゲルス『共産党宣言』 1848 三月革命
1850	1852 ストウ『アンクル＝トムの小屋』 1854 カンザス・ネブラスカ法 1854 共和党結成	1851 ロンドン万国博覧会 1854 クリミア戦争に英仏両国参戦（～56）	第二帝政（1852～70） ナポレオン3世（位1852～70） 1855 パリ万国博覧会	1852 カヴール，宰相に 1855 クリミア戦争に参戦 1858 プロンビエールの密約	フランツ＝ヨーゼフ1世（位1848～1916） 1849 三月革命を鎮圧 ロシアの南下政策失敗）	ヴィルヘルム1世（位1861～88）
		1856 パリ条約（黒海の中立化・オスマン帝国の領土保全・ドナウ川の自由通行権。 1856～60 第2次アヘン戦争［アロー戦争］ 1858 東インド会社解散 1859 ダーウィン『種の起源』 1860 英仏通商条約	1858～62 仏越戦争（インドシナ出兵） 1860 サヴォイとニースをサルデーニャより獲得	1859 イタリア統一戦争（フランスの支援を受けたサルデーニャがオーストリアと戦う） 1859 ロンバルディア獲得 1860 ガリバルディ，シチリア・ナポリ占領 中部イタリア併合		
1860	リンカン（共，任1861～65） 1861～67 メキシコ出兵（イギリス・フランス・スペイン） 1861 南部11州，アメリカ連合国結成 1861 南北戦争勃発（～65） 1862 ホームステッド法 1863 奴隷解放宣言 1863 ゲティスバーグの戦い 1865 リンカン，暗殺される 1867 ロシアよりアラスカ買収 1867 再建法成立 1869 大陸横断鉄道開通	1863 ロンドンで地下鉄開通 1864 第1インターナショナル 1867 カナダ連邦（自治領）成立 1867 第2回選挙法改正 1868～74 グラッドストン内閣（自由党）	1861～67 メキシコ出兵 1862 ユゴー『レ＝ミゼラブル』 ＊オスマンによるパリ大改造 ＊写実主義絵画　クールベ	イタリア王国（1861～1946） 1861 イタリア王国成立（都：トリノ） ヴィットーリオ＝エマヌエーレ2世（位1861～78） 1866 ヴェネツィア併合 オーストリア＝ハンガリー帝国（1867～1918）	1864 国際赤十字委員会発足 1865 メンデルの法則	1862 ビスマルク，首相に 1863 ラサール，全ドイツ労働者協会結成 1866 プロイセン＝オーストリア戦争（プロイセンの勝利） 1867 北ドイツ連邦の結成

緑字：重要治政者に関する事項　　青字：文化に関する事項
◯：条約・会議・会談　◯：国際的に関連する事項　＊：その頃

1800～1870

北・東ヨーロッパ	西アジア・アフリカ	南アジア・東南アジア		中国	朝鮮半島	日本	
ロシア帝国　北・東欧諸国（ロマノフ朝）	オスマン帝国　アフリカ諸国	ムガル帝国	東南アジア諸国	清	（李朝）朝鮮	江戸～明治	
アレクサンドル1世(位1801～25)		1803～05　第2次マラーター戦争	（ベトナム）1802　阮福暎、西山朝を滅ぼし、阮朝成立(～1945)	＊中国・インド・イギリスの三角貿易盛ん(インド産アヘンの中国流入)	1801　キリスト教大弾圧	1804　ロシア使節レザノフ長崎に来航	1800
（ポーランド）1807～14　ワルシャワ大公国（ナポレオン勢力下）	（エジプト）1805　ムハンマド＝アリー、総督に就任、以後、近代化政策を推進（ムハンマド＝アリー朝の成立）	1803　イギリス、デリー占領					
						1808　フェートン号事件	
						1808　間宮林蔵、樺太を探検	
1812　ナポレオン、ロシアに侵入　モスクワ大火	1811　ムハンマド＝アリーの下、エジプト、事実上の独立	1813　イギリス東インド会社茶以外のインド貿易の独占権廃止	1811～16　イギリス、ジャワ島を占領		1811～12　洪景来の乱		1810
1812　ブカレスト条約(ロシア、ベッサラビア獲得)		1814～16　ネパール征服		1813　アヘンの販売を禁止			
				1813　天理教徒の乱			
				1815　アヘンの輸入を禁止			
1815　ロシア皇帝、ポーランド王を兼任	（アラビア半島）1818　ムハンマド＝アリー、第1次サウード朝(ワッハーブ王国)を滅ぼす	1817～18　第3次マラーター戦争	1819　英人ラッフルズ、シンガポールを建設	1816　イギリス使節アマースト来訪（三跪九叩頭の礼を拒否し、帰国を命じられる）		1815　杉田玄白『蘭学事始』	
1821～29　ギリシア独立戦争	1822　ギリシア独立宣言		1824～26　第1回イギリス＝ビルマ戦争	宣宗[道光帝](位1820～50)		1821　伊能忠敬「大日本沿海輿地全図」	1820
1821　アラスカ領有	（アラビア半島）1823　ワッハーブ王国[第2次サウード朝]成立(～89)		1824　イギリス、マラッカ領有	1820～28　イスラーム教徒の乱		1823　シーボルト(独)、長崎に来る	
ニコライ1世(位1825～55)	1826　オスマン帝国、イェニチェリ軍団を廃止		1826　イギリス、海峡植民地を成立させる			1825　異国船打払令	
1825　デカブリストの乱							
1827　ナヴァリノの海戦						1828　シーボルト事件	
1828　トルコマンチャーイ条約(ロシア・カージャール朝間)							
1829　アドリアノープル条約(オスマン帝国・ロシア間、オスマン帝国、ギリシアの独立を承認)							1830
1830～31　ポーランド反乱[ワルシャワ蜂起]	1830　ロンドン議定書(列国、ギリシアの独立承認)	（ジャワ島）1830　総督ファン＝デン＝ボス、オランダ領ジャワ島に強制栽培制度を導入		1833　イギリス東インド会社、中国貿易独占権廃止		1834　水野忠邦、老中となる	
1833　ウンキャル＝スケレッシ条約	1831～33　第1回エジプト＝トルコ戦争	1833　イギリス東インド会社の商業活動停止		1834　イギリス使節ネービア来航			
	（オスマン帝国）1839　タンジマート開始			1834　イギリス船のアヘン密売厳禁		1837　モリソン号事件	
1839～40　第2回エジプト＝トルコ戦争				1839　欽差大臣の林則徐を広州に派遣	1839　キリスト教大迫害	1837　大塩平八郎の乱	
ウンキャル＝スケレッシ条約の破棄。ロシアの南下政策失敗	1841　ムハンマド＝アリー、シリアを放棄	1838～42　第1次アフガン戦争		1839　林則徐、アヘン没収			
	1843頃　リヴィングストン(英)のアフリカ探検始まる	1845～46　第1次シク戦争		1840～42　アヘン戦争			
				1841　平英団事件		1841～43　天保の改革(水野忠邦)	
（ポーランド）＊ロマン派音楽　ショパン	1847　リベリア共和国独立	1848～49　第2次シク戦争		1842　南京条約(香港の割譲、5港開港・公行の廃止)		1844　オランダ国王、開国を勧告	
1847　ムラヴィヨフ、東シベリア総督となる	（カージャール朝）1848～52　バーブ教徒の乱	1849　イギリス、パンジャーブ地方を併合		1843　五港通商章程			
				1843　虎門寨追加条約			
				1844　望厦条約(米)・黄埔条約(仏)			1850
1853～56　クリミア戦争			（ビルマ）1852～53　第2回イギリス＝ビルマ戦争	1851～64　太平天国		1853　アメリカ使節ペリー、浦賀来航	
1855　セヴァストーポリ要塞陥落	1852　トランスヴァール共和国(ブール人)成立	1857～59　シパーヒー[セポイ]の大反乱[インド大反乱]		1851　洪秀全、広西省で挙兵			
アレクサンドル2世(位1855～81)	1854　オレンジ自由国(ブール人)成立	1858　イギリス東インド会社解散		1853　太平天国軍、南京陥落。首都とし天京と称す			
1858　アイグン[愛琿]条約(黒竜江を清との国境とする)		1858　ムガル帝国滅亡。イギリスのインド直接統治始まる	（ベトナム）1858～62　仏越戦争	1853　曾国藩、湘軍[湘勇]組織		1854　日米和親条約	
				1856　アロー号事件		1858　日米修好通商条約	
				1856～60　アロー戦争[第2次アヘン戦争]			
				1858　アイグン[愛琿]条約			
				1858　天津条約(英・仏・米・露)			
1860　北京条約(ロシア、沿海州領有)			1862　サイゴン条約(仏、コーチシナ東部占領)	1860　英・仏連合軍、北京占領。円明園破壊される	1860　崔済愚、東学を創始		1860
1860　ウラジヴォストーク建設開始		（カンボジア）1863　フランス、カンボジアを保護国化		1860　北京条約(英・仏・露)	高宗[李太王](位1863～1907)	1863　薩英戦争	
1861　農奴解放令発布				1861　洋務運動始まる	1863～73　大院君摂政	徳川慶喜(位1866～67)	
1863～64　ポーランド反乱	1867　オレンジ自由国でダイヤモンド鉱発見	1867　イギリス、海峡植民地を直轄化	（ベトナム）1867　フランス、コーチシナ西部を獲得	1861　総理各国事務衙門設置		1867　大政奉還	
1863～73　トルストイ『戦争と平和』			（タイ）1868　ラーマ5世[チュラロンコン](位～1910)	穆宗[同治帝](位1861～75)	1866　キリスト教大弾圧　仏艦隊、江華島を攻撃	1867　王政復古の大号令	
1867　アラスカをアメリカへ売却	1869　スエズ運河開通(レセップス)			＊同治の中興		明治天皇(位1867～1912)	
（スウェーデン）1867　ノーベル、ダイナマイト発明				1862　李鴻章、淮軍[淮勇]を組織			
				1863　ゴードン(英)、常勝軍を指揮		1868　明治維新	
				1864　太平天国滅亡			
				1869　上海に共同租界成立			1870

赤字：重要事項　　▨：戦争・戦乱・軍事

年	国際問題	アメリカ合衆国・ラテンアメリカ諸国	イギリス王国（ハノーヴァー朝）（ヴィクトリア女王 位1901まで）	フランス共和国（第三共和政）・ベネルクス3国	ドイツ帝国（ホーエンツォレルン朝）	オーストリア＝ハンガリー帝国	イタリア・スペイン・ポルトガル
1870		1870 ロックフェラー，スタンダード石油設立 ＊南部でシェア＝クロッパー制度が拡大 1876 ベル，電話の発明 1877 エディソン，蓄音機発明 1879 エディソン，白熱電球発明	1870 アイルランド土地法 1871 労働組合法制定 1874〜80 ディズレーリ内閣 1875 スエズ運河会社の株式買収 1877 インド帝国成立（ヴィクトリア女王，インド皇帝を兼ねる）	1870 エムス電報事件 1870〜71 プロイセン＝フランス戦争（ナポレオン3世，スダンで降伏） 第三共和政（1870〜1940） 1871 臨時政府（首班ティエール） 1871 パリ＝コミューン 1875 第三共和国憲法制定	ドイツ帝国（1871〜1918） ヴィルヘルム1世（位1871〜88） 宰相ビスマルク（任1871〜90） 1871 文化闘争（〜80） 1873 三帝同盟（ドイツ・オーストリア・ロシア） 1875 ドイツ社会主義労働者党結成（ゴータ綱領） 1878 社会主義者鎮圧法	フランツ＝ヨーゼフ1世	1870 プロイセン＝フランス戦争に参戦し，教皇領併合，イタリアの統一完成（「未回収のイタリア」は残る） 1871 ローマ，首都となる
			1878 ベルリン会議（英，キプロス島獲得。墺，ボスニア・ヘルツェゴヴィナの行政管理権掌握。ルーマニア・セルビア・モンテネグロの独立承認）		1879 独墺同盟成立		
1880	1882 三国同盟成立（独・墺・伊） 1884 ベルリン会議（アフリカ分割） 1889 第2インターナショナル	1886 アメリカ労働総同盟[AFL]設立 1889 第1回パン＝アメリカ会議（ワシントン）（ブラジル） 1889 帝政倒れ，共和国となる 1890 シャーマン反トラスト法 1890 フロンティア消滅宣言 1893 ハワイで王政廃止	1880〜85 グラッドストン内閣② 1881 アイルランド土地法 1882 エジプト占領 1884 第3回選挙法改正 1884 フェビアン協会結成 1886 アイルランド自治法案否決 1890 セシル＝ローズ，ケープ植民地の首相に就任 1893 アイルランド自治法案，上院で否決される 1895 ジョゼフ＝チェンバレン，植民地相の就任	1884〜85 清仏戦争 1887〜89 ブーランジェ事件 1889 パリ万国博覧会 1889 エッフェル塔建設 1889 第2インターナショナル，パリで結成 1891 露仏同盟締結 1894 ドレフュス事件（〜99） 1898 キュリー夫妻，ラジウム発見 1898 ゾラ「私は告発する」	1882 コッホ，結核菌発見 1882 三国同盟成立（独・墺・伊） 1883 コッホ，コレラ菌発見 1883 疾病保険法 1884 南西アフリカ保護領化 ＊哲学者 ニーチェの活躍 1887 再保障条約（独・露，〜90） ヴィルヘルム2世（位1888〜1918） 1890 ビスマルク，宰相罷免。ヴィルヘルム2世親政開始（新航路政策） 1890 社会主義者鎮圧法廃止，ドイツ社会民主党結成（エルフルト綱領） 1895 レントゲン，X線を発見 1897 ディーゼル＝エンジン発明 1898 艦隊法制定 1898 膠州湾租借 1899 バグダード鉄道敷設権獲得	1897 バデーニの言語令 1898 皇后エリザベート暗殺される	1889 イタリア，ソマリランド占領 1895 マルコーニ（伊）無線電信を発明 1896 イタリア，エチオピアに侵入，アドワの戦いで大敗
1890	1896 第1回国際オリンピック大会（アテネ） 1899 第1回万国平和会議（ハーグ）	マッキンリー（共，任1897〜1901） 1898 アメリカ＝スペイン戦争（キューバ独立，米，フィリピン・グアム島・プエルトリコを領有） 1898 ハワイ併合 1899 門戸開放宣言（国務長官ジョン＝ヘイ）	1898 ファショダ事件 1898 威海衛・九竜半島（新界）を租借 1899〜1902 南アフリカ戦争[ブール戦争]	1899 広州湾を租借			
1900	1906 アルヘシラス国際会議 1907 第2回万国平和会議（ハーグ） 1907 三国協商成立（英・仏・露）	1901 プラット修正条項 セオドア＝ローズヴェルト（共，任1901〜09） 1903 ライト兄弟飛行機発明 1903 パナマ独立 1903 第2回パン＝アメリカ会議 1904 パナマ運河起工	1901 英領オーストラリア連邦成立 1902 日英同盟 1904 英仏協商 1905 シン＝フェイン党結成（アイルランド） 1906 労働党成立 1907 英露協商 1907 英領ニュージーランド成立	1902 仏伊協商 1905 フランス社会党結成 1905 第1次モロッコ事件[タンジール事件] 1907 日仏協約	1905 アインシュタイン，特殊相対性理論を発表	1908 ボスニア・ヘルツェゴヴィナ併合	1902 仏伊協商
1910	1912.10〜1913.5 第1次バルカン戦争 1913.6〜.8 第2次バルカン戦争 1914.7〜1918.11 第一次世界大戦 1915 フセイン・マクマホン協定 1916 サイクス・ピコ協定 1917 ロシア革命 1917 バルフォア宣言 1919 パリ講和会議 1919 コミンテルン結成 1919 ヴェルサイユ条約調印	（メキシコ） 1910〜17 メキシコ革命（マデロ，ディアス独裁政権打倒） ウィルソン（民，任1913〜21） 1914 ヨーロッパ大戦に中立宣言 1914 パナマ運河開通 1915 ルシタニア号事件（米国民の対独感情悪化） 1917.4 ドイツに宣戦 1918 ウィルソン，十四カ条発表	1910 英領南アフリカ連邦成立 1911 議会法制定（下院優位） 1912 タイタニック号，沈没 1914.8 ドイツに宣戦 .9 アイルランド自治法 1916.4 アイルランドでイースター蜂起（シン＝フェイン党） 1916.5〜.6 ユトランド沖海戦 1916〜22 ロイド＝ジョージ挙国一致内閣 ウィンザー朝（ハノーヴァー朝を改称）(1917〜) 1918 第4回選挙法改正	1911 第2次モロッコ事件[アガディール事件] 1912 モロッコ保護国化 1914 社会党党首のジョレス，暗殺される 1914.8 ドイツ，ベルギーの中立侵犯を行い，フランスに侵攻 1914.9 マルヌの戦い（フランス，ドイツの侵攻を阻止） 1916.2〜.12 ヴェルダン要塞戦 1916.6〜.11 ソンムの戦い 1917〜20 クレマンソー内閣	1914.7〜1918.11 第一次世界大戦 1914.8 タンネンベルクの戦い 1915 アインシュタイン，一般相対性理論を発表 1917 無制限潜水艦作戦の開始 1918 ドイツ革命，皇帝退位し，オランダへ亡命，ドイツ降伏	1914.6 サライェヴォ事件 1914.7 セルビアに宣戦 1914.7〜1918.11 第一次世界大戦 1916 フランツ＝ヨーゼフ1世没 1918 降伏 皇帝退位	1911〜12 イタリア・トルコ戦争 1912 ローザンヌ条約 1915 イタリア，三国同盟を脱退し，オーストリアに宣戦
	1918.11 第一次世界大戦 終わる						
	1920.1 国際連盟成立（米，不参加）	1919 禁酒法制定（〜1933） 1920 上院，ヴェルサイユ条約批准否決 1920 サッコ・ヴァンゼッティ事件 1920 女性参政権獲得 1920 最初のラジオ放送	1919 シン＝フェイン党，アイルランド独立宣言 1919 インド統治法制定	1919.1〜.6 パリ講和会議 1919.6 ヴェルサイユ条約調印	1919.1 スパルタクス団の蜂起 1919.8 ヴァイマル憲法制定 ドイツ共和国（1919〜49） 大統領エーベルト（任1919〜25）	オーストリア共和国（1918〜38） 1919.9 サン＝ジェルマン条約	1919 ムッソリーニ，戦闘者ファッショ成立 1919 ダヌンツィオ，フィウメを占領
1920	1921.11〜1922.2 ワシントン会議（ワシントン体制の確立） 1921.12 四カ国条約（日・英・米・仏，太平洋地域の領土保全，日英同盟廃棄） 1922.2 九カ国条約（日・英・米・仏・伊・中・蘭・ベルギー・ポルトガル，中国問題に関して） .2 ワシントン海軍軍縮条約（英・米・日・仏・伊の主力艦トン数保有比を規定） 1922.2 ハーグ（蘭）に国際司法裁判所設置 1924 ドーズ案成立 1925 ロカルノ条約 1927 ジュネーヴ軍縮会議（英・米・日，失敗に終わる） 1928 不戦条約（ケロッグ・ブリアン協定，15カ国署名，のち63カ国加盟） 1929 ヤング案発表	ハーディング（共，任1921〜23） 1923 KKKの活動激化 クーリッジ（共，任1923〜29） 1924 排日移民法成立 1927 リンドバーグ，大西洋横断飛行に成功 1927 初のテレビ放送開始 フーヴァー（共，任1929〜33）	1922.2 エジプト独立 .11 カーター，エジプトでツタンカーメン王墓発見 .12 アイルランド自由国成立 イギリス帝国会議 1924.1〜.8 マクドナルド労働党内閣① .2 ソ連を承認 1928 第5回選挙法改正	1921〜22 ブリアン内閣 1922〜24 ポワンカレ内閣 1923 フランス・ベルギー，ルール占領（〜1925） 1924〜25 エリオ左翼連合内閣 1924 ソ連承認 1926〜29 ポワンカレ挙国一致内閣	1920 ドイツ労働者党結成 1921 賠償金，1,320億金マルク 1922 ラパロ条約（対ソ連） 1923 シュトレーゼマン内閣 大インフレーション レンテンマルク発行 1924 ミュンヘン一揆（ヒトラー） 1924 ドーズ案成立 大統領ヒンデンブルク（任1925〜34） 1925 ヒトラー『我が闘争』 1926 国際連盟に加入		1921 ファシスト党結成 1922 ムッソリーニ，ローマ進軍（ファシスト党内閣成立） 1924 イタリア，フィウメ併合 1927 アルバニアを保護国化 1928 ファシスト党一党独裁体制の確立 1929 ラテラノ条約（教皇と和解，ヴァチカン市国成立）
	1929.10.24 ウォール街（ニューヨーク株式市場）の株価大暴落　世界恐慌始まる						

緑字：重要治政者に関する事項　青字：文化に関する事項
◯：条約・会議・会談　◯：国際的に関連する事項　＊：その頃

北・東ヨーロッパ		西アジア・アフリカ	南アジア・東南アジア	中国	朝鮮半島	日本
ロシア帝国(ロマノフ朝) 北欧諸国	バルカン諸国	オスマン帝国等 アフリカ諸国	インド帝国 東南アジア諸国	清	(李朝)朝鮮	明治〜昭和

ロシア帝国(ロマノフ朝)北欧諸国

- 1873 ヒヴァ＝ハン国を保護国化
- 1873 三帝同盟(独・墺・露)成立
- 1874 ナロードニキ運動盛ん
- 1875 樺太・千島交換条約
- 1877〜78 ロシア＝トルコ戦争
- 1878 ベルリン条約(南下政策の挫折)
- アレクサンドル2世
- 1881 イリ条約
- 1881 アレクサンドル2世暗殺
- アレクサンドル3世(位1881〜94)
- 1885 露、アフガニスタンに進出し、英と対立
- 1887〜90 独露再保障条約
- 1891 露仏同盟締結
- 1891 シベリア鉄道起工
- ニコライ2世(位1894〜1917)
- 1894 露仏同盟発足
- 1895 独・仏とともに日本に対し三国干渉
- 1898 旅順・大連を租借
- 1898 ロシア社会民主労働党結成
- 1901 社会革命党結成
- 1903 社会民主労働党、ボリシェヴィキとメンシェヴィキに分裂
- 1904〜05 日露戦争
- 1905 血の日曜日事件　第1次ロシア革命
- 1905 ポーツマス条約
- 1906〜11 ストルイピンの改革
- 1907 英露協商・日露協約
- (三国協商中心の連合国ｖｓ．三国同盟中心の同盟国)
- 1917.3 ロシア三月革命(ロマノフ朝滅亡)、臨時政府成立
- 1917.4 四月テーゼ(レーニン)
- .7 ボリシェヴィキの蜂起失敗　ケレンスキー内閣成立
- .11 十一月革命(レーニン、ソヴィエト政府樹立)
- 1918 ブレスト＝リトフスク条約　モスクワ遷都
- 1918〜22 対ソ干渉戦争
- 1919 コミンテルン結成(〜43)
- 1920〜21 ポーランド＝ソヴィエト戦争
- 1921 新経済政策[ＮＥＰ]実施
- 1922 ラパロ条約
- ソヴィエト社会主義共和国連邦[ＵＳＳＲ](1922〜1991)
- 1922.12 ソヴィエト社会主義共和国連邦成立
- 1924 レーニン死去
- 1925 トロツキー失脚、スターリン権力掌握
- 1927 農業集団化の決定
- 1928 第1次五カ年計画(〜32)
- 1929 トロツキー、国外追放

バルカン諸国

- 1881 ルーマニア王国成立
- 1882 セルビア王国成立
- (ギリシア)
- 1896 第1回国際オリンピック大会(アテネ)
- 1897 ギリシア＝トルコ戦争
- (ギリシア)
- 1900〜07 エヴァンズ(英)、クノッソス遺跡発掘
- 1908 ブルガリア独立
- 1912 アルバニア独立宣言
- 1914.6 サライェヴォ事件
- 1915 ブルガリア、同盟国側に参戦
- 1916 ルーマニア参戦
- 1917 フィンランド、露より独立
- 1918 ポーランド、ハンガリー、チェコスロヴァキア、バルト3国の独立
- 1919〜22 ギリシア＝トルコ戦争
- (ブルガリア)
- 1919 ヌイイ条約
- 1920 トリアノン条約
- 1929 セルビア＝クロアティア＝スロヴェニア王国、ユーゴスラヴィアと改称

オスマン帝国等　アフリカ諸国

- 1871 スタンリー、リヴィングストンと会見
- 1874〜77 スタンリー、アフリカ探検
- 1876 ミドハト憲法
- 1878 サン＝ステファノ講和条約
- 1881 仏、チュニジアを保護国化
- 1881〜82 エジプトでウラービー運動
- (スーダン)
- 1881〜98 マフディー派の抵抗
- 1882 英のエジプト支配開始
- 1884〜85 ベルリン会議
- 1889 伊、ソマリランド領有
- (エチオピア)
- 1896 伊をアドワの戦いで破る
- 1898 ファショダ事件
- 1899〜1902 南アフリカ戦争
- 1899 独、バグダード鉄道敷設権獲得(3Ｂ政策)
- (カージャール朝)
- 1905 イラン立憲革命
- 1905 第1次モロッコ事件
- (オスマン帝国)
- 1908 青年トルコ革命
- 1908 コンゴ自由国、ベルギー植民地になる
- 1910 英領南アフリカ連邦成立
- 1911 第2次モロッコ事件
- (オスマン帝国)
- 1911〜12 イタリア＝トルコ戦争
- 1912 仏、モロッコを保護国化
- 1914 英、エジプトを保護国化
- 1914 オスマン帝国、同盟国側に参戦
- 1915 フセイン・マクマホン協定
- 1916 サイクス・ピコ協定
- 1917 バルフォア宣言
- 1920 ムスタファ＝ケマル、アンカラでトルコ大国民議会開催
- 1920 セーヴル条約
- 1921 ムスタファ＝ケマルのトルコ国民軍、ギリシア軍を破る
- (イラン)
- 1921 レザー＝ハーンのクーデタ
- 1922 トルコ、スルタン制の廃止(オスマン帝国滅亡、1299〜)
- 1922 エジプト、英より独立
- 1923 ローザンヌ条約
- 1923 トルコ共和国成立
- 大統領ケマル＝アタテュルク[ムスタファ＝ケマル](任1923〜1938)
- 1924 カリフ制廃止
- (イラン)
- 1925 パフレヴィー朝成立(国王レザー＝ハーン、位1925〜1941)
- 1928 トルコ、文字改革

インド帝国　東南アジア諸国

- (スマトラ島)
- 1873〜1912 アチェ戦争
- インド帝国(1877〜1947)
- 1877 英ヴィクトリア女王を皇帝にインド帝国成立
- (アフガニスタン)
- 1878〜80 第2次アフガン戦争
- 1880 英、アフガニスタンを保護国化
- 1883 ユエ条約
- 1884〜85 清仏戦争
- 1885 天津条約(清、仏の阮朝保護権承認)
- 1885〜86 ビルマ戦争
- 1885 第1回インド国民会議結成
- 1886 英、ビルマを併合
- 1887 仏領インドシナ連邦成立
- 1892 ホセ＝リサール、フィリピン民族同盟結成
- 1893 仏、ラオスを保護国化
- 1895 英領マレー連合州成立
- 1898 アメリカ＝スペイン戦争の結果、フィリピン、米領となる
- 1904 オランダ領東インド成立
- (ベトナム)
- 1904 ファン＝ボイ＝チャウが維新会を結成
- 1905 ベンガル分割令
- 1906 国民会議カルカッタ大会(四大綱領)
- 1906 全インド＝ムスリム連盟結成
- 1911 ベンガル分割令取消し
- 1912 ジャワでイスラーム同盟(サレカット＝イスラーム)結成
- 1914 国民会議派、戦争協力を発表
- 1916 国民会議派、自治を要求
- 1919 ローラット法
- 1919 非暴力・非協力運動始まる
- 1919 アムリットサール事件
- 1919 1919年インド統治法[インド統治法]
- 1920 インドネシア共産党結成
- 1921 ローラット法反対運動
- 1923 モエンジョ＝ダーロの発掘始まる
- 1923 ネパール王国独立
- 1927 スカルノ、インドネシア国民同盟結成(1928 インドネシア国民党と改称)
- 1929 国民会議派ラホール大会開催(完全独立を決議)

清（側：穆宗[同治帝]／徳宗[光緒帝]／宣統帝[溥儀]）

- 1871 ロシア、イリ地方を占領
- 1874 日清互換条約(日清間、台湾問題)
- 徳宗[光緒帝](位1875〜1908)
- 1875 西太后、摂政(〜89)
- 1877 左宗棠、新疆のイスラーム教徒の乱鎮圧
- 1880 李鴻章、海軍創設
- 1881 イリ条約
- 1884〜85 清仏戦争
- 1885 天津条約(日清間、朝鮮問題)
- 1889 光緒帝の親政開始
- 1894 孫文、ハワイで興中会結成
- 1894〜95 日清戦争
- 1895 下関条約
- 1898 膠州湾が独の、旅順・大連が露の、威海衛・九竜半島(新界)が英の租借地となる
- 1898 戊戌の政変
- 1899 米、門戸開放宣言　仏、広州湾を租借
- 1900〜01 義和団事件
- 1900 8カ国連合軍北京入城、義和団鎮圧
- 1901 北京議定書
- 1905 孫文、中国同盟会結成
- 1905 科挙制度の廃止
- 1908 憲法大綱発表・国会開設公約
- 1908 光緒帝、西太后死去
- 宣統帝[溥儀](位1908〜12)
- 1910 四国借款団成立
- 1911.5 鉄道国有令
- .9 四川暴動　.10 武昌挙兵(辛亥革命)
- 中華民国(1912〜1949)
- 1912.1 中華民国成立、臨時大総統に孫文就任
- .2 宣統帝溥儀退位、清朝滅亡　臨時大総統に袁世凱就任
- 1913 第二革命失敗、孫文日本へ亡命
- 1915.1 日本、中国に二十一カ条の要求(.5 袁世凱受諾)
- 1917 文学革命(白話運動)(胡適、陳独秀)
- 1917 孫文、広東軍政府樹立
- 1918〜28 軍閥抗争
- 1918 魯迅『狂人日記』
- 1919.5 五・四運動(排日運動、反帝国主義・反封建主義)始まる
- 1919 中華革命党、中国国民党と改称
- 1921 中国共産党結成(陳独秀ら)
- 1921 魯迅『阿Ｑ正伝』
- 1924 第1次国共合作(〜27)
- 1924 モンゴル人民共和国成立
- 1925.3 孫文死去
- .5 五・三〇運動
- 1926〜28 国民革命軍の北伐
- 1927.1 武漢政府成立(汪兆銘)
- 1927.3 国民革命軍、上海・南京占領
- .4 蔣介石の上海クーデタ(南京国民政府成立)
- 1927 国共分裂
- 1928 蔣介石、国民政府主席就任(〜31)

朝鮮半島　(李朝)朝鮮

- 1871 米艦隊、江華島攻撃
- 1873 閔氏、実権掌握
- 1875 江華島事件
- 1876 日朝修好条規[江華島条約]
- 1882 壬午軍乱(漢城の日本公使館焼打)
- 1884 甲申政変(開化派・金玉均)
- 1894 金玉均、暗殺
- 1894 甲午農民戦争
- 1895 閔妃殺害
- 1896 義兵闘争
- 1897 国号を大韓帝国と改称
- 大韓帝国
- 1904 日韓議定書・第1次日韓協約
- 1905 第2次日韓協約、韓国統監府設置
- 1907 ハーグ密使事件
- 1907 第3次日韓協約
- 1909 伊藤博文、暗殺される
- 1910 韓国併合、朝鮮総督府設置
- 1919.3 三・一独立運動(朝鮮の対日独立運動)

日本　明治〜昭和

- 1871 廃藩置県
- 1872 学制発布、新橋〜横浜間鉄道開通
- 1873 徴兵令。地租改正
- 1875 樺太・千島交換条約
- 1877 西南戦争
- 1881 国会開設の詔
- 1885 内閣制度発足
- 1889 大日本帝国憲法発布
- 1890 第1回帝国議会
- 1893 陸奥宗光、条約改正交渉開始
- 1899 治外法権撤廃
- 1902 日英同盟
- 1904〜05 日露戦争
- 1905 ポーツマス条約
- 1906 南満州鉄道会社設立
- 1907 日露協約
- 1911 関税自主権の回復
- 大正天皇(位1912〜1926)
- 1914.8 ドイツに宣戦
- .11 膠州湾占領
- 1918 シベリア出兵(〜22)　米騒動
- 1920 ニコライエフスク(尼港)事件
- 1923 関東大震災
- 1925.1 ソ連承認
- 1925.3 治安維持法、普通選挙法成立
- 昭和天皇(位1926〜1989)
- 1927 金融恐慌起こる
- 1927.5 日本の第1次山東出兵
- 1928.4 日本の第2次山東出兵[済南事件]
- 1928.6 奉天事件[張作霖爆殺事件]

赤字：重要事項
■：戦争・戦乱・軍事

	アメリカ	西ヨーロッパ		中央ヨーロッパ	南ヨーロッパ
国際問題	アメリカ合衆国 ラテンアメリカ諸国	イギリス（ウィンザー朝）	フランス	ドイツ	イタリア・スペイン・ポルトガル

国際問題

- 1930　ロンドン軍縮会議（英・米・日の補助艦トン数保有比決定）
- 1931　満州事変勃発
- 1932.6〜.7　ローザンヌ会議（独の賠償金を30億金マルクに減額）
- 1935〜36　エチオピア戦争
- 1936.7　スペイン内戦始まる
- .11　日独防共協定
- 1937　日独伊防共協定
- 1938.9　ミュンヘン会談
- 1939〜45　第二次世界大戦
- 1940.9　日独伊三国同盟
- 1941　大西洋憲章
- 1941〜45　太平洋戦争
- 1943.11　カイロ会談（米・英・中）　テヘラン会談（米・英・ソ）
- 1944.7　ブレトン＝ウッズ会議　.8　ダンバートン＝オークス会議
- 1945.2　ヤルタ会談（米：F＝ローズヴェルト，英：チャーチル，ソ：スターリン）
- .6　国際連合憲章調印
- .7　ポツダム会談（米：トルーマン，英：チャーチル・アトリー，ソ：スターリン）
- .10　国際連合発足
- 1946.1　第1回国連総会，安全保障理事会発足　.7〜.10　パリ講和会議
- 1947.2　パリ講和条約　.3〜.4　モスクワ外相会議　.10　GATT調印
- 1948.6　ベルリン封鎖　.12　世界人権宣言
- 1950.6　朝鮮戦争勃発（〜53）
- .7　国連軍，出動
- 1951.9　サンフランシスコ講和会議
- 1954.7　ジュネーヴ会議（インドシナ休戦協定）
- 1955　ラッセル＝アインシュタイン宣言
- 1955.4　AA会議
- 1955.7　ジュネーヴ4巨頭会談（米英仏ソ）
- 1956.10　スエズ戦争［第2次中東戦争］（〜57.3）
- .10　ハンガリー事件
- 1957.7　パグウォッシュ会議（科学者たちの核実験中止要求声明）
- 1960.5　U2型機事件　パリ東西首脳会談決裂
- 1961.9　第1回非同盟諸国首脳会議［ベオグラード会議］
- 1963.8　米英ソ3国，部分的核実験禁止条約調印
- 1964.3〜.6　第1回国連貿易開発会議［UNCTAD］（ジュネーヴ）

アメリカ合衆国／ラテンアメリカ諸国

- 1931　フーヴァー＝モラトリアム発表
- 1931　ニューヨークにエンパイア＝ステート＝ビル完成
- フランクリン＝ローズヴェルト（民，任1933〜45）
- ＊ニューディール政策推進
- 1933.5　農業調整法
- .5　TVA法
- .6　全国産業復興法
- .11　ソ連承認
- 1935.5　全国産業復興法に違憲判決
- .7　ワグナー法成立
- .8　中立法制定
- 1938　産業別組織会議（CIO）成立
- 1941　武器貸与法成立
- 1941.8　大西洋上会談
- 1941.12.8　日本軍真珠湾襲撃　アメリカ・イギリス，対日宣戦
- 1942.6　ミッドウェー海戦勝利
- .8　原爆開発（マンハッタン計画）開始
- 1943.1　カサブランカ会談（ローズヴェルト・チャーチル）
- 1944.6　連合軍，ノルマンディーに上陸
- トルーマン（民，任1945.4〜53）
- 1945.7　初の原爆実験成功
- .8　広島，長崎に原爆投下
- 1947.3　トルーマン＝ドクトリン（封じ込め政策）
- .6　マーシャル＝プラン［ヨーロッパ経済復興計画］提唱
- 1949.1　フェア＝ディール政策
- .4　北大西洋条約機構［NATO］調印
- 1951.9　太平洋安全保障条約［ANZUS］
- アイゼンハワー（共，任1953〜61）
- 1953.1　ダレス国務長官，「巻き返し政策」発表
- 1954.10　西側9カ国会議（パリ協定調印，西ドイツの主権回復・NATO加盟を決定）
- 1955.12　キング牧師ら，バス＝ボイコット運動
- 1956.7　人工衛星エクスプローラー1号打ち上げ成功
- 1959.1　キューバ革命（カストロ革命政府樹立）
- .9　フルシチョフ訪米，キャンプ＝デーヴィッド会談
- 1960.12　OEEC改組，アメリカ，カナダを加えて経済協力開発機構［OECD］調印
- ケネディ（民，任1961〜63）
- 1961.5　キューバ社会主義共和国成立
- 1962.10　キューバ危機
- 1963.8　黒人差別撤廃を求めるワシントン大行進
- .11　ケネディ，ダラスで暗殺
- ジョンソン（民，任1963〜69）
- 1964.7　公民権法成立
- .12　黒人指導者キング牧師，ノーベル平和賞受賞

イギリス（ウィンザー朝）

- 1930　第1回英印円卓会議
- 1931〜35　マクドナルド挙国一致内閣
- 1931.9　金本位制停止
- .12　ウェストミンスター憲章（イギリス連邦成立）
- 1932.7〜.8　オタワ会議（ブロック経済の形成）
- 1935.4　ストレーザ会議（ドイツに対する英・仏・伊の提携）
- .6　英独海軍協定
- 1937〜40　ネヴィル＝チェンバレン内閣
- 1937　アイルランド，エール共和国と改称
- 1938.9　ミュンヘン会談（N.チェンバレン，ダラディエ，ヒトラー，ムッソリーニ，ズデーテン問題協定・対独宥和政策の頂点）
- 1939.8　英仏両国，対ポーランド相互援助条約
- 1939.9.3　イギリス・フランス，ドイツに宣戦（第二次世界大戦が始まる）
- 1940.5〜45　チャーチル戦時連立内閣
- 1940.5〜.6　ダンケルク撤退
- 1941.5　ロンドン大空襲
- 1942.3　英米軍のドイツ空襲始まる
- ジョージ6世
- アトリー内閣（労，任1945〜51）
- 1946.3　チャーチル，「鉄のカーテン」演説
- 1948.3　西ヨーロッパ連合条約［ブリュッセル条約］
- .4　ヨーロッパ経済協力機構［OEEC］結成（16カ国，マーシャル＝プラン受け入れ決定）
- 1949.4　アイルランド共和国成立（エール，英連邦離脱）
- チャーチル内閣②（保，任1951〜55）
- エリザベス2世（位1952〜）
- 1952　原爆保有を発表
- イーデン内閣（保，任1955〜57）
- 1956.7　エジプト，スエズ運河国有化宣言
- .10　スエズ戦争［第2次中東戦争］（英・仏軍エジプト出兵）
- マクミラン内閣（保，任1957〜63）
- 1959.11　ヨーロッパ自由貿易連合［EFTA］調印
- 1960.5　EFTA正式発足
- 1961.5　南アフリカ連邦，英連邦を離脱
- 1963.1　フランスの反対でEEC加盟失敗
- ウィルソン内閣①（労，任1964〜70）

フランス

- 1932　仏ソ不可侵条約
- 1935.5　仏ソ相互援助条約
- .7　人民戦線結成
- 1936.6　ブルム人民戦線内閣成立
- 1937.6　ブルム人民戦線内閣崩壊
- （ナチス独裁）
- 1940.5　ドイツ軍，マジノ線突破，オランダ・ベルギー侵入
- .6　ドイツに降伏
- 1940.6　ド＝ゴール，ロンドンに自由フランス政府樹立
- .7　南部にヴィシー政府成立（国家主席ペタン）
- （第三帝国）
- 1944.8　パリ解放
- 第四共和政（1946〜58）
- 1946〜54　インドシナ戦争
- 1950.5　シューマン＝プラン
- 1951.4　ヨーロッパ石炭鉄鋼共同体［ECSC］条約調印
- 1954　アルジェリア，民族解放闘争始まる
- 1956　モロッコ，チュニジア独立
- 1957　ヨーロッパ経済共同体［EEC］，ヨーロッパ原子力共同体［EURATOM］結成に調印
- 1958　ヨーロッパ経済共同体［EEC］発足
- 第五共和政（1958〜）
- 大統領ド＝ゴール（任1959〜69）
- 1960.2　サハラで核実験
- 1963.1　フランス・西ドイツ協力条約
- 1964.1　中国を承認

ドイツ

- 1930　ヤング案成立
- 1932.7　総選挙でナチス，第一党となる
- 1933.1　ヒトラー内閣成立
- .2　国会議事堂放火事件
- .3　全権委任法成立
- .10　国際連盟脱退
- 総統ヒトラー（任1934〜45）
- 1935.1　ザール地方復帰
- .3　再軍備宣言
- .6　英独海軍協定
- .9　「ユダヤ人」差別法
- 1936.3　ラインラント進駐（ヴェルサイユ条約・ロカルノ条約破棄）
- 1936.10　ベルリン＝ローマ枢軸の結成
- 1936.11　日独防共協定
- 1937.11　日独伊三国防共協定成立
- 1938.3　ドイツ，オーストリアを併合
- 1939.3　チェコスロヴァキア解体
- .8　独ソ不可侵条約
- .9　ドイツ，ポーランド侵攻
- 1940.4　デンマーク・ノルウェー侵入
- 1940.9　日独伊三国同盟締結（枢軸陣営の強化）
- 1941.6　ドイツ・イタリア，対ソ宣戦
- .12　ドイツ・イタリア，対米宣戦
- 1942.1　ユダヤ人の大量虐殺を決定
- 1942.1〜.7　ドイツ・イタリア軍，北アフリカで反撃
- 1942.7　ドイツ軍，スターリングラード攻撃
- 1943.2　スターリングラードのドイツ軍降伏
- 1945.4　ヒトラー自殺
- 1945.5　ベルリン陥落
- （ナチス独裁／第三帝国）
- 1945.6　ドイツ，東西に分裂　西側…米英仏占領，東側…ソ連占領
- 1946.10　ニュルンベルク国際軍事裁判終わる
- （米英仏ソ占領時代）
- 1945.5.7　ドイツ，無条件降伏し，ヨーロッパ戦線終わる
- 1948.6〜1949.5　ソ連，ベルリン封鎖
- ドイツ連邦共和国（1949〜）／ドイツ民主共和国（1949〜1990）
- 1949.9　ドイツ連邦共和国成立　1949.10　ドイツ民主共和国成立
- アデナウアー内閣（キ民，任1949〜1963）
- 1950　ポーランド国境，オーデル・ナイセ線で合意
- 1953.6　ベルリンで反ソ暴動（オーストリア）
- 1955　主権回復，NATO加盟
- 1955　オーストリア国家条約調印（永世中立国宣言）
- （西ドイツ／東ドイツ）
- 1961　東ドイツ，東西ベルリンの境界に「ベルリンの壁」構築（西ベルリンへの交通遮断）

イタリア・スペイン・ポルトガル

- （スペイン）
- 1931　スペイン革命（ブルボン朝滅亡）
- （ポルトガル）
- 1932　サラザール，首相就任
- 1935〜36　エチオピア侵略
- 1936　エチオピア併合
- （スペイン）
- 1936.2　人民戦線政府成立　.7　スペイン内戦（〜1939）
- 1937　ゲルニカ爆撃
- 1937.12　伊，国際連盟脱退
- 1939　アルバニア併合
- （スペイン）
- 1939　スペイン内戦終結
- 1940.6　イタリア参戦
- 1943.7　連合軍，シチリア上陸
- .9　イタリア無条件降伏（バドリオ政権）
- （イタリア）
- 1945.4　ムッソリーニ処刑
- 1946　イタリア，王政廃止。共和国宣言
- （スペイン）
- 1947.3　フランコ，終身国家主席となる
- （イタリア）
- 1947.12　イタリア共和国成立
- 1951　旧イタリア領リビア独立
- 1963　キプロス紛争始まる

緑字：重要治政者に関する事項　　青字：文化に関する事項

◯：条約・会議・会談　　◯：国際的に関連する事項　　＊：その頃

1930〜1965

東ヨーロッパ	西アジア・アフリカ	南アジア・東南アジア	中国	朝鮮半島	日本	
ソヴィエト連邦・東欧諸国	西アジア諸国・アフリカ諸国	インド帝国・東南アジア諸国	中華民国		昭和	
1929 スターリンの独裁始まる	1932 サウジアラビア王国成立	1930.2 ホー＝チ＝ミン，ベトナム共産党を結成(.10 インドシナ共産党と改称)	1931.9 柳条湖事件[満洲事変]		1930 ロンドン軍縮会議	1930
1932 仏ソ不可侵条約	1932 イラク王国成立		1931.11 毛沢東，江西省瑞金に中華ソヴィエト共和国臨時政府樹立			
1933 第2次五カ年計画(〜37)	1935 ペルシア，国号をイランと改称[エチオピア]	1930〜34 非暴力・不服従運動	1932.1 上海事変おこる		1932.5 五・一五事件	
1934.9 ソ連，国際連盟加入	1935 イタリア，エチオピア侵略	1930〜32 英印円卓会議(3回)	1932.2 リットン調査団来る		1932.10 リットン報告書	
.12 スターリンの粛清	1936 イタリア，エチオピア併合		1932.3 「満洲国」建国宣言(執政に溥儀)			
1935.5 仏ソ相互援助条約	1936 イギリス＝エジプト同盟条約	1932 タイで立憲革命	1933.2〜.3 日本軍，熱河占領		1933.3 国際連盟を脱退	
1935.7〜.8 コミンテルン第7回大会		1934 ネルー，国民会議派の指導者となる	1934〜36 中国共産党の長征(大西遷)(瑞金→延安)		1934.12 日本，ワシントン海軍軍縮条約の廃棄通告	
1936.12 新憲法[スターリン憲法]制定		1935 1935年インド統治法[新インド統治法]	1935.1 遵義会議(毛沢東，党内指導権を掌握)		1936.2 二・二六事件	
			.8 中国共産党，八・一宣言		.11 日独防共協定	
			1936.12 西安事件(張学良ら，蔣介石を一時，監禁)			
1938.9 ミュンヘン会談		1937 ビルマ，インドより分離	1937.7 盧溝橋事件(日中戦争始まる)		1937.11 日独伊三国防共協定	
1939.3 チェコスロヴァキア解体		1938 ビルマでアウン＝サンらによる反英独立運動	.9 第2次国共合作		1938 国家総動員法発令	
1939.8 独ソ不可侵条約		1939 シャム，タイと改称	.12 南京陥落，南京事件		1939.5 ノモンハン事件	
.9 ドイツ・ソ連，ポーランド侵略	1939 第二次世界大戦始まる(〜45)		1938.10 日本軍，広州・武漢占領		.7 米，日米通商航海条約の廃棄を通告	
1939.11〜1940 ソ連＝フィンランド戦争			.11 国民政府，重慶へ遷都		.9 朝鮮人の労務動員開始	
1939 ソ連，国際連盟を除名される					1940 朝鮮人の創氏改名始まる	1940
1940.7 バルト3国併合	1941.6 トルコ，ドイツと友好条約	1940 日本軍，北部仏印進駐	1940.3 汪兆銘，南京政府を樹立		.9 日独伊三国同盟	
	.9 イラン中立宣言	1941.5 ベトナム独立同盟会[ベトミン]結成			.10 大政翼賛会発足	
1941.4 日ソ中立条約	.9 シリア独立宣言	.7 日本軍南部仏印進駐			1941.4 日ソ中立条約	
.5 スターリン，首相に就任(〜53)					日米交渉開始	
.6 独ソ開戦	(イラン)				.10 東条英機内閣成立(〜44)	
	1941 パフレヴィー2世即位(〜79)	1941.12.8 太平洋戦争始まる(日本軍，真珠湾奇襲，米英に宣戦)				
.7 英ソ軍事同盟		1942.1 日本軍，マニラ占領	1941.12 米英と同盟し，日本に宣戦		1942.2 シンガポール占領	
.7 ティトー，対独レジスタンス開始	1943 レバノン共和国独立	1943 日本軍，フィリピン，ビルマの独立を宣言	1943 蔣介石，国民政府主席就任(〜48)		.6 ミッドウェー海戦で敗北	
1942.7 スターリングラードの戦い			.11 蔣介石，カイロ会談に出席		1943.2 ガダルカナル島撤退	
1943.5 コミンテルン解散					1944.7 米軍，サイパン占領	
1943.10 ティトーのパルチザン蜂起					.10 レイテ沖海戦	
1944.1 ソ連軍，ポーランド国境を突破					.11 サイパンからの本土空襲激化	
1945.2 ヤルタ会談	1945.3 アラブ連盟結成	1945.9 ベトナム民主共和国独立宣言	1945.8 ソ連軍，満洲侵攻	1945.3 東京大空襲		1945
.8.8 日本に宣戦，満洲・朝鮮に侵攻	1946 トランスヨルダン王国，シリア共和国独立	1945 フィリピン独立		.4 米軍，沖縄本島上陸		
1945 ユーゴ，王政廃止。連邦人民共和国になる		.12 インドシナ戦争(〜54)		.8 広島，長崎に原爆投下されるソ連，対日宣戦		
1945〜48 東欧諸国，相次いで共産主義政権が成立する	1947 国連，パレスチナ分割・ユダヤ民族独立案可決	1947.8 インド連邦・パキスタン，英自治領として独立	1945.8.15 日本，無条件降伏し，太平洋戦争終わる		1945.9 降伏文書調印	
1947.9 コミンフォルム結成(〜56)	1948.5 イスラエル建国	1948 ビルマ連邦共和国成立	.11 国共内戦始まる	1945.8 南北に分割占領される(北緯38度線)	1946.11 日本国憲法公布	
1948.2 チェコスロヴァキア＝クーデタ(共産党のクーデタ)	.5 第1次中東戦争(〜49.3)	1948.1 ガンディー暗殺される	1946.1 政治協商会議		1948.11 極東国際軍事裁判判決わる	
.6 コミンフォルム，ユーゴを除名		1949 仏，ベトナム国樹立	.5 国民政府，南京遷都	1948.8 大韓民国成立(大統領李承晩)	1949.2 吉田茂内閣(第3次)成立	
		1949 インドネシア連邦共和国成立	中華人民共和国(1949〜)	1948.9 朝鮮民主主義人民共和国成立(首相金日成)		
1949.1 経済相互援助会議[コメコン]設立	1951 イラン，石油国有化法公布	インド共和国(1950〜)	1949.10 中華人民共和国成立主席毛沢東・首相周恩来			
		1950 インド共和国成立(首相ネルー)	1949.12 台湾に移る			1950
1950 中ソ友好同盟相互援助条約	1952 エジプト革命		台湾	1950.6 朝鮮戦争始まる	1951 サンフランシスコ平和条約・日米安全保障条約調印	
1953.3 スターリン死去	1953 エジプト共和国宣言	(ベトナム)	総統 蔣介石	.9 国連軍，朝鮮に出動		
フルシチョフ第一書記(任1953〜64)	1954.11 アルジェリア独立戦争	1954.5 ディエンビエンフー陥落	1950 中ソ友好同盟相互援助条約	.10 中国人民義勇軍，北朝鮮に加わる	1954.3 ビキニ水爆被災事件[第五福竜丸事件]	
1953.8 水爆保有宣言	1954.11 エジプト第2次革命	1954.6 ネルー・周恩来会談	1953 第1次五カ年計画		.7 自衛隊発足	
1955.5 ワルシャワ条約機構(ソ連・東欧8カ国友好協力相互援助条約)調印	1955.2 バグダード条約調印	1954.7 ジュネーヴ休戦協定(インドシナ戦争終結)	1954.6 ネルー・周恩来会談(平和五原則発表)	1951.7 休戦会談始まる	1955.8 第1回原水爆禁止世界大会(広島)	
1956.2 ソ連共産党第20回大会(スターリン批判，平和共存政策)	.11 バグダード条約機構[METO]結成	.9 東南アジア条約機構[SEATO]調印	.9 中華人民共和国憲法採択	1953.7 朝鮮休戦協定成立	.11 保守合同(自由民主党結成により55年体制発足)	
.4 コミンフォルム解散(ポーランド)	1955.4 アジア・アフリカ会議[バンドン会議](29カ国。平和十原則の発表)		1954 米華相互防衛条約	.10 米韓相互防衛条約調印		
1956.6 ポズナニで反ソ暴動	1956.10 第2次中東戦争[スエズ戦争](〜57.3)	1955 ベトナム共和国(南)成立			1956.10 日ソ共同宣言(ソ連との国交回復)	
(ハンガリー)	1957 ガーナ独立(大統領エンクルマ[ンクルマ])	1956 パキスタン＝イスラーム共和国成立	1958.1 第2次五カ年計画(大躍進政策)		.12 国連加盟	
1956.10〜.11 反ソ暴動	1958.7 イラク革命	1957 マラヤ連邦成立	.8 人民公社開始			1960
1957.10 人工衛星スプートニク1号打ち上げ成功	1959 バグダード条約機構を中央条約機構[CENTO]に改称		1959 中国軍，チベット占領		1957.2 岸信介内閣成立	
1960.11〜.12 モスクワ会議(81カ国共産党共同宣言)	1960 アフリカ諸国，相次いで独立(アフリカの年)	1960 南ベトナム解放民族戦線結成	主席劉少奇(任1959〜68)	(韓国)	1960.1 日米新安全保障条約調印	
1961 有人宇宙船ヴォストーク1号成功	.7 コンゴ動乱	1962.10 中印国境紛争で武力衝突	1960 中ソ論争始まる	1960 四月革命(李承晩下野)	.5 安保改定反対運動	
1963 中ソ論争本格化	1960.9 石油輸出国機構[OPEC]結成	1963.9 マレーシア連邦発足	1962.10 中印国境紛争	1961 韓国軍部クーデタ(朴正熙の軍事政権成立)	1964.10 東京オリンピック	
1964.10 フルシチョフ解任	1961 南アフリカ共和国成立		劉少奇			
ブレジネフ第一書記(任1964〜82)	1962 アルジェリア独立	1964 ラオス内戦激化(ベトナム)	1964.1 フランスと国交樹立	1963.12 朴正熙，大統領に就任(〜79)		
	1963 アフリカ諸国首脳会議(アジスアベバ)，アフリカ統一機構[OAU]結成	1964.8 トンキン湾事件	.10 初の原爆実験			
	1964 パレスチナ解放機構[PLO]結成					

(右端縦軸：1930／1940／1945／1950／1960)

国際問題

- 1965.2～75　ベトナム戦争
- 1967.5　ケネディ＝ラウンド（関税一括引下げ交渉）妥結
- 　.6　第3次中東戦争
- 1968.5　パリ和平会談始まる
- 　.6　核拡散防止条約調印
- 1970.3　核拡散防止条約発効（調印97カ国）
- 1971.10　中華人民共和国、国連加盟
- 　中華民国、国連脱退
- 1972.6　生物兵器禁止条約調印
- 1973.1　ベトナム和平協定調印
- 　.9　東西ドイツ国連加盟
- 　.10　第4次中東戦争
- 　石油供給不安高まる（第1次石油危機）
- 1975.7　欧州安保協力会議（35カ国、ヘルシンキ宣言）
- 　.11　第1回先進国首脳会議（サミット）、ランブイエ（仏）で開催
- 1978.5　国連軍縮特別総会
- 　.9　中東和平会談（キャンプ＝デーヴィッド合意）
- 1979.12　ソ連、アフガニスタンに侵攻
- 1980.9　イラン＝イラク戦争
- 1981.10　初の南北サミット開催
- 1982.6　第2回国連軍縮特別総会
- 1985.9　先進5カ国蔵相会議、ドル高是正協調介入合意〔プラザ合意〕
- 1986.9　GATT閣僚会議、新多角的貿易交渉開始宣言〔ウルグアイ＝ラウンド〕
- 1987.10　世界各国で株価が大暴落〔ブラック＝マンデー〕
- 1987.12　米ソ首脳会談（ワシントン）、中距離核戦力〔INF〕全廃条約調印
- 1988.8　イラン＝イラク戦争停戦
- 1989.11　ベルリンの壁開放
- 1989.12　マルタ会談、冷戦終結宣言
- 1990.10　東西ドイツの統一
- 1991.1～.4　湾岸戦争
- 1991.7　米ソ第1次戦略兵器削減条約〔START I〕調印
- 1992.3　国連カンボジア暫定統治機構〔UNTAC〕発足
- 1993.1　米ロ第2次戦略兵器削減条約〔START II〕調印
- 　.9　イスラエル・PLO、パレスチナ暫定自治協定に調印
- 　.11　アジア・太平洋経済協力会議〔APEC〕開催
- 1995.1　世界貿易機関〔WTO〕発足
- 1996.9　国連、包括的核実験禁止条約〔CTBT〕を採択
- 1997.4　化学兵器禁止条約発効
- 　.6　対人地雷全面禁止条約採択
- 　.12　京都議定書
- 1999.1　欧州単一通貨「ユーロ」導入
- 　.3　対人地雷全面禁止条約発効
- 2002.8～.9　環境・開発サミット（ヨハネスブルク）
- 2011.6　ギリシャ通貨危機
- 2015.7　キューバ・アメリカが国交回復
- 2018.6　初の米朝首脳会談（トランプ・金正恩）

アメリカ

アメリカ合衆国・ラテンアメリカ諸国

- 1965.2　米軍の北ベトナム爆撃（北爆）開始
- 《ジョンソン》
- 1968.4　黒人指導者キング牧師暗殺される
- 　.10　北爆停止
- ニクソン（共、任1969～74）
- 1969.7　アポロ11号、月面着陸成功
- 1970.2　ニクソン＝ドクトリン
- 　（チリ）1970　アジェンデ社会主義政権成立
- 1971.8　ニクソン、ドル防衛措置発表（ニクソン＝ショック）
- 1972.2　ニクソン訪中
- 　.5　米ソ首脳会談、SALT I 調印
- 　.6　ウォーターゲート事件
- 1973.3　米軍、ベトナム撤退
- 　（チリ）1973　軍部クーデタ、アジェンデ大統領死去、ピノチェト政権成立
- 1974.8　ニクソン大統領辞任
- フォード（共、任1974～77）
- 1975.4　ベトナム戦争終結宣言
- カーター（民、任1977～81）
- 1979.1　米中国交正常化
- 　.3　スリーマイル島原発事故
- 　.6　SALT II 調印
- 1980.4　イランと国交断絶
- レーガン（共、任1981～89）
- 　.4　スペースシャトル打ち上げ
- 1982.4　フォークランド戦争（アルゼンチン、英領フォークランド諸島占領）
- 　.6　米ソ、戦略兵器削減交渉
- 1983.10　グレナダ侵攻
- （ブラジル）
- 1985.3　民政移管
- 1987.10　ウォール街で株価大暴落
- ブッシュ（共、任1989～93）（父）
- 1989.12　米軍、パナマ侵攻
- （ペルー）
- 1990.7　日系2世のフジモリ、大統領に就任
- 1991.1　米軍を中心とする多国籍軍、イラクを空爆
- 　.2　多国籍軍、地上戦に突入、クウェート解放
- 1992.4　ロサンゼルス黒人暴動
- 　.12　アメリカ・カナダ・メキシコが北米自由貿易協定〔NAFTA〕調印
- クリントン（民、任1993～2001）
- 1994.1　北米自由貿易協定〔NAFTA〕成立
- 1995.7　ベトナムと国交樹立
- （ペルー）
- 1996.12　左翼ゲリラによる日本大使公邸事件
- 1999.10　CTBT批准を否決
- 　.12　パナマ運河返還
- ブッシュ（共、任2001～09）（子）
- 2001.9　同時多発テロ事件
- 　.10　アフガニスタンを攻撃
- 2003.3　イラク戦争
- オバマ（民、任2009～17）
- トランプ（共、任2017～21）

西・中央ヨーロッパ

イギリス（ウィンザー朝）

- 1965.1　チャーチル死去
- 　.9　北海油田発見
- 《ウィルソン》
- 1968.1　スエズ以東より撤兵
- 1969.8　北アイルランドで宗教暴動
- ヒース内閣（保、任1970～74）
- 1972.1　EC加盟条約調印
- 　.3　北アイルランド直接統治開始
- 1973.1　拡大EC発足（イギリス、アイルランド、デンマークが加盟）
- ウィルソン内閣②（労、任1974～76）
- キャラハン内閣（労、任1976～79）
- 1979　総選挙で保守党勝利
- サッチャー内閣（保、任1979～90）
- 《エリザベス2世》
- 1984.12　香港返還協定調印
- メージャー内閣（保、任1991～97）
- 1997.5　総選挙で労働党圧勝
- ブレア内閣（労、任1997～2007）
- 1998.4　北アイルランド和平合意
- ブラウン内閣（労、任2007～10）
- キャメロン内閣（保、任2010～16）
- メイ内閣（保、任2016～19）
- ジョンソン内閣（保、任2019～現）

フランス（第五共和政）

- 1966.7　NATO軍事機構より脱退
- 《ド＝ゴール》
- 1967.7　EEC・EURATOM・ECSCの3執行機関統合。新しくEC〔ヨーロッパ共同体〕発足
- 1968.5　五月革命
- 1969.4　ド＝ゴール辞任
- 大統領ポンピドゥー（任1969～74）
- 1973　東ドイツと国交樹立
- 大統領ジスカール＝デスタン（任1974～81）
- 1975　先進国首脳会議を開催
- 大統領ミッテラン（社会党、任1981～95）
- 1986.3　総選挙で保守連合勝利、シラク内閣成立
- シラク大統領（任1995～2007）
- 1995.9　核実験再開
- 1996.1　核実験終結を宣言
- サルコジ大統領（任2007～12）
- オランド大統領（任2012～17）
- マクロン大統領（任2017～現）

※ 西・中央ヨーロッパ共通（EC/EU関係）
- 1991.10　EC と EFTA が欧州経済領域〔EEA〕創設で合意
- 1991.12　EC首脳会談（オランダ・マーストリヒト）
- 1992.2　EC加盟国、EC統合の基礎を創設する欧州連合創設（マーストリヒト）条約調印
- 1993.11　マーストリヒト条約発効、ヨーロッパ連合〔EU〕発足（EC12カ国）
- 1994.1　欧州経済領域〔EEA〕発足
- 1994.5　英仏海峡トンネル開通
- 1995.1　オーストリア・スウェーデン・フィンランド、EU加盟
- 1997.6　EU、アムステルダム条約〔新ヨーロッパ連合条約〕調印
- 　.7　香港を中国に返還
- 2004.5　拡大EU発足（東欧諸国加盟で25カ国体制）→ 2007.1　EU加盟国27カ国に（ルーマニア・ブルガリア加盟）

ドイツ

- 1965.5　イスラエルと国交樹立
- キージンガー内閣（連立、任1966～69）
- 1967　ギリシアで軍事クーデタ
- ブラント内閣（社民、任1969～74）
- 1970.3　東西ドイツ首脳会談初開催
- 1972.9　西ドイツ・ポーランド国交樹立
- 　.12　東西ドイツ基本条約調印
- 1973.9　国連加盟
- 1974.5　ブラント首相、秘書スパイ事件で辞任
- シュミット内閣（社民、任1974～82）
- コール内閣（キ民、任1982～98）
- 1984　大統領にヴァイツゼッカー選出（任～94）
- 1985.5　ヴァイツゼッカー演説
- 1990.7　東西ドイツ、経済統合
- 　.10　東西ドイツの統一達成
- 1991.6　ベルリン遷都決定
- シュレーダー内閣（社民、任1998～2005）
- 1998.10　総選挙で社民主票勝利、シュレーダー内閣
- メルケル内閣（キ民、任2005～21）

南・北ヨーロッパ

南欧・北欧諸国

- 1965.12　ローマ教皇、ギリシア正教大主教、東西教会対立解消の共同声明
- （ポルトガル）
- 1968　サラザール首相辞任
- （ポルトガル）
- （ギリシア）
- 1974　無血クーデタ
- （スペイン）
- 1975　民政移管、共和政確定
- 1975　フランコ総統死去。王政復古。国王フアン＝カルロス1世（位1975～2014）
- 教皇ヨハネ＝パウロ2世（任1978.10～2005.4）
- （ギリシア）
- 1981.1　EC加盟
- （スペイン）
- 1981.1　左翼政権成立
- 1982.5　NATO加盟
- 　.10　左翼政権成立
- 1986.1　スペイン・ポルトガル、EC加盟
- 2005.4　ローマ教皇ベネディクトゥス16世就任
- 2013.3　ローマ教皇フランシスコ就任

東ヨーロッパ

東欧諸国

- （チェコスロヴァキア）
- 1968.1　自由化始まる（プラハの春）
- 　.8　ワルシャワ条約機構軍の侵攻
- 　.9　アルバニア、ワルシャワ条約機構脱退
- （チェコスロヴァキア）
- 1969　ドプチェク第一書記解任、フサーク政権成立
- （東ドイツ）
- 1970　東西ドイツ首脳会談初開催
- （ポーランド）
- 1972　西ドイツと国交樹立
- （東ドイツ）
- 1973.9　国連加盟
- （ルーマニア）
- 1974　チャウシェスク体制確立
- （チェコスロヴァキア）
- 1977　人権運動「憲章77」始まる
- （ユーゴスラヴィア）
- 1980　ティトー死去
- （ポーランド）
- 1980.9　自主管理労組「連帯」結成
- 1981.9　ワレサ、「連帯」議長に選出される
- （ポーランド）
- 1989.6　国会選挙で「連帯」圧勝、非共産党政権樹立
- （東ドイツ）
- 1989.11　ベルリンの壁開放
- （ルーマニア）
- 1989.12　チャウシェスク政権崩壊
- （ポーランド）
- 1990.12　ワレサ、大統領就任
- 1991.6　クロアティア、スロヴェニア、ユーゴからの独立宣言
- 　.6　コメコン解消
- 　.7　ワルシャワ条約機構解消
- 1992.3　ボスニア・ヘルツェゴヴィナ、ユーゴからの独立宣言。以後、内戦激化
- 1993.1　チェコスロヴァキア、チェコとスロヴァキアに分離独立
- 1995.12　ボスニア和平協定調印
- 1999.3　ハンガリー・チェコ・ポーランド、NATOに加盟
- 　.3～.6　NATO軍、セルビア空爆
- 2014.5　ウクライナ内戦

緑字：重要治政者に関する事項　　青字：文化に関する事項
◯：条約・会議・会談　　▭：国際的に関連する事項　　＊：その頃

1965〜

ロシア	西アジア・アフリカ	南アジア・東南アジア	中国	朝鮮半島	日本	
ソヴィエト連邦	西アジア諸国・アフリカ諸国	インド等・東南アジア諸国	中華人民共和国・台湾	韓国・北朝鮮	昭和 〜 平成	
	1966　ガーナでクーデタ(エンクルマ失脚)	1965.2　米軍の北ベトナム爆撃(北爆)開始	1965　チベット自治区成立	1965.6　日韓基本条約調印		1965
		.8　シンガポール分離独立	1966　「プロレタリア文化大革命に関する決定」発表	1966　韓国,GATT加盟		
	1967.6　第3次中東戦争	.9　インドネシアで九・三〇事件	1967　初の水爆実験			
	1967　ナイジェリア内戦	1965　印・パ間でカシミール紛争				
(ソ連・東欧5カ国),チェコ侵攻		1966　インディラ=ガンディー首相(任〜77,80〜84)			1968.6　小笠原諸島返還　国民総生産,資本主義世界で第2位になる	
1969.3　中ソ国境紛争(ウスリー江,珍宝島[ダマンスキー島])	1968　アラブ石油輸出国機構[OAPEC]発足	1967.3　インドネシアでスカルノ大統領失脚,スハルト将軍,実権掌握	1969.3　中ソ国境紛争(珍宝島[ダマンスキー島]で衝突)			
.11　核拡散防止条約批准	1969　アラファト,PLO議長に就任	1967　東南アジア諸国連合[ASEAN]結成	.8　9全大会で林彪を毛沢東の後継者に決定			
1970.8　ソ連・西独武力不行使宣言	1969　リビアでクーデタ	1968.5　パリ和平会談				1970
.12　ソルジェニーツィン,ノーベル文学賞受賞	1970　ナセル急死	.10　北爆停止	1971.10　中華人民共和国,国連での代表権を承認される(国民政府の追放決定)		1970.3　大阪万国博開催	
1972　ニクソン大統領訪ソ,米ソ首脳会談.戦略兵器制限交渉[SALTⅠ]調印		1970.3　カンボジアのクーデタでシハヌーク失脚	1972.2　ニクソン米大統領訪中,共同声明発表	1972　南北朝鮮赤十字会談	1972.5　沖縄復帰	
		1971.3　バングラデシュ独立宣言			.7　田中角栄内閣成立	
1975　サハロフ博士,ノーベル平和賞受賞	1973.10　第4次中東戦争　アラブ諸国「石油戦略」発動	.12　第3次インド=パキスタン戦争	.9　田中首相訪中,日中国交正常化(日中共同声明発表)			
		1972　セイロン,スリランカと改称				
	1974　エチオピア革命(皇帝ハイレ=セラシエ廃位)	1973　ベトナム和平協定調印	(台湾)	1973　金大中事件	1973.11　第1次石油危機,狂乱物価を招く	
		1975.4　サイゴン陥落,ベトナム戦争終わる	1975.4　蔣介石死去			
	1977.11　エジプトのサダト大統領,イスラエル訪問	.12　ラオス人民民主共和国成立	1976.1　周恩来首相死去		1976.2　ロッキード事件おこる	
	1978.3〜.6　イスラエル軍,レバノン南部に侵攻	1976.1　民主カンボジア成立(ポル=ポト政権の大虐殺)	第1次天安門事件			
	1978.9　中東和平会談(エジプト・イスラエル,キャンプ=デーヴィッド合意)	.2　第1回ASEAN首脳会議	.9　毛沢東主席死去			
		.7　ベトナム社会主義共和国成立	.10　華国鋒,共産党主席に就任			
	1979.1〜.2　イラン革命(国王亡命,ホメイニ帰国)	1977.6　SEATO解散	1977.8　11全大会でプロレタリア文化大革命終結宣言			
	.3　イラン=イスラーム共和国成立	1978.12　ベトナム軍,カンボジア侵攻	1978.8　日中平和友好条約に調印			
1979.6　米ソ首脳会談,第2次戦略兵器制限交渉[SALTⅡ]調印		1979.1　カンボジアのポル=ポト政権崩壊,ヘン=サムリン政権樹立	1979.1　米中国交正常化		1979　第2次石油危機　第5回サミット(東京)	
.12　ソ連軍,アフガニスタンに侵攻	1979.3　エジプト=イスラエル平和条約調印	1979.2　中越戦争		(韓国)1979.10　朴正熙大統領暗殺される		
	.11　イラン米大使館占拠事件	(アフガニスタン)1979　ソ連軍の侵攻				
1980　モスクワ=オリンピック(米・日・西独・中など不参加)	1980　ジンバブエ独立	1982.6　民主カンボジア連合政府成立(反ベトナム3派)	1980.2　胡耀邦,党総書記に就任	1980.5　光州事件		1980
1982.11　ブレジネフ書記長死去	1980.9　イラン=イラク戦争勃発(〜88)		.8　趙紫陽首相就任	.9　全斗煥大統領就任(〜88)		
アンドロポフ就任(任〜84)	(エジプト)1981　サダト大統領暗殺,後任にムバラク就任(任〜2011)		1981.6　胡耀邦,党主席に就任	1982.7　教科書問題で日本に抗議	1982.11　中曽根康弘内閣成立	
1984.2　アンドロポフ書記長死去	1982.4　イスラエル,シナイ半島を全面返還	(インド)		1983.9　大韓航空機をソ連軍が撃墜		
チェルネンコ就任(任〜85)	.6　イスラエル軍,レバノンに侵攻	1984.10　インディラ=ガンディー首相暗殺,後任にラジブ=ガンディー	1984.12　サッチャー英首相,訪中。香港返還協定に調印	1984.9　全斗煥大統領訪日	1985.6　男女雇用機会均等法成立	1985
1985.3　チェルネンコ書記長死去,後任にゴルバチョフ	.9　イスラエル,パレスチナ難民キャンプで大虐殺を行う				1985.6　東京サミット開催	
ゴルバチョフ(任1985〜91)	1985.5　イラン=イラク戦争激化	1986.2　フィリピン政変,マルコス大統領失脚・亡命,新大統領にコラソン=アキノ	1987.11　北朝鮮による大韓航空機爆破事件	1988.4　外貨準備高世界第1位		
1986.4　チェルノブイリ原子力発電所事故	1986.4　米軍機,リビアを空爆	(ベトナム)	1987.1　胡耀邦総書記辞任(.10　後任に趙紫陽を選出)	(韓国)1988.2　盧泰愚,大統領に就任(任〜93)	1989.1　昭和天皇崩御	
.6　ゴルバチョフ,ペレストロイカ路線を打ち出す	1987.12　インティファーダ(イスラエル占領地におけるパレスチナ人の蜂起)開始	1986　ドイモイ[刷新運動]政策の導入	1988.1　台湾の総統に李登輝(任〜2000)		天皇即位(位1989〜2019)元号は平成	
1986.10　米ソ首脳会談(アイスランド・レイキャビク)	1988.8　イラン=イラク戦争停戦成立		1989.6　第2次天安門事件	.9　ソウル=オリンピック		
1988.5　ソ連軍,アフガニスタン撤退開始	.11　PLO,パレスチナ国家の樹立宣言	1989.6　ビルマ,国名をミャンマーと改称	.6　趙紫陽総書記解任,後任に江沢民指名			
1990.3　憲法修正案採択　初代大統領にゴルバチョフ	.12　アメリカ,PLOを承認	(インド)1991.5　ラジブ=ガンディー元首相,暗殺される		1990.9　韓国,ソ連と国交樹立	1990.11　即位の礼	1990
1991.6　エリツィン,ロシア共和国大統領に就任(〜99)	1990.8　イラク軍,クウェートに侵攻し,全土を制圧。併合宣言	1991.10　カンボジア和平協定に調印		1991.9　韓国・北朝鮮,国連に同時加盟	1992.1　慰安婦問題で宮沢首相,韓国に謝罪	
.6　コメコン解消	1991.1〜.4　湾岸戦争	(ミャンマー)1991.10　民主化運動指導者アウン=サン=スー=チーにノーベル平和賞決定			.9　カンボジアへPKO部隊派遣	
.7　ワルシャワ条約機構解消	(南アフリカ共和国)1991.6　デクラーク大統領,アパルトヘイト体制終結宣言	1991.11　ベトナム・中国関係正常化	1992.3　全人代で改革開放政策を確認		この頃バブル経済崩壊	
.8　保守派によるクーデタ(失敗)。共産党解散	(イスラエル)1992.7　ラビン内閣(労働党)発足	(カンボジア)1992.3　UNTAC発足	1992.8　中国と韓国,国交樹立		1995.1　阪神・淡路大震災	
.12　独立国家共同体[CIS]結成,ソ連解体	1993.9　イスラエル・PLO,パレスチナ暫定自治協定に調印	1993.9　シハヌーク,カンボジア国王に即位(位〜現)	(台湾)	(韓国)1993.2　金泳三,大統領に就任(任〜98)	.3　オウム真理教による地下鉄サリン事件	
	(南アフリカ共和国)	(パキスタン)1993.10　ブット人民党内閣成立	1996.3　初の総統直接選挙で李登輝当選	(北朝鮮)1994.7　金日成主席死去		
ロシア連邦	1994.5　マンデラ,大統領に就任	(ベトナム)	1997.2　最高実力者,鄧小平死去。江沢民が最高実力者となる	.7　香港返還,一国二制度となる		
1993.1　第2次戦略兵器削減条約[STARTⅡ]調印	1994.5　パレスチナ暫定自治始まる	1995.7　アメリカとの国交正常化,ASEAN加盟		1997.10　金正日,党総書記に就任(任〜現)	1997.5　アイヌ文化振興法成立	
1994.12　ロシア軍,チェチェン共和国に侵攻(チェチェン紛争)	.10　ヨルダン・イスラエル平和条約調印	(インドネシア)1998.5　反政府暴動,スハルト大統領辞任	1999.5　NATO軍のベオグラード中国大使館誤爆事件に対して抗議の反米デモ	(韓国)1998.2　金大中,大統領に就任		
	.11　ラビン首相暗殺	1998.5　インド,パキスタン,核実験	.12　マカオ返還			
1999.12　エリツィン大統領辞任	1996.1　パレスチナ自治選挙,自治政府議長にアラファト	1999.4　カンボジア,ASEAN加盟				
プーチン(任2000〜08)	1996.6　ネタニヤフ内閣成立	(パキスタン)1999　軍事クーデタ				2000
2008.5　メドヴェージェフ大統領就任	2003.3　イラク戦争が始まる	(アフガニスタン)2001.10　米軍,攻撃	(台湾)2000.5　陳水扁が総統に就任	2000.6　初の南北首脳会談	2002.9　初の日朝首脳会談(拉致問題表面化)	
.8　グルジアに侵攻	2004.11　アラファト議長死去	2002.5　東ティモールがインドネシアから独立	2001.11　中国,WTOに加盟	2008.2　李明博,韓国大統領就任	2011.3　東日本大震災福島第一原発事故	
2012.5　プーチン大統領就任	2006.7　イスラエル,レバノン侵攻	(パキスタン)	2003.3　胡錦濤が国家主席に就任	(北朝鮮)	2015.6　18歳選挙権成立	
2014.3　クリミア半島(ウクライナ)に侵攻・占領	2011.1　民主化革命がおこる(チュニジア)	2008.8　ムシャラフ政権が崩壊	胡錦濤	2011.12　金正日死去	今上天皇即位(位2019〜)	
	2011.1　民主化革命がおこる(エジプト)	(タイ)	2013.3　習近平が国家主席に就任	金正恩が継承('12)	元号は令和	
	2014.6　イラク内戦激化	2014.5　軍事クーデタ	習近平			

国際問題	アメリカ	西・中央ヨーロッパ			南・北ヨーロッパ	東ヨーロッパ
	アメリカ合衆国 ラテンアメリカ諸国	イギリス（ウィンザー朝）	フランス（第五共和政）	ドイツ	南欧・北欧諸国	東欧諸国
2019〜　全世界で新型コロナウイルス感染症の感染が拡大						
2020.3　世界保健機関（WHO）が新型コロナウイルス感染症のパンデミック（世界的大流行）を宣言		2020.1　イギリスがヨーロッパ連合離脱　EU加盟国は27カ国に				
	バイデン（民,任2021〜現） 2021.2　パリ協定復帰	トラス内閣（保,任2022） スナク内閣（保,任2022〜現）		ショルツ内閣（社民,任2021〜）		

緑字：重要治政者に関する事項　青字：文化に関する事項
◯：条約・会議・会談　◯：国際的に関連する事項　＊：その頃

ロシア	西アジア・アフリカ	南アジア・東南アジア	中 国	朝鮮半島	日 本
ロシア連邦	西アジア諸国・アフリカ諸国	インド等・東南アジア諸国	中華人民共和国・台湾	韓国・北朝鮮	令 和

2019〜　全世界で新型コロナウイルス感染症の感染が拡大

ロシア	西アジア・アフリカ	南アジア・東南アジア	中 国	朝鮮半島	日 本
2022.2　ウクライナ侵攻		(ミャンマー) 2021.2　軍事クーデタ (フィリピン) 2022.5　フェルディナンド=マルコス 　　　　大統領が就任	習近平	2022.5　尹錫悦, ユンソンニョル 　　　　韓国大統領に就任	令和 2021.7　東京オリンピック 2021.9　デジタル庁発足 2022.3　制定後初の電力 　　　　需給ひっ迫警報発令 　　　　(東京・東北電力管内) 　　.4　改正民法施行 　(成年年齢が満18歳以上に引き下げ) 　　.7　安倍元首相が 　　　　銃撃され,死去

歴史の 見方

歴史の学習では，「歴史的な見方・考え方」を働か…
この折込では，課題を解決するために，**見方（視点）**…
かを見ていきましょう。また，考える際に役に立つ**思…

情報を整理しよう

情報を整理する前に，どのようなことをまとめたい…
表やグラフ，地図や年表以外にも，情報を整理す…

見方（視点）と考え方（思…

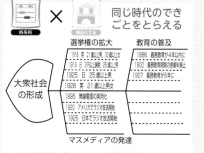

同じ時代のでき
ごとをとらえる

19世紀後半から20世紀初頭にかけ
て，有権者が増加した。ラジオやテレ
ビの放送が開始し，人々は情報を得ら
れるようになった。

第二次世…
アフリカ…
により世…
結後は多…

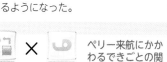

ペリー来航にかか
わるできごとの関
係性をとらえる

ペリー来航により，日米和親条約・
日米修好通商条約を結んだ。横浜港
が開港し，欧米との貿易が始まった。

世界恐慌…
が推し進…
は新たな…
国際協調…

世界恐慌
の発生

自分の考えを伝えよう

- 整理してわかったことをまとめてみよう
- 短い文章で説明してみよう
- 自分の意見を友だちに話してみよう
- 発表の仕方を工夫してみよう

歴史を学ぶときの見方・考え方を身につけよう！

視点カード

時系列

推移

比較

相互関連

現在との関係

思考スキル

順序立てる
ことがらを何らかの
順番に並べ，その意
味や影響をとらえる

構造化する
情報をまとまりに分
けたり，関連を示し
たりして整理する

分類する
複数のことがらを共
通点や相違点に着目
して仲間分けする

関係づける
ことがら同士をつな
げて示し，相互の関
係をとらえる

理由づける
できごとの原因を考
えたり，主張の根拠
を示したりする

多面的に見る
多様な視点や観点で
対象を見る

思考ツール

フィッシュボーン
→構造化する

ステップチャート
→順序立てる

ベン図
→比較する
→分類する

イメージマップ
→関係づける

クラゲチャート
→理由づける

くま手チャート
→分類する
→多面的に
見る

＊「視点カード」「思考スキル」「思考ツール」は，主なものを掲載しています。

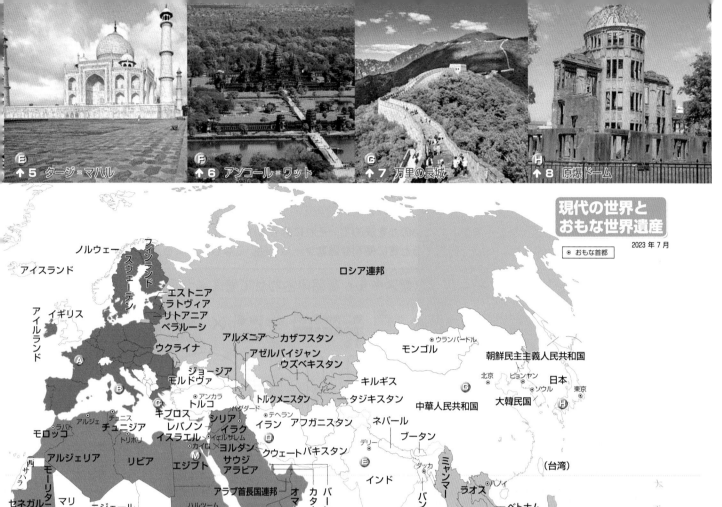

↑5 タージ=マハル ↑6 アンコール=ワット ↑7 万里の長城 ↑8 原爆ドーム

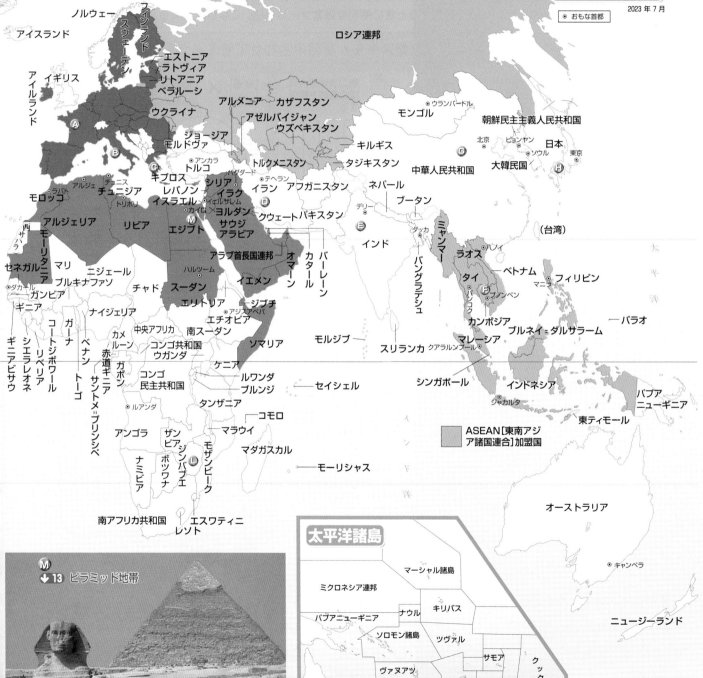

現代の世界とおもな世界遺産

2023 年 7 月

⊙ おもな首都

ノルウェー
アイスランド
フィンランド
スウェーデン
アイルランド
イギリス
エストニア
ラトヴィア
リトアニア
ベラルーシ
ウクライナ
モルドヴァ
ロシア連邦
アルメニア
カザフスタン
モンゴル
⊙ウランバートル
朝鮮民主主義人民共和国
アゼルバイジャン
ウズベキスタン
北京⊙ ⊙ピョンヤン 日本
ジョージア
キルギス
トルコ
トルクメニスタン
タジキスタン
⊙ソウル ⊙東京
キプロス
⊙アンカラ
シリア
⊙バグダード
イラク
⊙テヘラン
イラン
アフガニスタン
中華人民共和国
大韓民国
モロッコ
⊙ラバト
⊙アルジェ
⊙チュニス
チュニジア
レバノン
イスラエル
⊙カイロ
ヨルダン
ネパール
ブータン
(台湾)
⊙トリポリ
リビア
エジプト
⊙イェルサレム
サウジアラビア
クウェート
パキスタン
⊙デリー
アルジェリア
西サハラ
モーリタニア
アラブ首長国連邦
オマーン
カタール
バーレーン
インド
ミャンマー
ラオス ⊙ハノイ
セネガル
マリ
ニジェール
⊙ハルツーム
イエメン
⊙ダッカ
バングラデシュ
タイ
⊙バンコク
ベトナム
⊙ダカール
ガンビア
ブルキナファソ
チャド
スーダン
エリトリア
⊙ジブチ
⊙プノンペン
フィリピン
⊙マニラ
ギニア
ギニアビサウ
ガーナ
コートジボワール
ナイジェリア
中央アフリカ
南スーダン
⊙アジスアベバ
エチオピア
ソマリア
モルジブ
スリランカ
⊙クアラルンプール
カンボジア
ブルネイ=ダルサラーム
パラオ
シエラレオネ
リベリア
ベナン
トーゴ
カメルーン
赤道ギニア
サントメ=プリンシペ
ガボン
コンゴ共和国
ウガンダ
コンゴ民主共和国
ルワンダ
ブルンジ
ケニア
セイシェル
マレーシア
シンガポール
インドネシア
⊙ジャカルタ
パプアニューギニア
⊙ルアンダ
タンザニア
コモロ
東ティモール
アンゴラ
ザンビア
ジンバブエ
ボツワナ
ナミビア
モザンビーク
マラウイ
マダガスカル
モーリシャス

ASEAN[東南アジア諸国連合]加盟国

南アフリカ共和国
エスワティニ
レソト

太平洋諸島

マーシャル諸島
ミクロネシア連邦
ナウル
キリバス
パプアニューギニア
ソロモン諸島
ツバル
ヴァヌアツ
サモア
クック諸島
ニューカレドニア
フィジー
トンガ
ニウエ

オーストラリア
⊙キャンベラ
ニュージーランド

太平洋

↓13 ピラミッド地帯